LEÇONS
DE
MÉTAPHYSIQUE

PAR

L'Abbé H. DAGNEAUX

PROFESSEUR DE PHILOSOPHIE

A L'INSTITUTION SAINTE-MARIE

82, RUE DE MONCEAU

Paris, VIIIᵉ

PARIS
VICTOR RETAUX
LIBRAIRE-ÉDITEUR
Rue Bonaparte, 82

BESANÇON
HENRI BOSSANNE
IMPRIMEUR-ÉDITEUR
Rue Ronchaux, 19

1902

Tous droits de traduction et de reproduction réservés.

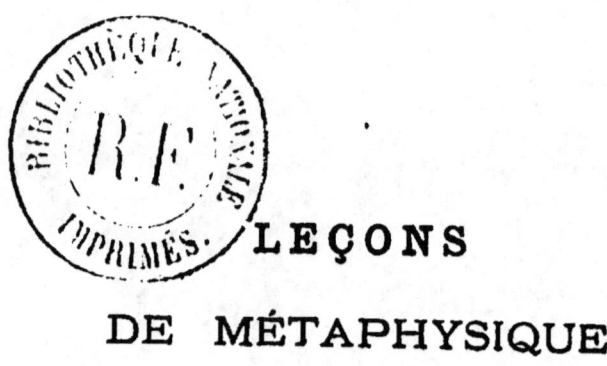

LEÇONS

DE MÉTAPHYSIQUE

OUVRAGES DU MÊME AUTEUR :

Histoire de la Philosophie, (2ᵉ édition).   5$^{fr.}$ »
    Chez Retaux, à Paris ;
    Chez Bossanne, à Besançon ;
    Chez l'auteur, à Paris.

Morale et métaphysique. 2 50
    Chez l'auteur, à Paris.

Recueil de sujets de dissertations et conseils pour la dissertation 0 50
    Chez l'auteur, à Paris.

LEÇONS

DE

MÉTAPHYSIQUE

PAR

L'Abbé H. DAGNEAUX

PROFESSEUR DE PHILOSOPHIE

A L'INSTITUTION SAINTE-MARIE

82, RUE DE MONCEAU

Paris, VIIIe

PARIS	BESANÇON
VICTOR RETAUX	HENRI BOSSANNE
LIBRAIRE-ÉDITEUR	IMPRIMEUR-ÉDITEUR
Rue Bonaparte, 82	Rue Ronchaux, 19

1902

AUTORISATION DES SUPÉRIEURS.

J'autorise l'impression du traité de *Métaphysique* de de M. l'abbé Dagneaux.

*Besançon, le 15 août 1901,
en la Fête de l'Assomption de la T. S. Vierge.*

J. FAIVRE,
Provincial
de la Société de Marie.

RAPPORT

PRÉSENTÉ

A S. G. MONSEIGNEUR FULBERT PETIT,

Archevêque de Besançon,

PAR

M. L'ABBÉ ELIE PERRIN,

Docteur en théologie,
Directeur au Grand Séminaire de Besançon

MONSEIGNEUR,

M. l'abbé Dagneaux a publié, il y a deux ans, une Histoire de la Philosophie que Votre Grandeur a daigné approuver et bénir. Cette bénédiction a porté bonheur à l'ouvrage du savant auteur : la première édition s'est rapidement épuisée ; la seconde vient de paraître, revue et augmentée. Encouragé par ce premier succès, M. l'abbé Dagneaux a voulu faire davantage : il a formé le projet de publier un cours complet de philosophie, et voici qu'il va livrer à l'impression la plus importante partie de son œuvre : la Métaphysique.

Quand j'affirme qu'il n'y a rien de plus important en philosophie que la métaphysique, je risque de provoquer les sourires de ceux qui regardent cette haute science comme creuse, vaine et surannée. La métaphysique, cependant, est d'une nécessité absolue, puisque toute intelligence humaine pose et résout à sa façon les difficiles problèmes soulevés par les métaphysiciens. Le plus souvent, les hommes font de la métaphysique sans s'en douter, comme M. Jourdain faisait de la prose sans le savoir. Le savant qui, de ses expériences ou de ses découvertes, tire des conclusions sur Dieu, sur l'origine des choses, sur l'existence d'une cause première, sur *la morale, sur la religion, que fait-il ? De la métaphysique. Et le simple journaliste, et l'orateur de club, et l'avocat de village, qui se prononcent sur les questions vitales de l'humanité, sont aussi des métaphysiciens inconscients. Mais quels métaphysiciens, grand Dieu ! et comme, en les entendant, on trouve juste cette parole d'un penseur contemporain : « Les hommes d'aujourd'hui manquent encore plus de raison que de religion ! »*

A la fausse métaphysique, M. l'abbé Dagneaux s'est proposé de substituer la vraie. Or, pour lui, comme pour tous les catholiques éclairés, comme pour Léon XIII, la vraie métaphysique est celle que nous a léguée la tradition philosophique du moyen âge, dégagée de certaines naïvetés et superfétations, agrandie et fortifiée par les découvertes scientifiques dont notre temps a le droit d'être fier. Aristote, saint Augustin, saint Thomas, sont ses maîtres préférés, saint Thomas surtout. Il s'est tellement familiarisé avec les ouvrages de l'Ange de l'Ecole, qu'il en reproduit, dans son livre, la méthode et les procédés dialectiques. C'est ainsi, par exemple, que, comme saint Thomas dans la Somme théologique, *M. Dagneaux expose d'abord, sur chaque question qu'il aborde, les systèmes anciens ou modernes qu'il se promet de réfuter. Sous ce rapport, il est remarquablement complet et documenté, si bien qu'en le lisant on est tenu au courant de toutes les solutions que, depuis les philosophes grecs et romains jusqu'à Descartes, Malebranche, Spinoza, Hume, Kant, Hegel, Schelling, Auguste Comte, Herbert Spencer et tant d'autres, l'esprit humain a données aux problèmes de la métaphysique.*

Mais notre auteur ne se contente pas d'exposer les opinions des philosophes, il les apprécie en toute indépendance, en reconnaît, s'il y a lieu, la justesse, ou les réfute avec de solides arguments. Puis, ayant éliminé les faux systèmes, il en vient à la thèse, qui est généralement celle même de saint Thomas, et s'attache à la démontrer, non seulement avec les preuves du Maître, mais avec toutes celles que peut lui fournir la science moderne, et que le Maître n'a pas soupçonnées.

Des références nombreuses, des indications bibliogra-

phiques précises, permettent au lecteur de se reporter, s'il le juge bon, aux ouvrages que M. Dagneaux a consultés, et de vérifier par lui-même l'exactitude des analyses et des citations.

Quant au style, il est tel qu'on le peut désirer pour un ouvrage de ce genre : clair, précis, d'une élégance sobre, sans sécheresse ni redondance.

Avec ses qualités de fond et de forme, cette Métaphysique me paraît mériter l'approbation de Votre Grandeur. Elle pourra, si elle est mise entre leurs mains, être d'un précieux secours pour les élèves, philosophes et théologiens, de nos grands séminaires. Et les jeunes gens qui, dans nos collèges chrétiens, se préparent aux carrières libérales, y puiseront une trempe solide, qui sera, je n'en doute pas, le meilleur rempart de leur foi parmi les luttes de la vie et les conflits d'opinions qui, de nos jours, répandent tant de ténèbres dans l'atmosphère des intelligences.

Daigne Votre Grandeur agréer l'expression des sentiments de profond respect avec lesquels j'ai l'honneur d'être,
    Monseigneur,
Votre très humble serviteur et fils en Notre-Seigneur.

Elie PERRIN,
Docteur en théologie,
Professeur de dogmatique spéciale.

Besançon, le 1ᵉʳ août 1901.

APPROBATION

DE

SA GRANDEUR MONSEIGNEUR FULBERT PETIT,

Archevêque de Besançon

Sur le rapport très favorable que nous a présenté M. l'abbé Elie Perrin, docteur en théologie, au sujet de la Métaphysique de M. l'abbé Dagneaux, professeur de philosophie, nous approuvons volontiers pour notre diocèse, cet ouvrage, en lui souhaitant le succès qu'il mérite, et en bénissant son auteur.

† FULBERT, *arch.* de Besançon.

Besançon, le 2 août 1901.

AVERTISSEMENT.

« Quand un homme parle de ce qu'il n'entend pas, disait Voltaire, à des gens qui ne l'entendent pas davantage, c'est de la métaphysique. » — Que Voltaire, si parfaitement superficiel, ait dit cette parole ; que d'autres hommes, très peu sérieux eux-mêmes, la redisent après lui, il n'y a pas là de quoi surprendre. Mais souvent des hommes très cultivés paraissent tout heureux de redire ce que Voltaire a dit ; à cela ils ajoutent très volontiers une boutade célèbre de Pascal : « Toute la philosophie ne vaut pas une heure de peine (1). »

(1) Le lecteur sait fort bien qu'il ne serait pas difficile de multiplier les témoignages en sens contraire. Cicéron disait : « *Qui philosophiæ studium vituperat, haud scio an aliquid laudandum existimet.* » Et d'autre part : « *Fateor me oratorem, si modo sim, non ex rhetorum officinis, sed ex Academiæ spatiis evasisse.* » Inspiratrice de l'éloquence, la philosophie contribue aussi beaucoup à l'éducation sociale de l'homme. D'après saint Jean Chrysostome, ce n'est pas la philosophie qui gâte tout, c'est le manque de philosophie. « *Non philosophia omnia pessumdedit, sed philosophiæ inopia.* » Si on se place au point de vue de la formation du chrétien, voici, d'après saint Thomas, les services que la philosophie rend à la Foi :

1º Elle démontre certaines vérités que la Foi suppose ;

2º Elle aide à comprendre d'autres vérités que la Foi enseigne ;

3º Elle réfute les objections que l'on propose contre la Foi. (*Super Boetium, de Trinitate*, qu. xi, art. 5.) — Le Concile du Vatican, dans sa *Constitution sur la Foi catholique*, déclare que la Raison démontre les fondements de la Foi : « *Cum recta ratio fidei fundamenta demonstret.* » (Sess. III. cap. IV.) Il attribue notamment à la Raison le pouvoir de con-

C'est à déconcerter un pauvre méditatif qui s'avise de publier un livre de *Métaphysique*. Ne faut-il pas, se dit-il, « une audace de métaphysicien » pour courir les risques d'une pareille entreprise ? Ne faut-il pas même, peut-être, une remarquable présomption pour jeter un pareil défi aux préjugés accumulés depuis trois siècles contre la métaphysique ? — Ami lecteur, jugez de cela comme vous voudrez. L'auteur de ce livre vous demande seulement la permission de penser qu'il a fait avant tout un acte de foi en Dieu et de confiance en sa Providence.

Il croit aussi avoir fait une œuvre d'apostolat, car il y a un « apostolat philosophique, » non moins nécessaire, à notre époque du moins, que l'apostolat de la prière, ou celui de la parole sainte, ou celui de l'action sociale chrétienne. Un apologiste contemporain, dans la préface d'un livre qui va paraître, le fait très bien remarquer. « Ce ne sont pas seulement, dit-il, quelques thèses philosophiques, qui, tour à tour, sont contestées dans les écoles, c'est la thèse fondamentale, celle de la certitude, qui est la plus battue par les grands vents du scepticisme. Ce ne sont pas, en théologie, les dogmes de l'autorité de l'Eglise, de l'inspiration des Ecritures, de la présence de l'Homme-Dieu dans l'Eucharistie, qui sont niés, déformés, rejetés, comme à l'époque où Bossuet écrivait son in-

---

naître avec certitude, à l'aide des créatures, Dieu, principe et fin de toutes choses : « *Deum, rerum omnium principium et finem, naturali humanæ rationis lumine e rebus creatis certo cognosci posse.* » (Sess. III, cap. II). C'est un hommage décisif rendu à la philosophie, et notamment à la métaphysique.

comparable *Histoire des variations*, mais c'est l'existence de Dieu même, c'est l'immortalité de l'âme, c'est la distinction du bien et du mal qui sont mises en cause et que les théologiens sont appelés à défendre (1). » Les fondements de la certitude, l'existence de Dieu, la spiritualité et l'immortalité de l'âme, le problème du Souverain Bien, et par le fait même, les raisons d'être de l'obligation morale, toutes ces questions et d'autres de même ordre sont longuement exposées dans ce livre.

L'auteur a voulu aussi, par surcroît, offrir à ses lecteurs, soit dans le texte de l'ouvrage, soit dans diverses notes placées au bas des pages, un véritable cours d'instruction religieuse. On trouvera donc, dans ces *Leçons de métaphysique*, l'exposé des dogmes les plus importants du christianisme, et les questions d'apologétique qui préoccupent le plus nos contemporains. A l'aide d'une table spéciale placée à la fin du livre, questions dogmatiques et apologétiques sont disposées dans un ordre qui permet de les étudier séparément et avec suite.

Ami lecteur, surtout si vous êtes élève de philosophie ou jeune étudiant, quelle que soit d'ailleurs votre condition, j'ose vous prier de méditer ces paroles du général de Sonis : « Par dessus tout, je veux que mon fils fasse de bonnes études religieuses. On est aujourd'hui d'une ignorance honteuse à cet égard, et beaucoup d'hommes se perdent par le fait de cette igno-

---

(1) Abbé Frémont, *le Problème des destinées de l'homme* (voir *Quinzaine* du 1er décembre 1901).

rance. La Religion, ne la considérât-on qu'au simple point de vue humain, serait encore le plus admirable système de philosophie. Et tandis que des esprits élevés usent leurs forces à étudier Platon et Aristote, est-il raisonnable de donner moins de temps à l'Ecriture sainte (1)? »

Et si vous désirez, comme il est juste, approfondir les questions de philosophie religieuse et étudier plus amplement ce qui a rapport à la doctrine catholique, des indications bibliographiques placées à la fin de ce livre vous en donneront la facilité.

De toute façon l'auteur de ce livre a voulu, soit en écrivant des chapitres de philosophie pure, soit en composant des notes dogmatiques ou apologétiques, aider quelques-uns de ses lecteurs à conserver la foi, ou les préparer à l'acte de foi.

La foi a pour nous d'inestimables avantages : elle empêche l'esprit humain de flotter à tout vent de doctrine ; elle nous fait connaître les raisons de notre passage sur la terre ; elle console nos douleurs ; elle nous apprend même à les aimer ; enfin et surtout, elle nous permet d'atteindre notre destinée, qui est le bonheur parfait réalisé par la possession de l'Etre le meilleur de tous.

Paris, 8 décembre 1901, en la fête de l'Immaculée Conception.

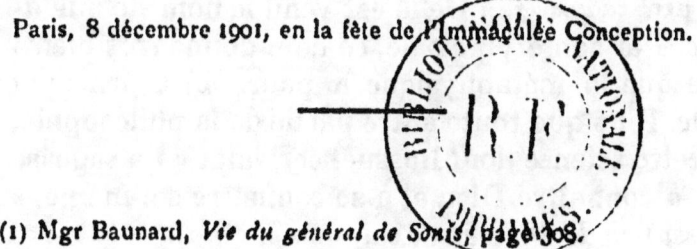

(1) Mgr Baunard, *Vie du général de Sonis*, page 108.

MÉTAPHYSIQUE

CHAPITRE PREMIER.

LA MÉTAPHYSIQUE EN GÉNÉRAL.

Au temps d'Aristote, le mot philosophie était synonyme de science, et ce philosophe, pour désigner les sciences, disait volontiers : « αἱ φιλοσοφίαι, les philosophies. » Parmi les philosophies, il en distinguait une qu'il appelait *la philosophie première* : « ἡ πρώτη φιλοσοφία. » Les commentateurs d'Aristote prirent soin de ranger les écrits de ce philosophe. Ils groupèrent ensemble ceux qui avaient rapport à la philosophie première, et les placèrent après les traités de physique, avec cette indication « μετὰ τὰ φυσικά. » De là est venu le nom de *métaphysique*. Par son étymologie, ce nom donne très bien à entendre que la métaphysique a pour objet principal l'invisible. Plus que toute autre partie de la philosophie, elle est cette science dont Bossuet écrivait : « La sagesse consiste à connaître Dieu et à se connaître soi-même. » (*Connaissance de Dieu et de soi-même*, ch. I).

Pourtant, il n'est peut être pas de science plus décriée.

Voltaire s'en moquait, et d'Alembert la regardait comme « une science vide et contentieuse, » digne d'être méprisée « par les bons esprits. » D'Alembert ne se faisait pas une idée juste de la métaphysique ; il la confondait avec la vaine *idéologie* (1) de son époque.

Kant la connaissait mieux. Il fut un grand métaphysicien, mais il eut le tort de refuser à la métaphysique le titre de science : « J'ai substitué en métaphysique, dit-il, la croyance à la science. » Auguste Comte alla beaucoup plus loin : il voulut interdire à l'homme de chercher à connaître l'invisible. La philosophie positive est la négation même de la métaphysique.

On ne peut pas mutiler l'âme humaine, et toute philosophie qui méconnaît l'un des attributs essentiels de notre nature, est condamnée à disparaître. Les stoïciens ont voulu supprimer les passions ; ils n'ont pas réussi, et leur philosophie n'est plus qu'un souvenir. Bientôt il en sera de même du positivisme. Comte ne veut pas de la croyance à l'invisible. Voilà que nous assistons, comme dit M. Brunetière, à la « renaissance de l'idéalisme. » La croyance à l'invisible se manifeste de toutes parts, et la réaction contre les doctrines positivistes s'accentue de jour en jour.

Quoi qu'il en soit, nul esprit droit ne saurait manquer d'avoir la plus haute estime pour la métaphysique, s'il se rend compte de l'objet de cette science, de la certitude qu'elle peut donner en dépit des difficultés soulevées contre elle, et de la valeur de sa méthode.

§ I. — Qu'est-ce que la Métaphysique ?

Au dire d'Aristote, la philosophie première a pour objet *l'être en tant qu'être* : « τὸ ὄν ᾗ ὄν. » Par là, elle se distingue des sciences positives, dont chacune étudie une propriété spéciale de l'être plutôt que l'être lui-même. La géométrie enseigne à mesurer l'étendue ; l'arithmétique

---

(1) L'idéologie avait pour objet de résoudre le problème de l'origine de nos connaissances.

expose les diverses combinaisons des nombres ; la mécanique détermine les lois du mouvement ; la physique explique les phénomènes généraux de l'univers, tels que la lumière, la chaleur, le son, etc.; la chimie décompose les corps en leurs éléments ; la biologie étudie les êtres vivants, leurs conditions d'existence, la manière dont ils naissent, croissent et se multiplient. Cette science se complète par l'anatomie, la physiologie et la pathologie, qui ont respectivement pour but de faire connaître la structure des organes, leurs fonctions et leurs maladies. Aux sciences morales aussi il appartient de mettre en relief quelque manifestation de l'être : la morale, par exemple, est la science du devoir ; le droit est la science des lois ; l'économie politique est la science de la richesse sociale, et ainsi du reste.

Définition de la métaphysique. — Seule parmi toutes les sciences, la métaphysique se réserve le soin de nous dire ce qu'est l'être en soi ou la substance. Dans tout être, il convient de distinguer ce que cet être est en lui-même et ce que sont les qualités dont il est le soutien. Un corps quelconque, par exemple, a sa couleur propre, sa forme, son poids spécifique, ses propriétés physiques et chimiques, et tout cela diffère de ce qui fait le fond même de son être. La couleur d'un corps, sa forme, sa densité et ses autres propriétés relèvent de l'expérience ; de là le nom de phénomènes qui est donné à ces diverses modifications de la substance (τὸ φαινόμενον, *ce qui apparaît*). L'étude des phénomènes est réservée aux sciences positives, tandis que la métaphysique cherche à connaître ce qui n'apparaît pas, ce que l'esprit conçoit sans pouvoir en constater directement l'existence. On pourrait la définir : la science des noumènes (νούμενον, *chose conçue*), par opposition aux sciences positives, qui ont pour objet les phénomènes. On dit encore, et cela revient au même, que la métaphysique est la science des choses en soi. Bref, son objet précis est cette chose cachée qu'on nomme la substance.

Division de la métaphysique. — a) **A la science de**

l'être en tant qu'être s'ajoute la science de Dieu. — Telle qu'Aristote l'avait conçue, la science des choses en soi n'était pas ce qu'elle est aujourd'hui. Sans être formellement divisée en deux parties, elle ne pouvait en renfermer que deux, car il n'y a que deux manières d'envisager l'être en tant qu'être : on peut y voir un être de raison ou un être réel. Considéré comme être de raison, il est une simple conception de l'esprit ; c'est une notion tout à fait générale, la plus vague de toutes les notions : *ens communissimum.* — Considéré au contraire comme un être réel, c'est l'être le plus réel de tous : *ens realissimum*, l'être par excellence, l'être absolu, Dieu en un mot. Cette distinction n'avait pas échappé à Aristote, car il se sert de deux expressions différentes pour désigner la philosophie première : si elle est à ses yeux la science de l'être en tant qu'être, elle est aussi la théologie ou science de Dieu: « ἡ θεολογία. » D'ailleurs, dans une autre définition célèbre qu'il a donnée de la philosophie première, Aristote fait la synthèse de ces deux points de vue. « La philosophie, dit-il, est la science des premiers principes et des premières causes ». Les premiers principes sont des vérités immédiatement connues par l'esprit, dès qu'il est en possession de l'idée d'être, et les premières causes sont celles au delà desquelles il n'y en a plus. Elles appartiennent à l'ordre réel, tandis que les premiers principes appartiennent à l'ordre logique. La cause première entre toutes est Dieu, moteur immobile, acte pur, pensée de la pensée.

b) **L'étude de l'âme appartient aussi à la métaphysique.** — L'âme est bien aussi une cause première, car c'est d'elle que relèvent, en dernière analyse, la pensée, la sensation et la vie. Cependant, pour Aristote, l'étude de l'âme ne fait point partie de la métaphysique : elle est l'objet d'un livre à part, le « Περὶ Ψυχῆς. » Plus tard, la question de l'âme fut considérée comme une question de métaphysique. Nous voyons, par exemple, que les *Méditations sur la philosophie première*, de Descartes, ont pour objet l'existence de Dieu et l'immortalité de l'âme. De nos jours, enfin, on distingue avec soin la *psychologie expérimentale* et la *psychologie rationnelle*. L'une se borne à l'analyse des faits de l'âme, tandis que l'autre étudie la nature de l'âme, son origine et sa destinée. La première forme une science à part ; la seconde est une partie de la métaphysique.

c) **La physique rationnelle fait aussi partie de la métaphysique.** — De même, la physique expérimentale, que Bacon, Descartes et Pascal regardaient encore comme une partie de la philosophie, forme maintenant une science tout à fait spéciale, grâce aux progrès merveilleux qu'elle a réalisés, surtout depuis Galilée. Cependant on a coutume de mettre à part, sous le nom de *physique rationnelle*, certaines questions fondamentales, comme la nature de la matière, celle du mouvement et celle de la vie. Les métaphysiciens s'efforcent de résoudre ces questions. Pour cela ils ont recours au raisonnement, mais tout d'abord ils s'appuient sur l'expérience, et ils cherchent à tirer parti des découvertes faites par les physiciens.

Plan de la métaphysique. — Ainsi enrichie avec le cours des âges, la métaphysique comprend actuellement quatre parties :

1° La *métaphysique générale* ou *ontologie*. C'est la science de l'être considéré au point de vue purement logique, comme l'idée la plus générale de notre esprit. Saint Thomas la définit : une science qui considère l'être en général et tout ce qui s'y rapporte. Le nom d'*ontologie* lui a été donné par Wolf, disciple de Leibniz.

2° La *cosmologie rationnelle* ou *physique générale*. C'est la science de la matière, du mouvement et de la vie.

3° La *psychologie rationnelle*, qui a pour objet la nature de l'âme, son union avec le corps, sa destinée.

4° La *théologie rationnelle* ou *théodicée*. On y fait voir que Dieu existe, qu'il a créé le monde et qu'il le gouverne.

§ II. — La certitude propre a la métaphysique. — Solution des difficultés.

Tel est le plan d'études de ceux qui veulent connaître l'invisible à l'aide des seules ressources de la raison. Ils sont nombreux, car l'homme a besoin de croire; la science pure ne lui suffit pas. Si, à l'exemple des positivistes, on voulait s'en tenir aux faits, on serait amené, même par cette voie, à admettre la nécessité de la croyance. L'action, par exemple, est un fait. Or il n'y a pas d'action sans croyance. Les Romains croyaient à la Patrie; grâce à cette croyance, ils ont fait la conquête du monde. La Révolution française, si hostile à la Religion véritable, a essayé de fonder le culte de la Raison. Auguste Comte a voulu créer une liturgie en l'honneur de l'Humanité. Il admirait le christianisme, et il cherchait à lui emprunter ses moyens d'action. Voilà des faits incontestables. C'en est un aussi que cet acte de foi en l'absolu, c'est-à-dire en Dieu, auquel aboutit Spencer, positiviste anglais bien connu. La croyance est nécessaire à l'homme, parce qu'elle est nécessaire à l'action.

Objections fréquemment soulevées contre la certitude métaphysique. — Si la croyance est nécessaire, il faut bien qu'elle soit légitime. Pourquoi donc vouloir la supprimer? — Ah! dit-on, c'est que ses fondements sont ruineux; elle ne repose sur rien. De plus, tandis que les sciences positives vont de progrès en progrès, la métaphysique en est encore à se chercher elle-même. Enfin, la première condition de toute science, c'est qu'elle ait un objet. Or, la métaphysique n'a pas d'objet : la substance n'est qu'une abstraction; l'être en tant qu'être est un concept vide.

a) Elle ne repose sur rien. — Ces griefs n'ont rien de sérieux. La métaphysique, dit-on, n'a aucun fondement. On croit ou on ne croit pas, mais la croyance est aveugle. La science, du moins, invoque des principes, et, par ce moyen, fournit des démonstrations rigoureuses. — Il y a des croyances aveugles, mais elles n'ont rien à faire avec la métaphysique. On ne doit pas confondre préjugé et croyance sérieuse. Un préjugé est vrai ou faux, mais il n'est pas raisonné. Au contraire, toute croyance sérieuse est raisonnée. Il y a des raisons de croire, et on peut en rendre compte. Il faut bien le dire, d'ailleurs, la science elle-même repose sur la croyance. Les principes sur lesquels elle s'appuie pour démontrer sont objet de croyance. Qu'est-ce, en effet, qu'un principe ? — C'est une vérité qu'on admet sans la prouver, et qui sert à établir d'autres vérités par le raisonnement. On croit aux principes de la démonstration, on ne songe pas à les démontrer; autrement ils ne seraient plus des principes. Il n'y a donc pas de science possible sans la croyance aux principes. Et ceci n'ébranle en rien la science, car la croyance aux principes a elle-même sa raison d'être. Nous admettons les principes parce que notre esprit est un instrument de vérité. C'est sa loi de croire en lui-même, et s'il doit croire en lui-même, c'est bien quand il s'agit des vérités premières, immédiates, antérieures, plus notoires, causes des autres vérités. Fort de cette croyance en lui-même, l'esprit s'élance à la conquête de la science. Les principes lui servent de point de départ; la science est le but de ses efforts. Et ces efforts ne sont pas stériles, comme l'expérience le prouve : la science existe, elle progresse, et toutes ses découvertes se concilient. Ainsi les diverses couleurs se fondent en une seule lumière qui est celle du soleil. La métaphysique ne trouble point ce bel ordre; elle n'est pas un point obscur parmi d'éclatantes lumières; elle occupe au contraire une place d'honneur dans la synthèse des sciences.

b) **Les métaphysiciens ne s'entendent pas.** — S'il en est ainsi, pourquoi donc ne peut-elle offrir à l'esprit aucune proposition parfaitement certaine? Les métaphysiciens ne sont jamais d'accord. Descartes l'a fort bien dit : « Il n'est rien dont on ne dispute en philosophie, et qui par conséquent ne soit douteux. » (1) — Non, de ce qu'on dispute au sujet d'une proposition, il ne s'ensuit pas qu'elle soit douteuse; il s'ensuit seulement qu'elle n'est pas évidente pour ceux qui la mettent en doute ou qui la nient. Et cela peut tenir à des causes toutes personnelles. Le soleil n'est-il pas resplendissant de lumière? Pourtant il est des yeux malades qui ne peuvent supporter la clarté du jour. Si un aveugle raisonne mal des couleurs, nul ne songe à mettre en doute pour cela l'existence des couleurs. De même si certains hommes, qui se disent philosophes, débitent toutes sortes d'extravagances, on ne peut rien conclure de là contre la vérité. Les extravagances des sophistes tiennent à des causes spéciales, comme il est aisé de s'en convaincre. Tout d'abord, pour atteindre la vérité métaphysique, il faut s'élever au-dessus des apparences sensibles, ce qui n'est pas donné à tous. Il est des hommes, dit Descartes, « qui ne sauraient rien concevoir qu'en l'imaginant. » (2) Ce sont les myopes de l'intelligence. La lumière de l'invisible n'arrive pas jusqu'à eux. Il en est d'autres que l'évidence des géomètres a séduits; ils veulent la retrouver partout; rien n'est vrai pour eux qu'à la condition d'être géométriquement démontré. C'est un grand tort. Ils oublient que, selon le mot de Platon, la métaphysique est un « beau risque à courir. » (3) Ils oublient que la philosophie est « une affaire d'âme », (4) et que « c'est avec l'âme tout entière qu'il faut aller à la vérité. » (5) Ce qui est objet de croyance n'est pas toujours d'une évidence absolue; souvent quelque nuage nous cache l'invisible. Il faut que le cœur ajoute quelque chose aux raisons de l'esprit. « Le cœur a ses raisons que la raison ne connaît pas. » (6) Les rayons qui nous

(1) Descartes, *Discours de la Méthode*, première partie.
(2) *Discours de la Méthode*, quatrième partie.
(3) Platon, *Phédon*, vers la fin.
(4) Jouffroy.
(5) Platon.
(6) Pascal (Edition Havet, art. xxiv, 5.)

viennent de l'invisible ne sont pas des rayons de « lumière sèche »; (1) il faut qu'ils nous échauffent en même temps qu'ils nous éclairent. Et si la chaleur qu'ils produisent ne peut atteindre notre cœur, nous risquons fort de ne jamais croire à l'invisible. (2) Ce n'est pas tout encore. Ceux-là même qui cherchent la vérité avec leur âme tout entière, ne sont pas toujours affranchis de tout préjugé. La cité grecque est l'idéal politique de Platon. A cause d'elle, il méconnaît les droits les plus sacrés de l'homme. Aristote, épris de la grandeur du génie grec, cherche à prouver que le barbare est né pour l'esclavage. Malebranche, persuadé, comme Descartes, que la matière n'est que l'étendue abstraite des géomètres, estime que nous voyons les corps en Dieu, parce que la mesure des corps relève de la géométrie, science toute faite de vérités éternelles qui sont en nous comme des rayons de l'Eternelle vérité.

c) **L'objet de la métaphysique est le plus abstrait de tous.** — N'est-ce pas assez faire voir que les négations des sophistes et les erreurs des grands philosophes ne prouvent rien contre l'existence de l'invisible? — Il

---

(1) Bacon.

(2) Quand le cœur est droit, la preuve métaphysique est facilement acceptée. L'homme juste, par exemple, donne volontiers son assentiment aux raisons, d'ailleurs sérieuses, par lesquelles on établit que l'âme est immortelle. Il n'en est pas ainsi du méchant. Mais comment ce dernier peut-il refuser d'admettre d'excellentes preuves? — C'est que les raisonnements que font les métaphysiciens ne sont jamais de nature à forcer l'assentiment. « Il y a, dit Pascal, assez de lumière pour ceux qui ne désirent que voir, et assez d'obscurité pour ceux qui ont une disposition contraire. » (Edition Havet, art. xx, 1.) « L'assentiment de notre raison, dit saint Thomas, est parfois indépendant de notre volonté libre. Ainsi, nous ne pouvons nier l'évidence des premiers principes. Au contraire, lorsque ce qui nous est proposé n'est pas absolument convaincant, nous pouvons refuser de le croire ou tout au moins différer notre adhésion ». (*Somme théologique*, 1a 2æ, qu. xvii, art. 6).

Si l'on veut se mettre en état de voir clair dans les choses de l'ordre invisible, il importe beaucoup de réaliser l'ordre moral dans sa conduite. « *Qui facit veritatem, venit ad lucem.* » (Saint Jean. Evangile. Ch. iii, w. 20, 21).

faut bien cependant résoudre encore une objection très ancienne et toujours nouvelle contre la métaphysique. L'être en tant qu'être, dit-on, c'est le concept le plus abstrait de l'esprit humain, et par conséquent le plus vide. Aristote ne disait-il pas déjà contre les Platoniciens que l'idée la plus générale de toutes est celle qui renferme le moins de réalité? Par le même principe, Hegel a cru pouvoir identifier l'être et le néant, et soutenir que la logique des concepts, qui repose sur le principe de contradiction, est absolument sans valeur. « *Sein und nichts ist dasselbe* », disait-il. (1) Il n'est pas surprenant, dès lors, que Renan ait défini Dieu : « la catégorie de l'idéal », et que tant d'hommes, à l'heure présente, regardent l'idée de Dieu comme absolument sans valeur.

Nature et degrés de l'abstraction. — Il y a là une grande erreur, qui provient sans doute de ce que l'on se méprend sur la vraie nature de l'abstraction. Abstraire, c'est séparer mentalement : *abstrahere, séparer* ; c'est dégager l'intelligible des éléments matériels sous lesquels il nous apparaît. L'enfant se fait l'idée d'un cylindre à la vue d'un tronc d'arbre ; pour cela, il considère la forme extérieure de ce tronc d'arbre, sans faire attention à la matière que cette forme revêt. L'abstraction est une attention exclusive. Ce qu'elle exclut, c'est la matière d'abord ; ce sont ensuite les propriétés de la matière ; c'est enfin l'idée même de matière. Il y a ainsi trois degrés d'abstraction.

1° Tout d'abord, l'esprit considère les propriétés d'un corps indépendamment de la matière spéciale qui entre dans la composition de ce corps. C'est ce que saint Thomas appelle faire abstraction de la *matière individuelle*. Le chimiste, par exemple, en étudiant les propriétés d'un morceau de soufre, est bien persuadé que son analyse doit aboutir à déterminer les propriétés du soufre en général. La matière propre du morceau de soufre

---

(1) Hegel, Logique, § 88.

qu'il a sous les yeux n'a pour lui aucun intérêt. C'est à ce degré d'abstraction que correspondent les sciences physiques et naturelles.

2° Au second degré, l'esprit ne fait plus attention à aucun corps déterminé ; il considère simplement quelques propriétés communes à tous les corps, réels ou possibles. Ces propriétés sont, par exemple, le nombre, l'étendue, le mouvement. C'est ce que saint Thomas appelle faire abstraction de la *matière commune*. A ce degré d'abstraction correspondent les sciences mathématiques.

3° Enfin, l'esprit écarte même toute idée de matière. Il conçoit l'invisible. Par exemple, il se fait l'idée de la force, principe du mouvement ; de la substance, ou chose en soi, réalité cachée sous les apparences ou phénomènes. De même, il remarque une différence entre la pensée et les organes, et il conçoit une âme distincte du corps, pouvant exister sans le corps. Enfin, il s'élève jusqu'à la cause première du monde, qui est Dieu. (1)

Valeur des idées abstraites. — Cela posé, il est clair que si toute idée abstraite était sans valeur, les sciences positives, telles que la physique et la chimie, l'arithmétique et la géométrie, seraient elles-mêmes sans valeur. Cela est inadmissible. Pourquoi donc rejeter la métaphysique parce que son objet est abstrait ?

Assurément, il est des idées abstraites qui ne correspondent à rien de réel, et c'est un abus de réaliser des abstractions mal à propos. Si Platon a réellement attribué une valeur objective à de purs concepts, tels que l'unité, la pluralité, la grandeur, il a eu tort sans aucun doute. De même, Pythagore s'est trompé en prenant les nombres pour les éléments des choses. Mais c'est un abus aussi, et non moins grand, de croire que ce qui est abstrait ne peut être réel. Cela revient à nier que l'esprit humain puisse jamais atteindre la réalité. C'est par

---

(1) Voyez saint Thomas : *Somme Théologique*, première partie, question LXXXV, art. 1, *ad secundum*.

l'abstraction, en effet, que l'esprit forme les idées, et toute idée est nécessairement abstraite. Si donc toute idée abstraite était sans objet, il faudrait dire que toute idée est sans valeur.

A la vérité, abstrait signifie l'opposé de concret, mais non pas de réel. Il est même à remarquer que la plus abstraite de toutes nos idées, l'idée d'Etre absolu, représente le plus réel de tous les êtres, l'Etre réel par excellence. L'Etre absolu existe, car il ne peut pas ne pas être. Dire que l'Etre pleinement être n'est pas, c'est se contredire. Sans doute, l'idée vague de l'Etre en général n'exprime pas une réalité, mais il ne faut pas confondre, comme Hegel le fait, l'idée de l'être indéterminé avec l'idée de l'Etre absolu.

Les autres idées abstraites, comme l'idée d'homme, celle de cheval, celle de triangle, ont bien une valeur objective, autrement la science serait impossible ; mais aucune d'elles ne correspond nécessairement à un objet concret actuellement donné. Cela tient à la contingence des êtres que ces idées représentent. Du moment que ces êtres peuvent exister ou ne pas exister, ils n'existent pas nécessairement. C'est à l'expérience de nous faire savoir s'ils existent véritablement.

L'abstraction n'est donc point, par elle-même, un instrument d'erreur. L'idée même de l'être indéterminé, bien qu'elle ne corresponde à aucun être réel, a une très grande valeur. C'est en analysant cette idée qu'on découvre les premiers principes de la pensée humaine : *tout être est ce qu'il est* (principe d'identité); *tout être a sa raison d'être* (principe de raison suffisante). Ces principes sont admis de tous. Si quelqu'un les contestait, toute discussion serait impossible avec lui.

§ III. — La Méthode de la Métaphysique.

Puisque l'abstraction n'est pas nécessairement un instrument d'erreur, ce qui importe, c'est d'en faire un bon usage. Cela revient à dire qu'il faut faire un bon usage de son esprit. Les mathématiciens peuvent, sans trop de peine, se préserver de l'erreur. En physique, c'est beaucoup plus difficile. Il suffit de lire la description des expériences de Pasteur sur l'origine des infusoires, pour se convaincre qu'une grande habileté est nécessaire pour éviter toute cause d'erreur. C'est une vraie chasse de Pan, selon le mot de Bacon, que cette poursuite de la vérité par un esprit investigateur, à travers la vaste forêt des faits.

Règles de prudence à observer. — Que dire de la métaphysique? Elle demande une prudence consommée, et on comprend sans peine que les anciens aient identifié la prudence avec la connaissance de la sagesse.

Saint Thomas voit surtout dans la prudence une vertu de l'ordre pratique, mais il reconnaît que l'exercice de la raison spéculative, dans la mesure où il exige le concours de la volonté libre, appartient aussi à la prudence. (*Summa theol.*, 2ᵃ 2ᵃᵉ qu. XLVII, art. 2 ad 2.) En tout cas, l'énumération qu'il fait des parties de la prudence, suggère d'excellents conseils à l'usage des métaphysiciens.

1° *La mémoire.* Il est nécessaire de connaître les principales solutions données par les philosophes aux divers problèmes que pose la métaphysique.

2° *L'intelligence.* Il faut bien interpréter les enseignements des philosophes. Platon a-t-il vraiment attribué une réalité concrète aux idées, ou les idées de Platon sont-elles simplement ce que saint Augustin appelle les *raisons éternelles* de la pensée divine? On a fait d'Aristote un sensualiste; il ne l'est point. On a soutenu qu'Aristote niait l'immortalité de l'âme; il ne la nie point.

3° *La docilité.* Si l'on doit étudier les anciens philosophes, c'est pour mettre à profit leurs enseignements, tout en évitant leurs erreurs.

4° *La discipline.* Il y a une marche à suivre pour démêler la vérité de l'erreur. Il y a une critique philosophique. L'erreur se reconnaît à des signes certains, tels que la contradiction, l'explication insuffisante des faits, l'opposition avec les faits.

5° *L'habileté.* Ce n'est pas assez de savoir et de mettre en lumière ce que les anciens ont dit de bon; il faut, dans la mesure du possible, augmenter ce patrimoine de vérité. « *Vetera novis augere et perficere* », telle est la devise du vrai philosophe.

6° *La raison.* Pour découvrir des vérités nouvelles, on va du connu à l'inconnu, en suivant une méthode fondée sur un principe rationnel. Le métaphysicien va des phénomènes à leur cause suprasensible. Son principe est que « *tout ce qu'il y a de réalité dans un effet doit se trouver aussi, au moins au même degré, dans sa cause.* » Il estime, par exemple, que si la pensée est simple, l'âme, principe de la pensée, doit elle-même être simple.

7° *La prévoyance.* De plus, comme la vérité métaphysique est toujours combattue, on doit prévoir les objections qui pourraient être faites, et s'efforcer de les résoudre.

8° *La circonspection.* Il convient aussi de bien se rendre compte des données de la Foi, de la Science et de l'Histoire. La vérité ne saurait contredire la vérité. Toute théorie métaphysique qui heurte de front un dogme révélé, une assertion démontrée, un fait reconnu, est nécessairement entachée d'erreur. Il est même nécessaire d'avoir égard aux croyances communes. Si on croit opportun de les contredire en quelque chose, on a du même coup le devoir d'en rendre compte ; elles sont des faits à expliquer.

9° *La réserve.* Il est sage enfin de se tenir en garde contre diverses causes d'erreur, telles que les préjugés, la prévention et la précipitation dans les jugements. (*Cf. Saint Thomas, Summa th.* $2_a\ 2_{ae}$ qu. XLVIII, art. 1).

Trois procédés de la méthode en métaphysique. — Ces règles de prudence, appliquées à la métaphysique, permettent d'en déterminer la méthode. Le métaphysicien doit, ce semble, mettre en œuvre trois procédés principaux : la critique philosophique, la dialectique ou induction platonicienne, la synthèse qui consiste à comparer les doctrines métaphysiques avec des données d'un autre ordre. C'est une sorte de vérification expérimentale.

a) La critique philosophique.—Tout d'abord, s'il faut connaître et bien interpréter ce qui a été dit par les principaux philosophes sur les grands problèmes de la métaphysique, il est nécessaire aussi de déblayer le terrain en écartant les erreurs qui, malgré tout, échappent souvent aux hommes les plus perspicaces. Pour cela, on rejette toute doctrine qui ne résiste pas à un examen sérieux fait à la lumière des premiers principes de la raison humaine. Nous poserons donc les règles suivantes de critique philosophique :

1° *Toute doctrine contradictoire est fausse*, parce qu'elle va contre le tout premier principe de la pensée, ainsi formulé par Aristote : « *Il est impossible que le même soit et et ne soit pas en même temps* : τὸ αὐτὸ ἅμα ὑπάρχειν καὶ μὴ ὑπάρχειν ἀδύνατον. » (*Met.* lib. II, cap. III). Il n'est pas vrai, par exemple, comme le prétend Leibniz, que tout corps soit divisible, ou même actuellement divisé à l'infini, car l'idée d'un nombre actuellement infini implique contradiction. Tout nombre actuel est limité, bien qu'il puisse être indéfiniment augmenté. L'indéfini n'est autre chose qu'une quantité plus grande que toute limite assignable.

2° *Toute explication insuffisante d'un fait est inadmissible*, parce qu'elle a contre elle le principe de causalité, que Leibniz appelait principe de raison suffisante : *Tout a sa raison d'être*. L'explication des passions de l'âme par les mouvements du cerveau est insuffisante. « Quand je saurais, a dit Tyndall, que l'amour est un mouvement dextre et la haine un mouvement senestre, je ne saurais rien sur l'amour et la haine. » Il ne faut pas confondre condition et cause. Le mouvement des molécules cérébrales peut être l'une des conditions d'un mouvement de l'âme ; il n'en est pas la cause.

3° *Toute doctrine inconciliable avec un fait bien constaté est fausse*. Les théories sont destinées à rendre compte des faits ; elles ne doivent donc pas aller contre les faits. Malebranche prétend que Dieu est en ce monde la seule cause efficiente, l'unique acteur. « Il y a contradiction, dit-il, à ce que tous les anges et tous les hommes réunis puissent soulever un fétu ». Il est pourtant certain que tout homme non paralysé peut mouvoir son bras à volonté. La conscience nous atteste avec évidence que, dans une foule de cas, notre volonté est la cause vraie de nos actes.

Ces règles de critique philosophique ont leur utilité, sans doute, puisqu'elles servent à écarter l'erreur, mais il ne faut pas oublier que, selon le mot de Bossuet : « toute erreur est une vérité dont on abuse. » L'erreur ne séduirait pas les esprits, si elle ne renfermait pas une âme de vérité. Les matérialistes se trompent, sans doute, sur la nature de l'âme, mais ils ont attiré l'attention sur les faits qui manifestent l'union étroite de l'âme et du corps, dans l'homme ; par là ils ont fait voir l'insuffisance du spiritualisme de Cousin et la nécessité de l'expérimentation en psychologie.

b) **La dialectique ou induction platonicienne.** — Rejeter l'erreur, admettre la vérité, telle est donc l'œuvre d'une critique judicieuse et utile. Mais il faut aller plus avant dans la découverte du vrai ; tout au moins est-il nécessaire que chacun se fasse à lui-même sa vérité en s'appropriant la vérité découverte par les autres. Pour cela, il faut suivre la méthode des grands métaphysiciens, celle de Platon, notamment. Elle consiste à s'élever du sensible au suprasensible, du contingent au nécessaire, du relatif à l'absolu, du monde à Dieu, et aussi, pour ce qui regarde l'âme et les corps, du phénomène à la substance.

Saint Thomas énonce ainsi le principe de cette méthode : « *Quidquid perfectionis est in effectu, est etiam in causâ ; toute la perfection d'un être se retrouve aussi dans sa cause.* » Elle s'y retrouve formellement ou éminemment ; formellement, quand l'effet est de même nature que sa cause : un tableau de maître est la cause formelle de la copie faite par un artiste de second ou de troisième ordre ; — éminemment, quand la cause peut produire des effets variés, et tout différents d'elle-même. Un architecte distingué, par exemple, est la cause éminente de divers édifices qu'il a construits : une basilique, un monastère, un théâtre.

L'induction platonicienne est une méthode légitime : son point de départ est certain, et son principe est incontestable. Elle part des faits, et elle les interprète par une sage application du principe de causalité. Comment se fait-il que l'on puisse contester les résultats auxquels elle conduit ? — Cela tient à diverses causes : l'éducation reçue, certains préjugés, une méthode défectueuse, y sont pour quelque chose. Il y a plus à dire : la vérité métaphysique est une conquête à faire. Elle se révèle à ceux-là seulement qui la recherchent avec amour et qui font des sacrifices pour la découvrir. « La philosophie, disait Platon, est une préparation à la mort. » Autrement dit, c'est par la victoire sur soi-même qu'on arrive à connaître l'invisible. Si l'on ne sait pas se recueillir, si l'on n'impose pas silence aux passions qui troublent l'âme, si l'on ne donne pas une attention sérieuse à la raison, qui parle au dedans, jamais on n'arrivera à savoir ce que notre esprit peut connaître par ses propres forces sur Dieu, sur l'âme et sa destinée, sur la nature des choses. Le vrai philosophe ne peut que souscrire à ces belles paroles adressées à des jeunes gens : « Pour arriver à la vérité, il faut renoncer à ce qui vous est le plus cher, même aux approbations de vos amis, de vos maîtres, à la gloire, à la fortune. La vérité demande des amants pour elle-même. Allez donc à la vérité, mais allez-y par la croix. » (Fonsegrive)

La synthèse comparative destinée à contrôler l'induction métaphysique. — L'induction ne va jamais seule, car la raison a deux procédés dont elle fait un usage constant. La déduction n'est pas moins féconde que l'induction. Par la déduction, l'esprit découvre une vérité dans une autre ; en mathématiques, par exemple, théorèmes et corollaires sont tirés, par déduction, de quelques axiomes et d'un petit nombre de définitions. En métaphysique, étant donné que Dieu est l'être nécessaire, si on démontre que Dieu est l'Etre parfait, et que, par conséquent, il est un, simple, immuable, éternel, présent partout, on procède par déduction.

a) Le contrôle par la foi. — Arrivée à de telles hauteurs, la raison éprouve le besoin de contrôler les résultats de ses investigations. Quelle joie pour le métaphysicien s'il pouvait produire une sorte de vérification expérimentale de ses découvertes ! Mais comment faire? Dieu, par exemple, échappe à toute recherche expérimentale. « *Deum nemo vidit unquam* », dit saint Jean, (Ev. I, 18) et ce n'est que trop vrai. — On peut cependant expérimenter Dieu dès cette vie. Il n'y aurait pour cela qu'à faire ce que Pascal appelle « la dernière démarche de la raison. » Il faudrait, par l'amour de la vérité et par la croix, arriver jusqu'à la foi. Maine de Biran a donné cet exemple : « il est allé jusqu'au bout de sa raison », comme dit Fénelon. Parti du sensualisme de La Romiguière, il a fini par reconnaître que le catholicisme est la vérité totale. D'autres, non moins célèbres, ont aussi, en ces derniers temps, franchi le degré le plus reculé de ce que saint Thomas appelle « l'intelligible divin. » Quand ce dernier pas est fait, l'âme expérimente Dieu. Elle ne le voit pas, mais elle le sent présent en elle, tout au moins elle constate les heureux effets de cette divine influence. Il faut donc, en triomphant de l'orgueil et des passions, arriver jusqu'à ce « troisième monde » dont parle Pascal, et qu'il appelle « le monde surnaturel. »

Pour aller jusqu'au bout d'elle-même, la raison a trois démarches à faire. Elle doit d'abord aller du particulier à l'universel, de l'image à l'idée. Il faut, par exemple, qu'en tout individu appelé homme elle aperçoive la nature humaine; qu'en tout objet de forme sphérique elle découvre la nature de la sphère; qu'en tout morceau de fer elle reconnaisse les propriétés du fer. Passer du singulier à l'universel, c'est poser le principe de la science, qui a pour objet l'universel.

De l'universel, la raison s'élève à la vérité suprême, qui est Dieu. Par exemple, à propos des lois éternelles de la géométrie, elle conçoit que Dieu est « la région des vérités éternelles », selon le mot de Leibniz. C'est la seconde démarche de la raison. Tous ne la font pas. Ainsi les positivistes voient bien que le progrès de la science consiste à faire de plus en plus la synthèse des vérités partielles en une vérité plus haute, jusqu'à ce qu'on arrive à un « axiome éternel » (1) qui résume tout, mais ils ne voient pas que cet axiome éternel, c'est « le Dieu des sciences » (2), la vérité absolue.

Enfin, ceux qui parviennent à la connaissance de Dieu par la raison pure, doivent aller plus loin encore. Il leur est aisé de comprendre que Dieu a dû se révéler lui-même aux hommes; autrement, trop peu d'hommes le connaîtraient, lui qui est la fin suprême de tout homme. De plus, la connaissance rationnelle de Dieu ne peut être que tardive et incomplète; enfin l'expérience fait voir que souvent elle est mêlée d'erreurs et peu efficace pour rendre l'homme meilleur.

Si Dieu s'est révélé aux hommes, on peut savoir où est le dépôt de la Révélation divine ; des marques certaines permettent de découvrir ce trésor. Lacordaire, Gratry, Augustin Thierry, Louis Veuillot, Frédéric Le Play, François Coppée, Ferdinand Brunetière et bien d'autres, ont cru le découvrir dans l'Eglise catholique. Tout porte à croire qu'ils ne se sont point trompés, car ils ont cherché loyalement la vérité, ils se sont imposé de grands sacrifices pour la découvrir, ils ont fixé leur choix en pleine connaissance de cause, et ils se sont déclarés satisfaits du résultat de leurs recherches.

La dernière démarche de la raison aboutit donc à la Foi surnaturelle. Par elle, l'homme peut sentir l'action

---

(1) Taine.
(2) Ecriture sainte.

divine; il n'est pas réduit à contempler de loin le suprême intelligible, comme ceux qui se bornent à connaître Dieu par la seule raison. Entre la Foi et la simple connaissance rationnelle de Dieu, il y a la différence que l'on peut remarquer entre la bienfaisante action du soleil et les pâles rayons de « lumière sèche » que cet astre nous envoie, quand nous contemplons son disque à travers d'épais nuages.

La foi n'est pas inconciliable avec la science. — Mais, dit-on, la foi est incompatible avec la science, et toute métaphysique qui aboutit à la Foi surnaturelle renonce à être scientifique. « Le savant, a dit Claude Bernard, est un douteur. » La première démarche de sa raison est le doute universel. Il faut que sa pensée soit libre de toute entrave. La libre pensée, au contraire, est interdite à celui qui a la foi surnaturelle : il est des choses dont il ne peut douter sous peine de renier sa foi.

Voilà bien des équivoques accumulées. Tout d'abord, le doute universel est impossible. Il faut bien croire aux premiers principes ; sans cela on ne pourrait rien démontrer, puisque la démonstration repose, en dernière analyse, sur des vérités qui ne se démontrent pas. Or, sans démonstration, point de science.

De plus, la libre pensée est une chimère. Veut-on désigner par là le droit de se représenter et d'examiner toutes les conceptions possibles? le catholique a ce droit aussi bien que tout autre homme. Ce qui lui est interdit, c'est de croire que toutes les conceptions se valent, et que, par conséquent, il n'y a pas de vérité. Or, cela est également interdit au savant. Sans la croyance à la vérité, la science est impossible, aussi bien que la foi. Le savant est-il libre de croire que deux et deux font cinq, qu'il y a une commune mesure entre le côté d'un carré et sa diagonale, ou que la chaleur ne dilate point les corps? Comme l'a justement remarqué Auguste Comte, dès qu'il y a science, il ne saurait y avoir liberté.

Enfin, quand un savant veut prouver que la terre tourne sur elle-même, faut-il pour cela qu'il renonce à admettre cette vérité sur la foi de ceux qui la lui ont enseignée comme déjà établie par d'autres? Si un géomètre s'avise de chercher une nouvelle démonstration d'un théorème, met-il en doute, pour cela, la valeur de toute autre démonstration du même théorème? Quand saint Thomas posait cette question : Est-ce que Dieu existe? ses preuves de l'existence de Dieu étaient-elles moins convaincantes parce que, tandis qu'il les donnait, il ne cessait pas de croire en Dieu? Il faut donc distinguer le contenu d'une assertion et sa preuve.

Cette distinction établie, on verra nettement qu'en fait, la foi n'est pas incompatible avec le doute prudent qui caractérise le savant. Ce doute porte le savant à chercher une démonstration rationnelle du dogme, quand cette démonstration est possible; il ne le porte nullement à nier le dogme lui-même. Tandis qu'il cherche à établir scientifiquement les enseignements de la foi, il ne cesse pas de les regarder comme indubitables. La foi et la science ne sont pas incompatibles. Leur désaccord ne peut être qu'apparent. D'ailleurs, les cas de conflit, même apparent, sont assez rares, et ils seraient bien plus rares encore si, d'une part, on ne prenait jamais pour dogme ce qui ne l'est pas, et si, d'autre part, on ne faisait jamais passer une simple hypothèse pour une vérité scientifiquement établie.

b) **Le contrôle par la science, l'histoire et les croyances communes.** — Si donc le métaphysicien est épris d'un sincère amour du vrai, il ne peut philosopher sans tenir compte des données de la Foi. Le vrai philosophe respecte le dogme comme il a égard aux résultats bien acquis de la science. Il ne néglige pas l'histoire, qui, parfois, peut confirmer ses recherches. Certaines hallucinations correspondent à un événement qui se passe au loin. Voilà un fait incontestable depuis les recherches de MM. Gurney, Myers et Podmore. Comment le concilier avec la doctrine matérialiste? Enfin, le métaphysicien sérieux ne dédaigne pas de confronter ses conclusions avec les croyances communes, telles que la croyance au monde extérieur, la croyance en Dieu, ou à la vie future. Ces croyances sont aussi des faits, et des faits bien difficiles à expliquer, quand on s'avise de rejeter ce que tout le monde admet. Il faut pour cela une grande hardiesse, peut-être un peu de témérité, ce qui n'est pas toujours signe de vérité.

OUVRAGES CONSULTÉS :

Barthélemy-St-Hilaire. — *Métaphysique d'Aristote*. Introduction.
Elie Blanc. — *Philosophie scolastique*.
Brunetière. — *La Renaissance de l'Idéalisme*. (Conférence faite à Besançon, le 2 février 1896).
— *Le Besoin de croire*. (Conférence faite à Besançon, le 19 novembre 1898).
Fonsegrive. — *Cours de Philosophie*, tome II.
— *De l'Initiative intellectuelle*. (Quinzaine du 16 décembre 1898).
— *L'attitude du catholique devant la science*. (Quinzaine du 16 mai et du 1er juin 1898).
Gratry. — *Connaissance de Dieu*. 2º volume.
Gurney, Myers et Podmore. — *Phantasms of the Living*. (Traduction Marilley. Préface du Docteur Richet).
Ollé-Laprune. — *La certitude morale*.
Saint Thomas. — *Somme théologique*. (a) 1re partie. Question LXXXV, art. 1. *ad secundum*, sur les trois degrés de l'abstraction);
b) 2e partie de la seconde partie, question XLVII, art. 2. *ad secundum*, sur la prudence intellectuelle.

PREMIÈRE PARTIE

MÉTAPHYSIQUE GÉNÉRALE
OU ONTOLOGIE

Par le fait même que la métaphysique est la science de l'être en tant qu'être, elle doit tout d'abord s'occuper des propriétés qui appartiennent à tout être, quel qu'il soit. Ces propriétés sont appelées *transcendantales*, parce que, convenant à tout être, elles dépassent, par leur extension, (1) tous les genres et toutes les espèces : « *transcendunt omne genus.* »

Les propriétés transcendantales de l'être. — On peut envisager tout être en lui-même ou dans ses relations avec d'autres êtres.

1° **Tout être a une essence.** — Si on le considère en lui-même, on remarque tout d'abord qu'il a une nature déterminée : il répond à un nom, et ce nom est le substitut pratique d'une définition. Le mot homme, par exemple, désigne un être à part, bien caractérisé par deux propriétés essentielles : la vie animale et la raison. D'où cette définition : *l'homme est un animal raison-*

---

(1) L'extension d'une propriété est le nombre des êtres qui possèdent cette propriété. L'extension de certaines propriétés est limitée à une catégorie donnée d'êtres ; le pouvoir de sentir, par exemple, n'appartient qu'aux animaux. D'autres propriétés conviennent à tous les êtres sans exception.

nable. La définition d'un être exprime sa *nature* ou son *essence* (1)..

2° **Tout être est un.** — L'essence varie avec chaque espèce d'êtres, car elle est l'ensemble des attributs positifs que réalise chaque espèce. Mais la nature d'un être quelconque serait inconcevable sans un attribut tout négatif, qui est l'*indivision* ou l'*unité*. Tout être est un ; d'où cet axiome de la philosophie scolastique : « *Ens et unum convertuntur* », l'être et l'unité peuvent être pris l'un pour l'autre.

3° **Tout être est distinct des autres.** — Non seulement tout être est un, mais il est distinct des autres : « *indivisum in se et distinctum ab alio.* » Cela résulte de sa nature même ou de son essence. Par le fait que chaque être répond à une essence déterminée, il est distinct de tous les autres.

L'essence, l'unité, la distinction de nature, tels sont les transcendantaux que l'analyse découvre dans l'être considéré en lui-même. Quant aux relations des êtres

---

(1) L'essence d'un être est la synthèse des caractères fondamentaux de cet être, c'est-à-dire des caractères sans lesquels cet être ne serait pas ce qu'il est. Par exemple, la raison est un caractère fondamental de l'homme, parce que, sans la raison, l'homme ne serait qu'un animal. De même, si on suppose la vie animale supprimée dans l'homme, à vrai dire, l'homme n'existe plus. Ainsi, après la mort, l'âme subsiste encore, mais l'âme n'est pas l'homme. L'essence de l'homme est donc la synthèse des deux attributs sans lesquels l'homme ne serait pas l'homme.

Par là même, elle est la synthèse des deux attributs qui rendent la définition de l'homme intelligible. D'où cette autre définition de l'essence : c'est l'être intelligible d'une chose : « *ens intelligibile alicujus rei.* » Pour faire entendre ce qu'est l'homme, on n'a pas besoin de dire qu'il est doué de la parole ou capable de rire ; ce sont là des propriétés dérivées, qui, comme telles, n'entrent point dans la définition de l'homme.

Les métaphysiciens mettent une certaine différence entre la nature d'un être et son essence. Par nature, ils entendent l'essence considérée comme principe d'action.

Ils distinguent aussi l'essence purement intelligible et l'essence réalisée. Ainsi, la définition de l'homme représente une essence purement intelligible ; au contraire, un être humain quelconque, Pierre ou Paul, par exemple, est une essence réalisée.

entre eux, elles varient à l'infini, parce qu'elles dépendent de l'infinie variété des essences. A ce titre, elles relèvent des sciences particulières. C'est à la chimie, par exemple, de nous dire comment l'oxygène se comporte en présence des autres corps simples, métalloïdes ou métaux. Ces phénomènes et tous ceux du même ordre ne sont pas du ressort de la métaphysique.

Par contre, il est des relations que tout être soutient ou peut soutenir avec l'âme humaine, et non seulement ces relations sont du domaine de la métaphysique, mais elles intéressent très vivement le philosophe digne de ce nom. Les métaphysiciens du Moyen Age insistaient beaucoup sur certaines questions qui ont leur importance, mais qui ont perdu quelque chose de leur actualité. Nos contemporains lisent difficilement, par exemple, une dissertation sur l'essence et l'existence (1), sur

---

(1) Il y a, nous l'avons dit (Voyez page 24, note 1) une différence très réelle entre l'essence purement intelligible et l'essence réalisée, entre la définition de l'homme, par exemple, et un homme vivant. Mais on s'est demandé si, dans un être réel, tel que Pierre ou Paul, il y a lieu de distinguer l'essence et l'existence. Cette question est la même que celle-ci : faut-il faire une différence entre l'essence réalisée et l'existence ? Saint Thomas n'en doute pas, Suarez est d'un autre avis ; chacun d'eux a ses partisans.

Sans entrer à fond dans ce débat, bornons-nous à faire remarquer que tout homme est formé de deux composants : l'âme et le corps, et que chacun de ces éléments a son essence propre. L'âme n'est pas de même nature que le corps, et le corps diffère essentiellement de l'âme. Si deux essences sont réunies en une seule existence, il semble manifeste que l'essence réalisée n'est pas la même chose que l'existence.

Cette question a son importance en métaphysique et en théologie.

En métaphysique, on distingue l'être nécessaire et l'être contingent. L'être nécessaire ne peut pas ne pas être ; l'être contingent peut ne pas être. Or l'être contingent peut ne pas être, parce que son essence n'implique nullement son existence ; elle en diffère nettement. La définition du triangle est indépendante de l'existence de tout triangle. Si l'essence et l'existence étaient une même chose, sur quoi reposerait la distinction si importante de l'être nécessaire et de l'être contingent ? Dans l'être nécessaire seulement, l'essence et l'existence sont une même chose.

En théologie, on distingue dans le Christ deux natures unies en une seule personne. L'essence de l'humanité du Christ n'est évidemment pas

l'unité de l'être, sur le principe d'individuation. (1) Tout au contraire, de nos jours comme autrefois, l'homme qui réfléchit aux choses de l'ordre suprasensible se pose volontiers des questions telles que celles-ci : qu'est-ce que le vrai, le beau, le bien ? Le vrai, le beau, le bien sont trois aspects particulièrement intéressants de l'être.

4° **Tout être est vrai.** — Le vrai, c'est l'être en tant qu'intelligible. Et comme tout être est intelligible dans la mesure même où il est être, on peut dire avec les philosophes scolastiques que le vrai et l'être sont convertibles (2) : « *Ens et verum convertuntur.* »

Il n'en est pas ainsi du beau. Tout être n'est pas beau. Pour qu'un être soit beau, il ne suffit pas qu'il soit perçu par l'intelligence, car la vérité n'est pas belle par elle-même. Que pourrait-on trouver de beau dans cette proposition : deux et deux font quatre ? La vérité, même quand elle cause un vif plaisir à l'âme qui la connaît, n'est pas belle encore, car le beau ne s'adresse pas à l'intelligence seule ; c'est l'intelligence unie aux sens qui le perçoit. Il cause à l'âme un plaisir désintéressé de contemplation ; or, la contemplation se fait à la fois et par

---

l'essence du Verbe divin. Pourtant, ces deux essences existent en une seule existence, celle de la Personne divine de Jésus-Christ. « L'être du Verbe divin, dit saint Thomas, est communiqué à la nature humaine ; celle-ci n'a point une existence créée qui lui soit propre, ce qui ne change rien à son essence. »

(1) Le principe d'individuation est ce qui fait qu'un être a une existence à part, dans une espèce donnée. La question se pose ainsi : comment Pierre diffère-t-il numériquement de Paul, bien que tous deux appartiennent à l'espèce humaine ? Selon saint Thomas, dans les êtres où la matière entre comme élément, c'est la matière qui est le principe d'individuation. La matière est alors unie à un autre principe appelé forme substantielle, par lequel tout être corporel est ce qu'il est ; c'est le principe de l'espèce. Dans les êtres purement spirituels, il n'y a pas de différence spécifique, et chacun d'eux est à lui-même son principe d'individuation.

(2) Deux termes sont convertibles quand ils peuvent être pris l'un pour l'autre. Convertir une proposition, c'est mettre son sujet à la place de l'attribut et réciproquement. Ex : Tout animal est un être vivant sensitif ; tout être vivant sensitif est un animal.

l'intelligence, qui saisit l'idée, et par les sens, qui perçoivent l'harmonie des formes par lesquelles s'exprime l'idée. — Quoique le beau ne soit pas une propriété transcendantale de l'être, comme il relève de l'intelligence unie aux sens, il convient d'en parler après qu'on a traité du vrai.

5° **Tout être est bon.** — Quant au bien, c'est l'être en tant qu'il est désirable. Il est à la volonté ce que le vrai est à l'intelligence. Or, de même que tout être est vrai dans la mesure où il est être, de même aussi tout être est bon dans la mesure où il est être. D'où l'axiome ancien : « *Ens et bonum convertuntur* », l'être et le bien sont une même chose.

CHAPITRE II.

LE VRAI.

EXAMEN DU SCEPTICISME, DE L'IDÉALISME ET DU RELATIVISME.

Par le fait que le vrai est l'être en tant qu'intelligible, Dieu est la Vérité absolue, puisque Dieu se comprend pleinement lui-même. Aristote avait donc fort bien défini Dieu en l'appelant : la Pensée de la Pensée : « Νόησις Νοησέως Νόησις. » Ces paroles de Jésus-Christ sont plus simples encore : « *Ego sum veritas.* » Je suis la vérité,

Dieu se connaissant lui-même, connaît toutes choses en lui. Ainsi l'architecte, dans le plan qu'il a fait d'un édifice à construire, a une vue distincte de toutes les parties de cet édifice. Cette manière de connaître, propre à Dieu, saint Thomas l'appelait la vérité avant la chose : « *Veritas ante rem.* »

Par contre, il appelait vérité après la chose : « *Veritas post rem* », l'idée, d'ailleurs juste, qu'une intelligence se fait de l'objet qu'elle considère. Après avoir bien examiné un édifice, il est possible qu'on en ait une idée aussi nette que l'architecte qui l'a construit. Le naturaliste qui s'efforce, par ses classifications, de reproduire le plan de la création, crée la vérité après la chose. Toute science humaine est une vérité de cet ordre.

Nous n'avons à nous occuper, pour le moment, que de la vérité humaine, ou vérité après les choses (1). Elle se définit, comme toute vérité : la conformité de l'idée et de

---

(1) Saint Thomas parle encore d'une autre sorte de vérité : la vérité dans la chose : « *Veritas in re.* » En ce sens, une chose est vraie quand

la chose : « *Adæquatio rei et intellectus.* » Sans doute, et Pascal l'a très bien dit : « Nous ne connaissons le tout de rien »; mais si nous ne pouvons nous faire une idée rigoureusement exacte d'aucune chose réelle, il est certain que nos idées sont parfois suffisamment justes pour que nous soyons assurés d'être dans le vrai.

Il est des hommes, pourtant, qui déclarent la vérité inaccessible; ce sont les *sceptiques*. Pour eux, tout passe, rien ne demeure, rien n'existe. Il n'y a que de vaines apparences. Ce qui paraît vrai à chaque homme est vrai au même titre : le miel est doux pour les uns, amer pour les autres.

Les sceptiques nient la possibilité de la science. D'autre part, certains hommes pensent que la connaissance, scientifique ou non, (1) n'implique pas la distinction d'un sujet et d'un objet. Ils sont *idéalistes*, car on appelle *idéalisme* la doctrine qui identifie le sujet et l'objet de la connaissance. Et à ce propos, il y a lieu de distinguer l'*idéalisme subjectif*, dont la formule est que toute la réalité de l'être consiste dans la perception que nous en avons : « *esse est percipi* », et l'*idéalisme objectif*, qui absorbe le sujet connaissant dans l'objet connu, en admettant que le monde prend progressivement conscience de lui-même et devient le *moi absolu*, c'est-à-dire l'unique sujet connaissant, et de plus en plus connaissant.

---

elle est conforme à l'idée qui lui correspond dans notre esprit. L'édifice construit selon le plan de l'architecte offre un exemple de ce genre de vérité. Nous disons parfois qu'un son est faux, qu'un métal est faux ; c'est que ce son ou ce métal ne répond pas à l'idée que son nom éveille dans l'esprit.

(1) On distingue la connaissance vulgaire et la connaissance scientifique. La connaissance vulgaire s'en tient aux phénomènes ; elle ne pénètre pas les causes. La connaissance scientifique a pour objet les causes des phénomènes. Le savant constate l'effort de la tempête aussi bien que l'homme du peuple ; de plus, il sait par quel enchaînement de causes la tempête se produit. La connaissance vulgaire est souvent trompeuse parce qu'elle s'arrête aux apparences ; la connaissance scientifique est exempte d'erreur. La connaissance vulgaire ne repose point sur des raisons démonstratives ; au contraire, « le caractère de la science est la démonstration. »

Enfin, certains hommes admettent que toute idée juste implique deux termes : un sujet qui pense et un objet qui est pensé, mais ils prétendent que nous ne pouvons connaître aucune chose telle qu'elle est elle-même. Selon Kant, par exemple, nous connaissons les choses, non pas telles qu'elles sont en elles-mêmes, mais telles qu'elles nous apparaissent à travers les *formes a priori* (1) de notre sensibilité et les *catégories* de notre entendement. En d'autres termes, d'après ce philosophe, nous imposons aux choses les lois de notre esprit, et par là même nous ne pouvons pas connaître les choses telles qu'elles sont. Cette théorie de la connaissance, que Kant appelait *criticisme*, est un véritable *relativisme*, puisqu'elle aboutit à cette conclusion : nous ne connaissons pas les choses, mais les relations des choses avec notre esprit. Il y a eu d'autres relativistes depuis Kant, par exemple : Bain, Mancel, Spencer, Hamilton.

Le scepticisme, l'idéalisme, le relativisme, voilà trois doctrines qu'il convient d'écarter avant de donner une solution affirmative de ce problème : pouvons-nous connaître la vérité ?

(1) La sensibilité, pour Kant, c'est la faculté de connaître les objets extérieurs. La connaissance du monde extérieur est soumise, dit-il, à deux conditions : l'espace et le temps. Les notions d'espace et de temps, selon lui, sont antérieures à toute expérience ; elles sont *a priori*, innées par conséquent ; seulement, elles ne sont pas innées à l'état d'idées claires et distinctes ; elles sont des virtualités, des dispositions latentes, des formes qui se manifestent lorsque le choc de l'expérience les fait passer de l'état virtuel à l'état actuel, de la puissance à l'acte.

L'entendement, d'après la définition de Kant, est la faculté de juger. Pour faire un jugement, nous groupons ensemble deux ou plusieurs données de l'expérience à l'aide d'une idée innée, l'idée de cause par exemple, ou celle de succession, ou celle de relation. L'idée qui sert ainsi à grouper les données de l'expérience s'appelle *catégorie*, ou mode de l'affirmation. Quand on dit : l'air est nécessaire à la vie, on groupe deux données de l'expérience sous la catégorie de nécessité.

Pour résoudre le problème fondamental de sa philosophie : Que puis-je savoir ? Kant a fait l'examen de nos moyens de connaître. C'est ce qu'il appelle la *Critique de la Raison pure*. De là le nom de *criticisme* donné à sa théorie de la connaissance.

§ 1. — Le Scepticisme.

A l'heure présente, le scepticisme semble bien compromis. Comment dire que la science est impossible, en un siècle où son prestige est si grand ? Loin de nier la science, on serait plutôt exposé à en exagérer la portée. Naguère encore, dans l'enivrement de son succès, la science positive promettait de résoudre les plus redoutables énigmes : *D'où venons-nous ? Pourquoi vivons-nous ? Où allons-nous ?* De plus, elle prétendait fonder une morale purement scientifique, et assurer ainsi le bonheur de l'humanité.

Ces promesses n'ont pas été tenues, et ces prétentions ont abouti à des « faillites partielles et successives. »

On peut relever « les ignorances de la science », et on l'a fait; mais on ne peut nier son existence, et il serait injuste de ne pas reconnaître les services qu'elle a rendus.

Considéré comme négation de la science, le scepticisme n'est donc plus possible. Quand on parle de sceptiques, à l'heure présente, on désigne ou des indifférents, qui n'ont aucune religion, ou des phénoménistes, qui nient la substance, ou des dilettantes, qui ne prennent pas la vie au sérieux et n'acceptent aucun dogme philosophique. Il n'y a plus de sceptiques proprement dits.

Il y en eut autrefois, il y en eut même dans les temps modernes, et on peut avec profit examiner leurs arguments, parce que cette discussion est une preuve indirecte de la thèse opposée à celle que ces arguments tendent à établir. Il est bon de faire voir que les sceptiques ont fait de vains efforts pour soutenir que l'esprit humain est incapable d'arriver à la vérité.

A) Arguments des sceptiques contre la connaissance sensible : les erreurs des sens et la relativité de leurs données. — Tout d'abord, un fait qui frappait beaucoup de sceptiques anciens, Pyrrhon et son école (1), c'est que parfois nos sens nous trompent : nous croyons voir ce que nous ne voyons pas, entendre ce que nous n'entendons pas, toucher ce que nous ne touchons pas. Et quand les données de nos sens paraissent correspondre à quelque réalité, elles sont relatives, c'est-à-dire qu'elles dépendent de la grandeur, de la distance et de la situation des objets, du milieu à travers lequel on les perçoit et de l'état des organes de celui qui les perçoit. — Rien n'est plus vrai, nos sens nous trompent quelquefois, et leurs données sont relatives. Les psychologues constatent ces faits et les expliquent. Ils disent aussi qu'il est possible et même facile de se tenir en garde contre les erreurs des sens. Pour cela, on tient compte de l'état des organes, on n'interroge chaque sens que sur les données qu'il peut fournir, on se place à une distance convenable des objets à percevoir, on contrôle un sens par un autre, et au besoin on consulte les personnes voisines, pour savoir si elles perçoivent les choses que l'on perçoit soi-même, et si elles les perçoivent de la même manière. Quant à la relativité des données sensibles, elle est incontestable, mais elle n'empêche pas l'homme de faire la science, puisque la science existe. La raison sait interpréter les données des sens : le bâton plongé dans l'eau paraît brisé, mais la raison fait voir qu'il ne l'est point. La même note musicale est donnée par des instruments très divers, mais la raison prouve, à l'aide d'expériences appropriées, que cette note correspond toujours au même nombre de vibrations fondamentales. Ainsi, la raison perçoit l'universel, malgré la variabilité des phénomènes, et par là se fait la science, qui a pour objet l'universel.

B) **Arguments des sceptiques contre la raison.** — Pour faire la science, la raison procède de deux manières : elle va des effets aux causes, par l'induction, ou

---

(1) Pyrrhon florissait vers l'an 340 av. J.-C. Il était contemporain de Zénon, fondateur du stoïcisme, et d'Epicure, qui a donné son nom à l'épicurisme.

bien, par la déduction, elle dégage les conséquences de leurs principes. Le fondement de l'induction est le principe de causalité : *tout fait a une cause ;* tandis que la déduction repose sur le principe d'identité : *toute chose est ce qu'elle est.*

Ænésidème, chez les anciens, Hume chez les modernes, ont attaqué le principe de causalité. Hume raisonne beaucoup plus savamment que son prédécesseur.

a) **Arguments de Hume.** — 1° Nos sens, dit-il, ne nous font connaître aucune cause particulière. Par eux, nous pouvons constater que deux phénomènes se suivent, mais non pas que l'un est cause de l'autre. Le choc de la boule A contre la boule B est suivi du mouvement de la boule B ; rien ne dit qu'il a déterminé ce mouvement.

2° La conscience ne nous en apprend pas plus long sur la cause. Je veux mouvoir le bras et mon bras se meut ; il y a là une succession de phénomènes, mais je ne puis rien affirmer de plus, parce que j'ignore par quels secrets ressorts ma volonté peut mouvoir mon bras, si tant est qu'elle le meut réellement.

3° Un objet quelconque étant donné, personne n'est en état de deviner les effets qu'il peut produire. Adam, malgré toute la pénétration de son esprit, ne pouvait supposer qu'en demeurant trop longtemps la tête plongée dans l'eau, il serait suffoqué. Donc, la raison ne connaît pas *a priori* les causes des événements.

Aussi bien, cela est impossible. Par définition, un effet est autre chose que sa cause ; il ne peut donc être connu dans sa cause. Celle-ci ne le contient pas, car il en est totalement distinct.

Puisque nous ne pouvons connaître les causes ni *a priori*, ni par l'expérience, il faut dire que nous ne les connaissons point du tout.

Il faut dire plus encore : les causes, en définitive, n'existent point en dehors de nous. Ce que nous appelons cause est un fait tout subjectif ; c'est une connexion mentale, une association d'images établie en nous par une succession d'expériences fréquemment renouvelées.

Cette connexion mentale se révèle à notre conscience par une *attente*. Si, par exemple, nous approchons la main du feu, nous nous attendons à être brûlés, et nous traduisons ce fait dans le langage en disant : le feu est cause de la brûlure.

Comment affirmer, après cela, que le principe de causalité est un principe essentiel de la raison humaine?

Examen des arguments de Hume. — Tout d'abord, il est faux de dire que jamais l'expérience ne nous révèle la cause. Les corps nous opposent une résistance, et par là nous font connaître une force, un principe d'action nettement distinct de nous. Tout au moins nous expérimentons directement la cause en nous-mêmes. Je veux mouvoir mon bras, et mon bras se meut ; qu'importe que je connaisse ou non le mécanisme de ce mouvement ? Le malheureux qui se donne la mort par asphyxie a-t-il donc besoin de savoir par suite de quelle combinaison chimique la mort va résulter de son action criminelle ? Que je sache ou non comment je meus volontairement le bras, je suis la cause de ce mouvement, et j'ai conscience d'en être la cause. Par là, je puis acquérir l'idée de cause. Et si mon bras ne pouvait se mouvoir, si j'étais paralysé ou si j'avais les mains liées, j'aurais conscience cependant de l'effort accompli pour mouvoir mon bras. Par là encore, je pourrais acquérir l'idée de cause.

Cette idée une fois acquise, la raison l'analyse et en dégage le principe de causalité, qui y est contenu comme en son germe. La cause, c'est ce qui produit quelque chose. Ce qui est produit est donc produit par une cause. Et la raison ne peut renoncer à ce principe sans renoncer à elle-même.

Quant à deviner les effets dans leurs causes sans le secours de l'expérience, il est vrai, la raison ne le peut, mais cela ne prouve rien contre le principe de causalité. Adam ne savait pas que l'eau peut suffoquer l'homme ; qu'importe, cela ne l'empêchait pas de croire fermement que tout fait a sa cause, et de déterminer les causes diverses des faits qui se produisaient sous ses yeux.

Mais comment déterminer la cause d'un fait, disait Hume, puisque, par hypothèse, l'effet diffère totalement de sa cause ? Il n'est pas bien sûr que l'effet diffère si absolument que cela de sa cause. Il en diffère numériquement, oui, mais non spécifiquement. En général, tout être vivant est de même espèce que ses parents. Le feu qui dévore une maison est de même nature que l'étincelle qui a allumé l'incendie. Il y a toujours au moins une analogie visible ou cachée entre un effet et sa cause. Ce qui est sûr, c'est qu'on ne s'y trompe pas. Deux faits peuvent se succéder éternellement sans que nous regardions l'un comme la cause de l'autre. Le jour n'est pas cause de la nuit, et la nuit n'est pas cause du jour. Par contre, nul n'est tenté de dire que les dégâts constatés après un ouragan ont été causés par des bandes d'oiseaux qu'on a vus s'enfuir çà et là aux approches de la tourmente.

Que deux faits puissent se succéder constamment sans que personne s'avise de regarder le premier comme la cause du second, cela prouve manifestement que la causalité ne se ramène pas à une simple attente toute mécanique d'un événement après un autre. Cette attente est d'un tout autre ordre que le principe de causalité, parce que l'évidence rationnelle ne ressemble en rien à une simple association d'images. Celle-ci d'ailleurs, résultat d'une expérience restreinte, est parfois trompeuse : on a eu tort, par exemple, d'associer invariablement la couleur blanche à la forme du cygne, puisqu'il y a des cygnes noirs. Au contraire, le principe de causalité ne comporte aucune exception ; il est impossible qu'un être quelconque puisse se produire lui-même. Pour qu'un être fût sa propre cause, il faudrait qu'il existât avant d'exister, ce qui est absurde.

b) **Le diallèle.** — Les arguments de Hume, on le voit, ne sont pas irréfutables. Il y a une autre manière d'attaquer la science, c'est le *diallèle*, qui résume les cinq tropes d'Agrippa contre la certitude. On peut le formuler ainsi : la science se fait par la démonstration, et la démonstration consiste à prouver une proposition par une autre ; cette autre proposition, ou on ne la prouve pas, ou on l'établit à son tour par une autre proposition ; dans le premier cas, on admet sans preuve, et la science repose sur une simple *hypothèse ;* dans le second cas, il y a *progrès à l'infini;* d'où, pas de démonstration ; d'où, pas de science. De toute façon donc, la science est impossible.

Examen du diallèle. — Cette argumentation suppose que toute vérité doit être démontrée ; or il n'en est pas ainsi. Il y a des vérités évidentes par elles-mêmes et qui entrent, comme principes, dans la démonstration des autres vérités. Tels sont les premiers principes : tout fait a une cause ; les axiomes : deux quantités égales à une même troisième sont égales entre elles ; les définitions : le triangle est un polygone de trois côtés. Il n'y a donc pas de *progrès à l'infini ;* on ne peut tout démontrer ; il faut s'arrêter à des principes évidents par eux-mêmes. Ces principes ne sont pas des *hypothèses,* puisqu'ils sont évidents par eux-mêmes. Une hypothèse est une supposition, non une assertion évidente.

Par son adhésion aux principes de la démonstration, l'esprit manifeste sa confiance naturelle en lui-même : il est fait pour la vérité ; spontanément il admet les vérités évidentes par démonstration. Les plus déterminés sceptiques ont eux-mêmes foi en cette véracité naturelle de l'esprit, sans quoi ils ne chercheraient pas à prouver que nous ne pouvons rien savoir avec certitude. L'argumentation d'Agrippa, au fond, revient à dire : c'est une vérité indéniable que nous ne pouvons connaître aucune vérité.

c) **Arguments généraux des sceptiques.** — Si le dernier effort du scepticisme aboutit à une semblable contradiction, il est à croire que d'autres arguments souvent invoqués contre la certitude scientifique ou métaphysique sont également peu fondés en raison. Tels sont les raisonnements qui reposent sur la fréquence de l'erreur, la *faiblesse de l'esprit humain* et la *variété des opinions.*

1° **L'erreur.** — C'est un fait connu : nous nous trompons souvent : *errare humanum est*. Mais comment saurions-nous que nous nous trompons, si notre esprit était incapable de vérité ?

2° **La faiblesse de l'esprit humain.** — « Nous ne savons le tout de rien », a dit Pascal. — Soit, mais cela prouve-t-il que nous ne savons rien du tout ?

3° **La variété des opinions.** — « Il n'est rien dont on ne dispute en philosophie, disait Descartes, et qui par conséquent ne soit douteux. » Ces deux assertions sont fausses, et en tout cas, l'une n'est pas la conséquence de l'autre. On ne dispute pas de tout en philosophie ; il y a une philosophie éternelle : « *Est quædam perennis philosophia,* » disait Leibniz. Aucun grand philosophe n'est athée ; tous ou presque tous affirment l'immortalité de l'âme et la nécessité d'accomplir librement le bien. D'autre part, de ce qu'une proposition est contestée, on ne peut conclure que, prise en elle-même, elle est douteuse. Si nous ne pouvons regarder le soleil en face, nous avisons-nous de contester son éclat ? De même, il n'est pas logique de mettre en doute la vérité, parce que notre esprit ne l'aperçoit pas toujours clairement. Au reste, très souvent, les opinions opposées se concilient dans une vérité plus haute : chacune d'elles renferme une âme de vérité, parce qu'elle représente un point de vue spécial des choses.

§ II. — L'Idéalisme.

Notre esprit est un instrument de vérité ; autrement il serait inutile d'essayer d'en faire usage. Mais pouvons-nous atteindre la réalité, c'est-à-dire les choses telles qu'elles sont en dehors de nous, ou faut-il penser que la vérité consiste simplement dans l'accord de l'esprit avec lui-même ? Pour Kant et pour les positivistes anglais contemporains, la vérité n'est autre chose que l'accord constant de nos représentations. A l'heure présente, beaucoup de gens adoptent cette manière de voir.

Définir ainsi la vérité, c'est énoncer la formule de l'*Idéalisme*. Kant s'est vivement défendu d'être idéaliste ; à coup sûr cependant, il a posé le principe de cette doctrine. Pour ce qui regarde le positivisme anglais, il est nettement idéaliste (1).

(1) D'après les positivistes, l'esprit humain peut connaître les vérités d'expérience ou vérités *positives*; mais il ne peut arriver à résoudre les questions métaphysiques, parce qu'elles ne relèvent pas de l'expérience. D'une part donc, le positivisme est la négation de la métaphysique; d'autre part, il affirme que la science a uniquement pour objet les faits et leurs relations constantes, c'est-à-dire leurs lois. L'étude des causes suprasensibles étant interdite à l'esprit humain, il faut entendre par cause l'antécédent invariable d'un phénomène. Telle est l'acception scientifique de ce mot.

On distingue le positivisme français et le positivisme anglais. Le premier est celui d'Auguste Comte ; le second est celui de Stuart Mill, Bain, Spencer, Mansel, Lewes, Hamilton. Les différences qui les séparent sont assez nettes.

1º Auguste Comte ne comptait pas la psychologie parmi les sciences ; elle n'était pour lui qu'un chapitre de la biologie. Les positivistes anglais font une large place à la psychologie et à la logique.

2º Auguste Comte n'admet rien au delà des phénomènes. Les positivistes anglais reconnaissent une réalité que l'expérience ne peut atteindre, et qui, par conséquent, est pour eux inconnaissable.

3º Auguste Comte était matérialiste ; les positivistes anglais sont idéalistes.

Le positivisme n'est, au fond, que le vieil empirisme contre lequel luttait déjà Platon.

S'en tenir aux faits est une impossibilité. Toujours l'âme humaine recherchera les causes dernières des faits. L'homme, dit M. de Quatrefage, est un animal moral et religieux.

La science dépasse nécessairement les faits, puisqu'elle a pour objet l'universel, qui est toujours et partout le même. La vérité scientifique ne dépend ni des temps ni des lieux. Elle est antérieure et supérieure aux faits ; elle les régit, elle ne les résume point.

Enfin, la cause n'est pas un simple antécédent invariable. La lumière est l'antécédent invariable de la vision ; elle est la condition nécessaire de la vision, mais elle n'en est pas la cause. De même, l'air est l'antécédent nécessaire, la condition de la vie des animaux et des plantes ; il n'est pas le principe de la vie. (Voyez sur Auguste Comte et le Positivisme notre *Histoire de la Philosophie*, chapitre XXIII).

Le propre de tout positivisme, en effet, est de ne s'en rapporter qu'à l'expérience. Or, depuis Hume, la philosophie anglaise soutient que l'expérience ne dépasse point les limites de la conscience. Tout se ramène donc aux faits de conscience (1) et à leurs relations dont rien, d'ailleurs, ne saurait garantir la permanence. D'après cette théorie, une loi physique n'est que la possibilité plus ou moins constante de deux ou de plusieurs sensations (2). Nous disons : l'eau bout à cent degrés ; c'est là une simple association d'images (3), et elle est toute provisoire. Par le fait, la physique et toutes les sciences expérimentales sont aussi provisoires que les associations qui ont servi à les former. Les représentants contemporains du positivisme anglais, Stuart Mill, Bain, Lewes, acceptent hardiment ces conséquences de leurs principes. Il n'y a pour eux aucune vérité qui ne puisse être démentie demain.

L'idéalisme des successeurs de Kant n'est pas moins connu que celui des positivistes anglais.

Tout d'abord, si Kant lui-même n'est pas idéaliste, c'est par une pure inconséquence. « Toute connaissance des choses tirée de l'entendement pur et de la raison pure n'est que pure illusion, dit-il, et c'est dans l'expérience que réside la vérité. Ma doctrine est tout le contraire de l'idéalisme proprement dit. » — Soit, mais de

---

(1) Les faits de conscience sont ainsi appelés parce qu'ils nous sont connus par la conscience. Ce sont nos connaissances, nos efforts, nos plaisirs et nos peines. La conscience est le sentiment intérieur que nous avons des faits de cet ordre.

(2) Une sensation est une impression consciente produite dans l'organe de l'un quelconque de nos sens. Exemples : la sensation de lumière, la sensation de chaleur.

(3) Les images sont des représentations intérieures d'ordre sensible. Tout homme peut se représenter mentalement les paysages, les monuments qu'il a vus, les personnes qu'il connaît, des figures de géométrie, etc. Les images s'associent dans notre esprit ; elles s'éveillent l'une l'autre. Une épave vue sur la plage fait songer au naufrage d'une barque de pêcheurs. Tous nos états de conscience obéissent à la loi d'association. Un étudiant, passant devant la Faculté des Lettres, songe aux émotions douloureuses causées par l'insuccès d'un examen.

quel droit admettre la valeur objective des données sensibles quand on déclare illusoires toutes les données de l'entendement pur et de la raison pure? L'un des disciples immédiats de Kant, Fichte, se chargea d'appliquer aux intuitions sensibles (1) ce que Kant avait dit de l'entendement pur et de la raison pure.

Idéalisme de Fichte. — Il est imposible, selon Kant, de démontrer que les données de la raison : *formes a priori de la sensibilité, catégories de l'entendement, idées* (2), correspondent à quelque réalité placée au dehors de nous. — S'il en est ainsi, il faut aller plus loin et dire que la valeur objective de nos intuitions sensibles n'est pas mieux établie. On peut donc, en bonne logique, considérer les données de nos sens comme des phénomènes purement subjectifs. Tel fut le point de départ de Fichte.

Ce principe une fois posé, il en conclut que toute réalité ne pouvait être qu'une création du moi, et que toute existence se ramenait à une perception. C'est l'*idéalisme subjectif*, d'après lequel le moi est tout, et le reste rien.

Selon Fichte, le moi se pose d'abord lui-même, par un acte de liberté pure; et comme il peut se replier sur lui-même, il découvre en lui-même, par la réflexion, le sujet et l'objet de la connaissance. En même temps, il découvre que la connaissance qu'il a de lui-même est limitée, et par là il pose le *non-moi*, qui n'est autre

---

(1) On appelle intuition la vue immédiate d'un objet. Kant réservait ce nom aux données immédiates de nos sens. Selon lui, pour former ce jugement : le feu est cause de la brûlure, l'entendement *subsume*, à l'aide de la catégorie de cause, les deux intuitions de feu et de brûlure. Subsumer, dans la langue de Kant, signifie grouper. — Sur les catégories ou modes de l'affirmation, voyez page 31, note 1.

(2) Les *idées*, pour Kant, sont des points de vue suprêmes des choses. L'idée de Dieu sert à grouper tous les phénomènes de l'univers; l'idée d'âme permet de considérer dans leur ensemble tous les phénomènes psychologiques; enfin, par l'idée du *cosmos* on fait la synthèse des faits qui se passent dans le monde visible. Il y a trois idées seulement : Dieu, l'âme et le cosmos. — Au sujet des formes *a priori* de la sensibilité et des catégories de l'entendement, voyez la note 1 de la page 31.

chose que la limite même du moi. Seulement, cette limite, le moi tend à la reculer indéfiniment : il aspire sans cesse à sortir de lui-même, ou plutôt à prendre de plus en plus conscience de lui-même.

Quoi qu'il en soit, tout procède du moi. Le monde n'en est qu'une irradiation. Dieu, c'est le moi considéré comme absolu. Il y a deux moi : l'un n'est que la conscience des phénomènes ; il constitue l'individualité de chaque homme ; l'autre est la substance infinie, le moi absolu, Dieu.

Dieu est un idéal que nous poursuivons sans cesse. On ne peut l'atteindre que par la foi. Il n'est pas objet de science, parce que la science ne connaît que les phénomènes. La perfection suprême de l'homme consiste à absorber le moi fini dans le moi absolu.

Appréciation. — Il y a dans la doctrine de Fichte trois assertions inacceptables pour quiconque admet les premiers principes de la raison :

1° Le moi se pose lui-même. — Et comment cela ? Peut-il être sa propre cause ? Si le moi individuel sort des profondeurs du moi absolu, quelle est la cause de ce passage de l'inconscient à la vie consciente ?

2° Le moi crée le monde. — Dès lors comment s'expliquer la résistance que le monde oppose sans cesse au moi ?

3° Dieu n'est pas, il devient. — Mais conçoit-on qu'un être quelconque puisse de lui-même passer du moins au plus ? Cela ne se peut. Tout passage du moins au plus suppose une cause suffisante, c'est-à-dire un être qui possède déjà, à un degré éminent, la perfection qu'il communique. Tout passage de la puissance à l'acte suppose un être déjà en acte, disait Aristote. L'acte prime la puissance ; tout mouvement suppose un moteur.

Idéalisme de Schelling. — Fichte était parti du moi individuel ou phénoménal pour arriver à la conception du moi absolu. Schelling, successeur de Fichte dans la chaire de philosophie de l'université de Berlin, prit l'absolu comme point de départ et identifia tout dans l'absolu. Au fond, sa doctrine n'est que le développement logique de celle de Fichte, Par le fait même que, selon Fichte, le moi phénoménal finit par concevoir le moi absolu, et en le concevant ne fait que prendre plus pleinement conscience de lui-même, il est clair qu'en dernière analyse, tous les moi s'identifient dans une substance unique, qui est l'absolu, Dieu. Il faut donc conclure à l'identité parfaite du sujet et de l'objet, du moi et du non-moi, du monde idéal et du monde réel, de la raison humaine, et de l'intelligence divine. Par conséquent, c'est avec raison que la philosophie de Schelling a été appelée philosophie de l'identité. On l'appelle aussi *idéalisme objectif*, parce qu'elle débute par l'affirmation *a priori* de l'absolu, au lieu de partir du moi individuel, qui se connaît par la réflexion.

Bien que tout, au fond, soit identique, l'absolu se divise en quelque sorte lui-même : il a deux pôles, l'un est la pensée divine, l'autre est l'univers. Quant à la raison humaine, elle n'est que l'effort intellectuel par lequel nous prenons conscience de la pensée éternelle. « L'univers est l'expression identique de la pensée divine, et la raison humaine est l'expression identique de l'intelligence de Dieu, conséquemment de l'univers. Le monde idéal est le type et la cause du monde visible ; le monde visible en est l'image et la manifestation... » Mais il est bien entendu que les deux mondes n'en font qu'un : « Il n'y a qu'un monde, une même plante, dont tout ce qui existe sont les feuilles, les fruits, sans autre différence que celle du degré de développement ; c'est un univers un, unité éternelle, immortelle, immuable. »

Appréciation. — La méthode de Schelling est défectueuse. Elle procède par l'affirmation *a priori*. 1° Il ne suffit pas de poser l'absolu ; il faut faire voir qu'il existe, et pour cela, il faut partir des faits. L'expérience doit toujours être consultée par le philosophe.

2° Si tout est un, si tout s'absorbe dans l'absolu, comment expliquer le sentiment si vif que chacun de nous a de son individualité ? D'autre part, pourquoi notre raison établit-elle une distinction si nette entre le fini et l'infini? Puis, dans une telle doctrine, que devient la liberté morale? Si nous sommes identiques à Dieu, quelle différence y a-t-il entre le bien et le mal? Tout n'est-il pas également bien, puisque chaque événement est une manifestation de l'être divin?

3° Qu'est-ce enfin que cet absolu qui est imparfait? Il y a là une contradiction. L'absolu est l'être parfait, ou, s'il devient, s'il progresse, il dépend d'un autre être, et par conséquent n'est pas l'absolu. Tout être qui devient, a sa cause en dehors de lui. La puissance suppose l'acte. Le mouvement ne s'explique que par un moteur. L'être prime le devenir.

Idéalisme de Hegel. — Ces critiques s'adressent à la philosophie de Hegel aussi bien qu'à celle de Schelling. Hegel est mort plus de vingt ans avant Schelling; il a occupé avant Schelling la chaire de Fichte, à Berlin, et cependant sa philosophie n'est autre chose que le complet épanouissement de celle de Schelling. La philosophie de Hegel est *l'idéalisme objectif absolu.*

Pour Hegel comme pour Schelling, tout est un, et l'un, c'est l'absolu. Schelling avait affirmé l'absolu; Hegel cherche à le démontrer, mais toujours par la méthode *a priori*. Et il identifie plus nettement encore que Schelling la réalité et l'idée. L'absolu, dit-il, c'est « l'esprit qui, en se développant, apprend à se savoir comme tel.»

L'absolu n'est pas, il devient; et c'est en prenant conscience de lui-même qu'il devient. C'est par la science qu'il atteint sa pleine réalisation. La science est sa vie; elle est la réalité qu'il construit de sa propre substance; elle est l'idéal qu'il poursuit sans cesse. C'est précisément parce que la science est à la fois la réalisation de l'absolu et l'idéal poursuivi par l'absolu, que l'identité de l'idéal et du réel est manifeste.

Puisque l'absolu est un devenir, sa réalisation comporte des degrés. Autrement dit, l'idéal et le réel ne sont pas identiques de prime abord; ils le deviennent progressivement. Tant que l'absolu ne se connaît pas comme absolu, tant qu'il n'a pas l'idée de lui-même, il n'est pas réel, il est en voie de se réaliser, il accomplit son évolution.

Cette évolution se fait suivant un rythme. Elle compte trois phases : la *thèse*, l'*antithèse* et la *synthèse*. L'absolu se pose lui-même, c'est la *thèse* ; puis il sort de lui-même, c'est l'*antithèse*; enfin il rentre en lui-même, c'est la *synthèse*. Par la *thèse*, l'absolu prend conscience de lui-même, mais, dans cet acte de conscience, il ne distingue pas encore nettement le sujet et l'objet. L'*antithèse*, c'est la conscience nette de soi, c'est la science. Enfin, la *synthèse* est la conscience du savoir, c'est la science de la science ; c'est l'idée pleinement réalisée.

Cependant il ne suffit pas que ce rythme s'accomplisse une fois seulement pour que l'idée atteigne son entier développement ; non, c'est par une suite régulière de thèses, d'antithèses et de synthèses qu'elle se forme, et le monde n'est autre chose que cette série de progrès successifs. L'évolution de l'idée constitue la création.

Appréciation : 1° La méthode a priori est dangereuse en philosophie. — Cette philosophie n'est qu'un tissu d'abstractions. Comme Schelling, Hegel abuse étrangement de la méthode *a priori*. Et le piquant de la chose, c'est que Schelling se moquait de Hegel à ce propos. « L'idée, on ne sait pourquoi, dit Schelling, peut-être pour faire diversion à l'ennui de son existence purement logique, s'avise de se décomposer en ses moments, qui constituent, dit-on, la création. »

2° Hegel identifie le réel et l'idéal. — Sans insister sur ce grief, sans, d'ailleurs, redire longuement que le fini et l'infini ne sont pas identiques, que chacun de nous a conscience d'être une personne, c'est-à-dire un individu distinct des autres et doué de liberté morale, que l'être parfait ne peut être un devenir, parce que l'être prime le devenir, il est nécessaire de distinguer soigneusement l'idéal et le réel. L'idée n'est pas la substance du monde, quoi qu'en ait dit Hegel, et l'ensemble des choses n'est pas une évolution perpétuelle et bien rythmée de l'idée.

Sans doute, l'idée est nécessaire et éternelle ; de plus, elle n'est pas étrangère à la réalité concrète ; elle y est contenue, et c'est là que l'intelligence humaine la découvre. Il y a donc au fond des phénomènes qui changent sans cesse, quelque chose qui ne change pas ; et ce principe immuable est l'idée. Mais il ne suit pas de là que l'idée soit la substance des choses. Hegel a trop dédaigné l'observation psychologique. Elle lui eût appris que l'idée est l'œuvre de notre esprit, qui, par abstraction, la dégage des données sensibles. L'idée est effet avant d'être cause, et si elle est cause, c'est de nos actes, non de l'existence des choses.

En Dieu seul, l'idée est identique à l'être. L'idée par laquelle Dieu se connaît lui-même est la même chose que son Etre divin ; en Dieu seulement s'identifient l'idéal et le réel, l'ordre logique et l'ordre ontologique, l'essence et l'existence. Mais ce n'est point là ce que Hegel a voulu dire. Il a absolument identifié l'idée et les choses. Selon lui, « tout ce qui est rationnel est réel, et tout ce qui est réel est rationnel. » — Les faits démentent visiblement cette assertion.

3º Hegel identifie l'être et le néant. — Ce n'est pas tout. A force d'identifier ce qui doit être distingué, Hegel en est venu à déclarer que l'être et le néant sont une même chose. « Das Sein und Nichts ist dasselbe. » (Hegel, *Logique*, § 88). Il va même jusqu'à dire que l'identité des contraires est le signe de la vérité.

Rien n'est plus faux ; mais, dit Hegel, il y a deux logiques. L'une repose sur le principe de contradiction : « *Les contraires ne sont pas identiques* » ; l'autre repose sur l'identité des contraires. L'une est superficielle et fausse, c'est la logique des concepts ; l'autre est profonde et vraie, c'est la logique des choses. Elle ne fait qu'un avec la métaphysique. De même que la lumière est toujours mêlée d'ombre, de même toute chose est une synthèse de deux contraires.

A supposer, ce qui est contestable, que toute réalité

soit une synthèse de deux contraires, il ne s'ensuit nullement que les contraires soient identiques. Synthèse n'est pas identité. Deux corps peuvent entrer dans une combinaison chimique ; cela ne prouve nullement que ces deux corps soient identiques. Deux réalités étant données, si l'une n'est pas l'autre, à plus forte raison deux contraires sont-ils formellement distincts l'un de l'autre. Le premier principe de la raison humaine est bien celui qu'a proclamé Aristote : « Une chose ne peut pas être et n'être pas en même temps et sous le même rapport. » Or la doctrine de Hegel va directement contre ce principe. C'est assez dire qu'elle est inadmissible.

L'idéalisme en général est inadmissible. — L'idéalisme de Fichte, celui de Schelling et celui de Hegel sont des doctrines panthéistiques. Toutes trois identifient Dieu et la personne humaine, Dieu et le monde ; toutes trois font de Dieu un éternel devenir, un être imparfait, par conséquent ; toutes trois enfin méconnaissent la distinction du bien et du mal, qui est le fondement de l'ordre moral. Pour ces raisons, ces doctrines doivent être regardées comme de graves erreurs provenant d'un étrange abus des idées abstraites. Fichte, Schelling, Hegel n'ont pas assez observé et ils ont raisonné à l'excès. Mais il ne faut pas se borner à écarter leurs erreurs, il faut rejeter l'idéalisme sous toutes ses formes.

L'idéalisme subjectif est faux. — Tout d'abord l'*idéalisme subjectif*, dont Berkeley a donné la formule : « *Esse est percipi* », la perception et l'être sont une même chose, a de très graves défauts :

1° Il n'explique pas la croyance invincible des hommes à l'existence du monde extérieur ;

2° Il ne rend pas compte de la résistance que nous opposent les corps ;

3° Il est démenti par ce fait incontestable que l'idée n'est pas adéquate à l'être. « Nous ne connaissons le tout de rien », dit Pascal. Nous ne connaissons même pas le tout de notre être, il s'en faut bien. Il y a tout un côté nocturne de notre âme, et l'inconscient tient une grande place dans notre vie.

L'idéalisme objectif est également contraire aux faits. — L'idéalisme objectif, qui absorbe la pensée dans son objet, n'en est pas moins contraire aux faits.

1° L'être est antérieur à l'idée, comme le prouvent les découvertes de la science. Qui pensait aux rayons Rœntgen, il y a quelques années ? Au siècle dernier, qui songeait à expliquer certaines maladies par les microbes ? C'est depuis peu de temps que l'on connaît l'existence des rayons ultra-violets, et la propriété qu'a le verre de les intercepter.

2° L'être est séparable de l'idée, puisque, à tout instant nous perdons conscience des idées qui nous sont les plus familières, ce qui n'empêche en rien leurs objets de continuer à exister.

3° Enfin, l'être peut survivre à l'idée. Il fut un temps où notre planète ne convenait pas à l'homme : elle était trop chaude et trop humide ; il viendra un temps où elle ne lui conviendra plus : elle sera trop froide et trop sèche. Quand le soleil s'éteindra, ce qui ne peut manquer, les hommes auront disparu depuis longtemps.

L'idéalisme, quel qu'il soit, ne tient pas compte des données de la psychologie. — Subjectif ou objectif, l'idéalisme méconnaît la psychologie de l'idée.

1° L'idée suppose un sujet, sans d'ailleurs s'identifier avec lui. Mes idées sont à moi ; elles ne sont pas moi ; elles peuvent disparaître tandis que je persiste.

2° L'idée a toujours pour support un phénomène empirique, dont elle se distingue d'ailleurs absolument. La définition de l'homme, dans ma pensée, est toujours liée à une image, précise ou vague, qui représente un homme quelconque, grand ou petit, blanc ou noir, beau ou laid. Cette image ne convient exactement qu'à l'homme qu'elle représente, tandis que la définition de l'homme est vraie de tout homme, en quelque région qu'il habite et à quelque race qu'il appartienne.

3° L'idée enfin correspond à un objet ; elle représente

quelque chose. Il n'y a pas de représentation intellectuelle du néant. Bossuet l'a fort bien dit : « Ce ne sont pas nos connaissances qui font les objets ; elles les supposent. » S'il n'en était pas ainsi, comment s'expliquerait-on, par exemple, que certains hommes voient les mêmes objets que les autres hommes et avec les mêmes contours, mais non sous les mêmes couleurs ? De même, on ne pourrait pas comprendre ce fait : nos perceptions sont souvent plus lentes que le mouvement des objets ; c'est ce qui arrive quand on fait tourner devant nos yeux un objet en ignition : nous croyons voir un cercle de feu.

Au résumé, l'idéalisme repose sur une hypothèse gratuite ; il est contraire aux faits ; il est contradictoire. — Ce qui trompe les idéalistes, quels qu'ils soient, c'est qu'ils admettent une hypothèse gratuite : à leur avis, nous ne pouvons connaître autre chose que les modifications du moi ; l'âme, disent-ils, n'a point de fenêtre ouverte sur le dehors ; penser autre chose que soi, c'est sauter sur son ombre. Si j'aperçois des étoiles dans la voûte céleste, si je vois le ciel beaucoup plus grand que mon œil, c'est qu'il y a identité entre les choses que je perçois et moi qui les perçois. Je ne puis connaître le monde que dans la mesure où j'y suis. Telle est leur manière de voir.

Fondé sur une hypothèse gratuite, l'idéalisme est contraire aux faits, car les faits accusent une différence évidente entre l'idée et l'être ; enfin, il y a contradiction à dire qu'une idée n'est pas l'idée de quelque chose, puisqu'on ne peut concevoir une représentation intellectuelle qui ne représente rien du tout.

§ III. — LE RELATIVISME.

Sous toutes ses formes, l'idéalisme est une solution insuffisante du problème de la connaissance ; il n'est pas vrai que l'idée et l'être soient une même chose. Nous pouvons connaître les choses en soi, et la vérité ne consiste pas dans l'accord de l'esprit avec lui-même. Il ne suffit pas que nos représentations soient cohérentes, il faut encore qu'elles représentent quelque chose en dehors de nous.

Soit, dirait Kant, on peut admettre que nous connaissons les choses en soi, mais nous ne les connaissons pas telles qu'elles sont, parce que nous leur imposons les lois de notre esprit. Nous les connaissons seulement telles qu'elles nous apparaissent. C'est de cette façon que Kant résout la première des trois questions qui, pour lui, résumaient toute la philosophie : « *Que puis-je savoir? Que dois-je faire? Que puis-je espérer?* » Une telle solution revient évidemment à dire que notre connaissance des choses dépend de la constitution de notre esprit, et que, par là même, cette connaissance est relative. Voici comment Kant développe sa pensée.

A) Relativisme de Kant. — *a) Les formes a priori de la sensibilité.* — Dans toute intuition sensible, dit-il, il y a deux données qui ne varient jamais : c'est la notion de temps et celle d'espace. Le temps est comme une ligne droite sur laquelle nous rangeons tous les phénomènes que l'expérience nous fait connaître ; l'espace est comme un cadre dans lequel nous plaçons tous les événements. Sans l'espace et le temps, nous ne pouvons rien percevoir, ni en dehors de nous ni en nous-mêmes ; il faut donc dire que l'espace et le temps sont les conditions de toute expérience, les *formes a priori* de la sensibilité. Comme la main ouverte contient en elle, à l'avance, les diverses formes qu'elle peut revêtir selon les signes à faire ou les objets à saisir, ainsi l'esprit renferme des prédispositions sans lesquelles toute intuition des sens serait impossible. L'espace et le temps, *formes a priori* de la sensibilité, sont les lois mêmes de l'expérience.

b) Les catégories de l'entendement. — Il y a aussi des lois de nos jugements, on les appelle *catégories*. Par son étymologie, le mot catégorie signifie un mode de l'affirmation. Dans la pensée de Kant, une catégorie est une notion *a priori* qui sert à *subsumer* deux intuitions. Quand nous disons, par exemple, que le feu est cause de la brûlure, nous subsumons, par la notion de *cause*, les deux intuitions de feu et de brûlure. De même, en constatant que le printemps fait toujours suite à l'hiver, nous subsumons les deux intuitions d'hiver et de printemps par la catégorie de *succession*. Et si on dit que la finesse d'esprit d'un peuple dépend de l'air qu'il respire, la catégorie qui préside à ce jugement est celle de *relation*. De même donc que le temps et l'espace sont les formes *a priori* de nos intuitions, de même les catégories, au nombre de douze, sont les formes *a priori* de nos jugements.

c) *Les idées de la raison*. — Si les catégories président à nos jugements, les *idées* nous servent à grouper nos connaissances. Les *idées* sont des points de vue sous lesquels nous envisageons un grand nombre de données. Elles sont des *normes suprêmes*, dit Kant. Il y a trois idées : celle du *cosmos*, celle de l'*âme* et celle de *Dieu*. Par l'idée du *cosmos*, nous formons la synthèse des phénomènes physiques ; par celle de l'*âme*, nous groupons tous les faits de conscience ; enfin, l'idée de *Dieu* nous fait apercevoir comme en une vue d'ensemble, tous les phénomènes de l'univers.

En définitive, il y a dans notre esprit une série d'éléments antérieurs à l'expérience, et sans lesquels aucune connaissance n'est possible. Ces éléments *a priori* donnent naissance à des principes qui dominent nos expériences. Ainsi, c'est un principe que tout phénomène nous est connu comme succédant à un autre phénomène dans le temps, et que nous ne pouvons percevoir aucun corps sans le situer dans l'espace. C'est un principe encore, que les termes de tout jugement sont reliés par l'une des principales notions de la raison ; c'est un principe enfin, que toute série de connaissances de même nature tend à former un système qui s'appelle science, et que toutes les sciences particulières se fondent en une science plus haute, qui est la synthèse de toutes les autres, la science des sciences.

La science ainsi comprise ne nous permet pas d'affirmer quoi que ce soit sur la nature des choses. D'après Kant, l'intuition sensible nous est donnée, et notre esprit l'élabore. L'expérience nous est possible, mais ses résultats n'ont pour nous aucune valeur absolue.

Par le fait, si les jugements qui constituent la science ont quelque valeur, c'est par la cohésion qu'ils présentent. Un jugement est vrai par cela même qu'il peut entrer dans une série de jugements cohérents (1).

Examen du relativisme de Kant. — Cette théorie de la connaissance repose sur des faits mal observés; elle

---

(1) On le voit, si Kant est relativiste quand il explique la connaissance que nous avons des données de l'expérience, sa doctrine sur la science est absolument idéaliste. Selon lui, aucune chose en soi ne nous est scientifiquement connue.

Sans doute, dit-il, nous pouvons croire à l'existence des choses en soi, telles que Dieu, l'âme, la liberté, mais c'est au nom de la loi du devoir que nous affirmons ces choses. Nous disons, par exemple : le devoir ne se conçoit pas sans la liberté morale ; devoir implique pouvoir. Les choses en soi sont des *postulats* du devoir ; on ne peut les démontrer. Notre science est donc tout interne, sans relation nécessaire avec le dehors. Ce que nous appelons la vérité, nous ne pouvons, du moins au nom de la science, l'appeler réalité. En d'autres termes, notre science n'est pas objective ; c'est, dit Kant, « une science qui n'est pas sue. »

Kant est donc à la fois relativiste et idéaliste. Sa théorie de l'intuition sensible est relativiste, tandis que sa définition de la science est idéaliste.

S'il échappe à l'idéalisme, s'il affirme des choses en soi, c'est par la croyance, ce n'est point par la science. La croyance, pour lui, est une ferme affirmation de l'invisible. Elle prime la science et elle la dépasse. Ce que la science ne peut affirmer, elle l'affirme comme explication nécessaire d'un fait incontestable, la loi du devoir. Ceci explique comment Kant a pu dire, pour résumer son œuvre : « J'ai substitué en métaphysique la croyance à la science. »

Cette substitution a été, en somme, une grande faute. Kant est un grand métaphysicien, ennemi de la métaphysique ; nul ne l'a compromise autant que lui. Le xixe siècle a été kantien, et il est loin d'avoir estimé la métaphysique à sa vraie valeur.

n'explique rien et elle aboutit à la négation de toute certitude. Au fond, c'est un pyrrhonisme (1).

1° Il repose sur des faits mal observés. — Elle suppose d'abord une psychologie très défectueuse. Le temps et l'espace, par exemple, ne sont pas des *formes a priori* que nous ajoutons à nos intuitions des choses ; ce sont des notions que nous formons nous-mêmes à la vue des choses. Le temps est une succession de mouvements. Chaque chose a son temps, et le temps de chaque chose est le nombre des phénomènes qui s'accomplissent en elle. En dehors de la série de phénomènes que chaque être représente, et qui forme sa durée, son temps réel, concret, il y a le temps abstrait qui est une suite indéfinie de phénomènes possibles. Or, le temps abstrait est une création de notre esprit. C'est une idée pure, dégagée par abstraction du sein même des choses, et non surajoutée aux choses. — Les mêmes considérations sont à faire au sujet de l'espace. Chaque corps représente, par son volume, un certain espace concret ; il y a, par conséquent, autant d'espaces concrets qu'il existe de corps, et l'ensemble de l'univers constitue l'espace réel. Au delà, il y a l'espace imaginaire, dans lequel on peut, par la pensée, situer un nombre indéfini de corps simplement possibles. L'espace imaginaire est une création de notre esprit, aussi bien que le temps abstrait. La vue des corps nous fait connaître l'espace réel, et en agrandissant toujours par l'imagination l'espace réel, nous arrivons à concevoir l'espace indéfini.

Ces deux exemples mettent bien en relief l'un des vices principaux du système de Kant : ce philosophe n'a pas tenu compte de la faculté d'abstraire, qu'Aristote appelait l'*intellect actif*. Sa théorie des *catégories* le montre d'une façon tout aussi claire. La causalité, par exemple, n'est pas une relation que notre esprit impose aux

---

(1) Pyrrhonisme est synonyme de scepticisme. Pyrrhon fut un illustre sceptique ancien ; il mourut en 260 av. J.-C. Il avait environ 90 ans.

choses ; c'est une liaison qu'il découvre entre un phénomène appelé effet, et un autre phénomène ou un être appelé cause. Telle est la donnée fournie par l'observation psychologique ; ce qui le prouve bien, c'est qu'il est des successions constantes, celle de la vie et de la mort, par exemple, dont l'un des termes ne nous apparaît jamais comme la cause de l'autre. Des vêtements bien chauds me préservent du froid, mais quand je dis qu'ils sont chauds, je ne me laisse pas prendre à la piperie des mots, je sais bien d'où vient la chaleur et quel est au juste le rôle des vêtements qui me couvrent. Je ne dis jamais que le jour est cause de la nuit, et pourquoi ne le dirais-je pas, si mon esprit pouvait imposer comme du dehors la catégorie de causalité à toute succession constante de deux faits ? La vérité est que mon esprit découvre par lui-même, et selon les occurrences, le véritable rapport qui unit les phénomènes entre eux, ou les phénomènes aux substances.

2° **Il n'explique rien.** — Absolument gratuite, contraire même à l'observation des faits, la théorie des *formes a priori* n'explique pas ce que son auteur a voulu expliquer par elle. Kant était frappé du contraste que présentent nos idées et les phénomènes empiriques. Ceux-ci sont concrets, particuliers, changeants, tandis que nos idées sont abstraites, universelles, nécessaires. Comment expliquer cela ? A coup sûr nos idées ne viennent pas de l'expérience ; elles sont donc innées ; elles sont des *formes a priori* de notre entendement. — Oui, mais comme telles, elles sont elles-mêmes concrètes, particulières, changeantes. Surajouter une forme de l'entendement à des intuitions, c'est unir le concret au concret, ce n'est pas rendre compte de l'universel. Il faudrait donner la raison pour laquelle notre esprit groupe ,« subsume » des intuitions, tantôt par la catégorie de cause, tantôt par celle de substance, tantôt seulement par celle de succession ; autrement nos jugements synthétiques demeurent inexpliqués.

Et que dire de la liste des catégories ? Kant la croyait

rationnelle et définitive ; elle est très arbitraire. Ainsi, la substance figure parmi les catégories de relation ; or, la substance est la chose en soi, ce n'est pas une relation. Elle est en relation avec les phénomènes qu'elle supporte, mais elle n'est pas elle-même une relation. Par contre, il y a des relations véritables que Kant ne mentionne même pas, celle de succession, par exemple.

Puis, comment concevoir les catégories à l'état de formes innées, antérieures par conséquent à toute expérience ? Qu'est-ce qu'une cause, indépendamment des termes qu'elle unit ? Un rapport, quel qu'il soit, suppose ses termes et ne peut être perçu que par eux. Les formes *a priori* sont des formes vides, des pensées sans objet, et, à parler net, des pensées impossibles. Sans doute, pour l'homme fait, après des expériences multipliées, une idée générale, comme celle de cause, n'est pas inconcevable ; l'adulte sait bien, en effet, sans le penser explicitement, qu'une cause est toujours la cause de quelque chose ; mais, avant toute expérience, l'idée de cause est inconcevable, et de même toute autre catégorie.

3° Il aboutit au pyrrhonisme. — Ces défauts très graves du relativisme de Kant ne l'ont pas empêché d'exercer une influence considérable ; mais, s'il est juste de juger l'arbre à ses fruits, on devra reconnaître que l'arbre n'est pas bon.

Tout d'abord, la métaphysique a été ébranlée par Kant. Elle repose sur le principe de causalité. Seulement, le principe de causalité n'étant, d'après Kant, qu'une forme de notre esprit, rien ne nous garantit qu'il a une valeur absolue. Nous sommes portés à croire que Dieu est la cause du monde, que l'âme est le principe de la pensée, mais qui sait si d'autres esprits, constitués d'une autre manière, seraient à cet égard du même avis que nous ?

La physique, selon Kant, est formée de jugements *synthétiques a priori*, mais qu'est-ce qu'un jugement *synthétique a priori*, sinon un groupement d'idées dont la liaison nous échappe ? Deux intuitions étant données, nous les associons d'une façon déterminée, et cela *a priori*, c'est-à-dire indépendamment de toute liaison constatée par l'expérience. Si c'est en vertu de la constitution de mon esprit que j'établis une liaison causale entre la poussée de l'air et l'ascension d'un ballon, il est clair que toute science de la nature est illusoire, car elle n'a point pour objet les relations réelles des phénomènes, mais seulement la manière dont les lois de l'esprit humain s'appliquent aux phénomènes. Il n'y a pas lieu, dès lors, d'être bien surpris en lisant dans la *Logique de Stuart Mill* que toute liaison causale constatée sur notre planète, pourrait être trouvée en défaut dans quelque portion lointaine des régions stellaires.

Les mathématiques n'échappent pas à ce relativisme. C'est en vain qu'on leur attribue une valeur à part. Formées elles-mêmes de jugements *synthétiques a priori*, elles n'ont de nécessité que pour nous, et l'on peut concevoir un monde où $7 + 5$ ne feraient pas 12, et où l'espace aurait plus de trois dimensions. Récemment, M. Lechalas a essayé d'établir la possibilité de concevoir une géométrie non euclidienne, c'est-à-dire toute différente de celle que tout le monde tient pour véritable.

Kant mettait à part la morale. Elle lui paraissait le roc inébranlable sur lequel on peut hardiment construire. Mais le relativisme kantien ne pouvait pas respecter la morale, puisque, d'après Kant, la morale elle-même repose sur des jugements *synthétiques a priori*. « Tu dois, » dit Kant, mais il ne dit pas pourquoi. Cette liaison essentielle qu'il affirme entre le sujet du devoir et l'obligation morale, il l'affirme sans l'expliquer. *L'impératif catégorique* est un jugement *synthétique a priori* des mieux caractérisés. Et il en est ainsi de tous nos devoirs. Or les jugements *synthétiques a priori* tiennent à notre constitution mentale. Ils n'ont donc rien d'absolu. Ce sont des « lois municipales » qui peuvent changer d'un pays à l'autre.

Ainsi Kant, qui n'en voulait qu'à la métaphysique, à « cette vieille matrone, abandonnée de tous », a dépassé son but de beaucoup. Son effort de géant a ébranlé toutes les sciences, y compris la morale, pour laquelle il avait tant de respect. La conclusion logique de sa vaste théorie est que tout est relatif, parce que tout dépend des lois de la pensée humaine. A ce compte, nous ne pouvons rien connaître, parce que, connaître une chose, c'est la connaître telle qu'elle est. Toute connaissance qui ne représente pas véritablement son objet, est une connaissance sans valeur. Dire que nous connaissons les choses, non pas telles qu'elles sont, mais telles qu'elles nous apparaissent, c'est dire que la connaissance humaine ne dépasse pas les phénomènes ou apparences des choses.

B) Relativisme d'Auguste Comte. — Cette conclusion toute relativiste de Kant a fait son chemin. Elle a servi de point de départ à Auguste Comte. Personne n'a nié plus nettement que le fondateur du positivisme français la possibilité pour l'esprit humain de faire la science des causes premières. Selon Comte, la métaphysique n'a pas d'objet ; elle n'est pas une science, parce que toute science s'en tient aux phénomènes ; la philosophie doit se borner à faire la synthèse des sciences, c'est-à-dire à donner une classification raisonnée des différentes branches du savoir humain.

a) **Il n'y a pas de science de l'absolu.** — La preuve évidente que la métaphysique, qui prétend connaître les choses en soi, ne saurait être une science, c'est qu'elle n'a fait aucun progrès depuis plus de deux mille ans. Elle en est encore à se chercher elle-même. Les métaphysiciens ne s'accordent pas. Il n'est rien dont on ne dispute en philosophie, et il faut renoncer à ces discussions stériles, qui n'aboutissent à aucune conclusion définitive. Les choses en soi ne sont pas à notre portée. La substance est une inconnue. Seuls, les phénomènes sont connaissables, ainsi que les lois constantes qui les régissent,

b) La loi des trois états. — Bien que ses recherches aient été vaines, la métaphysique a joué un rôle utile dans l'histoire de la pensée humaine. Elle a remplacé avantageusement la théologie et préparé l'avénement du positivisme. Primitivement, les hommes expliquaient tous les phénomènes par des causes surnaturelles. A leurs yeux, par exemple, la foudre était un puissant instrument de terreur aux mains de la divinité. Cette manière d'expliquer les faits caractérise la *période théologique*. Plus tard, au lieu de mettre ainsi la cause première sans cesse en avant, on eut recours à des causes secondes appelées forces. La chûte des corps, par exemple, fut attribuée à la pesanteur, et la chaleur du soleil fut regardée comme la cause de la génération des infusoires. Mais à vouloir rendre compte de cette façon des phénomènes de la nature, on finit par tomber dans le ridicule. Des fontainiers de Florence ayant découvert que, dans les tuyaux de pompe, l'eau ne monte jamais au dessus de trente-deux pieds, on ne persista point à expliquer par l'*horreur du vide* l'ascension de l'eau dans les tuyaux de pompe. Plus tard, Descartes bannit de la science toute explication par les *forces occultes;* Molière ridiculisa la *vertu dormitive* de l'opium ; les logiciens de Port-Royal se moquèrent de la *vertu indicatrice* des aiguilles de l'horloge et de la *vertu sonorifique* du timbre qui sonne les heures. La *période métaphysique* avait pris fin, et l'esprit humain avait fait un pas de plus vers la vérité. L'unique but de la science est l'explication des faits par les faits. Ce n'est point par une *vertu frigorifique* que l'alcool absorbé en quantité notable produit un abaissement de la température du corps ; c'est parce qu'il décompose le sang en enlevant l'oxygène des globules rouges. L'oxygène ainsi absorbé ne peut servir à la combustion qui produit la chaleur animale. Voilà un exemple d'explication positive, et, si elle n'est pas de ce type, aucune explication ne peut être appelée scientifique. L'esprit humain est entré désormais dans la *période positive* de l'histoire des sciences.

c) Toute connaissance est relative. — Puisque, d'une part, nous ne connaissons aucune chose en soi, aucun absolu, et que, d'autre part, toute connaissance scientifique d'un fait est la connaissance de la relation constante de ce fait avec un autre, il faut dire que toute connaissance scientifique est relative. Cela est vrai, d'ailleurs, de toute connaissance humaine, en sorte que, d'après Auguste Comte, « il n'y a qu'une vérité absolue, c'est que nous ne connaissons rien d'absolu. » Littré est tout à fait du même avis.

Examen du relativisme de Comte. — a) **La recherche de l'absolu est une loi de l'âme humaine.** — Il ne suffit pas pourtant de nier l'absolu pour le supprimer ou pour empêcher l'esprit humain de chercher à le connaître. La recherche des causes premières est un besoin de l'homme. Nous voulons savoir s'il existe un Dieu, s'il y a une âme immortelle, et si nous pouvons, par un sage exercice de notre liberté, marcher sûrement à la conquête du bonheur. Heureusement, les positivistes ne peuvent ni défaire l'humanité ni la refaire. Jamais la science toute sèche, qui s'en tient aux faits, sans remonter à la cause suprême, ne pourra suffire à contenter l'homme. On ne peut pas mettre la raison en interdit. Quand on lui défend de philosopher, elle philosophe sous des noms supposés. Refuser tout examen des grands problèmes, c'est fermer les yeux à la lumière. On ne réussit pas à dépouiller si complètement l'humanité, et tout homme dirait volontiers comme Jean Richepin :

> Ce n'est pas vrai qu'on puisse vivre
> Sans jamais regarder là-haut.
> Le besoin de savoir enivre,
> Et je saurai, car il le faut.

b) La loi des trois états est contestable. — De quel droit, d'ailleurs, vouloir ainsi réduire la raison au silence ? — Au nom de la loi du progrès, dit Comte (et cette loi n'est autre que la loi des trois états), que Stuart

Mill appelait « l'épine dorsale du positivisme. » Or, est-il bien vrai que l'humanité ait passé par l'*état théologique* d'abord, puis par l'*état métaphysique*, pour arriver enfin à l'*état positiviste*, qui représente le dernier stade de son évolution intellectuelle ? Ce qui est sûr, c'est que l'on rencontre encore, et fort souvent, des théologiens et des métaphysiciens. Faut-il voir en eux des « plébéiens de la science », des hommes attardés, des « intelligences inférieures ? » Ces qualifications désobligeantes ne conviendraient guère à Descartes, à Pascal, à Newton et à Leibniz, qui étaient des théologiens, des métaphysiciens et en même temps des savants très hostiles aux forces occultes, très attentifs à expliquer les faits par les faits. De nos jours encore, Cuvier, Ampère, Biot, Flourens, Claude Bernard, Pasteur, ont observé avec soin les faits et leurs liaisons, sans pour cela renoncer à toute explication métaphysique des choses. A la vérité, théologie, métaphysique et science positive, ne sont nullement inconciliables, et le mieux est d'user à propos de chacune de ces sciences. Le positivisme est étroit parce qu'il est exclusif. C'est pour cela aussi qu'il est faux : la raison n'est pas si courte que la science positive.

c) **Le relatif suppose l'absolu.** — Celle-ci s'en tient aux phénomènes et à leurs lois. Elle a donc pour objet ce qui passe, ce qui sans cesse nous échappe. Il n'y a de constant dans la série des phénomènes que leurs relations. Encore n'est-il pas dit que deux phénomènes dont la relation est aujourd'hui stable, ont toujours été ou seront toujours dans le même rapport. — Pourquoi faire ainsi violence à la raison ? A quoi bon philosopher contre les premiers principes de l'esprit ? Il n'y a pas de phénomène sans substance. Tout phénomène est une « chose en une autre », qui suppose une « chose en soi » : la couleur ne se sépare point de l'objet coloré, et il n'y a point de pensée sans principe pensant. Il est vrai, tout phénomène est relatif, puisque son idée implique celle d'une substance ou chose en soi, mais il ne suit pas de là que la substance soit à son tour chose relative. Elle est en relation avec le phénomène dont elle est le support, mais elle n'est pas elle-même supportée par autre chose. Elle est chose en soi, indépendante, non relative, par conséquent. Relativité et relation ne sont pas une même chose. La relativité implique dépendance, mais toute relation n'est pas une relation de dépendance.

Les phénomènes de la nature sont en relations constantes, et la science consiste à connaître ces relations. Mais la constance même de ces relations n'implique-t-elle pas un absolu? Pourquoi toujours les mêmes séquences de phénomènes? C'est parce que, comme l'a dit Newton, « les mêmes causes produisent toujours les mêmes effets dans les mêmes circonstances, et réciproquement. » Une succession constante ne s'explique point par elle-même; elle a une cause, et cette cause n'est pas un simple antécédent. La vie est l'antécédent invariable de la mort; elle n'en est point la cause. La cause toujours la même des événements est un absolu, sans lequel la relation constante des événements serait inintelligible. Il n'y a donc pas lieu de penser que les lois de la nature pourraient changer avec le cours des siècles.

Depuis Auguste Comte, le relativisme a revêtu des formes nouvelles, et il tient une grande place dans la philosophie contemporaine. Il est donc nécessaire de l'étudier plus à fond, surtout à cause des conséquences sceptiques qu'il entraîne.

C) **Le Relativisme contemporain.** — Parmi les théories relativistes les plus en vogue à l'heure actuelle, il faut tout d'abord distinguer le relativisme qui caractérise la conscience des sensations. Il peut se résumer ainsi : « Toute conscience est le sentiment d'une différence. »

a) **Relativisme de la conscience des sensations.** — « Nous ne sommes pas conscients du tout, dit M. Bain, à moins de concevoir une transition, un changement; c'est ce que nous appelons la loi de relativité. » — Ailleurs, le même philosophe s'exprime ainsi : « Notre conscience commence, pour ainsi dire, par une différence. Nous ne connaissons aucune chose en elle-même ; nous connaissons seulement la différence qui existe entre celle-ci et une autre chose. La sensation de chaleur que nous avons à un moment donné n'est au fond qu'un contraste avec le froid qui l'a précédée. » (1) M. Mansel et M. Spencer disent la même chose en d'autres termes.

b) **Relativisme de toute connaissance.** — Il y a une autre manière d'entendre la loi de relativité ; toute représentation implique un objet représenté ; toute représentation est double par conséquent : elle appartient à un sujet et elle représente un objet. « La conscience, dit M. Mansel, n'est possible que sous forme de relation. Il ne peut y avoir conscience sans l'union de deux facteurs ; et dans cette union, chacun d'eux existe seulement tel qu'il est par rapport à l'autre. » Cette manière de voir est aussi celle de Hamilton, de Spencer et de M. Renouvier. Seulement, ce qu'ils disent de la conscience des sensations est vrai d'une connaissance quelconque. Toute idée a un contenu, qui est son objet immédiat, et toute idée exprime une relation entre le sujet pensant et la chose pensée. Il faut donc dire que toute connaissance, sans exception, est relative.

c) **Négation de la métaphysique.** — S'ensuit-il que l'absolu nous échappe ? M. Bain pense que telle est bien la conséquence de la relativité. « En métaphysique, dit-il, cette doctrine sur la conscience fait échec à la doctrine de l'absolu. MM. Mansel, Spencer, Hamilton et Renouvier tirent la même conclusion. D'après ces philosophes, non seulement la connaissance humaine est toujours une relation, mais « elle ne porte jamais que sur des rapports ou relations. » — « L'absolu, dit M. Mansel, est un mot qui n'exprime pas un objet de pensée, mais seulement la négation de la relation qui constitue la

---

(1). Voyez Bain : *Sens et intelligence*, traduct. fr. p. 279. — *L'esprit et le corps*, page 85.

pensée. » — « L'absolu, dit H. Spencer, n'impliquant pas relation, différence et ressemblance, est trois fois inconcevable. » Aux yeux d'Hamilton, l'idée d'absolu n'est qu'« une pseudo-idée », et il faudrait enfin « exorciser ce fantôme. » Pour y réussir Hamilton donne trois arguments :

1º Toute conception implique relation, différence, pluralité. D'autre part, qui dit absolu dit unité absolue.

2º L'absolu, dit-on, est la cause première. Or, causation, c'est relation. L'absolu est donc relatif. En voulant l'affirmer on le nie.

3º Qui dit absolu dit non-relatif. Or nous ne concevons que le relatif. Le non-relatif ou l'absolu est donc la négation de toute pensée, le vide absolu de l'esprit.

Examen du relativisme anglais contemporain. — a) Appréciation des arguments d'Hamilton. — Les arguments d'Hamilton ne sont pas aussi décisifs qu'il l'a pensé.

1º Il est bien vrai, toute conception implique relation, différence, pluralité, en ce sens que, dans toute connaissance réfléchie, le sujet connaissant se distingue de l'objet connu. Mais, de la dualité, qui est une condition de la connaissance, pourquoi conclure à la dualité de l'objet connu ? « Parce que nous nous distinguons de l'unité en la pensant, parce que nous déclarons faire deux avec elle, est-ce une raison pour que l'unité elle-même soit deux ? » (Fouillée, *Philosophie de Platon*, II, 495). Il ne faut pas identifier le mode de connaître avec la nature de l'objet connu. Si toute connaissance est relative, il ne s'ensuit pas que toute chose connue soit elle-même relative.

2º L'absolu est bien la cause première, et, à ce titre, il est en relation avec ses effets, mais cela ne prouve pas qu'il soit relatif. Toute substance est en relation avec les phénomènes qui manifestent sa nature ; elle n'en est pas moins une chose en soi, et par là même non relative. Toute chose relative à une autre dépend de cette autre. Or, la cause première ne dépend pas de ses effets, bien qu'elle soit en relation avec eux ; tout au contraire, ses effets dépendent d'elle. Ils sont relatifs, elle ne l'est pas. Relation n'implique pas relativité.

3° Qui dit absolu dit bien non-relatif, mais pour conclure de là que l'absolu est la négation même de la pensée, il faudrait avoir prouvé que nous ne concevons que le relatif; or c'est justement ce qui est en cause. La preuve que nous concevons l'absolu, c'est que nous en parlons. « Si vous n'aviez réellement aucune conception de l'absolu, écrit M. Fouillée, vous ne pourriez pas même dire que vous ne le connaissez point ; vous ne pourriez pas, en parcourant tous les systèmes philosophiques, vous écrier comme vous faites : ceci n'est pas l'absolu, il n'est point ici, il n'est point là, je ne le reconnais nulle part. Pour ne pas reconnaître, comme pour reconnaître, il faut préalablement connaître en quelque manière. » (Fouillée, *Philosophie de Platon*, page 491.) Il faut bien que nous connaissions l'absolu puisque nous connaissons le relatif; l'une de ces deux connaissances ne va pas sans l'autre. « Si le non-relatif ou l'absolu, dit M. Spencer, est une négation pure, la relation entre lui et le relatif devient inintelligible, puisque l'un des deux termes de la relation devient absent de la pensée. Si la relation est inintelligible, le relatif lui-même devient inintelligible, faute de son antithèse ; d'où résulte l'évanouissement de toute pensée. » Hamilton, d'ailleurs, convient lui-même que les mots relatif et absolu s'opposent l'un à l'autre, et n'ont de sens que par cette opposition réciproque.

On le voit, ce philosophe n'a pas réussi à « exorciser le fantôme de l'absolu. » L'idée d'absolu n'est pas un concept vide ; elle exprime tout au moins un possible. Et si l'absolu est possible, on peut bien dire qu'il existe. « S'il est possible, il est, disait Leibniz. » — « S'il est pensé, il est, disait Malebranche. » C'est que « la perfection est une raison d'être », dit Bossuet, et à ce titre, l'absolu, en tant qu'il signifie l'Etre parfait, est le plus réel de tous les Etres ; il est la Réalité suprême.

b) Appréciation des autres arguments relativistes. —
Par l'examen du premier argument d'Hamilton, il est aisé de voir que la loi de relativité « ne fait pas échec à la doctrine de l'absolu », comme Bain l'avait dit. Mansel, Spencer et Renouvier se sont aussi trompés en cela, puisqu'on ne peut conclure de la nature de la connaissance à la nature de l'objet connu. Toute connaissance, par exemple, est immatérielle ; il ne s'ensuit pas que toute chose connue soit un corps. Le marbre d'un édifice n'entre point dans mon œil qui le contemple ; pourtant j'affirme que cet édifice est de marbre.

Quant à cette loi, que toute conscience est le sentiment d'une différence, elle n'est pas si absolue qu'on le dit. En fait, d'abord, nous avons conscience du bleu, du rouge, du froid, du chaud, sans que cette conscience soit accompagnée de la perception d'un rapport. Et on ne peut dire qu'elle est par elle-même un rapport, car un rapport n'est ni froid, ni chaud, ni bleu, ni rouge. Au reste, toute perception d'un rapport suppose nécessairement la perception de chacun de ses deux termes. Si je sais que A est égal à B, ou plus grand ou plus petit que B, il faut bien que je connaisse A et B pris en eux-mêmes. Cette connaissance des deux termes d'un rapport peut n'être pas antérieure à ce rapport, mais elle en est distincte. Si un foyer électrique n'attire mon attention qu'au moment où sa lumière éblouit mon regard, je ne conclus pas de ce fait que le foyer est inséparable de sa lumière et ne lui est nullement antérieur. La preuve, au reste, que nous pouvons connaître en eux-mêmes les termes d'un rapport, c'est que nous les distinguons nettement l'un de l'autre. Au besoin, nous les isolons mentalement. Le monument des Girondins, à Bordeaux, est voisin de la Gironde, mais le visiteur peut à volonté se représenter le monument sans penser au fleuve.

Conclusion. — On peut résumer en trois propositions très courtes la discussion qui précède :

1º En fait, toute conscience n'est pas le sentiment d'une différence. Ce qui est vrai, c'est que la différenciation de nos états de conscience est une condition de la continuité de conscience. Une odeur qui, d'abord, nous frappe vivement, cesse bientôt d'être perçue.

2° On se trompe en appréciant la nature des choses par la nature de la connaissance. Une pierre n'est pas immatérielle parce que nous la percevons d'une façon immatérielle.

3° Le relatif est inintelligible sans l'absolu. Ce sont deux notions corrélatives.

L'absolu existe donc au même titre que le relatif, et c'est par le relatif que nous connaissons l'absolu. C'est donc un procédé légitime de l'esprit que celui qui consiste à passer du relatif à l'absolu.

Conclusion du chapitre. — Et pour résumer tout ce chapitre en peu de mots, nous dirons :

1° Le scepticisme n'a pas sa raison d'être, puisque la science existe et réalise chaque jour de merveilleux progrès ;

2° La science ne consiste pas en une série de propositions bien coordonnées ; elle atteint des êtres réels, bien distincts de la connaissance que nous en avons ;

3° Ces réalités, enfin, notre esprit les connaît telles qu'elles sont, bien qu'il ne puisse les connaître parfaitement.

Ces trois propositions constituent la doctrine métaphysique connue sous le nom de dogmatisme.

OUVRAGES CONSULTÉS :

BAIN.	— *Sens et Intelligence.*
id.	— *L'Esprit et le corps.*
BROCHARD.	— *Les Sceptiques grecs.*
BRUNETIÈRE.	— *Lettre à M. Gaston Paris,* (3 janv. 1899).
Auguste COMTE.	— *Cours de Philosophie positive.*
DUPLESSIS.	— *Les Apologistes laïques.*

Fonsegrive.	— *Cours de Philosophie*, (2ᵉ volume).
Fouillée.	— *Philosophie de Platon*.
Loudun.	— *Les Ignorances de la science*.
Mercier.	— *Cours de Philosophie*, (1ᵉʳ volume).
Nourrisson.	— *Tableau de la Pensée humaine*.
Piat.	— *L'Idée*.
Rabier.	— *Psychologie*.
Saint Thomas.	— *De veritate*. Quæst. I, art. 1.
id.	— *Somme théologique.* 1ʳᵉ partie. Quæst. xvi. De veritate.

CHAPITRE III

LE DOGMATISME.

Le dogmatisme est le contre-pied des doctrines qui n'admettent pas la vérité, ou qui la font consister dans l'accord de l'esprit avec lui-même, ou qui, enfin, la font dépendre des facultés mentales du sujet de la connaissance. La vérité, disent les dogmatiques, est la conformité de l'esprit avec les choses : « *Adæquatio rei et intellectus.* » Sans doute, nous n'avons pas, pour l'ordinaire, une connaissance absolument exacte des choses, mais du moins, ce que nous connaissons des choses est conforme à la réalité.

Le dogmatisme ne se démontre pas : il pose en principe que l'esprit connaît naturellement la vérité. Comment, en effet, démontrer cette proposition sans la supposer ? Que peut valoir une démonstration de la valeur de l'esprit, si une telle démonstration est faite par l'esprit lui-même dont la valeur est en cause ? D'autre part, soutenir que l'esprit ne peut connaître la vérité, c'est se contredire, puisque c'est affirmer comme vrai qu'il n'y a pas de vérité. De toute façon donc, il faut admettre que l'intelligence humaine est un instrument de vérité.

Quand l'esprit a conscience de connaître la vérité, on dit qu'il possède la certitude. Le problème de la certitude a toujours vivement attiré l'attention des philosophes ; il est d'ailleurs par lui-même d'une extrême importance. Nous chercherons à le résoudre en disant ce qu'est la certitude, quel est le fondement métaphysique de la certitude légitime, et comment on peut la reconnaître.

§ I. — Caractères de la Certitude. Ses différentes espèces.

La certitude est la ferme affirmation de la vérité. On la reconnaît à divers caractères qu'il est bon de ne jamais perdre de vue.

Ses caractères : 1° Elle exclut le doute. — Tout d'abord, celui qui est certain de quelque chose n'hésite jamais : il affirme sans crainte de se tromper. Quand l'esprit est comme en suspens, sans savoir au juste ce qu'il convient d'affirmer, on dit qu'il est dans le doute. Napoléon Ier fut-il un homme sincèrement religieux, ou ne vit-il dans la religion catholique qu'un moyen de servir sa politique? Aima-t-il la France d'un grand amour, ou préféra-t-il les intérêts de son ambition à ceux de la France? Voilà des questions qu'il n'est pas aisé de résoudre par des affirmations catégoriques. Au contraire, nul doute que Napoléon ait été un grand capitaine, un homme d'une volonté énergique et d'une prodigieuse puissance de travail.

Dans le doute proprement dit, l'esprit hésite entre des raisons opposées et à peu près d'égale valeur. S'il n'y avait absolument aucune raison de se prononcer en un sens plutôt qu'en un autre, ce serait l'ignorance absolue. La transmutation des métaux est-elle possible? — Nous ne le savons pas. — Quand certaines raisons d'affirmer paraissent fortes, sans être décisives, elles légitiment ce qu'on appelle une assertion probable ou opinion (1). L'erreur enfin consiste à affirmer de bonne foi ce qui est en opposition avec la vérité.

(1) La probabilité est le rapport du nombre des cas favorables au nombre des cas possibles. En mathématiques, il est aisé d'évaluer la probabilité. Si, par exemple, il y a dans une urne cinquante boules blanches et cinquante boules noires, la probabilité de tirer une boule blanche est représentée par la fraction 1/2. Dans les sciences morales, on ne peut pas recourir à un calcul de ce genre; il faut peser les raisons plutôt que les compter : « *Pensantur, non numerantur suffragia.* »

2° Elle exclut l'erreur. Il peut arriver que certains hommes soient pleinement persuadés d'une fausseté. Le matérialisme est une erreur actuellement reconnue par tous les philosophes; cependant, on ne peut soutenir que tous les matérialistes sont de mauvaise foi. Une conviction sincère n'est donc pas une certitude. Celui-là seul est certain qui a conscience d'être en possession de la vérité. Là où la vérité reconnue fait défaut, il n'y a pas de certitude.

3° Elle a pour cause l'évidence. — Ce qui produit la certitude dans l'âme, c'est la claire manifestation de la vérité ou l'évidence. La vérité, dit Spinoza, ressemble au soleil, elle apporte avec elle sa lumière : « *Verum index sui.* » Descartes affirme à son tour que l'évidence est le signe de la vérité. Au moyen âge, on ne voulait pas dire autre chose quand on définissait l'évidence : l'éclat de la vérité entraînant l'assentiment de l'esprit, « *Fulgor veritatis mentis assensum rapiens.* » Seulement, il y a lieu de distinguer diverses sortes d'évidences, et Descartes a eu le tort de regarder l'évidence géométrique comme le type même de l'évidence.

Diverses sortes d'évidences. — Il est parfaitement clair, en effet, du moins après démonstration, qu'un triangle étant donné, la somme de ses angles équivaut à deux droits; mais il est clair aussi que le monde extérieur existe, que Napoléon est mort à Sainte-Hélène, et que l'homme est responsable des actes qu'il accomplit en pleine connaissance de cause. Il faut donc distinguer, outre l'évidence rationnelle des géomètres, l'évidence des sens, l'évidence de l'histoire et l'évidence morale (1).

---

(1) Les mots *évidence morale, certitude morale*, sont pris en divers sens par les philosophes.

Descartes appelle certitude morale la certitude qui suffit à diriger la conduite de la vie. (Cf. *Principes de Philosophie*, IV). C'est une très haute probabilité, excluant le doute raisonnable.

Aux yeux de Descartes, la certitude des faits historiques est une certitude de ce genre.

M. Ollé-Laprune, dans son livre intitulé *De la certitude morale*, donne ce nom à la certitude des vérités métaphysiques, qui servent de fonde-

L'évidence de l'histoire est une évidence indirecte. Cette proposition : Napoléon est mort à Sainte-Hélène, ne renferme en elle-même aucun indice de sa vérité. Pour s'assurer qu'elle est vraie, il faut examiner les témoignages qui la justifient, et se rendre compte de la sincérité et de la compétence de leurs auteurs. Seuls, les témoins de la mort de Napoléon ont pu connaître cet événement par évidence directe.

L'évidence des géomètres se présente à son tour sous deux aspects principaux : elle est *immédiate* ou *médiate*. Quand on se sert du raisonnement pour établir une proposition géométrique, cette proposition est d'évidence médiate. Quand, au contraire, on énonce une définition ou un axiome, comme ces propositions ne se prouvent pas, on dit qu'elles sont d'évidence immédiate.

Diverses sortes de certitudes. — Par le fait que l'évidence, cause de la certitude, est de divers ordres, il faut distinguer plusieurs sortes de certitudes.

1° Ainsi la *certitude physique* est la pleine assurance qu'un objet extérieur répond aux données de nos sens. Je suis certain de l'existence de ma table à écrire et des caractères que je trace en ce moment sur une feuille de papier ; c'est là un exemple de certitude physique ou sensible.

2° La *certitude rationnelle* appartient en propre à l'intelligence. Les premiers principes, les définitions et les axiomes mathématiques, les théorèmes démontrés,

---

ments à l'obligation morale. Telles sont l'existence de Dieu, l'immortalité de l'âme, la responsabilité morale.

On peut, ce semble, concilier ces divergences.

La certitude morale préside vraiment à la conduite de la vie ; de là son nom. De plus, le cœur et la volonté peuvent avoir leur influence pour la produire. Elle exclut tout doute raisonnable, mais elle peut être contestée, tandis que la certitude rationnelle, celle des mathématiques, par exemple, ne peut pas l'être. (Voir ce qui est dit de la certitude morale, page 8). Il y a trois sortes de certitudes morales : la certitude historique, la certitude métaphysique et la certitude pratique, celle qui nous fait juger, par exemple, qu'un homme est notre ami ou que nous pouvons lui faire crédit ou lui confier notre vie.

sont des vérités connues par la raison (1), et la certitude qui leur correspond est une certitude rationnelle.

2° *La certitude morale.* — Il est une autre certitude qui a pour objet les vérités sur lesquelles repose l'ordre moral : Dieu, la spiritualité et l'immortalité de l'âme, les récompenses et les peines de la vie future. Pour cette raison, on l'appelle certitude morale. On peut aussi lui donner le nom de certitude métaphysique. La certitude morale est l'œuvre de l'âme tout entière, et non pas seulement de l'intelligence. Affirmer que Dieu existe, que l'âme est distincte du corps et peut lui survivre, que nous sommes responsables de nos actes librement commis, c'est affirmer des vérités qui pourraient être niées et qui le sont souvent ; c'est par conséquent faire un choix entre deux philosophies, celle de l'être, comme dit le P. Gratry, et celle du néant. Ce choix relève de la volonté libre, et comme la volonté libre, dans l'homme, n'est jamais dirigée par l'idée pure, mais par « l'idée colorée de passion », (2) le cœur est lui-même pour quelque chose dans l'affirmation des vérités morales.

Ces vérités sont toujours contestées, mais cela n'ôte rien à leur certitude. « Il n'est rien dont on ne dispute en philosophie », a dit Descartes, mais cela ne prouve pas que tout soit douteux. Les préjugés d'éducation, les erreurs de méthode, les « tendances matérialisantes » de certaines professions, l'usage exclusif du raisonnement déductif, propre aux mathématiques, les passions elles-mêmes, secrètes ou déclarées, enfin la difficulté des problèmes à résoudre, tout cela explique assez les

---

(1) Les termes *raison* et *intelligence* peuvent s'employer l'un pour l'autre. L'intelligence est la faculté de connaître l'universel, c'est-à-dire ce qui est vrai partout et toujours. L'intelligence voit l'universel comme les sens perçoivent les individus. « *Sensus est particularium ; intellectus vero universalium.* » L'œil aperçoit Callias, dit Aristote, et l'intelligence discerne dans Callias ce qui fait que Callias est un homme semblable à tous les hommes. La raison est l'intelligence *discursive*, ainsi nommée par suite des détours qu'elle fait souvent pour atteindre la vérité. C'est à l'intelligence humaine seulement qu'on donne le nom de raison.

(2) Payot, *Éducation de la volonté*.

divergences des philosophes. Par le fait, l'argument que l'on tire de ces divergences contre la vérité de l'ordre métaphysique ou moral est sans valeur. Le soleil ne perd rien de son éclat parce que certains hommes ne peuvent le contempler ; de même la vérité demeure immuable, quelles que soient les contestations des philosophes.

La certitude a-t-elle des degrés ? — Ces contestations font parfois supposer que la certitude peut avoir des degrés ; que, par exemple, la certitude morale n'a pas la même valeur que la certitude mathématique. La métaphysique, dit-on volontiers, est, selon le mot de Platon, « un beau risque à courir », mais nul ne peut être absolument certain de la vérité des dogmes qu'elle propose. — S'il en était ainsi, il vaudrait mieux dire nettement que la certitude morale ou métaphysique n'est pas une certitude ; car la certitude exclut le doute, et par conséquent ne comporte pas de degrés. On est certain ou on ne l'est pas ; il n'y a pas de milieu.

Ce qui est à remarquer, simplement, c'est qu'il est des vérités qui s'imposent à l'esprit, et d'autres qui ne s'imposent pas. Les vérités mathématiques, les lois physiques bien constatées s'imposent ; les dogmes métaphysiques n'entraînent jamais l'assentiment de l'esprit au point qu'on ne puisse les rejeter. (1) Et pourtant, parmi ceux qui les acceptent, il en est qui raisonnent leur adhésion et peuvent en rendre compte. La certitude morale n'implique en aucune façon un aveugle assentiment de l'esprit. Quand elle est bien raisonnée, elle a la même valeur que la certitude scientifique la moins contestée.

La certitude que donnent nos sens mérite aussi notre confiance, et il n'y a pas lieu de lui attribuer une moindre valeur qu'aux autres certitudes. Sans doute nos

---

(1) La volonté, dit saint Thomas, est maîtresse de l'attention. Elle est aussi, dans certains cas, maîtresse de l'assentiment. Elle peut le donner ou le refuser ou simplement le suspendre, (*Summa theolog.* 1ª 2ᵃᵉ, *quæst.* 17, art. 6).

sens nous trompent quelquefois, mais si on soumet leurs données à un contrôle suffisant, ils ne nous trompent pas.

Les idéalistes prétendent que nous ne pouvons rien connaître en dehors de nos sensations ; s'il en était ainsi, comment pourrions-nous avoir l'idée d'une chose extérieure quelconque? Tous les hommes pourtant, sont persuadés que certains objets correspondent aux données de nos sens, et la résistance que nous opposent les corps est bien de nature à confirmer cette croyance.

Bref, les certitudes diffèrent selon la nature de l'évidence qui les produit, mais elles ne comportent pas le plus et le moins. Les unes sont absolument incompatibles avec le doute, tandis que les autres excluent tout doute raisonnable. Pour quiconque a bien scruté les fondements de la certitude physique et de la certitude morale, le doute raisonnable est impossible ; quant à la certitude rationnelle, personne n'en peut contester la légitimité (1).

§ II. Fondement de la Certitude.

L'évidence est la cause immédiate de la certitude légitime ; en est-elle le dernier fondement?

Le fondement de la certitude n'est pas l'évidence.— Descartes, qui a insisté plus que personne sur la nécessité de « ne recevoir jamais aucune chose pour vraie »

---

(1) Dans ses *Principes de Philosophie*, Descartes fait une distinction analogue. Il y a, selon lui, deux espèces de certitudes. « La première est appelée morale, c'est-à-dire suffisante pour régler nos mœurs, ou aussi grande que celle des choses dont nous n'avons point coutume de douter touchant la conduite de la vie, bien que nous sachions qu'il se peut faire, absolument parlant, qu'elles soient fausses. Ainsi, ceux qui n'ont jamais été à Rome ne doutent point que ce ne soit une ville en Italie, bien qu'il se pourrait faire que tous ceux desquels ils l'ont appris les eussent trompés. L'autre sorte de certitude est lorsque nous pensons qu'il n'est aucunement possible que la chose soit autre que nous la jugeons. » (Principes, IV.)

qu'on ne la connût « évidemment être telle », déclare nettement que l'évidence n'est pas le fondement dernier de la certitude. « Cela même, dit-il, que j'ai tantôt pris pour une règle, à savoir que les choses que nous concevons très clairement et très distinctement sont toutes vraies, n'est assuré qu'à cause que Dieu est ou existe »(1).

— A supposer que cette assertion ne soit pas exacte, tout au moins Descartes a très bien vu qu'il faut rendre compte de ce fait, que nous voyons dans l'évidence, directe ou indirecte, médiate ou immédiate, un motif légitime d'accepter une proposition comme vraie.

Objection de Gassendi : Le cercle vicieux. — Plusieurs adversaires de Descartes lui ont reproché de garantir l'existence de Dieu par l'évidence, et l'évidence par l'existence de Dieu. « Vous admettez, dit Gassendi, qu'une idée claire et distincte est vraie, parce que Dieu existe ; qu'il est l'auteur de cette idée et qu'il n'est pas trompeur ; et, d'autre part, vous admettez que Dieu existe, qu'il est créateur et vérace, parce que vous en avez une idée claire et distincte. Le cercle est évident. »

Réponse de Descartes : Dieu garantit la fidélité de notre mémoire. — Pour résoudre cette difficulté, Descartes distingue les vérités d'évidence immédiate et les vérités connues par raisonnement. Celles-ci supposent l'intervention de la mémoire, et c'est en vertu de la véracité divine que nous ajoutons foi aux données de notre mémoire. « Où j'ai dit que nous ne pouvons rien savoir parfaitement si nous ne connaissons premièrement que Dieu existe, j'ai dit en termes exprès que je ne parlais que de la science de ces conclusions dont la mémoire nous peut revenir en l'esprit, lorsque nous ne pensons plus aux raisons d'où nous les avons tirées. » (2). — Cette distinction ne fait pas disparaître le cercle vicieux, car

---

(1) *Discours de la Méthode*, Partie IV.
(2) *Réponses aux deuxièmes objections.* — *Réponses aux quatrièmes objections.*

la mémoire intervient dans tout raisonnement ; par conséquent, elle est nécessaire pour démontrer l'existence de Dieu. Comment, dès lors, s'appuyer sur l'existence de Dieu pour dire que la mémoire ne trompe point ?

Autre réponse : il faut distinguer la cause immédiate de la certitude et son fondement métaphysique. — D'ailleurs, si la mémoire a besoin de garantie, pourquoi n'en serait-il pas de même de l'intelligence ? — La vérité est que Dieu est la raison dernière de l'évidence. On peut, à l'exemple de Damiron, de Bouiller et de M. Rabier, distinguer le fondement psychologique de la certitude, qui est l'évidence, et son fondement métaphysique, qui est un postulat : la croyance à la vérité.

Dieu est le fondement métaphysique de la certitude. — Or, croire à la vérité, c'est admettre implicitement une harmonie préétablie entre l'esprit et les choses ; c'est donc admettre que la pensée humaine et le monde ont un seul et même auteur, qui est Dieu. « Au fond de tout jugement, de toute affirmation, quelle qu'elle soit, dit Leibniz, on peut retrouver une croyance spontanée en l'existence de Dieu. » C'est là sans doute aussi le sens de ces paroles de Pascal : « Dieu et le vrai sont inséparables ; si l'un est ou n'est pas, si l'un est certain ou incertain, l'autre est nécessairement de même. »

§ III. — Du Critérium de la Certitude.

Au reste, il est aisé de s'en rendre compte, toute autre explication de la certitude est insuffisante. On en a tenté plusieurs ; mais, dans la mesure où elles ont quelque valeur, elles fournissent des indices de vérité, elles ne donnent pas l'explication dernière de la certitude. Ces indices de vérité sont ordinairement appelés des critères ou signes de la certitude.

Des critères objectifs : 1° La tradition, le consentement unanime, le sens commun. — De Bonald et les traditionalistes regardent comme vraie toute proposition qui nous a été transmise par la tradition commune de l'humanité (1). Lamennais pensait que le seul critérium de la vérité est le consentement unanime du genre humain. Reid, Cousin, Jouffroy, étaient d'avis que la philosophie ne doit pas contredire les croyances généralement reçues ; elle n'est que le développement des vérités de sens commun. « Le genre humain, dit Cousin, ne va pas d'un côté et la philosophie de l'autre. » Cicéron avait déjà dit qu'en toute chose le consentement unanime des peuples doit être regardé comme une loi de la nature : « *In omni re, consensus omnium gentium ex naturæ putanda est.* » Aristote trouvait bien hardi celui qui oserait nier ce que tous admettent.

Appréciation. — Il est certain que la croyance commune est un fait à expliquer ; si donc on s'avise de la contredire, il faut nécessairement en rendre compte. Mais ses données ne sont pas précises ; par exemple, le dogme de l'existence d'une divinité est admis par l'ensemble des hommes, autant qu'il est possible d'en juger; mais, si l'on veut savoir ce que pensent les peuples sur la nature de Dieu le désaccord est parfait. Il faut dire la même chose du dogme de la vie future. On admet généralement que l'âme survit au corps ; mais on cesse de s'entendre dès qu'il s'agit de dire ce que sera la vie après la mort.

Si la raison individuelle est impuissante à connaître la vérité, quelle garantie peut-on avoir en faveur de la croyance commune ? Pour former une somme, il faut additionner des unités. Une multitude d'aveugles ne voit pas mieux qu'un aveugle isolé.

Au reste, la vérité suppose deux termes : la chose connue et l'assentiment de l'esprit. Il faut que la chose

---

(1) Les traditionalistes (de Bonald, Ventura, etc.) estiment que la raison individuelle est impuissante à découvrir la vérité, et qu'on ne peut trouver la vérité qu'en consultant la tradition. C'est par le langage que les enseignements de la tradition se transmettent ; ils proviennent d'une révélation faite par Dieu aux premiers hommes.

connue soit jugée vraie par l'esprit. C'est ce qui ne peut arriver si la chose connue n'est pas en harmonie avec les lois de l'esprit. Sans doute, c'est à l'esprit de se conformer aux choses, afin de s'en faire des représentations aussi exactes que possible; il ne doit pas, comme le voulait Kant, conformer les choses à sa propre nature et leur imposer ses lois ; mais il n'en est pas moins vrai que la vérité est impossible si les lois de l'esprit sont violées. En d'autres termes, pour qu'il y ait vérité, il faut que l'esprit comprenne. Et l'esprit ne peut comprendre si ses lois fondamentales, le principe de contradiction et le principe de raison suffisante, ne sont pas observées (1). Il suit de là que la certitude ne peut reposer sur un fait entièrement extérieur à l'esprit, parce que, dans ce cas, l'esprit n'apercevrait pas la raison suffisante d'affirmer. Le fondement de la certitude ne peut être purement objectif (2). La vérité est à la fois subjective et objective ; donc, nul critère exclusivement objectif ne peut fournir une explication suffisante de la certitude.

2° Le critère de l'autorité. — Cette règle s'applique non seulement à la tradition, au consentement unanime des peuples et au sens commun, mais aussi à l'autorité, ce critère très ancien dont on prétend que les disciples de Pythagore faisaient sans cesse usage. La formule de ce critère était : « Αὐτὸς ἔφη », le maître l'a dit. Chacun sait que les philosophes du moyen âge sont accusés d'avoir grandement abusé du « *magister dixit* ».

Appréciation. — Quoi qu'il en soit de cette accusation et de la tradition relative aux disciples de Pytha-

---

(1) Le principe de contradiction exige que l'on n'affirme jamais le oui et le non, le même et l'autre, en même temps et sous le même rapport. Le principe de raison suffisante demande que toute chose ait sa raison d'être. L'intelligence ne peut admettre un fait sans cause ou une assertion sans fondement.

(2) Dans le sens cartésien du mot, objectif signifie l'objet interne, le contenu d'une idée. La définition du triangle est l'objet interne de la notion de triangle. Depuis Kant, objectif signifie chose réelle, distincte de l'idée et généralement extérieure à l'idée.

gore, il est certain que, selon le mot de saint Thomas, la preuve par la parole du maître est la plus faible de toutes : « *Locus ab auctoritate est infirmissimus.* » (1) Bien entendu, saint Thomas parle en cet endroit de la parole d'un homme ; et sa maxime, empruntée à Boèce, est évidemment raisonnable, puisque tout homme peut se tromper. Par contre, ajoute saint Thomas, nulle certitude n'est mieux fondée que celle qui repose sur la parole de Dieu. C'est la certitude de la foi ; elle est d'ordre surnaturel. Saint Augustin avait déjà très nettement marqué la différence de l'autorité divine et de l'autorité humaine : « A l'égard des seuls livres des Ecritures appelés canoniques, dit-il, j'éprouve ce sentiment de crainte respectueuse qui me porte à croire très fermement qu'aucun de leurs auteurs ne s'est trompé en quelque chose. Quant aux autres écrits, quelles que soient la sainteté et la science de leurs auteurs, je les lis sans me persuader que ce qui s'y trouve est vrai, par le fait même que ces auteurs l'ont pensé ou l'ont écrit. » (Saint Augustin, Epître à saint Jérôme) (2).

(1) *Summa theologica.* Pars I, Quæst. I, art. VIII. *Ad secundum.*

 2 On ne peut mieux résumer la discussion relative au critère de l'autorité. Seulement, ce texte de saint Augustin soulève deux graves problèmes d'apologétique :

1º L'inspiration divine des livres saints est affirmée par l'Eglise en vertu de son infaillibilité doctrinale, mais ne fait-on pas reposer l'infaillibilité doctrinale de l'Eglise sur quelques textes des livres saints ?

2º Est-il bien sûr, comme le croit très fermement saint Augustin, que les auteurs inspirés des livres canoniques n'ont jamais erré en quoi que ce soit ?

A) Depuis la Réforme et de nos jours encore, le protestantisme nous met sans cesse sous les yeux l'impossibilité d'établir le magistère infaillible de l'Eglise catholique en matière de foi et de morale. Vous, dit-il, qui prouvez l'autorité de l'Evangile par l'autorité de l'Eglise, vous n'avez pas le droit de prouver ensuite l'autorité de l'Eglise par l'autorité de l'Evangile. Le cercle vicieux serait manifeste.

La Luzerne, Manning, Franzelin, répondent : Nous établissons l'infaillibilité de l'Eglise catholique par l'autorité historique des Evangiles ; ensuite, sur la parole infaillible de l'Eglise catholique, nous affirmons l'inspiration des livres saints. Il n'y a là aucun cercle.

Ce raisonnement, mis en honneur au siècle dernier, écarte en effet le

Les critères subjectifs. — En d'autres termes, le critère de l'autorité suppose un autre critère : il est nécessaire de savoir distinguer la parole divine de la parole humaine ; et quand il s'agit de la parole humaine, il faut savoir discerner le vrai et le faux. Et ceci est vrai de tous les critères objectifs : aucun d'eux ne suffit à lui-même ; il faut un autre critère pour apprécier leur valeur selon les cas.

1° Critère de Kant : l'accord de la pensée avec elle-même. — Cet autre critère doit-il être purement subjectif ? Faut-il dire, par exemple, que toute repré-

cercle vicieux ; mais ses auteurs ont omis de faire une distinction qui semble importante. Nous résumons ici une critique très documentée qui a été faite de leur manière d'argumenter. L'authenticité et l'intégrité des Evangiles sont mises hors de cause ; de plus, la sincérité de leurs auteurs ne fait pas de doute. On demande seulement si, en qualité de simples témoins, et l'inspiration divine mise à part, les Evangélistes ont bien compris, bien retenu et bien reproduit, après un intervalle d'au moins trente années, les textes doctrinaux sur lesquels repose l'affirmation du magistère infaillible de l'Eglise catholique. On ne conteste pas la valeur des textes relatifs aux événements de la vie de Notre-Seigneur ; il s'agit seulement des textes doctrinaux. (Voir la *Revue du Clergé français* du 15 avril 1899).

Ce qui est sûr, en tout cas, et l'auteur de cette critique le reconnaît, c'est que « la valeur historique de l'Evangile prouve l'existence du Christ, son rôle de fondateur de Religion, sa qualité de thaumaturge. » Le même auteur admet que ces trois faits sont établis « par d'autres témoignages historiques parallèles à celui-là, et surtout par l'accord harmonieux de ces deux ordres de documents. » Il n'en faut pas davantage pour faire ressortir une fois de plus la force du raisonnement dont se sont contentés des hommes comme saint Augustin et Bossuet. Ils établissaient la divinité de l'Eglise catholique par les miracles que Dieu a faits en sa faveur. De là ils inféraient que l'Eglise catholique est infaillible, et que, par conséquent, nous devons croire, sur sa parole, à l'inspiration des livres des Ecritures qui sont appelés *canoniques*. On les nomme ainsi parce que, interprétée par l'Eglise, la parole divine qu'ils renferment est une règle de foi catholique κανών, règle).

B) Mais jusqu'où va l'inspiration des livres canoniques ? Ces livres sont-ils absolument exempts d'erreur ?

Saint Augustin le pense, et il indique les principes qui le guidaient en cette matière. « Et si je trouvais, dit-il, dans ces Saintes Lettres, quelque passage qui me parût contraire à la vérité, je n'hésiterais pas à affirmer ou que le manuscrit est défectueux, ou que l'interprète n'a pas suivi

sentation vraie doit être d'accord avec elle-même et pouvoir entrer sans incohérence dans un système de représentations ? — C'est à cette solution qu'aboutit le criticisme. Selon Kant, la science est un système de jugements cohérents, et la vérité d'un jugement se reconnaît à ce signe qu'il n'est pas contradictoire en lui-même, et ne contredit point d'autres jugements déjà admis comme incontestables.

Examen. — A ce compte, il faut dire avec Kant, que la science humaine est « une science qui n'est pas sue. » Il y a plus : c'est une science qui n'est pas vraie, puis-

---

exactement le texte, ou que je ne comprends pas bien. » (Lettre à saint Jérôme).

Cette attitude de saint Augustin doit encore être celle des catholiques d'aujourd'hui, malgré les progrès réalisés depuis saint Augustin dans les sciences physiques et naturelles, dans les sciences historiques et dans l'étude des langues orientales. Les connaissances les plus approfondies en égyptologie et en assyriologie ne peuvent autoriser un catholique à interpréter l'Ecriture sainte d'après d'autres règles que celles adoptées par l'Eglise catholique.

Ces règles, Léon XIII les indique dans son Encyclique *Providentissimus Deus*, du 18 novembre 1893. Les principales sont les suivantes :

1º Beaucoup de textes des Ecritures ont été interprétés authentiquement par les auteurs sacrés eux-mêmes. Il faut suivre cette interprétation ;

2º L'Eglise, « soit par un jugement solennel, soit par son autorité ordinaire et universelle, » a fixé le sens d'un certain nombre de passages des Livres saints. Il faut se convaincre que cette explication est la vraie ;

3º Le sentiment unanime des Pères doit être regardé comme l'un des principes essentiels d'une sage herméneutique.

Il y a quelques années, certains exégètes, pour se délivrer des difficultés que soulève l'interprétation des Saintes Ecritures, avaient cru pouvoir dire que l'inspiration divine ne s'étend qu'aux vérités concernant la foi et les mœurs. Léon XIII condamne cette manière de voir. « Tant s'en faut, dit-il, qu'aucune erreur puisse s'attacher à l'inspiration divine, que non seulement celle-ci, par elle-même, exclut toute erreur, mais encore l'exclut et y répugne aussi nécessairement que nécessairement Dieu, souveraine vérité, ne peut être l'auteur d'aucune erreur. » Et Léon XIII rappelle ce décret absolu du Concile du Vatican : « Les livres entiers de l'Ancien et du Nouveau Testament, dans toutes leurs parties, tels qu'ils sont énumérés par le décret du même Concile de Trente, et tels qu'ils sont contenus dans l'ancienne édition vulgate en latin, doivent être regardés comme sacrés et canoniques. L'Eglise les tient pour sacrés

que la vérité consiste dans l'accord de l'esprit avec les choses. Sans doute, et il faut souvent le rappeler, la vérité pour l'homme n'est pas un accord parfait de la pensée et des choses, mais de toute façon elle implique l'existence des choses. On ne peut faire abstraction de la réalité. Vérité et réalité sont deux termes inséparables.

L'esprit qui pense, n'est-il pas tout d'abord une réalité ? Peut-il se nier lui-même ? Nous avons conscience de penser et d'exister. La réflexion distingue la pensée de l'existence, mais elle ne supprime pas l'existence.

Si la vérité était tout entière au dedans, pourquoi donc appliquerions-nous tantôt une loi de l'esprit, tan-

et canoniques, non parce que, rédigés par la seule science humaine, ils ont été ensuite approuvés par l'autorité de ladite Eglise, non parce que seulement ils renferment la vérité sans erreur, mais parce que, écrits sous l'inspiration du Saint-Esprit, ils ont Dieu pour auteur. » (Sess. III, c. II).

Cette doctrine ne renferme rien qui puisse alarmer les savants, quels qu'ils soient ; car aucun désaccord réel ne peut exister entre la révélation divine et la science, pourvu que toutes deux se maintiennent dans leurs limites et prennent garde, suivant la parole de saint Augustin, « de rien affirmer au hasard et de déclarer connu ce qui ne l'est pas. » Une opinion théologique n'est pas un dogme de foi, et une hypothèse n'est pas une vérité scientifiquement établie.

Il est bien entendu, d'ailleurs, que « l'esprit de Dieu, qui parlait par la bouche des écrivains sacrés, n'a pas voulu enseigner aux hommes les vérités qui concernent la constitution intime des objets visibles, parce qu'elles ne devaient leur servir de rien pour leur salut. » (St Augustin). « Aussi ces auteurs, sans s'attacher à bien observer la nature, décrivent quelquefois les objets et en parlent, ou par une sorte de métaphore, ou comme le comportait le langage usité à cette époque. » (Léon XIII). Dieu, s'adressant aux hommes, a parlé le langage des hommes, pour être compris d'eux.

Pour conclure, si, au nom d'une science quelconque, comme la géologie ou l'histoire, on soulève quelque difficulté au sujet d'un passage des Saints Livres, il faut s'attacher à la faire disparaître, mais il ne faut pas perdre pied. En aucune façon, le vrai ne peut contredire le vrai. Une erreur a donc dû se glisser dans quelque partie de la discussion. Le temps fera justice de cette erreur. Jusqu'à ce jour, en effet, des objections « empruntées à toutes les sciences se sont élevées pendant longtemps et en foule contre les Ecritures, et se sont entièrement évanouies comme étant sans valeur,... Le temps détruit les opinions et les inventions nouvelles, mais la vérité demeure à jamais. » (Léon XIII. Encyclique *Providentissimus Deus*).

tôt une autre, selon les données de l'expérience ? Quand le feu dévore une maison, nous invoquons la loi de causalité, tandis que nous avons recours au principe de substance pour affirmer que la pensée suppose une réalité immatérielle qu'on appelle l'esprit, et que l'étendue est un attribut nécessaire d'une autre réalité qu'on appelle la matière.

Bref, la contradiction est un signe d'erreur ; il en est de même de l'incohérence des jugements, mais il ne suit pas de là que l'accord de l'esprit avec lui-même soit le signe certain de la vérité. Pour être dans le vrai, il faut que l'esprit s'accorde avec lui-même et avec les choses.

2° Critère des néo-criticistes : la libre affirmation. — Selon M. Renouvier et M. Lequier, il est impossible de prouver que l'esprit peut se mettre d'accord avec les choses : le dogmatisme s'affirme, mais il ne se démontre pas. D'autre part, cependant, le scepticisme est contradictoire. Il ne reste donc qu'un parti à prendre : choisir librement entre le dogmatisme et le scepticisme, parier pour l'un ou pour l'autre. Si on parie pour le dogmatisme, on reste d'accord avec soi-même, et on est en état d'expliquer la science, la croyance des hommes à la vérité, l'obéissance au devoir.

Appréciation. — Les néo-criticistes oublient que la volonté n'est pas un pouvoir aveugle : pour choisir librement un parti ou un autre, il faut une raison. Il serait grand temps, ce semble, de renoncer à cette insoutenable conception d'un libre arbitre absolu, qui nous permettrait de choisir sans motif. Tout choix non éclairé par la raison est un choix non libre. La liberté morale de l'homme est une conséquence de son intelligence ; là où l'intelligence n'entre pour rien, il n'y a pas de liberté.

Les néo-criticistes indiquent eux-mêmes des raisons de parier en faveur du dogmatisme ; c'est avouer implicitement que nous ne choisissons pas à l'aveugle entre le dogmatisme et le scepticisme.

Seulement, ces motifs indiqués par M. Renouvier et M. Lequier sont d'ordre purement subjectif. Il s'agit de rester d'accord avec soi-même, de ne point contredire la conception que l'on se fait de la science, de ne point heurter les croyances que l'on partage avec le reste des humains, et notamment de ne point froisser en soi le sens moral, qui est le sentiment du devoir. En définitive, il faut choisir le dogmatisme parce qu'il remplit les deux conditions de vérité indiquées par Kant : que nulle représentation ne soit contradictoire en elle-même, et que toute représentation s'accorde avec les autres représentations déjà reconnues vraies.

On le voit, nous restons dans « le pays de l'entendement pur », que Kant appelait à tort « le pays de la vérité. » Non, la vérité n'est pas dans l'entendement pur ; elle est dans l'accord de l'entendement avec les choses. Tout critère exclusivement subjectif fausse la notion de la vérité.

Synthèse des deux points de vue : la vérité est à la fois subjective et objective. — Si les critères subjectifs ne permettent pas de reconnaître la vérité avec certitude, et s'il en est de même, comme nous l'avons vu, des critères purement objectifs, dirons-nous qu'il faut bien aussi rejeter tout critère qui serait à la fois subjectif et objectif ? — Il semble, à première vue, qu'il en soit ainsi, car les ténèbres ajoutées aux ténèbres ne peuvent engendrer la lumière, et le néant ajouté au néant ne peut produire quelque chose.

Pourtant, il ne faut pas nier la vérité, c'est-à-dire la conformité de nos idées aux choses. On a beau dire, à la suite de Kant, que nous ne pouvons sortir des limites de notre esprit, pas plus que, dans l'ordre physique, nous ne pouvons sauter hors des limites de notre corps ; il faut croire que notre esprit peut atteindre la réalité et en lui-même et hors de lui-même. C'est là un postulat, mais ce postulat est indispensable.

Sans doute, si l'on entend par réalité objective quelque chose qui échappe totalement aux prises de l'esprit, il est clair que notre esprit demeure étranger à une réalité de ce genre, et, en ce sens, tout critère purement objectif est sans valeur ; mais il est possible et il faut que la vérité consiste dans une réalité distincte de nos idées et connue de nous d'après les lois mêmes de notre esprit. De toute nécessité, il faut affirmer avec Leibniz une harmonie préétablie entre notre intelligence et les choses. Le kantisme a répandu dans les esprits cette conviction, que nos pensées ne sauraient sortir d'elles-mêmes et nous faire atteindre les choses, mais cette conviction est gratuite, et, de plus, fort dangereuse. Il est permis d'y voir une véritable maladie de l'intelligence.

Si donc on dit qu'il faut renoncer à tout critère à la fois subjectif et objectif, parce que, pris à part, les critères objectifs et les critères subjectifs n'ont pas de valeur, on pose mal le problème. On creuse mal à propos un fossé entre l'esprit et les choses. Cette séparation absolue n'existe pas. A vrai dire, il n'y a pas de critère purement subjectif, ni de critère purement objectif. Le critère de la vérité, comme la vérité elle-même, tient à la fois des choses et de l'esprit. La vérité est l'être en tant qu'il est connu ; elle n'est pas simplement l'être ni simplement la connaissance. Dans la vérité, le subjectif et l'objectif se tiennent et ne font qu'un ; ainsi les pierres d'une voûte maintiennent la clef de voûte et sont maintenues par elle.

La vérité se manifeste d'elle-même. — D'ailleurs, on pose mal la question aussi, quand on dit : quel est le critère de la vérité ? — Il n'y a pas, à vrai dire, de critère de la vérité ; ou, si l'on veut, le signe de la vérité, c'est la vérité elle-même : « *Verum index sui.* » S'il en était autrement, comme le signe de la vérité ne peut être qu'une vérité, il faudrait dire qu'une vérité est le signe de la vérité, et alors on demanderait quel est le signe de cette vérité qui sert de signe à la vérité? Et il n'y aurait aucune raison de s'arrêter en cette voie. Ce serait le progrès à l'infini.

Les critères de l'erreur. — S'il n'y a pas de critère de la vérité, il y a des critères de l'erreur.

1° Tout d'abord la contradiction en est un. Sous ce rapport, les kantistes ont raison, mais on a dit cela longtemps avant eux : « *Id enim quod contradictionem implicat, verbum esse non potest, quia nullus intellectus potest illud concipere.* » (Saint Thomas) (1) Notre esprit se refuse absolument à admettre ce qui est contradictoire.

2° De plus, comme la vérité ne peut pas être contraire à la vérité, les kantistes ont raison encore de dire que toute représentation vraie doit être en harmonie avec les autres représentations vraies. Il faut, de toute façon, que l'esprit demeure d'accord avec lui-même.

3° Enfin, l'erreur n'a pas d'objet. Celui qui se trompe, dit saint Augustin, n'a pas perçu ou n'a pas compris. « *Omnis qui fallitur, id in quo fallitur non intelligit.* » Toujours, quand on se trompe, il y a manque d'évidence ; en ce cas, sous l'influence de l'imagination, on prend pour évident ce qui ne l'est pas. La pensée nette, facile, puissante, correspond toujours à un certain développement du cerveau ; elle se trouble ou disparaît quand le cerveau est lésé ; si quelqu'un conclut de là que le cerveau est le principe de la pensée, il prend pour cause ce qui n'est pas cause, il affirme ce qu'il n'a pas clairement vu ; condition n'est pas cause.

Conclusion. — Est-il donc des cas où l'esprit ne se trompe pas ? — Il le faut bien, puisque l'esprit est un instrument de vérité. Si l'on n'était jamais sûr de n'avoir pas été dupe de l'imagination en prenant pour évident ce qui ne l'est pas, quelle garantie aurait-on contre l'erreur ? Ceux qui demandent quel est le critère de la vérité veulent sans doute dire : en quels cas peut-on être sûr que l'esprit ne se trompe point ?

L'erreur est un jugement. Elle consiste à affirmer ce qui n'est pas ou à nier ce qui est. Par le fait même, l'erreur est toujours complexe : celui qui se trompe unit deux termes qu'il ne fallait pas unir, ou sépare deux termes qu'il ne fallait pas séparer. Autrement dit, c'est toujours dans la pensée complexe que l'erreur peut se

---

(1) *Somme théologique.* Ire partie. Ques:. xxv. Art. 3.

trouver ; jamais dans la pensée simple. Un concept isolé, tel que ceux-ci : homme, cercle, triangle, beau, vrai, bon, n'est jamais erroné. L'esprit saisit la nature des choses ou il ne saisit rien du tout. Si j'attribue à un homme la qualité de quadrupède, c'est la preuve évidente que je ne saisis pas l'un des deux termes, tout au moins. Par contre, si j'ai vraiment compris la notion d'homme, je puis ne pas être en état de bien définir l'homme, ce qui demande beaucoup de réflexion, mais je sais écarter tous les attributs qui ne conviennent pas à l'homme. C'est par les idées simples qu'on rectifie les jugements faux. Et il n'est pas nécessaire pour cela que les idées simples aient été rendues parfaitement nettes par la réflexion. Sans savoir définir le beau, on peut montrer que le beau n'est pas l'agréable ou l'utile. Les idées simples expriment donc bien la nature des choses ; sans cela l'esprit serait nécessairement un instrument d'erreur. De là ce principe posé par saint Thomas : L'esprit ne se trompe jamais quand il saisit l'idée simple qui représente la nature d'une chose. S'il y a erreur en pareil cas, c'est que l'esprit n'a rien saisi du tout : « *Et propter hoc, in cognoscendo quidditates simplices non potest esse intellectus falsus ; sed, vel est verus, vel totaliter nihil intelligit.* » (1).

Il y a un autre cas où l'esprit ne se trompe jamais, et pour la même raison, c'est quand il saisit les premiers principes (2).

L'idée d'être, par exemple, est une idée simple tellement facile à saisir, que l'esprit connaît de suite le principe d'identité : *Toute chose est ce qu'elle est :* A = A. De même, par l'analyse de l'idée de cause il est aisé de comprendre que la cause est ce qui produit quelque chose, et par conséquent d'admettre le principe de causalité : *Tout ce qui est produit a une cause.*

Au résumé, on peut distinguer dans la raison hu-

(1) *Somme théologique*. I^e Partie. quest. XVII, art. 3.
(2) Les principes premiers, dit Descartes, sont des vérités qui ne se démontrent pas et qui servent à démontrer toutes les autres.

maine une forme et une matière. La forme, ce sont les premiers principes qui président à toute connaissance. Les premiers principes sont connus sans erreur possible. La matière, ce sont les choses dont l'esprit connaît la nature. Or, les natures simples sont connues sans erreur possible, ou elles ne sont pas connues du tout. « *In simplicibus non deficit intellectus.* » (Saint Thomas).

OUVRAGES CONSULTÉS :

Saint Augustin. — *Lettre LXXXII, à saint Jérôme.* (Edition Vivès).
Cousin. — *Du Vrai, du Beau et du Bien.* (1re leçon sur le Bien).
Descartes. — *Principes de la Philosophie.*
— — *Discours de la Méthode.*
— — *Réponses aux objections.*
Fonsegrive. — *Métaphysique* (Leçons ii, v, vi, vii).
Jouffroy. — *Mélanges : La Philosophie et le Sens commun.*
Léon XIII. — *Encyclique* Providentissimus Deus. (18 novembre 1893).
Ollé-Laprune. — *La Certitude morale.*
Payot. — *Education de la volonté.*
Reid. — *Essais sur les facutés intellectuelles de l'homme.* (Essai vi, Ch. ii).

Revue du Clergé Français (15 avril 1899).
Somme théologique de saint Thomas. (1re partie, Quest. i, Art. viii. — Quest. xvii, Art. 3. — Quest. lxxxv, Art. 6).

CHAPITRE IV.

LE BEAU.

Nous connaissons les choses telles qu'elles sont, sinon d'une façon adéquate, tout au moins sans erreur inévitable. Souvent, la connaissance des choses nous laisse indifférents ; parfois aussi elle nous cause un vif plaisir. Le voyageur qui a péniblement franchi les dunes, ne peut s'empêcher d'admirer la plage et l'immense nappe d'eau qui s'offre à sa vue : Voilà qui est beau, s'écrie-t-il.

Quel est le sens de ce jugement ? Comment définir le beau ? Telle est la question à résoudre.

Beaucoup de philosophes déjà ont cherché à donner une définition du beau. Il ne semble pas qu'ils y aient réussi ; il est utile pourtant d'examiner leurs essais, ne serait-ce que pour éviter les écueils qu'ils ont rencontrés.

§ I. — CE QUE LE BEAU N'EST PAS.

Parmi les philosophes qui se sont trompés en définissant le beau, il faut tout d'abord signaler les sensualistes. Ils veulent tout expliquer, dans l'âme humaine, par la sensation. Dès lors, il n'est pas étonnant qu'ils identifient le beau et l'agréable.

A) Le beau n'est pas l'agréable. — Les objets beaux sont agréables à voir ou à entendre, mais on ne peut conclure de là que le beau et l'agréable sont une même chose. La saveur du sucre est agréable, elle n'est pas belle. Le miel plaît au goût, on ne dit pas pour cela qu'il est beau. Qui a jamais parlé de la beauté du vin de Bourgogne ou de celle du vin de Bordeaux ? Deux de nos sens seulement, la vue et l'ouïe, nous servent à apprécier la beauté, tandis que tous peuvent nous faire éprouver des impressions agréables.

B) Le beau n'est pas l'utile. — Si le beau n'est pas l'agréable, peut-on, à l'exemple des hommes qui envisagent toujours le côté pratique des choses, identifier le beau et l'utile? On appelle utile, dans le sens large du mot, tout ce qui peut servir à atteindre une fin. En ce sens, on pourrait dire que le beau est quelquefois utile : un chef-d'œuvre d'art religieux orne bien une église. Mais ce qui nous permet d'atteindre un but n'est pas toujours beau. Il faut mourir pour échapper aux misères de la vie présente et parvenir aux joies de la vie future : la mort n'a par elle-même rien de beau. En un sens plus étroit, on entend par utile tout ce qui, agréable ou non, est propre à entretenir la vie, à la rendre plus commode, à écarter la douleur. Or, le beau n'est pas l'utile ainsi entendu. Quoi de plus utile qu'une marmite? disait Platon ; quoi pourtant de moins beau ? Un objet peut être beau et utile en même temps, mais à des titres divers. Bien souvent, pour qu'un objet beau devienne utile, on le détruit. Pour utiliser un beau fruit, un beau lièvre, l'homme fait disparaître leur beauté.

C) Le beau n'est pas la conformité à un type. — Beaucoup d'objets, dans la nature, présentent une forme déterminée. Ainsi, tous les êtres vivants d'une même espèce ont des traits communs, dont l'ensemble constitue un type. Quand ils s'écartent de ce type, ils sont difformes. La déviation de l'épine dorsale, par exemple, ou la longueur extraordinaire du nez, font qu'un homme n'est pas agréable à voir. — La difformité est une cause de laideur ; faut-il dire pour cela que la parfaite conformité à un type fait toute la beauté? — Non. Un visage régulier n'est pas toujours beau, tandis qu'un visage irrégulier peut l'être. Socrate était parfois très beau, et son visage n'était pas agréable à voir. Les fleurs doubles s'écartent du type de leur espèce, et cependant elles sont plus belles que les simples. Il y a, dit Kant, des beautés vagues, qui ne correspondent à aucun type; telle est la beauté d'une symphonie ou celle d'un paysage.

La beauté est d'ordre suprasensible. — L'agrément, l'utilité, la régularité ne sont pas l'essence de la beauté. N'est-ce pas dire que la beauté n'appartient pas en propre aux choses de l'ordre sensible ? Un objet sensible ne peut en effet nous intéresser que par sa forme, l'agrément qu'il nous cause ou l'utilité que nous envisageons en lui.

Objection. — On dit cependant : un beau son, une belle couleur; ce sont là des choses qui tombent sous les sens.

Réponse. Ces appréciations s'expliquent : nous appelons belle la couleur qui plaît à nos yeux ; le son qui charme nos oreilles nous paraît beau. Au fond, il n'y a pas d'autre raison Sans doute, l'agréable n'est pas le beau. Mais nous identifions une couleur agréable et une belle couleur, un son agréable et un beau son, parce que, comme la beauté véritable, certaines couleurs, certains sons nous plaisent par eux-mêmes, sans que nous nous préoccupions de l'utilité qu'ils peuvent avoir pour nous. C'est chose reconnue que le beau nous cause un plaisir désintéressé. Kant exprimait cela en définissant le beau : *Une finalité sans fin.*

La beauté visible est une beauté participée. — Si le beau n'est pas d'ordre sensible, comment expliquer que parfois la beauté se révèle aux sens, particulièrement à l'aide des traits du visage humain? — Le visage humain nous paraît beau quand nous voyons en lui l'expression d'une belle âme. Sa beauté, par conséquent, est une beauté d'emprunt, une beauté participée, comme dirait Platon. Sans doute, il peut arriver qu'un beau visage ne soit pas en quelque sorte le voile d'une belle âme; parfois, à la vue d'une admirable figure, dont rien au-dedans ne relève la beauté, on songe malgré soi au vers du poète :

> Belle tête, mais de cervelle point. (La Fontaine).

Seulement, dans ce cas même, un beau visage reste associé pour nous à la beauté invisible, il exprime cette beauté en dépit de ce qui est. C'est ainsi qu'une fleur artificielle exprime la vie, bien qu'elle soit faite de fer et d'étoffe. C'est ainsi que de beaux vers dans la bouche d'un acteur habile expriment de grands sentiments qui ne sont pas au fond ceux de l'acteur. Ce qui est vrai du visage humain peut se dire de tout ce qui paraît beau dans le monde des corps. Si donc parfois un corps est beau, il tient sa beauté de quelque chose d'intelligible à quoi il fait penser. Le beau est d'ordre intelligible.

D) **Le beau n'est pas le vrai.** — L'intelligible, c'est le vrai ; car, d'une part, le néant n'est pas intelligible, et d'autre part, toute vérité suppose un esprit qui la comprend. Le vrai, disaient les scolastiques, est l'être en tant qu'intelligible. Cela posé, le beau est-il le vrai ? Boileau semble l'avoir pensé :

> « Rien n'est beau que le vrai, le vrai seul est aimable. »

Fénelon est du même avis. « Avant de trouver une chose belle, dit-il, je veux savoir si elle est vraie. » — Ce qui est sûr, c'est que toute vérité n'est pas belle. Personne n'a encore découvert la beauté à quelque degré que ce soit dans les axiomes de la géométrie ou les propositions du livret. Il est également certain que la vérité contingente, c'est-à-dire la réalité, n'est pas une condition de la beauté ; il y a des conceptions fort belles qui n'ont jamais été réalisées et ne le seront jamais. Bien plus, souvent la réalité est un obstacle à la beauté. Que de fois, au théâtre, le spectateur s'éloignerait, saisi de dégoût, s'il croyait à la réalité des faits que la scène représente. Ces considérations suffisent à montrer qu'on ne peut identifier le vrai et le beau.

Il est des cas pourtant où le vrai nous paraît beau. Ne

dit-on pas : un beau théorème, une belle science? — Quand le vrai nous paraît beau, ce n'est pas simplement parce qu'il est le vrai, autrement toute vérité serait belle au même titre ; c'est parce qu'il nous cause une joie très vive et désintéressée. Or, nous l'avons déjà remarqué, et c'est un fait connu de tous, la vue du beau nous cause un plaisir désintéressé, c'est-à-dire dégagé de toute préoccupation d'utile ou de nuisible. De là vient que nous sommes portés à appeler beau tout objet qui nous cause un plaisir de cette nature. Nous disons un beau théorème, une belle science, comme nous disons une belle couleur, un beau son, pour désigner des objets agréables par eux-mêmes. Or, de même qu'une couleur et un son agréables n'ont aucune beauté intrinsèque, sans quoi tout objet agréable aux sens serait beau, de même, un théorème, une science, ne sont point des choses belles par elles-mêmes ; autrement tout ce qui est intelligible serait beau.

Le vrai paraît donc beau quelquefois, mais il n'est pas le beau, puisque toute vérité n'est pas belle. Nous disons que le vrai est beau quand il nous plaît vivement, toute vue intéressée mise à part.

E) Le beau n'est pas le bien. — Une chose qui a de l'attrait pour nous est l'objet d'un désir. Or, ce que l'on désire s'appelle un bien. De là cette définition scolastique : *Le bien est l'être en tant que désirable.* Cela posé, ne peut-on pas dire que le beau nous attire? Les Grecs, dont le goût était si sûr, semblent avoir identifié le beau et le bien, comme en témoigne l'expression καλοκάγαθον. — Par l'expression καλοκάγαθον, les Grecs, notamment Platon et les Stoïciens, désignaient le bien moral, qui, à leurs yeux, n'était qu'un idéal proposé au sage. Mais, en dehors de l'ordre moral, ils avaient des termes distincts pour désigner le beau et le bien.

De fait, le beau n'est pas le bien. Le bien est l'être en tant que désirable. Or, on peut désirer une chose comme un ou comme moyen. Si on la désire comme moyen, elle est appelée utile, et nous savons déjà que l'utile n'est pas le beau. Quand, au contraire, une chose est désirée comme fin, ou elle paraît désirable par elle-même, ou on la recherche en vue d'une satisfaction personnelle. Dans ce dernier cas, elle est appelée agréable, mais l'agréable n'est pas le beau. Ce que nous avons dit pour montrer que le beau n'est pas ce qui plaît aux sens, peut aussi servir à faire distinguer, d'une manière générale, le beau et l'agréable. — Ce qui paraît désirable en soi s'appelle l'honnête ou simplement le bien. Or le beau n'est pas l'honnête ou le bien, car tout ce qui est honnête n'est pas beau. Il est bien de respecter l'honneur, la réputation et la vie de ses semblables, mais on n'appelle point beaux ces actes de stricte justice.

De même que souvent le vrai paraît beau, de même on dit volontiers : Voilà une belle action; c'est là une belle conduite. C'est que le bien accompli peut, comme le vrai, nous causer un plaisir très vif et dégagé de tout intérêt. En ce cas, nous l'appelons beau, parce que le plaisir désintéressé est l'effet le plus saillant que le beau produit en nous. Le langage, on le sait, est l'expression de ce que tous les hommes croient, mais ce que tous les hommes croient n'est pas nécessairement toujours la vérité complète. Le sens commun laisse place à la réflexion, et la réflexion peut apercevoir des vérités que le sens commun ne révèle pas. Elle complète ainsi les données du sens commun. Il est donc permis de penser que les données du sens commun sur le beau sont insuffisantes, sauf à le prouver. Ce qui semble autoriser cette supposition, c'est que le sens commun donne en certains cas, mais toujours pour la même cause, le nom de beaux à des objets qui, à la réflexion, paraissent distincts du beau : tels sont l'agréable, le vrai, le bien.

§ II. — Définition du Beau.

Tout le monde convient que le beau nous plaît en dehors de toute considération d'intérêt propre. Mais ce caractère de la beauté appartient aussi parfois à d'autres objets, tels que la couleur, le son, le vrai, le bien. Voilà ce qui ressort des discussions précédentes. D'où une question nouvelle : quelle est la marque distinctive du beau ?

Quelques indications sur la nature du beau. — Peut-être quelques indications données par les philosophes serviront-elles à nous mettre sur la voie. Aristote définissait le beau : *la grandeur dans l'ordre* : « τὸ γὰρ μέγεθος ἐν τάξει ἔστι τὸ καλόν. » D'après saint Augustin, *le beau est l'unité dans la variété*. Saint Thomas, après avoir distingué le beau du bien par cette formule : «*Pulchra dicuntur quæ visa placent,* » ajoute aussitôt : « *Pulchrum in debita proportione consistit.* » (Sum. th. I. qu. v; art 4; ad 1). Kant estime qu'un objet ne peut être jugé beau s'il ne produit en nous un accord de l'imagination et de la raison. Enfin, une définition très célèbre du beau est celle de Hegel : « *Le beau est l'expression de l'idée par la forme, de l'invisible par le visible.* »

Examen de ces indications. — Toutes ces définitions paraissent contestables. La critique toujours la même qu'on en fait, consiste à montrer que nulle d'entre elles ne convient au seul défini. Un homme peut être grand et bien proportionné sans être beau. Un monstre présente une certaine unité dans la variété de ses membres. Un lis dont les pétales ont été divisés dans le sens de la longueur, offre aux yeux une plus grande variété dans l'unité ; mais sa beauté a disparu. Saint Thomas, en disant que le beau consiste dans la proportion convenable, indique simplement une condition de la beauté ; ce qui manque de proportion est laid, mais la proportion n'est pas la beauté. L'imagination et la raison sont pleinement d'accord quand on considère un marteau, une table à écrire, un objet quelconque, pourvu qu'il soit propre au but qu'on s'est proposé en le fabriquant, et qu'il ne soit point difforme. Enfin, il est des choses invisibles dont l'expression n'est pas belle : telles sont la haine, la gloutonnerie.

Le beau, quoique d'ordre invisible, revêt toujours

7

une forme sensible. — Ces critiques sont fondées ; mais, si aucune des définitions qui précèdent n'est exacte, du moins l'accord est fait sur un point : tout objet appelé beau revêt une forme sensible. Si l'on méconnaît ce caractère du beau, les définitions rapportées plus haut ne sont pas seulement inexactes, elles sont inintelligibles. Au reste, consultons l'expérience. Les objets beaux sont de deux sortes : les uns sont produits par la nature seule, les autres sont dus à l'habileté de l'homme. Toutes les beautés d'ordre naturel revêtent une forme sensible : un beau paysage, une belle fleur, un bel arbre, un bel animal, une belle figure, sont autant d'objets dont la beauté charme nos yeux. Quant aux beaux-arts, ils ont tous besoin d'un élément perceptible aux sens : la poésie se sert du langage et parle à l'imagination, qui est comme le lieutenant des sens ; la peinture et la sculpture ont recours aux formes visibles ; il en faut dire autant de l'architecture ; c'est par l'harmonie des sons que la musique exprime les sentiments de l'âme. Le beau atteint l'âme par les sens ; telle est la part de vérité contenue dans les diverses conceptions que les philosophes se sont faites du beau. Ajoutons que la grandeur dans l'ordre, l'unité dans la variété, la proportion des parties, l'accord de l'imagination et de la raison, sont autant de conditions de la beauté d'un objet.

La beauté invisible est la beauté envisagée dans son principe. — Cela posé, comment rendre compte de ces formes du langage : la beauté invisible, une belle âme, la beauté suprême de Dieu ? — Disons simplement qu'il n'existe point, à proprement parler, de beauté invisible. Un grand nombre d'expressions ont deux sens : un sens propre et un sens figuré. Or, quand on parle d'une beauté invisible, on n'emploie pas le mot beauté dans son sens propre, ce qui d'ailleurs n'a rien qui doive surprendre. C'est à l'aide des sens, il est vrai, que nous discernons les objets beaux ; mais ce qui fait la beauté d'un objet ne tombe pas directement sous les sens. En disant : la beauté invisible, nous considérons la beauté dans son principe, nous prenons la cause pour l'effet, procédé de langage très souvent employé. Ainsi on dit l'âme pour la vie ; le mot grec ψύχη, âme, signifiait proprement le souffle.

Puisque, à parler exactement, il n'y a pas de beauté invisible, il faut persister à dire que la forme extérieure est essentielle à la beauté, comme le mouvement, à quelque degré, est essentiel à la vie des animaux. Mais, il n'en est pas de même de la matière ; qu'importe à la beauté d'une statue qu'elle soit de bronze ou de marbre? « *Le beau*, dit Kant, *plaît par sa forme et non par sa matière.* » Beaucoup d'objets dont la vue éveille en nous des pensées et des sentiments entièrement étrangers à l'idée du beau et au sentiment esthétique, sont agréables à voir quand un artiste les a dépouillés de toute réalité. Un peintre peut nous intéresser à un ustensile de cuisine. Boileau disait déjà :

> Il n'est point de serpent ni de monstre odieux
> Qui, par l'art imité, ne puisse plaire aux yeux.
> D'un pinceau délicat l'artifice agréable,
> Du plus affreux objet fait un objet aimable.

Principaux caractères du beau. — Nous sommes en mesure, d'après ce qui précède, d'indiquer avec précision les caractères essentiels du beau :

1° **Le beau est une finalité sans fin.** — Il nous plaît par lui-même ; en l'aimant nous ne songeons en aucune façon à notre intérêt propre.

2° **Le beau est l'expression de l'idée par la forme, de l'invisible par le visible.** — Il suppose un accord de l'imagination et de la raison. Un objet n'est pas beau s'il n'exprime rien. Ce qui plaît aux yeux ou charme l'oreille sans rien faire entendre à l'âme, il convient de l'appeler joli plutôt que beau ; car le beau est comme un rayonnement de l'invisible. Tel est le sens du mot si connu attribué à Platon : « *Le beau est la splendeur du vrai.* »

8° **Le beau plaît par sa forme et non par sa matière.** — Nous aimons l'objet beau d'un amour à la fois désintéressé et purement contemplatif. A la vue du beau, nous ne songeons point à notre intérêt ou à notre agrément, mais nous ne nous préoccupons pas davantage de ce qu'est au fond l'objet beau lui-même. Il y a une grande différence entre l'amour du beau et l'amour qu'on a pour une personne. Aimer quelqu'un, c'est lui vouloir du bien ; aimer le beau, ce n'est pas lui vouloir du bien, c'est trouver sa joie à le contempler. Cette joie suppose qu'on s'oublie soi-même ; voilà pourquoi elle est désintéressée.

Définition du beau. — Pour résumer, nous pouvons dire : le beau est ce qui cause à notre âme un plaisir désintéressé par la contemplation de formes exprimant l'invisible.

Du joli. — Quand les formes n'expriment rien, si elles nous plaisent, elles sont jolies, mais non belles à la rigueur. Parler d'un beau son, d'une belle couleur, ce n'est pas abuser du langage, mais c'est employer le mot beau dans un sens plus étendu que son sens propre.

De la beauté poétique. — Il est des formes expressives dont le sens est très clair ; il en est d'autres qui donnent à penser, qui font rêver. Quand une forme expressive laisse libre carrière à l'imagination, on dit qu'elle est poétique. Un édifice flambant neuf peut être beau ; les ruines d'un vieux château sont poétiques. L'esprit français est peu poétique, parce qu'il est très clair. Il n'y a pas beaucoup de poésie dans Corneille ; il y en a beaucoup plus dans Victor Hugo et dans Lamartine. La tête de l'enfant est poétique ; le visage de l'homme mûr ne symbolise plus l'espérance. La noble figure d'un beau vieillard n'est pas sans poésie, car elle évoque les souvenirs d'un autre âge. Nos vieilles cathédrales sont poétiques, car elles nous font songer à la foi de nos pères, à la majesté de Dieu, à nos immortelles espérances.

Du sublime. — Non seulement elles sont poétiques, mais il y a en elles quelque chose de sublime, parce qu'elles remplissent l'âme du sentiment de l'Infini. Dès que la pensée de l'Infini envahit notre âme, nos facultés sont en quelque sorte déconcertées, et nous nous sentons pénétrés d'un respect mêlé de crainte. Nous disons alors : c'est sublime, en parlant du spectacle qui nous a ainsi transportés dans une région supérieure. L'Océan en fureur est sublime, il dépasse notre imagination ; notre raison elle-même est dépassée, car si elle ne cesse pas de croire aux lois stables qui règlent l'effort de la tempête, du moins elle ignore ces lois ou n'y pense point. L'invisible nettement exprimé, la poésie et le sublime, telles sont les formes diverses et comme les degrés de la beauté.[1]

Conditions du beau. — De plus, qu'il soit sublime, poétique ou simplement expressif, l'objet beau doit toujours remplir certaines conditions sans lesquelles il n'y a pas de beauté possible :

1° Il doit plaire, et cela sans éveiller aucune idée d'intérêt personnel. Le beau se distingue nettement de l'utile.

2° Il doit plaire par sa forme, car l'homme ne perçoit pas l'invisible sans le secours des sens. Et si l'invisible était exprimé par des formes quelconques, il n'éveillerait jamais en nous le sentiment du beau. Le géomètre peut bien faire saisir la vérité à l'aide de figures mal faites ; au contraire, pour qu'une forme exprime le beau, il faut qu'on y trouve, comme dit Bossuet, « de l'arrangement et de la proportion (1) ». Toute mutilation du visage défigure un homme ; toute disproportion le rend laid ; la contraction de ses traits fait disparaître sa beauté.

3° L'objet beau doit plaire par l'intuition de l'invisible ; c'est à l'intelligence qu'il s'adresse. « La perception sensible, à elle seule, est impuissante à produire la puis-

---

(1) BOSSUET, *Connaissance de Dieu et de soi-même*. Ch. 1, § 8. — Saint Thomas dit dans le même sens : « *Ad pulchritudinem requiruntur primo quidem integritas sive perfectio ; quæ enim diminuta sunt, hoc ipso turpia sunt ; et debita proportio, sive consonantia.* » (*Somme théologique*, première partie, quest. 39, art. 8).

sance du beau. Celle-ci exige l'intervention d'un facteur nouveau, dont la présence suffit pour changer un état physiologique en état esthétique. Ce facteur est l'intelligence. Grâce à l'intelligence, nous saisissons et nous contemplons la valeur respective de tous les éléments d'une belle œuvre, et les rapports qui les unissent l'un à l'autre pour en faire un ensemble harmonieux. C'est dans cette contemplation intellectuelle que la jouissance esthétique a sa racine. » (1). En d'autres termes, il faut que l'invisible resplendisse à travers l'harmonie des formes ; le beau est la splendeur de l'ordre (2).

§ III. — Y a-t-il une Science du Beau ?

Par le fait que le sentiment du beau ne peut exister sans l'intuition de l'invisible, il faut admettre que le beau n'est pas simplement le plaisir désintéressé qui résulte de l'harmonie interne de nos facultés perceptives. Sans doute, comme l'a dit Kant, à la vue d'un objet beau, notre imagination et notre raison sont d'accord ; mais ce fait tout subjectif a une cause en dehors de nous. Autrement dit, le sentiment du beau résulte d'une double harmonie : l'une subjective, qui est un accord de nos facultés de perception ; l'autre à la fois subjective et objective, qui est un accord de nos facultés avec l'objet beau.

Quelle est la nature de l'objet beau ? — Kant pensait qu'on ne peut pas le savoir : « Il n'y a pas de science du beau, il n'y a qu'une critique du beau », disait-il ; et par critique du beau il entendait l'analyse des conditions

---

(1) De Wulf, *La valeur esthétique de la moralité dans l'art*, p. 28 et 29.
(2) Saint Thomas, après avoir indiqué deux conditions du beau, à savoir : l'intégrité et la proportion, en ajoute une troisième, l'éclat : « *et iterum claritas.* » (*Somme th.* première partie, qu. xxxix ; art. 8). Ailleurs, il s'exprime ainsi : « *Ad rationem pulchri concurrit et claritas et debita proportio... Unde pulchritudo corporis in hoc consistit quod homo habeat membra corporis bene proportionata, cum quadam debiti corporis claritate.* » (*Sum. th,* 2a 2æ ; qu. 145, art. 2).

subjectives du sentiment du beau (1). D'autres ont pensé qu'on pouvait faire la science du beau, et cette science, ils l'ont appelée *esthétique* (2).

La science du beau n'est pas une science d'idéal. — Sans être partisan de Kant, qui ramenait le beau à un fait tout subjectif, il faut bien reconnaître que la science du beau n'est pas faite. Ceux qui la croient déjà faite, comme Cousin et M. Charles Lévêque, doivent cette erreur à un préjugé classique. Pour eux, le beau est un idéal, une chose en soi, qui se réalise plus ou moins dans la nature, et que l'artiste doit s'efforcer de reproduire. Il y a, par exemple, un type idéal du lis, et nous disons qu'un lis est beau quand il nous paraît réaliser ce type. A ce compte, le beau serait la splendeur de l'idéal. Tel est le résumé de la théorie platonicienne du beau. Platon n'a jamais dit le mot qu'on lui prête : « *Le beau est la splendeur du vrai* », et ce mot ne résume que très imparfaitement l'enseignement de Platon sur le beau. Platon admettait un idéal de toute chose : selon lui, dans un monde suprasensible, tout différent du nôtre et bien antérieur au nôtre, se trouvent des exemplaires accomplis, dont participent les choses qui tombent sous nos sens.

---

(1) On peut ramener cette analyse, telle que l'a faite Kant, à trois propositions :

1º « *Le beau est une finalité sans fin.* » Il est une finalité parce qu'il résulte d'une harmonie entre l'imagination et la raison; il est une finalité sans fin parce qu'il cause à l'âme un plaisir désintéressé. Un objet beau n'est pas utile, au sens propre de ce mot.

2º « *Le beau plaît par sa forme, non par sa matière.* » Qu'importe, au point de vue artistique, qu'une belle statue soit en plâtre ou en bronze ?

3º « *Le beau est ce qui plaît universellement et sans concept.* » Il y a des *beautés vagues*, qui ne correspondent à aucune forme déterminée, et des *beautés adhérentes*, qui sont liées à une forme précise. La beauté du visage humain est une beauté adhérente; celle d'une symphonie est une beauté vague.

(2) Ce mot vient du grec : αἰσθάνομαι, *je sens*. Dans la langue de Kant, l'*esthétique* signifie la critique de nos moyens de connaître les faits d'expérience, la critique de la sensibilité, comme disait Kant lui-même; c'est Baumgarten, un disciple de Kant, qui a le premier employé le mot esthétique dans le sens de science du beau.

L'homme, le chêne, la rose, reproduisent sous nos yeux ce que Platon appelle l'homme en soi, le chêne en soi, la rose en soi. Quand cette reproduction semble parfaite ou approche de la perfection, nous disons : Voilà un bel homme, un beau chêne, une belle fleur.

Examen de cette théorie. — 1° Le mal est que tout objet beau ne correspond pas à un idéal nettement défini. Quel est l'idéal d'un beau paysage? Il y a des beautés vagues et d'autres qui sont adhérentes. La beauté du lis est du nombre de ces dernières ; celle des ruines d'un vieux château n'est conforme à aucun type.

2° Il n'est d'ailleurs pas sûr du tout que toute beauté adhérente corresponde à un idéal. Si cela était, il n'y aurait qu'un seul visage humain vraiment beau, tandis qu'il y en a une infinité. Faut-il dire alors qu'il y a autant d'idéaux que de beaux visages? Ce serait contraire à la théorie platonicienne, qui n'admet qu'un idéal pour chaque être ; de plus, comme le remarque Aristote, ce serait doubler sans raison le nombre des objets ; enfin et surtout, ce serait contredire l'expérience, qui ne nous accuse rien de semblable.

3° Aucun psychologue n'a même jamais découvert en nous l'idéal tout fait d'un objet quelconque. Cicéron se trompe quand, au début de l'*Orator*, il nous raconte que Phidias, en sculptant son Jupiter ou sa Minerve, « avait dans sa pensée une beauté suprême sur laquelle il tenait ses regards attachés, et dont la contemplation dirigeait son esprit et sa main. » (*Orator*, cap. II). Il se trompe aussi, du reste, en s'imaginant qu'il va tracer le portrait du parfait orateur. Il pourra bien dire quelles sont les études propres à former l'orateur, énumérer les genres oratoires, indiquer les parties de l'éloquence, insister sur la nécessité de l'action, faire sentir la différence des styles et donner d'excellentes règles d'élégance ; rien de tout cela ne nous fait connaître l'orateur idéal. Aussi bien, l'idée directrice du livre est fausse, parce que Cicéron s'est inspiré de la théorie des idées de Platon. Il n'y a pas d'orateur idéal, parce que chaque époque, chaque nation, chaque orateur même conçoit l'éloquence à sa manière.

L'esthétique doit reposer sur l'observation des faits. — Cette simple remarque fait voir que l'esthétique ou science du beau n'est pas impossible, à la condition que ceux qui ont entrepris de l'organiser, veuillent bien adopter une méthode plus heureuse que celle de leurs devanciers de l'école classique. Il faut consulter l'expérience et renoncer à la métaphysique du beau, telle que Platon l'avait conçue. Il n'y a pas de beau idéal, prototype immuable et divin des choses réelles.

Principales questions d'esthétique. — En consultant l'expérience, l'esthétique pourrait, ce semble, résoudre les problèmes qu'elle pose, ou tout au moins en avancer la solution.

1º Elle écarterait les définitions inexactes du beau et déterminerait la formule la plus compréhensive de toutes, celle qui convient réellement à tout le défini et au seul défini.

2º Elle rendrait compte de l'admiration dont les œuvres d'art sont l'objet ; et pour cela, elle ferait connaître le véritable principe de l'art.

3º Enfin, elle dirait s'il y a un bon et un mauvais goût, et si l'on dispute des goûts avec fondement ; elle analyserait le talent ; elle expliquerait comment on l'acquiert, comment on le cultive ; elle définirait le génie artistique, en le distinguant avec soin du génie scientifique ou de toute autre éminente supériorité de l'esprit.

Conclusion. — En résumé, il doit y avoir une science du beau, puisque le beau est quelque chose en dehors de nous. Il est l'invisible manifesté par la splendeur de l'ordre. Le tout serait de savoir quel est cet invisible qui se manifeste ainsi par les beautés de la nature ou par celles de l'art.

De plus, les matériaux de l'esthétique semblent tout préparés : on a écrit sur cette matière beaucoup d'essais, dont quelques-uns très remarquables.

Reste à organiser cette science. Pour cela, il faut une

méthode. Les sciences ne s'organisent qu'à partir du jour où leur méthode est trouvée. Tant qu'une science n'a pas sa méthode, elle ne sort point de sa période empirique. Les matériaux qui doivent constituer cette science se préparent, mais l'édifice reste à construire. A l'heure présente, des novateurs hardis proclament que le beau idéal est une chimère, et qu' « il n'y a pas moins de ridicule à condamner l'art flamand et hollandais au nom de la sculpture grecque, qu'à condamner la sculpture grecque au nom de l'art flamand et hollandais. » Non pas que la liberté de l'art soit absolue, « que toute direction lui soit égale et qu'il ne connaisse d'autre loi que l'infinie variété du caprice individuel », mais l'esthétique change de voie : à l'explication métaphysique tirée de la théorie des idées de Platon, « elle substitue l'étude directe des choses, des faits et des êtres. » Elle « a fini par porter ses investigations du ciel sur la terre » (1).

Cette nouvelle méthode contribuera sans doute beaucoup au progrès de l'esthétique. Bientôt, peut-être, cette science, comme tant d'autres, se séparera de la métaphysique et formera une science spéciale. Toujours cependant, elle laissera à la métaphysique le soin de définir le beau et l'art. Par le fait même, la métaphysique devra déterminer les principes essentiels du goût. La métaphysique étant la science de l'être en tant qu'être, ne peut se désintéresser de l'une des manifestations les plus importantes de l'être, qui est le beau réalisé par la nature ou par le génie des artistes.

---

(1) VÉRON. *Esthétique* : Introduction ; — Appendice : *L'esthétique de Platon.*

OUVRAGES CONSULTÉS :

Boileau :	— *Epître* IX ; — *Art poétique.*
Bossuet.	— *Connaissance de Dieu et de soi-même* (Chapitre I, § 8).
Cicéron.	— *Orator* (Chap. I, II, III).
Cousin.	— *Le Vrai, le Beau et le Bien.*
Fénelon.	— *Dialogues sur l'éloquence.*
Hegel.	— *Æsthetik.*
Kant.	— *Critique du jugement.*
Mercier.	— *Cours de philosophie* (1er volume : *Ontologie*, 3e partie, Ch. IV, § 3).
Lévêque.	— *La science du beau.*
Platon.	— *République ;* — *Phèdre.*
Rabier.	— *Psychologie* (Chap. XLV).
Saint Thomas.	— *Somme théologique* (1re partie, Quest. XXXIX, Art. 8. — 1re partie de la seconde : quest. CXLV, Art. 2).
Véron.	— *L'Esthétique* (Introduction ; — Appendice : *l'Esthétique de Platon*).
De Wulf.	— *La Valeur esthétique de la moralité dans l'art* (pp. 28 et 29).

CHAPITRE V.

L'ART.

L'art a pour but d'exciter dans l'âme le sentiment du beau. Personne ne conteste cette assertion. Il en faut déduire immédiatement que l'art est libre ; sa mission n'est donc pas d'enseigner ou de prêcher. S'il se met au service de la vérité ou de la vertu, il cesse d'être lui-même.

Voilà sans doute pourquoi l'éloquence ne figure point parmi les beaux-arts, car le beau n'est pas son but ; l'orateur cherche à persuader, tout au moins à convaincre. Parfois, il produit un grand effet esthétique ; mais c'est là pour lui un surcroît, ce n'est pas la fin qu'il poursuit. De ce que l'art n'est point tenu à enseigner ou à prêcher, on ne doit pas conclure qu'il est affranchi de tout respect du vrai et du bien. Rien ne serait plus faux. L'artiste, sous peine de ne pas réussir, doit éviter de choquer la raison ; s'il ne prend pas garde à cet écueil, l'harmonie des facultés est brisée, et l'œuvre déplaît. Il doit de même se préoccuper des délicatesses de la conscience. Froisser le sens moral, c'est aller à un échec certain. Une œuvre immorale peut bien plaire à des gens sans conscience ; mais ce n'est pas un intérêt esthétique qu'elle excite en eux, ce sont des passions mauvaises. L'intérêt esthétique, telle est donc la fin première de l'art. Si l'artiste se propose en outre d'être utile, que son intention soit habilement déguisée ; autrement il ne fait pas œuvre d'art. Il peut d'ailleurs se confier à l'harmonie naturelle du vrai, du bien et du beau ; quand une œuvre est vraiment belle, elle élève l'esprit et provoque l'admiration, elle inspire de grandes idées et de généreux sentiments.

Platon, on le voit, n'a pas eu raison de bannir les poètes de sa république, même après les avoir couronnés de fleurs. L'art ne prêche pas et n'enseigne pas ; mais sa mission étant bien comprise, il ne nuit pas aux âmes. Il fait connaître la vérité et aimer la vertu, tout en visant d'abord à l'effet esthétique. Fénelon, comme Platon, a voulu mettre l'art au service de la morale. Cette conception de l'art est généralement abandonnée. On est d'accord sur le but de l'art ; la question est de savoir quels moyens l'art doit mettre en œuvre pour atteindre sûrement ce but.

§ I. — Les Théories incomplètes.

Tout d'abord, il est nécessaire d'écarter certaines théories inexactes, qui ont faussé la voie à plus d'un artiste, et qui ont été causes de beaucoup d'appréciations injustes de la part des critiques : tels sont principalement le réalisme et le romantisme.

Le Réalisme. — D'après les réalistes, l'art est l'imitation de la nature. Ceux qui définissent l'art de cette manière se réclament d'Aristote, qui a dit : « L'art imite la nature. » Aristote a dit aussi : « L'art fait des choses que la nature ne saurait faire. »

L'art s'inspire de la nature. — Sans doute l'art imite la nature en quelque chose. C'est à la nature qu'il emprunte ses moyens d'expression : le son, la couleur, les formes visibles, la parole humaine. De plus, si dans ses conceptions l'artiste s'écarte trop de la nature, s'il substitue la fantaisie à l'œuvre d'art, il manque le but :

> Une merveille absurde est pour moi sans appas ;
> L'esprit n'est point ému de ce qu'il ne croit pas.
>
> (Boileau, *Art poét.* chant III).

Pour plaire, il faut tenir compte de la manière dont

notre imagination se représente habituellement les choses. Heurter l'imagination, c'est aller droit à l'insuccès. La fantaisie pure ne réussit pas mieux qu'une œuvre absurde ou immorale. De là ce conseil que Boileau adressait aux poètes comiques :

> Que la nature donc soit votre étude unique,
> Auteurs, qui prétendez aux honneurs du comique.
>
> (*Art poétique*, chant III).

Il faut redire cela à quiconque veut exciter dans l'âme humaine le sentiment du beau.

L'art n'est pas l'imitation de la nature. — Mais, si l'art ne peut rester étranger à la nature, il n'en est pas l'imitation. La musique n'imite rien. Son but est d'exprimer les sentiments de l'âme humaine : joie, tristesse, audace. Quelquefois, elle fait songer aux vagues de la mer ou au bruit du tonnerre ; elle ne peut les imiter. D'autres arts sont imitatifs, comme la poésie, la peinture, la sculpture ; mais chacun d'eux renferme une part de convention. L'homme ne parle pas en vers ; il a bien rarement l'attitude imposante que lui prêtent d'ordinaire les sculpteurs et les peintres.

L'art ne peut pas imiter la nature. — L'art n'imite pas la nature et il ne le peut pas. Comment imiter la vie quand on est hors d'état de produire un brin d'herbe ? Qui tenterait d'imiter la splendeur du soleil, quand aucune couleur ne peut égaler l'éclat d'une bougie ? Et si l'art pouvait imiter exactement quelque chose de la nature, en pourrait-il retracer l'infinie variété ?

L'art ne doit pas imiter la nature. — Non seulement l'art est incapable d'imiter la nature, mais il ne le doit pas. Autrement, il ferait double emploi avec la nature. Par conséquent, il serait inutile. On peut se dispenser d'aller au théâtre, si c'est pour y voir ce qu'on voit tous les jours. — Les essais d'art réaliste qu'on a tentés ne sont pas seulement des œuvres inutiles, ce sont souvent des œuvres détestables. Les scènes les plus révoltantes n'effraient pas les réalistes. Par là, ils inspirent le dégoût, l'horreur, mais non le sentiment du beau. L'art réaliste est une corruption de l'art; c'est le charme des décadents.

En quoi l'art s'écarte de la nature. — Il faut redire avec Aristote : « L'art imite la nature, mais il fait des choses que la nature ne saurait faire. »

a) Il s'empare des formes et n'a aucun souci de la matière dont les choses sont faites.

b) Il s'affranchit des lois de l'espace et du temps. Sur une toile de quelques mètres, le peintre enferme d'immenses espaces. En trois ou quatre heures, l'auteur dramatique représente plusieurs années d'une vie humaine.

c) Les lois de la biologie ne le préoccupent pas davantage. La nature cherche tout d'abord à réaliser les conditions de la vie. Les hommes, les animaux, les plantes, doivent avant tout pouvoir subsister. La beauté n'est en eux qu'un surcroît, un accident. Au contraire, l'artiste ne songe point à faire vivre ses créations. Qu'importe au sculpteur ou au peintre que l'œil voie, pourvu qu'il soit un reflet de la pensée !

L'idéalisme dans l'art. — L'art idéalise donc la nature. Pourtant il n'est pas, nous le savons, la reproduction d'un idéal tracé à l'avance dans l'esprit de l'artiste. La théorie idéaliste de l'art n'est pas plus vraie que la théorie réaliste. S'il existait un idéal nettement conçu, un type de beauté pour chaque espèce d'objets beaux, l'entente serait plus facile au sujet du beau, l'esthétique serait plus avancée et on aurait conscience de tous ces modèles, ce qui n'est pas. Enfin, l'œuvre d'art ne serait qu'une copie; par le fait, il n'y aurait plus lieu de l'admirer, et on ne s'expliquerait pas les hésitations de l'artiste et ses retouches si fréquentes. (Voyez chapitre IV, § III).

Dira-t-on que l'idéal n'est pas multiple, que c'est l'idée même du beau, telle que la concevait Platon ? — Mais, si l'idéal est unique, il doit convenir à toutes les beautés; dès lors, il est abstrait. S'il est abstrait, comment peut-il être beau ? De plus, s'il est abstrait, il n'a aucune forme particulière; par conséquent, il ne peut servir de modèle à l'artiste, ni de terme de comparaison au critique.

Le Romantisme. — S'il n'existe pas d'idéal, si, par exemple, le type de la beauté humaine n'est conçu ni par le sculpteur ni par celui qui contemple la statue, quelle est donc la règle du goût?

La loi de l'art serait la liberté absolue. — « La règle du goût, dit Victor Hugo, est de n'avoir aucune règle. L'art est l'expression du beau et du laid, du grotesque et du sublime, et sa loi c'est la liberté. Qu'il plaise, et c'est assez. Shakespeare n'est-il pas un grand poète? Les cathédrales gothiques sont-elles des œuvres médiocres? Il faut briser le moule classique, il faut dégager le génie de ses chaînes. Les règles ont assez gêné Corneille et Racine; il est temps d'en secouer le joug. » Tel est le romantisme, doctrine négative avant tout, puisqu'elle est principalement la suppression de toute règle. Le romantisme est le libéralisme dans l'art. La préface d'*Olivier Cromwell* (1827) est restée le manifeste de l'école.

Appréciation. — Ce manifeste a soulevé plus d'une objection :

a) Certaines règles de l'art sont autant de conditions du plaisir esthétique. Telles sont les règles de l'unité, de l'harmonie, de la proportion.

b) Les réalistes ne font pas autre chose qu'exprimer le beau et le laid, le sublime et le grotesque, sans autre préoccupation que celle de plaire. Le réalisme n'est qu'un romantisme exagéré. Zola applique les principes de Victor Hugo, et l'œuvre de Zola est la meilleure démonstration de la fausseté de ces principes.

c) Le succès d'une œuvre n'est pas toujours une preuve de sa valeur. Les hommes de goût sont assez rares. Le goût demande une raison cultivée, un sens moral exquis, une imagination enrichie de représentations très variées. Une merveille absurde peut n'être pas sans appas pour un homme dont la raison est peu développée. La *Bête humaine* de Zola charme un lecteur privé de sens moral. Un sauvage qui n'a jamais vu que des beautés noires, au front fuyant, aux lèvres épaisses, au nez épaté, se plaît aux beautés de cet ordre ; ce que les Français appellent un beau visage le toucherait peut-être médiocrement. — Il ne suffit donc pas qu'une œuvre plaise pour qu'elle soit belle. L'approbation du grand nombre n'est pas le signe évident d'un chef-d'œuvre.

Tout ceci prouve que la théorie romantique n'est pas la vraie. Il est des règles que le génie ne peut violer sans s'égarer. Il s'égare même à coup sûr, s'il s'attache indifféremment à l'expression du beau et du laid, du grotesque et du sublime. Shakespeare est un grand poète, mais il ne le doit certainement pas aux danses macabres de ses fées. La bizarrerie peut provoquer les applaudissements d'un spectateur rustique, mais l'admiration d'un tel homme n'a rien de commun avec le sentiment du beau.

§ II. — La Valeur d'une Œuvre d'art dépend des qualités personnelles de l'artiste.

Il faut bien le reconnaître, pourtant, le laid a sa place dans les chefs-d'œuvre les plus admirés. C'est que l'artiste ne peut s'écarter de la nature au point d'aller contre toute vraisemblance ; il faut bien, dans l'art, donner quelque place à la laideur, puisqu'elle est dans la nature ; de plus, la laideur fait ressortir la beauté, elle est à la beauté ce que l'ombre est au tableau. Enfin, il est évident que le but de l'art n'est pas la reproduction du beau. Cette conclusion s'impose dès qu'on veut tenir compte des faits.

En fait, l'art reproduit la laideur comme la beauté. — « L'art s'adresse en réalité à tous les sentiments sans exception ; espoir ou terreur, douleur ou joie, haine ou amour, il rend toutes les émotions qui agitent le cœur de l'homme, sans s'inquiéter de leur rapport avec la perfection visible ou idéale. Il exprime même le laid et l'horrible, sans cesser d'être l'art et de mériter l'admiration. Le champ de bataille d'Eylau, les tortures effroyables ou hideuses des damnés, les crimes et les ignominies des bêtes féroces qui, sous le nom de Césars, ont épouvanté le monde romain, n'ont-ils pas fourni à Gros, à Dante, à Tacite, l'occasion de faire des œuvres magnifiques, dont il serait difficile de rencontrer le modèle dans le monde des intelligibles ? Quelle beauté peut-on chercher dans un champ de bataille couvert de morts et de mourants? Qu'y a-t-il de beau dans le spectacle d'Ugolin dévorant le crâne de son ennemi, ou de Tibère dans l'île de Caprée ?»

« Les exemples de cette nature se retrouvent partout, dans tous les arts. Les poèmes les plus classiques en sont remplis. Dès le commencement de l'*Iliade*, Achille et Agamemnon s'injurient réciproquement avec un entrain et dans un style que ne désavoueraient pas les réalistes les plus osés de nos jours. Le cadavre d'Hector traîné autour du tombeau de Patrocle, le portrait de Thersite, toutes ces scènes de massacres qui se succèdent sans interruption, Œdipe s'arrachant les yeux et venant tout sanglant exhaler ses douleurs, Hercule massacrant ses enfants dans un accès de folie furieuse, et Médée égorgeant les siens pour se venger d'une rivale, les Furies poursuivant Oreste, et mille autres morceaux semblables démontrent amplement que les Grecs eux-mêmes, en dépit de Platon, ne bornaient pas le domaine de l'art à la recherche du beau. »

« Que peut-on trouver de beau dans les vices plus ou moins odieux ou honteux de l'immense multitude des misérables qui peuplent la littérature de tous les temps et de tous les pays ? Où est la beauté dans Néron, dans Agrippine, dans Madame Bovary ou la Marneffe ? D'où vient que la peinture des lâchetés et des ignominies, qui nous font horreur dans la réalité, peut produire un effet tout contraire dans les œuvres d'art ? » (1)

(1) VÉRON. L'*Esthétique* pp. 119, 120.

Ce qui nous plaît dans une œuvre d'art. — Il est donc vrai, l'art exprime le beau et le laid, le grotesque et le sublime. Sa principale règle est de causer à l'âme un plaisir esthétique. Mais d'où vient ce plaisir ?

Ce n'est pas l'imitation. — Il ne vient pas de l'imitation fidèle de la nature, autrement l'exactitude serait la mesure infaillible du mérite d'une œuvre d'art. Quel artiste, d'ailleurs, pourrait prétendre à une exactitude plus parfaite que celle du photographe, au moins en ce qui concerne la reproduction des formes et des lignes ? Le rôle de l'art sera-t-il terminé quand la chimie aura trouvé le secret de photographier les couleurs ? Non, car il peut arriver que le portrait d'un homme très laid soit infiniment supérieur à celui d'un homme parfaitement beau, quelque ressemblant que soit ce dernier portrait(1). « L'imitation plaît toujours, dit Aristote. On en peut juger par les productions des arts. » — Oui, l'imitation plaît toujours, et Boileau a eu raison de dire :

> Il n'est point de serpent ni de monstre odieux,
> Qui par l'art imité ne puisse plaire aux yeux ;
>
> (*Art poét.* ch. III).

mais la cause des jouissances que l'art nous procure n'est pas l'imitation. (Voyez § ɪ, *du Réalisme*).

Ce n'est pas la beauté idéale. — Par le fait que la représentation d'un objet laid peut nous être plus agréable que celle d'un objet beau, ce n'est pas la beauté idéale qui est la cause du plaisir esthétique. D'ailleurs, aucun artiste ne travaille d'après un idéal conçu d'avance comme un modèle. (Voyez § ɪ, *de l'Idéalisme*). Le véritable idéal de l'artiste est le maximum d'effet à produire. Il fait en sorte que son œuvre lui plaise, et quand elle lui plaît, il suppose qu'elle plaira aussi à d'autres. Il se trompe quelquefois. Par contre, son goût est souvent prophétique. Le succès redouble son ardeur ; la critique le rend plus sévère à lui-même ; grâce à elle, chacune de ses œuvres peut réaliser un progrès sur la précédente.

---

(1) Véron. *L'Esthétique*, page 121.

Ce n'est pas l'affranchissement de toute règle. — Si la jouissance esthétique n'a point sa cause dans la nature de l'objet que l'artiste a voulu représenter, si l'imitation n'est pas non plus le principe de cette jouissance, il faut bien chercher ce principe dans les qualités personnelles de l'artiste. Victor Hugo s'est préoccupé avant tout de briser le joug des règles ; sans cela, il eût sans doute deviné que la beauté d'une œuvre d'art tient surtout à la manière dont l'auteur conçoit son sujet, à la vivacité des impressions qu'il ressent et à la puissance qu'il a de les communiquer. Les règles sont une salutaire contrainte. Il ne faut pas les rejeter aveuglément. Sans doute, parmi les lois de l'ancienne poétique, il en était d'inutiles, mais il y en avait aussi quelques-unes qui demeurent l'expression même de la raison. L'unité du sujet, l'intégrité et l'harmonie de ses parties, sont les conditions invariables de toute œuvre d'art digne de ce nom. (Voyez § 1 *du Romantisme*).

C'est le génie de l'artiste. — Bacon a saisi plus nettement que Victor Hugo le vrai caractère de l'art. Il a très bien vu qu'il y a dans toute œuvre d'art une matière et une forme. La matière, c'est le sujet que l'artiste choisit ; la forme, c'est l'empreinte toute personnelle dont il marque son œuvre. L'art, dit Bacon, c'est l'homme ajouté à la nature : « *Ars est homo additus naturæ.* » S'il en est ainsi, « la beauté de l'art est une création purement humaine, dont l'imitation peut être le moyen, comme dans la sculpture et la peinture, mais où elle peut aussi n'avoir rien à faire, comme dans la poésie et la musique. Cette beauté est d'un genre si particulier qu'elle subsiste dans la laideur même, puisque l'exacte reproduction d'une laide figure peut être une belle œuvre d'art, par l'ensemble des qualités que sa facture démontre en son auteur. »

« Mais comment la ressemblance d'un objet laid peut-elle être belle ? Il faut évidemment qu'entre l'objet et la copie il soit intervenu un élément nouveau. Cet élément, c'est la personnalité, c'est au moins l'habileté de l'artiste.

Et c'est là, en effet, ce qu'admirent ceux qui font consister le beau dans l'imitation. Eux aussi ils applaudissent, en somme, au talent de l'artiste. On aura beau creuser, analyser, au fond de cette admiration on ne trouvera pas autre chose ; qu'on le veuille ou non, ce qu'on vante dans l'œuvre, c'est l'ouvrier. » (1)

Conclusion. — La beauté principale d'une œuvre d'art est donc celle qu'y met l'artiste. Certaines œuvres n'en peuvent avoir aucune autre. La théorie qui explique la beauté artistique par l'interprétation de « la belle nature, » (2) n'est pas plus fondée en raison que celle qui rend compte du plaisir esthétique par l'imitation du réel, ou celle qui préconise la liberté absolue de l'artiste et l'affranchit de toute loi. Quand un artiste, vivement frappé d'une impression, exprime cette impression de manière à la faire passer dans l'âme du spectateur ou de l'auditeur, l'œuvre est belle. Et elle est belle « dans la mesure même de l'intelligence qu'elle suppose, de la profondeur de l'impression qu'elle exprime, et de la puissance de contagion qui lui est communiquée » (3).

§ III. — LES GRANDES LOIS DE L'ART.

Si l'art n'est pas nécessairement l'expression du beau, peut-on dire cependant avec Cousin que « la loi de l'art c'est l'expression ? » — A ce compte, la poésie seule mériterait le nom d'art, puisque seule, pour ainsi dire, elle est expressive ; elle l'est infiniment plus, en tout cas, que tous les autres arts. Les sculptures grecques sont très admirées, et pourtant très peu expressives. Dans les peintures du moyen âge, l'expression est parfois touchante, mais le corps est trop sacrifié. Les arts plastiques perdent en visant trop à l'expression. La vérité est qu'il y a des arts expressifs et des arts décoratifs. Ni les uns ni les autres, d'ailleurs, ne sont tenus à repré-

---

(1) VÉRON, *l'Esthétique* (pp. 130 et 131).
(2) Voir *La Science du Beau*, par Charles Lévêque.
(3) VÉRON, *l'Esthétique* (Chapitre VI, § 2).

senter le beau, puisque la représentation d'un objet laid peut produire un effet esthétique plus grand que celle d'un objet beau ; tous les arts cependant doivent obéir à certaines lois dont l'oubli est toujours fâcheux, parfois funeste.

Première loi : observer l'intégrité, l'ordre et la proportion. — Il est entendu, tout d'abord, qu'aucun artiste ne peut faire œuvre d'art, sans observer l'intégrité, l'ordre et la proportion des parties de son sujet ; ces lois sont pour ainsi dire intrinsèques à l'œuvre d'art ; quiconque les oublie manque le but.

Deuxième loi : respecter la vérité historique connue de tous. — Il est admis encore que l'art, sans être une reproduction exacte de la réalité, ne doit jamais heurter la vérité connue de tous. Le Cyrano de la poésie n'est pas celui de l'histoire, et personne ne s'en plaint, parce que le Cyrano de l'histoire n'est pas très connu ; mais c'est aller à la fois contre la vérité historique et contre toute vraisemblance que de nous présenter Lucrèce Borgia comme le type d'une mère tendre et dévouée. Victor Hugo n'a pas évité cet écueil ; son théâtre n'est qu'un théâtre d'exception ; les caractères de ses héros présentent souvent de véritables incompatibilités morales, et il fait très bon marché des données de l'histoire.

Troisième loi : sauvegarder l'ordre moral. — Si l'artiste doit respecter la vérité historique juste assez, tout au moins, pour ne pas choquer, il est tenu aussi d'avoir égard aux légitimes susceptibilités de la conscience morale. Sans doute, l'artiste n'est ni un prédicateur ni un professeur de philosophie morale. On ne lui demande pas de soutenir une thèse, comme fait Voltaire dans la plupart de ses tragédies, mais ce qu'on lui demande, c'est de sauvegarder l'ordre moral.

> La lyre peut chanter tout ce que l'âme rêve,

mais c'est à la condition que le rêve de l'âme soit pur. La liberté de l'artiste est grande : on l'affranchit de toutes les règles qui ne sont pas indispensables ; on ne lui demande pas, comme l'école classique, d'exprimer toujours le beau ; on lui accorde de modifier dans une large mesure les données de l'histoire ; en un mot, on lui reconnaît le droit de livrer au public l'inspiration spontanée de son âme ; mais il faut que cette inspiration ne nuise pas aux autres âmes. Il y a plus, il faut qu'elle les élève. « C'est l'inspiration spontanée de votre âme que vous livrez, c'est l'enfant de votre cœur ; vous gardez votre responsabilité. Si l'enfant est mauvais, c'est que le père est coupable ; quand l'arbre est sain, les fruits sont bons. Ayez des sentiments nobles et généreux, aimez et pratiquez ce qui est bien, ce qui est louable, et quand vous vous serez livré vous-même en produisant vos œuvres, nous serons heureux de vous applaudir. » (Saint Augustin). L'artiste n'enseigne pas comme le savant ; il ne discute pas comme le philosophe ; il ne s'attache pas à la stricte vérité des faits comme l'historien ; il ne cherche pas à persuader comme l'orateur ; mais rien ne le dispense de moraliser à sa manière. S'il n'est pas éducateur par profession, il doit l'être de fait. Cela se comprend : l'art est un langage ; il faut donc qu'il exprime quelque chose de bon. Le silence est préférable à tout discours insignifiant ou nuisible.

Le respect de la conscience est une condition de l'effet esthétique d'une œuvre d'art. — L'artiste, d'ailleurs, a tout intérêt à mettre en œuvre les sentiments généreux de l'âme humaine. Comme l'orateur, comme tout homme qui s'adresse à un public, il faut qu'il attire la sympathie. Les meilleures choses sont mal accueillies quand celui qui les dit n'a pas réussi à plaire. Or, la bassesse du sentiment et de la pensée nous répugne naturellement, tandis que la générosité du cœur et les sentiments courageux nous attirent et nous séduisent. Cette observation s'applique tout d'abord au théâtre ; c'est là surtout que la sympathie joue un rôle considérable. Il faut que dans toute pièce il y ait au moins un personnage auquel le spectateur s'intéresse ; or, l'homme qui n'est pas dépravé ne s'intéresse jamais à des personnages insignifiants ou pervers.

On le voit, tout se tient dans les œuvres humaines. Théoriquement, l'art et la morale sont choses bien distinctes ; en fait, on ne doit pas les séparer. D'ailleurs, quoi qu'il entreprenne, l'homme est tenu de respecter l'ordre moral. Il doit de plus en inspirer l'amour dans la mesure où l'œuvre qu'il accomplit le lui permet.

Il s'en faut donc bien que la formule si connue, « l'art pour l'art, » implique à un degré quelconque l'affranchissement de l'artiste par rapport à la loi morale. Ce n'est pas tout : aux lois essentielles qui viennent d'être rappelées et qui sont pour ainsi dire négatives, il faut en ajouter quelques autres qui dérivent de la notion même de l'art telle que nous l'avons expliquée.

Quatrième loi : rester soi-même. — L'art, avons-nous dit, est l'homme ajouté à la nature. Cela signifie que l'originalité individuelle est le principal mérite d'une œuvre d'art. Dès lors, il faut absolument que l'artiste ne copie personne. En recommençant indéfiniment ce qu'ont fait les artistes des civilisations mortes, on devient incapable de faire autre chose que des pastiches plus ou moins réussis. Les partisans de l'imitation du passé font un raisonnement très spécieux. Ils disent : jamais l'art n'a été aussi brillant que dans la Grèce ancienne et à l'époque de la Renaissance italienne ; il est donc inutile de chercher à créer ce qui est trouvé depuis longtemps ; qu'on s'attache à reproduire les admirables modèles que nous ont légués les artistes d'autrefois ; qu'on pénètre tous les secrets qu'ils ont mis en œuvre ; alors seulement on essaiera, si on en est capable, de créer soi-même des œuvres immortelles. Le mal est que l'inspiration personnelle est inimitable. Il faut que l'artiste soit ému et qu'il communique son émotion. Si donc il s'attache uniquement à reproduire des œuvres qui ne lui disent rien, il ressemble à un prédicateur qui réciterait un sermon de Bourdaloue devant un auditoire préoccupé par les questions sociales qui agitent les hommes de la fin du xixe siècle. Pour réussir dans la prédication, il faut sentir ce que l'on dit, et parler une langue intelligible à ses auditeurs. De même l'artiste doit avoir une émotion vraie, et la faire partager à ceux à qui il livre son œuvre.

Cinquième loi : être de son temps. — La sincérité de l'émotion suppose la liberté dans le choix du sujet. Cependant, cette liberté ne peut être absolue ; il ne suffit pas qu'un sujet impressionne vivement l'artiste, il faut encore qu'il puisse être goûté des contemporains de l'artiste. Ce dernier doit tenir compte de la manière de voir et de sentir propre à son époque. Il se peut bien, sans doute, qu'une œuvre d'art soit excellente, quand même cette condition ne serait pas remplie, mais, quel que soit son mérite, un artiste risque toujours de voir ses travaux tomber rapidement dans l'oubli, si son goût n'est pas celui de son époque. — Quoi donc ? n'est-ce pas aux artistes qu'il appartient de former le goût de leurs contemporains ? Convient-il qu'ils se laissent diriger par le vulgaire sans compétence ? — C'est aux artistes, sans doute, qu'il convient de donner le ton, mais le pourraient-ils s'il y avait désaccord absolu entre eux et leurs contemporains ? Qu'ils ne donnent pas dans le mauvais goût de leur époque, rien de mieux ; mais qu'ils n'aient rien de commun avec les hommes qui vivent autour d'eux, cela est inadmissible. Quiconque s'adresse à un public, doit avoir une certaine conformité d'idées et de sentiments avec ceux qui le composent ; autrement il ne sera pas compris. Heureusement, il est très rare qu'un artiste ne soit pas de son temps. Cela peut arriver à un penseur ; cela n'arrive guère à un homme dont tous les moyens d'expression sont empruntés à l'observation attentive et minutieuse des hommes et des choses.

Sixième loi : connaître les conditions physiologiques et psychologiques de l'art. — L'artiste est nécessairement observateur. Quel que soit son génie, il ne pourrait suffire à sa tâche sans une étude constante de la nature.

A) Conditions physiologiques. — Il est même bon qu'il étudie les conditions physiologiques de son art. Par exemple, il lui est utile de savoir que l'organe de l'oreille se compose de trois mille fibres auditives. Le clavier nerveux possède donc trois mille notes, tandis que les claviers ordinaires n'en ont que quatre-vingt-quatre. Cela fait voir quel vaste champ reste ouvert aux progrès de l'art musical. Les fibres du nerf optique sont également très nombreuses, et l'onde lumineuse les fait vibrer comme l'onde sonore fait vibrer les fibres du nerf auditif. Dans l'un et l'autre cas, plus le nombre des fibres qui entrent simultanément en vibration est grand, plus la sensation correspondante est agréable. Il faut, toutefois, que les vibrations soient concordantes, car les ondes sonores ou lumineuses qui se rencontrent, peuvent produire du silence ou de l'obscurité. Quoi qu'il en soit, la physiologie fournit des indications précieuses sur les conditions du plaisir esthétique : sa vivacité dépend de l'intensité, de la variété et de la concordance des vibrations qui produisent les sensations de l'ouïe ou de la vue. Quant aux sensations du goût, de l'odorat et du tact, l'artiste n'a point à s'en occuper ; elles ne correspondent à aucun plaisir esthétique.

B) Conditions psychologiques. — Par contre, il est nécessaire qu'il se souvienne des ressources que lui offre la psychologie pour provoquer l'attention, car il s'agit pour lui de produire par degrés une impression définitive très profonde. Shakespeare saisit fortement le spectateur par l'opposition des sentiments et des caractères ; tout peintre sait ménager les contrastes d'ombre et de lumière, et varier à propos les attitudes et les physionomies ; Molière usait beaucoup de la répétition : « *Sans dot !* » — « *Le pauvre homme !* » — « *Je ne dis pas cela.* » On sait le rôle que joue le refrain dans la chanson populaire, la rime dans le vers français, le rythme dans la musique. En architecture, la répétition des formes semblables, combinées avec les pleins et les vides, les murs et les colonnes, marque fortement le caractère propre d'un édifice.

Le symbolisme des signes compte aussi parmi les connaissances psychologiques nécessaires à l'artiste. Il faut qu'il sache, par exemple, que la ligne droite donne l'impression d'unité, tandis que la ligne courbe éveille les idées de gradation et de variété. De même, il doit avoir remarqué que la ligne serpentine offre une heureuse combinaison d'unité et de variété, de rigidité et de mollesse, qui s'appelle la grâce. Plus que toute autre ligne, l'artiste le sait bien, elle fait songer aux manifestations de la vie, qui ont au plus haut point le don de nous intéresser.

Conclusion. — En somme, on le voit assez, il s'en faut que l'artiste puisse s'affranchir de toute règle. Il y a des conditions du beau dont il doit tenir compte. Pour cela, il est nécessaire qu'il les étudie. L'histoire de l'art doit lui être connue, et l'observation doit lui être familière. Surtout, rien ne peut remplacer pour lui de puissantes facultés esthétiques : il faut que la critique ait formé son goût, que le travail ait développé son talent, et que Dieu lui ait accordé une sorte de participation de sa puissance créatrice, le génie.

OUVRAGES CONSULTÉS :

Cousin. — *Le Vrai, le Beau et le Bien.*
Fénelon. — *Dialogues sur l'Eloquence.*
V. Hugo. — *Préface d'Olivier Cromwell.*
Jouffroy. — *Cours d'esthétique.*
Platon. — *République.*
Rabier. — *Psychologie,* (Ch. XLV et XLVI).
Taine. — *Philosophie de l'Art.*
Véron. — *L'Esthétique.*

CHAPITRE VI.

DES FACULTÉS ESTHÉTIQUES.

Certains hommes peuvent bien se tromper, prendre du clinquant pour de l'or, admirer une fanfare de village et ne point goûter une sonate de Beethoven, battre des mains devant un théâtre de foire et s'endormir à une représentation des *Femmes savantes*, se demander pourquoi l'on préfère une toile du Titien à une image d'Epinal ; mais, en général, le spectacle du beau nous cause un vif plaisir, il nous porte quelquefois à reproduire nous-mêmes ce qui nous a paru digne d'admiration, il peut même éveiller en nous cette merveilleuse puissance qui crée les chefs-d'œuvre. Admirer le beau, c'est avoir du goût ; reproduire de belles œuvres, non comme la photographie reproduit un tableau ou comme le phonographe répète un discours, mais avec originalité, en y mettant quelque peu du sien, quelque chose au moins de son âme, c'est faire preuve de talent. Enfin créer une œuvre de haute valeur, digne de passer à la postérité, c'est se rendre digne de compter parmi ces privilégiés de l'humanité qu'on appelle des hommes de génie. Le goût, le talent et le génie, sont les principales manifestations de l'activité esthétique de l'homme.

§ I. — DU GOUT.

Ce qui frappe tout d'abord, dès qu'on réfléchit sur la nature du goût, ce sont les nombreuses variations auxquelles il est exposé selon les circonstances. La Fontaine est le plus naturel et le plus français de tous nos classiques ; il se plut d'abord au fatras pédantesque de Ronsard. Corneille a fait quatre chefs-d'œuvre d'une admirable simplicité d'action ; avant de les écrire, il produisit des imbroglios dramatiques très compliqués, et sur le tard il y revint. Racine n'atteignit pas du premier coup la perfection d'*Andromaque;* s'il est plus sûr de lui que Corneille, il le doit en grande partie à l'inflexible sévérité de Boileau.

Les variations du goût dans l'histoire. — Les variations du goût frappent davantage encore quand on parcourt l'histoire littéraire d'un peuple, surtout si ce peuple a l'imagination mobile, l'humeur sociable, l'imitation facile. Les premiers monuments de notre littérature sont tout pénétrés de christianisme ; à la Renaissance, c'est dans l'étude dès lettres anciennes que les poètes et les orateurs vont chercher leurs inspirations ; après cela, l'influence italienne se fait sentir ; mais celle de l'Espagne prévaut ensuite jusqu'à ce que de rigoureuses conventions imposées par Boileau et sanctionnées par Louis XIV, fassent peser un joug sévère, mais salutaire aux grands génies qui ont illustré la période classique de notre littérature. Le xviiie siècle est tout entier aux luttes philosophiques, politiques et religieuses ; sa littérature est une littérature de combat. A notre époque enfin, le goût est indécis. De même que, dans l'ordre des croyances, les esprits ressemblent à des navires qui flottent à tout vent de doctrine, de même, en matière d'art, tantôt Victor Hugo est en faveur, tantôt c'est une œuvre classique qu'on applaudit, tantôt enfin, c'est Zola qu'on admire.

Il y a un bon et un mauvais goût. — Que conclure de là ? Cette leçon d'histoire nous oblige-t-elle à redire l'ancien adage : « *Des goûts et des couleurs il ne faut pas disputer ?* » — Non ; cet axiome est tout au plus bon à rappeler que les données de nos sens sont relatives, mais il n'a pas de valeur quand il s'agit des choses de l'art. « Il y a dans l'art un point de perfection, comme de bonté et de maturité dans la nature : celui qui le sent et qui l'aime a le goût parfait ; celui qui ne le sent pas et qui aime en deçà ou au delà, a le goût défectueux. Il y a donc un bon et un mauvais goût, et l'on dispute des goûts avec fondement. » (1)

La preuve en est que, d'un commun accord, on admire les chefs-d'œuvre. — Les divergences d'opinions, si fréquentes en philosophie, ne donnent à personne le droit de douter de la vérité ; les interprétations très variées du devoir, que l'histoire nous fait connaître ou dont nous sommes témoins tous les jours, ne peuvent autoriser aucun homme à contester la loi du devoir ; de même, les variations du goût ne permettent pas d'assimiler le goût à une simple appréciation toute personnelle, ou à un caprice passager de la mode. « Pas plus qu'il n'y a de doute ou d'hésitation permise sur le génie militaire de Napoléon ou sur le génie politique de Richelieu, pas plus il n'y en a sur l'unique originalité de la comédie de Molière ou de la tragédie de Racine ; quiconque traitera de polisson l'auteur d'Andromaque, fera comme ce naïf Lanfrey, quand il donnait des leçons de tactique rétrospective au vainqueur d'Austerlitz ; c'est lui-même qu'il aura jugé. » (2).

Le goût est à la fois sentiment et raison ; de là les divergences. — Il y a donc un bon et un mauvais goût, comme il y a une bonne et une mauvaise philosophie, comme il y a une bonne et une mauvaise morale. C'est que le goût, comme le sens philosophique et la conscience morale, est une affaire d'âme autant que de raison. « Il faut de l'âme pour avoir du goût », dit Vauvenargues. Il n'y a qu'une géométrie, parce que la géométrie relève uniquement de l'intelligence. Au contraire, le goût est à la fois jugement et sentiment. Et même, dans les choses de goût, le sentiment a la priorité sur le jugement. Nous sentons d'abord, nous jugeons après. « L'impression,

---

(1) LA BRUYÈRE, *Les Caractères*. (Ch. I, *Des Ouvrages de l'Esprit*).
(2) BRUNETIÈRE, *Essais sur la Littérature contemporaine*, (page 8). Les romantiques appelaient Boileau une perruque, et Racine un polisson.

dit d'Alembert, est le juge naturel du premier moment ; la discussion l'est du second. » Dans les personnes qui ont une grande finesse de tact et en même temps une parfaite netteté d'esprit, le second jugement ne fait d'ordinaire que confirmer le premier. Le goût alors est sûr, mais c'est un rare privilège. « Il y a peu d'hommes, dit La Bruyère, dont l'esprit soit accompagné d'un goût sûr et d'une critique judicieuse. » On peut même manquer de goût. Zoïle, chez les anciens, Lamothe parmi les modernes, en étaient, ce semble, quelque peu dépourvus. Il ne suffit pas de raisonner avec vigueur ; l'esprit géométrique n'est pas l'esprit de finesse. Le goût peut aussi être faussé : par le fait même qu'il est tout d'abord un sentiment, les préjugés d'une époque, les coteries que la jalousie inspire, compromettent parfois la sûreté de ses appréciations ou l'égarent même tout à fait. La *Phèdre* de Racine fut mal accueillie au début, tandis qu'on applaudissait celle de Pradon. Mais l'esprit de parti n'a qu'un temps, les préjugés passent, les passions s'apaisent et la beauté demeure. Comme la vérité entraîne la conviction, ainsi le beau finit par forcer l'admiration. Cependant, tandis que, dans les sciences, l'entente est toujours possible sur les conséquences les plus éloignées aussi bien que sur les principes, en matière d'art, il y a toujours des nuances qui échappent aux prises de la critique raisonnée, et sont par là même diversement appréciées. Toutes les fois que le sentiment intervient dans nos appréciations, il est cause de certaines divergences, car, par nature, il est relatif et variable. Quand il s'agit d'art, l'évidence de certains principes et de leurs conséquences immédiates peut bien s'imposer, mais il ne faut pas s'étonner de voir d'excellents esprits ne point tomber d'accord sur une question de détail. L'un critique un trait de dessin ou un jeu de lumière ; pendant ce temps, l'autre l'approuve ou peut-être l'admire.

De la formation du goût. — Quoi qu'il en soit, il y a un bon et un mauvais goût, et l'on doit tenir à honneur de ressembler à Aristarque plutôt qu'à Zoïle. Cela exige beaucoup de peine. « Il est aisé, dit Vauvenargues, de critiquer un auteur, mais il n'est pas facile de l'apprécier. » Dénigrer est toujours commode :

La critique est aisée, et l'art est difficile (1) ;

mais il est presque aussi malaisé de bien juger que de bien faire. On peut cependant acquérir un goût fin et sûr ; c'est affaire d'éducation, et cela suppose une longue et patiente culture. Le commerce des grands maîtres habitue à distinguer la vraie beauté de ses contrefaçons ; l'étude des critiques fait réfléchir ; avec eux on raisonne ses appréciations ; quelquefois même on trouve d'excellentes raisons de penser autrement qu'eux.

Pour former le goût, rien ne vaut ce que Quintilien appelle « la voix vivante » d'un maître. Le professeur n'a pas seulement pour mission de signaler les fautes de goût ; sa fonction est surtout d'attirer l'attention sur ce qui est bien et de dire pourquoi c'est bien. « Le professeur, dit Sainte-Beuve, est un homme qui sait lire et qui apprend à lire aux autres. »

Si l'on est réduit à se former soi-même, il faut tâcher, tout au moins, de trouver

.... Un censeur solide et salutaire,
Que la raison conduise et le savoir éclaire,
Et dont le crayon sûr d'abord aille chercher
L'endroit que l'on sent faible et qu'on se veut cacher (2).

Définition du goût. — Par l'emploi de ces moyens, et à force d'exercice, on acquiert ce goût fin et sûr qui « consiste dans le sentiment prompt d'une beauté parmi des défauts, et d'un défaut parmi des beautés. »(Voltaire).

§ II. Du Talent.

Pour certains hommes, ce n'est pas assez de savoir discerner le beau de ce qui ne l'est pas ; il ont l'ambition de produire eux-mêmes des œuvres de quelque valeur.

---

(1) Destouches, *Le Glorieux*, (acte II, sc. v).
(2) Boileau, *Art poétique*, (chant IV, 71 et suiv).

S'ils réussissent à plaire, on dit qu'ils ont du talent ; s'ils méritent l'admiration, ce sont des hommes de génie.

Définition du talent. — Comme c'est par les qualités de l'artiste plutôt que par le sujet traité qu'une œuvre d'art est agréable, le talent et le génie supposent tous les deux une certaine originalité ; seulement le talent est l'originalité dans l'imitation.

De l'originalité. Elle n'est pas la bizarrerie. — L'originalité est comme la physionomie de l'âme. Elle est ce que l'artiste ajoute à la nature pour faire une œuvre d'art. Elle dépend de son tempérament moral, c'est-à-dire de la manière dont l'intelligence, l'imagination et le cœur s'unissent en lui ; d'ordinaire, elle résulte de la prédominance de l'une de ces facultés. Racine « était tout sentiment et tout cœur » (1) ; dans Corneille, l'imagination prévaut, et elle est grandiose ; Boileau personnifie la raison. Pour être original, il n'est pas nécessaire de dire, de peindre ou d'exprimer des choses nouvelles ; cela serait peut être parfois bien difficile, car « tout est dit » ou peu s'en faut. « L'originalité, dit E. Gauthier, n'est que la note personnelle ajoutée au fond commun préparé par les contemporains ou les prédécesseurs immédiats. » Eschyle, Sophocle et Euripide ont traité les mêmes sujets. Plus d'une fois, Racine a repris pour son compte des sujets déjà mis sur la scène par Euripide. Cela fait voir que, pour le vrai talent, pour le génie surtout, rien n'est usé. Si on veut à tout prix penser autrement que le reste des hommes, on s'expose à être bizarre ; or la bizarrerie est la contrefaçon de l'originalité. Elle est de plus une garantie d'insuccès, car l'artiste bizarre court le risque de n'être pas compris. Pour plaire, il faut révéler le spectateur ou le lecteur à lui-même, en exprimant des idées ou des sentiments qui sont en lui comme à son insu.

De l'imitation. — C'est par une habile imitation des autres, et non par la recherche de l'exception que

---

(1) Louis RACINE, *Mémoire sur la vie de Jean Racine.*

l'homme de talent est original. Que gagne-t-on à s'éloigner de tout ce qui est réel et vivant ? On produit des œuvres auxquelles personne ne s'intéresse. Il est possible de faire ce que les autres ont fait, de dire ce qu'ils ont dit, et de rester soi-même malgré cela. Le même morceau peut être bien dit, quoique diversement, par deux acteurs de grand mérite. Le même enseignement peut être exposé de façons très différentes par deux professeurs également distingués. L'un d'eux, par exemple, donnera des définitions précises, des plans très nets, des exemples vécus ; l'autre sera moins didactique, moins familier, moins précis peut-être, mais son style sera plus châtié et sa parole plus chaude; parfois il atteindra jusqu'à la plus haute éloquence. N'est-ce pas à l'école des grands orateurs que l'on se forme à l'éloquence ? Cela n'implique en rien l'imitation servile. On peut s'approprier les principales idées et même le plan du discours d'un autre ; cela n'empêche point d'être original. Tout, au contraire, y invite, et d'abord la nécessité d'intéresser son auditoire.

Comment y réusssir, si on ne met pas à la portée des auditeurs les idées qu'on exprime devant eux? Ceci demande une méditation intense sans laquelle, d'ailleurs, fussent-elles facilement saisissables, les idées n'ont pas plus d'action sur les âmes que n'en exerce à froid un morceau de fer placé sur un morceau de bois. Or, la méditation intense est la source des convictions profondes : à ce titre déjà elle assure une originalité de bon aloi. C'est par elle, d'ailleurs, que l'on trouve les expressions fortes, les images saisissantes, les exemples bien choisis, qui font une impression décisive sur les esprits.

L'esprit, le bon sens et la science, auxiliaires du talent. — L'originalité dans l'imitation n'est donc pas impossible ; c'est là le vrai talent, auquel l'esprit ne gâte rien, pas plus que le bon sens. « Esprit, talent, bon sens, choses différentes, non incompatibles, » a dit La Bruyère. L'esprit consiste à découvrir spontanément quelque rapport juste, mais superficiel. C'est l'origina-

lité dans l'ordre familier. Il est spontané ou il n'est pas.
« Les véritables bons mots, dit Joubert, surprennent autant ceux qui les disent que ceux qui les écoutent. Ils naissent en nous malgré nous, ou du moins sans notre participation, comme tout ce qui est inspiré. » Le bon sens, c'est l'appréciation spontanée, mais juste, de ce qui est vrai, de ce qui est bien, de ce qui convient. C'est l'esprit de mesure au service de l'intelligence, de la volonté, de l'action, quelle qu'elle soit. Que de gens en sont dépourvus ! Ils mettent un art admirable à soutenir l'erreur ou à peindre le vice sous des couleurs riantes ; bien souvent aussi ils oublient le sage précepte de Boileau :

Qui ne sait se borner ne sut jamais écrire.

Si on peut être original en imitant les autres, on peut l'être aussi en utilisant les données de la science. Taine l'a fait voir ; beaucoup d'écrivains se distinguent par le même genre de mérite.

§ III. — Le Génie.

Du talent au génie, la différence est considérable. Elle n'est pas telle cependant que l'on doive regarder ces deux formes de supériorité comme n'étant point de même nature : il n'y a entre elles qu'une différence de degré. Le génie est un don extraordinaire de Dieu ; le travail, fût-il acharné, ne le saurait produire. Au contraire, le talent, tout en supposant des dons naturels plus que médiocres, s'acquiert surtout par un travail suivi et bien dirigé. Homère, Eschyle, Démosthène, Platon, Aristote, Corneille, Racine, Molière, Bossuet, furent des hommes de génie ; La Bruyère, Louis Racine, Voltaire, Regnard, n'excitent pas, il s'en faut, l'admiration au même degré ; c'est les louer assez que de les compter parmi les hommes de talent. Le génie est la puissance d'inventer ; le talent n'est que l'originalité dans l'imitation.

Le génie artistique et le génie scientifique. — En quoi consiste ce pouvoir d'inventer qui caractérise le génie ? — Bien entendu, il ne ressemble en rien au pouvoir créateur de Dieu : l'homme, si grand qu'il soit, ne fait jamais quelque chose de rien ; il découvre ce qui est ; au besoin il transforme la nature, tout au moins il l'interprète à sa manière.

Découvrir ce qui est, par une intuition profonde ; apercevoir des ressemblances que la nature cache depuis des siècles aux regards de l'observateur vulgaire, c'est le génie scientifique. « Une découverte, dit Claude Bernard, est en général un rapport imprévu. » A propos d'un objet, songer à un autre qui lui ressemble, voilà tout le secret. Cependant, il ne paraît pas que le génie coure les rues ; c'est, au contraire, un don fort rare. C'est qu'il y a des analogies superficielles que chacun peut découvrir, et des analogies profondes que de rares privilégiés sont seuls en état d'apercevoir. Les premières font le charme des conversations, elles sont réservées aux hommes d'esprit ; les autres sont des intuitions du génie, elles ressemblent à des inspirations d'en haut. « L'hypothèse, dit Helmholtz, est la divination d'une uniformité. » L'analogie découverte par Gœthe entre la fleur et la plante tout entière ; la ressemblance remarquée par Oken, de la base du crâne avec la colonne vertébrale ; la nutrition des herbivores à jeun, assimilée par Claude Bernard à celle des carnivores, voilà autant d'exemples de découvertes scientifiques dues au génie pénétrant de quelques rares observateurs. On peut citer d'autres faits de même nature et tout aussi remarquables. Les expériences de Priestley sur l'oxyde rouge de mercure, ont permis d'identifier la rouille et la combustion ; Lavoisier fit voir que la respiration est elle-même une combustion ; Franklin compara l'éclair à l'étincelle électrique ; d'après la théorie des interférences, deux rayons lumineux, en se rencontrant, produisent de l'obscurité, comme le mouvement en sens inverse de deux boules est anéanti par leur choc. Il y a ici assimilation du mouvement des atomes de l'éther à celui des corps visibles. La découverte qui a le plus contribué à agrandir le savoir humain dans les temps modernes, est celle de l'attraction universelle : Newton vit dans la chute des corps le fait d'une attraction exercée par la terre, et cette attraction le fit songer à celle que le soleil exerce sur les planètes. Il fut ainsi amené à formuler sa fameuse loi : « *Les corps s'attirent en raison directe de leurs masses et en raison inverse du carré de leurs distances.* »

Le génie de l'industrie et le génie de la science. — Si la découverte de ce qui est peut se ramener à une association par ressemblance, il en faut dire autant de la tranformation des choses selon les besoins de l'homme. Le génie industriel est de même nature que le génie scientifique. Il est aisé de le faire voir par les faits. « Celui-là n'était pas un esprit vulgaire, dit M. Bain, qui, pour la première fois, s'aperçut que l'eau possède une propriété identique à la force de l'homme et à celle de l'animal, la propriété de mettre d'autres masses en mouvement. Aujourd'hui que nous sommes familiarisés avec cette idée, rien ne nous semble plus simple ; mais si nous nous reportons à cet état primitif de l'esprit, où l'eau courante ne l'affectait que par sa surface brillante, son murmure, les dévastations qu'elle cause, nous comprendrons que ce n'est pas dans la première intelligence venue que la vue d'une eau courante peut éveiller l'idée de la force musculaire d'un animal. » (1) En mécanique, une découverte du plus haut prix fut celle de la force de la vapeur. Comment cette découverte s'accomplit-elle ? Un fait maintes fois observé déjà, sans doute, le soulèvement du couvercle de la marmite, suggéra à J. Watt l'idée d'un coup de vent, d'un jet d'eau ou d'un effort musculaire. A travers des différences très frappantes, il saisit une ressemblance que nul observateur superficiel ne pouvait apercevoir.

Le génie poétique est aussi une assimilation profonde. — Le génie poétique, qui interprète la nature,

---

BAIN, *Sens et Intelligence*, page 124.

n'est-il pas lui-même l'intuition d'une assimilation profonde ? — Cela n'est pas douteux. « De part et d'autre, il s'agit d'assimiler des objets très éloignés en vertu de ressemblances très délicates. Seulement, ces ressemblances ne sont pas de même ordre. Dans la science, les ressemblances en vertu desquelles l'identification est opérée, résident ordinairement dans les propriétés cachées des choses ; ici les ressemblances résident dans l'aspect extérieur des choses. Et pourtant, chose étonnante, ces ressemblances extérieures, le poète seul sait les voir. Un poète seul en voyant le croissant de la lune dans le firmament s'est demandé :

> Quel Dieu, quel moissonneur de l'éternel été,
> Avait en s'en allant négligemment jeté
> Cette faucille d'or dans le champ des étoiles ?
> (VICTOR HUGO, *Boos endormi*).

On dirait que l'œil du poète est plein de visions, et qu'en effleurant les choses de son regard, son regard même les poétise et les transfigure. Mais d'ailleurs, les associations du savant et celles du poète sont de même ordre ; et de même que l'on peut mesurer la force intellectuelle d'un savant à la distance que son imagination peut franchir, comme d'un élan, pour identifier des choses différentes ; de même, plus une comparaison est prise de loin, tout en restant juste, plus elle est belle, plus elle suppose de génie poétique. Qu'elle vient de loin, dit justement M. Bain, et qu'elle est belle, l'image d'Homère, qui compare Apollon descendant de l'Olympe à la nuit qui tombe des montagnes : « Il s'avançait semblable à la nuit ! » De tant de gens de goût qui ont admiré les ruines de l'Acropole, Victor Hugo seul a rêvé de :

> ...... L'artiste grec qui versa de sa main
> Quelque chose de beau comme un sourire humain
> Sur le profil des Propylées. (1)
> (*A l'Arc de Triomphe*).

Le travail est pour quelque chose dans les créa-

(1) RABIER, *Psychologie*, pages 237 et 238.

tions du génie. — Ces exemples multipliés permettent, ce semble, d'affirmer que le génie n'est autre chose que l'intuition soudaine d'une ressemblance cachée. Le génie militaire lui-même pourrait être défini par cette formule. La glace s'enfonce parfois sous les pas de ceux qui s'aventurent imprudemment. De là, sans doute, vint à Napoléon l'idée de submerger les Autrichiens dans le lac d'Austerlitz en brisant la glace à coups de canon. Si l'inspiration des hommes de génie est soudaine à ce point, comment Buffon a-t-il pu dire que « le génie n'est qu'une longue patience ? » Buffon a eu raison, pourtant : la méditation persistante, en concentrant toutes les énergies de l'intelligence, lui donne une grande puissance d'invention. Newton pensait comme Buffon. On lui demandait comment il avait trouvé la loi de la gravitation universelle : « En y pensant toujours », répondit-il. Le génie s'explique par une énorme puissance d'attention. Quand un homme est capable de se laisser entièrement absorber par une idée, si d'ailleurs il a le loisir de se livrer aux méditations de son choix, et s'il vit assez longtemps pour produire quelque chose, le succès finit par couronner ses efforts et la postérité le compte parmi les hommes de génie.

Le génie n'est pas une névrose. — L'attention exclusive et prolongée qui caractérise les hommes de génie, explique les singularités que l'on se plaît à relever sur leur compte. Il n'y a donc pas lieu de dire que le génie touche à la folie et qu'il n'est qu'une névrose. A coup sûr, il suppose une certaine prédominance de quelques énergies cérébrales, mais personne n'a jamais prouvé que l'équilibre parfait des fonctions du cerveau soit la condition rigoureuse de l'exercice normal de l'intelligence. La folie correspond toujours à une lésion cérébrale (1) ; elle est caractérisée par une exaltation de la

---

(1) D'après l'hypothèse la plus récente, la folie correspond à une lésion du cervelet ; les hémisphères cérébraux restent intacts. Or le cervelet est l'organe de la passion, tandis que les hémisphères cérébraux sont au service de l'intelligence. Ces données de la physiologie concordent avec

sensibilité, par la prédominance d'une idée fixe et par un égoïsme naïf, parfois féroce. Le génie ne présente aucun de ces caractères ; il peut être mis au service de l'égoïsme, mais il n'est pas nécessairement égoïste.

Le génie n'est pas une inspiration divine. — S'il n'est pas la folie, il n'est pas non plus une inspiration divine. Autrement, il se passerait de la science ; or l'expérience prouve qu'il ne s'en passe pas. L'artiste diffère beaucoup du savant ; l'un recherche le vrai, tandis que l'autre manifeste son impression personnelle. Si l'art avait pour but, comme Taine le prétend, « de manifester l'essence des choses, » (1) il s'ensuivrait que les artistes les plus distingués produiraient des œuvres identiques, tandis que les artistes médiocres différeraient grandement les uns des autres. Or, c'est le contraire qui a lieu. Cependant, l'art le plus hardi se concilie très bien avec la science la plus profonde. Pour s'en convaincre, il suffit de considérer les grandes œuvres, celles que l'admiration universelle a depuis longtemps consacrées. On verra clairement, par cette étude, que les hommes de génie n'ont jamais négligé la précision des détails. Sans doute, la disposition générale à donner aux matériaux de construction, prime tout dans la pensée créatrice ; mais après cela, son plan d'ensemble une fois arrêté, l'auteur se préoccupe d'assurer les fondements de l'œuvre à construire. Par le fait, il est obligé de tenir compte des données de la science, quelle qu'elle soit : il met donc à contribution l'astronomie, la physique, la chimie, la biologie, la géométrie elle-même aussi bien que l'histoire.

Conclusion : l'homme de génie ne doit négliger aucun secours. — Quelle que soit donc la supériorité intellectuelle d'un homme, (car le génie n'est pas autre

---

celles de la psychologie, puisque, d'après les observations des psychologues, l'exaltation de la sensibilité est l'un des caractères dominants de la folie, et paraît même en être la cause. (Voyez SURBLED, *Etude sur la Folie*).

(1) TAINE, *la Philosophie de l'Art*.

chose qu'une intelligence puissante, bien servie par les facultés de second ordre, comme la perception, l'imagination et la mémoire), la science lui est nécessaire. Il faut bien que l'attention intense et prolongée dont il est capable s'exerce sur des données exactes ; il faut aussi qu'il connaisse les découvertes déjà faites et les chefs-d'œuvre déjà créés ; il faut enfin qu'il développe ses propres ressources par de nombreux exercices ayant pour objet les travaux d'autrui ou les données de la nature. Bref, on peut redire du génie et de la science ce qu'Horace a dit de l'art et de la nature : ils ne vont pas l'un sans l'autre :

« . . . . . alterius sic
Altera poscit opem res et conjurat amice. »

D'ailleurs, le goût et le talent sont eux-mêmes d'un précieux secours à l'homme de génie, en sorte que le meilleur, pour quiconque est doué d'une grande supériorité intellectuelle, est de ne négliger aucune des ressources dont il peut disposer. Attention persévérante, travail, science, goût, talent, rien n'est de trop. Que l'on cherche le Vrai ou le Bien ou le Beau, il n'y a qu'une règle de conduite : il faut avancer toutes forces déployées, « viribus unitis » ; c'est la condition des découvertes fécondes.

OUVRAGES CONSULTÉS :

BAIN.	— *Sens et intelligence.*
BRUNETIÈRE.	— *Essais sur la littérature contemporaine.*
LA BRUYÈRE.	— *Les Caractères.*
LONGHAYE.	— *Théorie des belles-lettres.*
RABIER.	— *Psychologie.* (Chap. XIX et XX).
SURBLED.	— *La folie.*
TAINE.	— *Philosophie de l'art.*
VAPEREAU.	— *Dictionnaire des littératures.*
VÉRON.	— *L'Esthétique.*

CHAPITRE VII.

LE BIEN.

La contemplation du beau charme l'homme ; l'art est pour lui une source d'exquises jouissances ; cependant, ni le beau, ni l'art ne suffisent à le satisfaire. Il admire volontiers les belles formes, comme il est curieux de connaître le vrai ; mais, par-dessus tout, il désire être heureux.

Le bonheur est le repos de l'âme dans la possession du bien parfait. Qu'est-ce donc que le bien parfait ? — Grave problème, l'un des plus difficiles peut-être que la raison humaine puisse soulever. Les philosophes anciens ont cherché à le résoudre, et il y a profit, ce semble, à examiner les résultats de leurs recherches.

§ I. — LE SOUVERAIN BIEN D'APRÈS LES ANCIENS.

Une doctrine très ancienne et toujours à la mode enseigne aux hommes que le souverain bien, c'est le plaisir.

Doctrine d'Aristippe. — Elle repose sur un raisonnement très simple : le bien est ce que tous les hommes désirent ; or, l'homme, comme tout animal, désire le plaisir et fuit la douleur ; donc le plaisir est le bien véritable. Les partisans de cette doctrine se réclament d'Aristippe de Cyrène, qui fut à la fois disciple de Socrate et des Sophistes.

Le plaisir n'est pas le bien. — Or, Aristippe s'est trompé ; on peut aisément s'en convaincre.

1° En général, les hommes désirent le plaisir, c'est vrai, mais il s'en faut bien que tous le désirent souverainement, comme le bien absolu. Il en est, par exemple, qui sacrifient le plaisir au devoir, parce qu'ils estiment que l'accomplissement du devoir est le bien ; et ils n'accordent point que la recherche du plaisir soit la loi de tout animal sans exception. L'homme, disent-ils, n'est point un animal semblable aux autres ; en tout cas, il connaît d'autres plaisirs que les plaisirs des sens.

2° Cela est vrai, dira-t-on, et Aristippe n'en disconvenait pas. Il distinguait les plaisirs du corps et ceux de l'esprit, mais il prétendait qu'en général les plaisirs du corps sont la condition des plaisirs de l'esprit. Cette dernière assertion est contestable ; de plus, par le fait qu'il y a une distinction à faire entre les plaisirs, on ne peut soutenir que le plaisir est le souverain bien. Le souverain bien ne comporte aucune distinction : il est absolu ; il est le bien tout court. Du moment qu'un homme peut préférer un plaisir à un autre, le plaisir, pris en lui-même, n'est pas la chose souverainement préférable. Il y a peut-être un plaisir préférable à tous les autres, mais il faudrait le déterminer, et la doctrine d'Aristippe ne le fait pas connaître ; elle ne résout donc pas la question du souverain bien.

3° En aucune façon, d'ailleurs, cette question ne peut être résolue par la doctrine du plaisir ; car, par sa nature, le plaisir est un contre-coup, un surcroît, un *épiphénomène*, comme disait Aristote. Il est dans l'âme humaine le signe de la rencontre de quelque bien. Aristote le compare au parfum d'un fruit, à la fleur de la jeunesse, et il affirme avec raison qu'on peut concevoir le bien séparé du plaisir. La santé est un bien, c'est même le plus grand des biens de l'ordre temporel ; cependant la possession de ce bien ne cause souvent, par elle-même, aucune jouissance ; on ne songe à l'apprécier que lorsqu'on l'a perdu. Le bien n'est pas le plaisir, il en est la cause, et cette cause ne produit pas toujours son effet. Le plaisir suppose le bien comme la flamme suppose le feu ;

mais le feu peut exister sans la flamme ; ainsi le bien peut être séparé du plaisir.

Doctrine d'Epicure. — Sans apercevoir tous ces inconvénients de la thèse d'Aristippe, Epicure a bien vu qu'elle est inconciliable avec les faits : le plaisir n'est pas le souverain bien, puisqu'il est toujours mêlé de quelque douleur. Souvent même il est la cause des plus vives souffrances. On l'a dit fort justement : le plaisir tue (1). Cependant, Epicure n'a pas cru devoir renoncer à l'idée maîtresse d'Aristippe; il maintient que le plaisir est le bien, mais il distingue deux sortes de plaisirs : le plaisir en mouvement et le plaisir en repos. Le premier est vif, mais il passe vite et ne va pas sans la douleur. Au contraire, le plaisir en repos est peu senti, mais il dure et n'entraîne aucune douleur. La bonne santé, le calme de l'esprit, l'affranchissement des passions, telles sont les grandes sources du plaisir stable. Pour jouir de ce plaisir, il faut savoir se priver, il faut vivre de peu ; parfois même il est nécessaire d'affronter la douleur.

Le plaisir en repos n'est pas le souverain bien. — Epicure a certainement fait disparaître quelques défauts saillants de la doctrine d'Aristippe ; pourtant cette doctrine, même ainsi corrigée, ne peut être maintenue, parce qu'elle est radicalement fausse. Le plaisir en repos n'en est pas moins le plaisir ; or le plaisir n'est pas le bien ; cela résulte clairement des raisons données plus haut pour le prouver.

Il est vrai, Epicure a surtout cherché à affranchir l'homme de la douleur. Au fond, le souverain bien, pour lui, est l'absence de toute souffrance : « *indolentia*. » — Or l'absence de la douleur n'est pas le souverain bien.

1° Sans doute, celui qui est en possession du bien absolu doit être exempt de toute souffrance ; mais si le fait de ne pas souffrir constituait le bien suprême, il faudrait dire que l'homme est souverainement heureux quand il dort, ou quand, d'une façon quelconque, il perd conscience de lui-même.

(1) Guibert, *l'Educateur apôtre*.

2º Cet idéal, fût-il le vrai, n'est pas réalisable. Quoi qu'il fasse, l'homme ne peut échapper à la douleur. Elle l'atteint même d'autant plus sûrement qu'il s'est flatté davantage de pouvoir s'y soustraire.

3º Faut-il, dès lors, s'étonner que l'épicurisme aboutisse au découragement ? Cette doctrine est ennemie de l'action. Elle désarme l'homme en face de la douleur et lui fait considérer la vie comme un mal. Quel peut être pour lui le prix d'une existence toujours mêlée de souffrances, et dont il ne voit pas le but, puisque, sur l'avis d'Epicure, il a renoncé à toute espérance d'un avenir meilleur au delà du tombeau ?

Doctrine stoïcienne. — Les stoïciens se sont fait une autre conception de la vie. D'après eux, nous sommes sur la terre non pour fuir la douleur, mais pour agir selon la raison et pratiquer la vertu. A les entendre, le souverain bien, c'est la vertu. Elle est aimable par elle-même, et il faut la pratiquer pour elle-même. « *Virtus per se amabilis ; virtus propter se colenda.* »

La vertu n'est pas le souverain bien. — A y regarder de près, on s'aperçoit que cette doctrine, si fière d'allure, n'est pas la vérité. La vertu n'est pas le souverain bien ; elle est l'habitude de faire ce qui convient, ce qui est conforme à l'honnêteté. Il n'y a pas de vertu sans une volonté droite ; or, on ne conçoit pas une volonté droite sans une règle qui dirige cette volonté. Cette règle n'est pas le souverain bien, car elle suppose l'ordre, dont elle n'est que l'expression. L'ordre lui-même n'est pas le bien ; il est une subordination naturelle des êtres d'après le degré d'excellence de chacun d'eux. En définitive, l'analyse de l'idée de vertu nous conduit à découvrir que c'est dans l'être, c'est-à-dire dans la réalité, qu'il faut chercher le bien.

La vertu, telle que la concevaient les Stoïciens, n'est qu'une abstraction. Or une abstraction ne peut exercer une action durable sur le cœur de l'homme. L'imagination, ou par sa propre puissance ou par l'action d'une parole éloquente, peut bien nous séduire et nous enthousiasmer un instant pour une idée, mais une simple idée ne saurait suffire à combler nos désirs; il faut autre chose pour assurer définitivement le repos de notre cœur. Les Stoïciens avaient si bien compris l'impuissance de la vertu prise en elle-même, qu'ils permettaient à l'homme de renoncer à la vie quand elle lui devenait intolérable ; c'est ainsi, disaient-ils, qu'on se retire d'une chaumière enfumée. Le souverain Bien n'est pas une abstraction, et il y a toute apparence qu'il doit être ce qu'il y a de meilleur dans la série des réalités qui constituent le monde.

§ II. — LE SOUVERAIN BIEN D'APRÈS LES DOCTRINES DU MOYEN AGE.

C'est ce qu'a pensé le moyen age, s'inspirant en cela de saint Augustin, qui, d'après l'Evangile (1), affirme que Dieu est la souveraine bonté : « *Deus est summa bonitas.* »

Solution métaphysique du problème. — On le voit de suite, cette manière de concevoir le souverain bien, quelle qu'en soit d'ailleurs la valeur, se distingue nettement par son caractère métaphysique des solutions données par les anciens. Aristippe, Epicure, les Stoïciens, n'ont pas du tout songé à chercher le souverain bien en dehors de ce qui préoccupe ordinairement les hommes : l'agréable, l'utile, l'honnête. Pour Aristippe, le souverain bien, c'est l'agréable ; pour Epicure, c'est l'utile (2); aux yeux des Stoïciens, c'est l'honnête. La question du souverain bien, pour ces philosophes, était

(1) Allusion à cette parole de Notre Seigneur : « Nul n'est bon que Dieu seul. » (Saint-Luc, xviii, 19).

(2) Les historiens de la philosophie sont fort divisés sur la manière d'interpréter la doctrine d'Epicure. Cicéron donne à toute la terre le défi de ne pas entendre par volupté épicurienne la volupté des sens (*de Finibus*, l. iii, n. 46.); Horace se dit lui-même un pourceau du troupeau d'Epicure, et Plutarque censure sévèrement les mœurs de ce chef d'Ecole. D'autre part, Gassendi a fait l'éloge de la morale d'Epicure, et

une question purement pratique : à leurs yeux, il s'agissait uniquement de rendre la vie heureuse, tout au moins d'assurer la tranquillité du sage. Leur métaphysique était fort pauvre ; à vrai dire, ils n'en avaient pas. Ils ne songeaient qu'à la morale, et leur morale était simplement la science du bonheur relatif de cette terre. Avec la philosophie chrétienne, de tout autres idées se font jour.

La morale est transformée : sans cesser d'être la science du bonheur, elle devient avant tout la science du devoir ; elle ne repose point sur une physique plus ou moins grossière ; c'est la métaphysique qui lui sert de fondement ; elle ne prescrit point de fuir la douleur ou de la braver (1), elle enseigne à la supporter par amour pour Dieu. Quant au bonheur, il n'est jamais entièrement réalisable pendant la vie présente. Il est réservé après la mort à ceux qui auront fidèlement accompli leur devoir, et il consiste dans la possession du souverain Bien, qui est Dieu.

Dieu est le souverain Bien. — Que Dieu soit le sourain bien, il est aisé de s'en convaincre. L'idée du bien, en effet, enveloppe celle de désir. On ne conçoit pas le bien autrement que comme une chose désirée. « Le bien, dit Aristote, est ce que tous les êtres désirent. »

Or, tout être, c'est un fait incontestable, désire sa

---

les Encyclopédistes du XVIIIe siècle ont cherché à réhabiliter son auteur.

De ces discussions on peut, ce semble, tirer les conclusions suivantes :

1º Epicure attirait et retenait ses disciples par une morale en apparence très facile, fondée sur le plaisir des sens;

2º Il a été très décrié, peut-être un peu calomnié, par les philosophes de l'Ecole stoïcienne ;

3º Au fond, sa morale est austère ; il a compris la nécessité d'une vie frugale et simple pour ceux-là même qui cherchent uniquement le plaisir des sens. Voilà pourquoi on s'accorde, de nos jours, à dire que sa doctrine pratique est la morale *de l'utile* plutôt que la morale *du plaisir*.

(1) La morale épicurienne prescrit de fuir la douleur; la morale stoïcienne prêche le mépris de la souffrance.

propre perfection, c'est-à-dire l'achèvement de son être. Le bien n'est donc autre chose que la perfection.

Mais il n'y a pas de différence de nature, il ne peut y avoir qu'une différence de degré entre la perfection et l'être. Parfois même l'identité de ces deux termes est absolue, car la perfection n'est autre chose que l'être pleinement développé. Quand un être est achevé, il est parfait; quand il est inachevé ou diminué, il est imparfait.

Au fond, le bien ou la perfection est donc la même chose que l'être. Seulement, l'idée d'être n'implique pas celle de désir, tandis que l'idée de bien la suppose. Le bien est l'être en tant que désirable. « *Ens et bonum convertuntur* » (1), disaient les scolastiques. Cela veut dire que l'être et le bien sont une seule et même chose (2).

Dès lors, il est clair que l'être souverainement parfait, l'être absolu, Dieu, est en même temps l'être souverainement désirable, le Bien parfait, le *summum bonum* tant cherché par les anciens.

Dieu est le bien par essence. — Par le fait même que Dieu est la Perfection absolue, il est impossible que ce Bien souverain n'existe qu'en idée, qu'il soit une pure conception de l'esprit. La perfection serait-elle un obstacle à l'être? Elle est bien plutôt une raison d'être. La perfection absolue doit tout au moins et nécessai-

---

(1) Pour comprendre cet adage, il faut se rappeler ce qu'on appelle en logique convertir une proposition. Cette opération consiste à remplacer le sujet par l'attribut, et l'attribut par le sujet. Ainsi on peut dire également : le bien c'est l'être, et l'être c'est le bien. Par contre, on ne pourrait pas convertir cette proposition : l'or est un métal brillant, car tout métal brillant n'est pas de l'or.

(2) Saint Augustin exprimait déjà la même idée par ces paroles : en tant qu'êtres, nous sommes bons; « *in quantum sumus, boni sumus.* » Tout être est donc bon, et le mal ne peut consister que dans un moindre bien. Il est bon de voir clair, mais il est fâcheux d'être myope, parce que la myopie est une vision diminuée, un moindre bien et par là même un mal. Il faut en dire autant des erreurs de l'esprit et des défaillances de la volonté. L'esprit est bon; l'erreur ne l'est pas. La volonté est bonne; ses faiblesses sont regrettables.

rement comprendre cette perfection qui est l'existence (1).

Le Bien souverain, en raison même de sa perfection, existe donc à la fois en réalité et dans l'esprit de ceux qui le conçoivent ; autrement dit, son essence et son existence sont une même chose : l'une implique l'autre (2). Les êtres autres que Dieu sont contingents ; leur idée ou essence n'est pas la même chose que leur existence. J'ai beau concevoir une île enchantée, elle n'existe pas parce que je la conçois ; au contraire, la perfection absolue existe nécessairement ; son idée ne peut se séparer de son existence. Dieu est donc la bonté par essence, c'est-à-dire l'Etre parfait et nécessaire.

Application de cette doctrine à l'ordre moral. — Il y a loin, ce semble, de cette haute métaphysique à la question pratique du souverain bien, telle que les anciens

---

(1) Cette doctrine rappelle les belles paroles de Bossuet dans la première de ses *Elévations à Dieu* : « L'impie demande : Pourquoi Dieu est-il ? Je lui réponds : Pourquoi Dieu ne serait-il pas ? Est-ce à cause qu'il est parfait, et la perfection est-elle un obstacle à l'être ? Erreur insensée : au contraire, la perfection est la raison d'être. Pourquoi l'imparfait serait-il et le parfait ne serait-il pas ? C'est-à-dire, pourquoi ce qui tient le plus du néant serait-il, et ce qui n'en tient rien du tout ne serait-il pas ? Qu'appelle-t-on parfait ? Un être à qui rien ne manque. Qu'appelle-t-on imparfait ? Un être à qui quelque chose manque. Pourquoi l'être à qui rien ne manque ne serait-il pas plutôt que l'être à qui quelque chose manque ? » (Bossuet, *Elévations sur les mystères*, première Elévation, *l'Etre de Dieu*).

(2) Il est bon de rappeler ici quelques définitions déjà données, pages 24 et 25.

1º L'essence d'une chose, c'est l'être intelligible de cette chose ; c'est l'ensemble de ses caractères fondamentaux ; c'est son idée développée par une définition. Quand on dit : l'homme est un animal raisonnable, on exprime l'essence de l'homme.

2º L'existence d'un être est la propriété qu'il a d'appartenir à l'ordre réel, et non pas seulement à l'ordre idéal. Tant qu'un édifice n'est qu'en projet, il n'existe qu'en idée ; quand il est construit, il existe réellement.

3º L'être nécessaire est celui qui ne peut pas ne pas être ; son essence implique son existence. L'être contingent peut ne pas être, parce que son essence n'implique pas son existence. La définition du triangle est indépendante de l'existence d'un triangle quelconque.

la posaient. A la réflexion, cependant, on s'aperçoit que, de cette proposition : Dieu est le souverain bien, il faut déduire cette autre, d'ordre tout pratique : le premier devoir de l'homme est de chercher à atteindre sa fin, qui est Dieu. De plus, si Dieu est le souverain bien, il est clair que les autres biens n'ont de valeur que par leur relation avec le bien suprême. Ils sont, entre les mains de l'homme, des moyens d'atteindre sa fin. L'argent, par exemple, est un moyen et non une fin, et l'avare fait fausse route en le prenant pour sa fin suprême. Enfin, si Dieu est le souverain bien, il l'est pour tous, puisque tous les hommes ont la même nature ; donc il ne faut entraver personne ; il faut, au contraire, favoriser tous les hommes, autant que possible, dans la recherche du bien absolu. « *Obesse nemini, omnibus prodesse* », c'est la formule qui résume les devoirs de l'homme envers ses semblables. Par là, on voit que les principes fondamentaux de l'ordre moral reposent sur la métaphysique, et que c'est une méthode très sage que celle qui conduit à résoudre le problème du souverain bien par la métaphysique.

§ III. — Le Souverain Bien d'après les modernes.

Cependant les modernes, en général, n'ont point suivi cette voie. Laissant de côté les raisonnements métaphysiques, ils se sont placés, comme les anciens, à un point de vue purement pratique.

La Rochefoucauld, Kant, Stuart Mill. — La Rochefoucauld, par exemple, a cherché à déterminer par l'observation le mobile ordinaire des actions humaines. D'après ce moraliste, l'homme se recherche toujours lui-même et rapporte tout à soi. « L'amour de soi et de toutes choses pour soi », tel est le principe de toutes nos actions. A ce compte, le souverain bien serait la pleine satisfaction du moi. Cette doctrine égoïstique rappelle celle d'Épicure. — Kant fait plutôt songer aux Stoïciens :

selon lui, le devoir seul a du prix, et il faut l'accomplir pour lui-même. Il faut obéir à la loi par respect pour la loi. Sans doute, le bonheur est la conséquence de la vertu, mais il lui est étranger. La vertu se suffit à elle-même. Tout désir de bonheur lui ôterait son caractère essentiel, qui est le désintéressement. Et comme la vertu consiste surtout dans le respect de la personne humaine, en soi et dans les autres, il faut dire qu'en définitive la personne humaine est bonne par elle-même. Elle est « fin en soi. » N'ayant pas d'autre fin qu'elle-même, elle est le souverain bien. — Tandis que Kant rajeunissait ainsi le stoïcisme, les philosophes anglais assignaient une autre fin à la vie humaine. Dès le xvi° siècle, l'un d'entre eux, Bacon, avait fait consister le bonheur de l'homme dans la santé et la richesse. Par les progrès de la médecine, il pensait assurer la durée indéfinie de la vie humaine; il estimait aussi que, par la science et l'industrie, on trouverait le secret de faire de l'or avec d'autres métaux Ces utopies furent abandonnées, mais l'idée de travailler au bonheur de l'humanité par la science a été reprise par Auguste Comte; et Stuart Mill, s'inspirant à la fois de Bacon et d'Auguste Comte, estime que tout homme doit avoir principalement à cœur ce qui peut contribuer à l'intérêt du grand nombre. D'après lui, le souverain bien n'est autre chose que l'intérêt général. — Que valent ces doctrines? On peut s'en rendre compte en les examinant brièvement.

Examen de la doctrine de La Rochefoucauld. — Tout d'abord, si, comme le dit La Rochefoucauld, l'amour-propre « ne se repose jamais hors de soi et ne s'arrête dans les sujets étrangers que comme les abeilles sur les fleurs, pour en retirer ce qui lui est propre », comment se fait-il que les hommes font généralement une distinction entre ce qui paraît désintéressé et ce qui semble ne l'être pas; entre la reconnaissance et l'ingratitude, par exemple, et, d'une façon générale, entre la vertu et le vice? Si « nos vertus ne sont le plus souvent que des vices déguisés », La Rochefoucauld eût dû le faire voir. S'il en est « de la reconnaissance comme de la bonne foi des marchands », il fallait le prouver. Il se peut bien que les raffinements de l'amour-propre « passent ceux de la chimie », mais rien n'est moins établi. Le livre de La Rochefoucauld serait à refaire ; sa thèse n'est pas démontrée.

A supposer même que toute la vie ne soit « qu'une longue et grande agitation » de l'amour-propre, et que nous ne puissions nous déprendre de nous-mêmes, faut-il conclure de là que le désintéressement est impossible à l'homme ? La Rochefoucauld pose en principe que l'amour de soi et le désintéressement sont incompatibles. Cela encore, il eût fallu le prouver. La mère de famille sait bien que le bonheur de son enfant est aussi le sien ; cependant, elle cherche le bonheur de son enfant sans songer à son propre bonheur. Le savant n'ignore pas que la découverte de la vérité doit lui causer une joie profonde ; cela ne l'empêche pas d'aimer la vérité pour elle-même. La conquête des âmes est la grande joie du missionnaire ; cependant, c'est le salut des âmes qu'il désire uniquement, et non sa propre joie. L'espérance du bonheur à venir remplit les saints d'allégresse, mais ils aiment Dieu par-dessus tout, sans quoi ils ne seraient pas des saints. En résumé, celui qui aime trouve du plaisir à aimer, mais c'est à la condition d'aimer, c'est-à-dire de sortir de soi. En ce sens, on a très justement pu dire que c'est le désintéressement qui fait encore le mieux les affaires de l'intérêt. Si on ne peut pas se déprendre de soi, si le désintéressement de fait n'est pas dans la nature humaine, le désintéressement d'intention est possible, et cela fait assez voir que La Rochefoucauld n'est pas dans le vrai.

Il eût pu, d'ailleurs, remarquer lui même la contradiction de sa doctrine. L'amour-propre, dit-il, forme des affections et des haines « si monstrueuses, que, lorsqu'il les a mises au jour, il les méconnaît, ou il ne peut se résoudre à les avouer. » Par le fait que l'homme désavoue souvent l'amour-propre, n'est-il pas évident qu'il a un autre idéal que les satisfactions de l'amour-propre ?

Examen de la doctrine de Kant. — Cet idéal, quel est-il ? — C'est le désintéressement absolu, dit Kant, qui consiste à « agir toujours d'après une maxime qui puisse être érigée en loi universelle pour toutes les volontés libres et raisonnables. » L'homme est fin en soi ; il doit respecter en lui la volonté libre et raisonnable ; c'est alors qu'il agit d'une façon vraiment désintéressée.

Cette doctrine ne tient pas assez compte de la nature humaine : l'homme n'agit jamais avec un désintéressement absolu. Il est impossible de lui faire observer la loi uniquement par respect pour la loi. Kant oublie que le désintéressement et l'intérêt ne sont pas incompatibles.

La personne humaine n'est pas fin en soi. Sans doute, elle est supérieure aux êtres qui ne sont pas doués de raison, et elle est la fin de ces êtres, mais elle a elle-même une fin, qui est Dieu. « L'homme n'est créé que pour l'infinité, » dit Pascal (1).

D'où vient la loi qui impose à l'homme le respect du devoir ? Quelle est l'origine de ces maximes que l'on peut ériger en lois universelles : *Tu ne mentiras pas ; Tu ne tueras pas ; Tu ne déroberas point* ? Kant répond que c'est la volonté raisonnable qui s'impose à elle-même ces lois, et que ces lois sont universelles parce que toutes les volontés libres et raisonnables ont la même nature. — La vérité est, que la volonté libre accomplit la loi du devoir que la raison lui fait connaître, mais elle ne s'impose pas à elle-même cette loi. Si elle se l'imposait, rien ne l'obligerait à l'observer. Elle pourrait rejeter une loi qu'elle

---

(1) « *Fecisti nos ad te, Deus, et irrequietum est cor nostrum donec requiescat in te.* » Vous nous avez faits pour vous, Seigneur, s'écriait saint Augustin, et notre cœur est inquiet tant qu'il ne se repose pas en vous. Le même auteur dit encore : « *Animam Dei capacem quidquid Deo minus est occupare potest, implere non potest.* » Ce qui est moindre que Dieu peut bien occuper une âme capable de posséder Dieu, mais il ne peut la remplir.

aurait elle-même faite. La loi qui oblige vient du dehors; elle vient de Dieu. Seule la volonté de Dieu peut obliger une volonté humaine : nous ne nous imposons pas nos devoirs, et ils ne nous sont imposés par aucune autre volonté humaine. Quant à la volonté divine, ce qu'elle veut est toujours conforme à l'éternelle sagesse. Ainsi s'expliquent suffisamment les caractères de la loi du devoir : obligation, universalité, sagesse. Sans doute, toutes les volontés libres et raisonnables sont de même nature, mais rien n'est plus fréquent que les erreurs commises au sujet du devoir. Cela tient à l'éducation reçue, à quelque défaut de jugement, aux passions diverses qui agitent l'âme.

Au résumé, l'homme n'est pas à lui-même sa fin, et le souverain bien pour lui ne consiste pas à respecter sa propre dignité. Le respect de soi-même est un grand bien, mais ce n'est qu'un bien relatif. Faut-il, à l'exemple de Stuart Mill, chercher le bien absolu dans l'intérêt général ?

Examen de la doctrine de Stuart Mill. — L'intérêt général ne peut être le bien suprême de l'homme, puisqu'il exige parfois le sacrifice total du moi sans offrir aucune compensation. L'idée du souverain bien n'exclut pas le moi ; au contraire elle le suppose.

On peut, sans doute, corriger la doctrine de Stuart Mill en y ajoutant la promesse d'un bonheur futur, mais c'est reculer la difficulté. En quoi consiste le bonheur de l'autre vie? C'est toujours la même question : quel est le bien de l'homme?

Conclusion. — En dehors de la solution métaphysique donnée à ce problème, toutes les autres se ramènent à celles que les anciens avaient déjà énumérées en distinguant trois catégories du bien : l'agréable, l'utile et l'honnête. Cette classification leur paraissait complète ; elle l'est en effet, si on se place comme eux à un point de vue purement pratique. Toute chose est bonne par elle-même ou par une autre. Bonne par elle-même, elle répond à la catégorie de l'honnête ; bonne par une autre, ou elle est le moyen d'acquérir quelque bien, ou elle est la conséquence de quelque bien. Dans le premier cas, elle s'appelle utile; dans le second, on la nomme agréable.

L'agréable n'est pas le bien, puisqu'il en est le signe. Il est la jouissance causée à l'âme par la rencontre de quelque bien.

L'utile n'est pas le bien, puisqu'il est le moyen de l'acquérir. L'argent n'a aucune valeur pour qui ne peut s'en servir.

L'honnête, sans doute, est le bien en soi, mais à la condition d'y voir autre chose qu'une abstraction. Le stoïcien Brutus, vaincu à la bataille de Philippes, se donna la mort en s'écriant: « Vertu, tu n'es qu'un mot ! » Voilà bien, prise sur le fait, l'impuissance de la vertu stoïcienne à faire le bonheur de l'homme. Le sentiment de l'honneur, le respect de soi-même, l'amour de l'humanité, le dévouement à l'intérêt général, la solidarité, bref toutes les formules modernes qui rappellent en quelque chose la doctrine stoïcienne, n'expriment pas mieux la nature du souverain bien.

L'honnête est le bien en soi, parce que, bien analysée, l'idée de vertu conduit à celle d'ordre; celle-ci à celle de perfection; et l'idée de perfection à celle d'Etre souverainement parfait et source de tout bien. (Voyez § I, Examen de la doctrine stoïcienne, page 142). On ne peut donc pas, sans s'exposer à l'erreur, négliger ce que la métaphysique nous apprend du souverain bien, et il faut redire avec saint Augustin : le souverain bien, c'est Dieu : « *Deus est summa bonitas.* »

OUVRAGES CONSULTÉS :

Saint Augustin.	— *Confessions.*
Bossuet.	— *Elévations sur les mystères* (Première Elévation).
Cicéron.	— *De Finibus* (Liv. III, n. 46).
Diderot et d'Alembert.	— *Encyclopédie* (Article Epicure).
Feller.	— *Dictionnaire historique* (Article Epicure).
Janet et Séailles.	— *Histoire des problèmes et des écoles.*
Kant.	— *Critique de la raison pratique.*
La Rochefoucauld.	— *Maximes.*
Mercier.	— *Philosophie*, (tome I).
Plutarque.	— *Traités de morale.* (*Il est impossible de vivre heureux selon la doctrine d'Epicure*).
Saint Thomas.	— *Somme théologique* (Première partie, quest. V et VI).

DEUXIÈME PARTIE

PHYSIQUE GÉNÉRALE
OU COSMOLOGIE

Si Dieu est le souverain bien, c'est la connaissance de l'Etre parfait qui importe le plus à l'homme. Cependant, ce n'est point Dieu que nous connaissons tout d'abord, ce sont les objets matériels qui nous environnent. Après cela, la réflexion nous fait pénétrer dans le monde de la pensée ; enfin, par le raisonnement, nous nous élevons jusqu'à Dieu. L'existence des choses nous sert de point d'appui pour établir que Dieu lui-même existe, et les attributs de notre âme : pensée, volonté, amour, nous permettent d'affirmer sans hésitation que Dieu possède aussi, et d'une manière éminente, ces mêmes attributs.

Le progrès de la pensée humaine s'est accompli d'après la même loi. Les premiers philosophes se sont d'abord demandé quel est le principe des choses : ils voulaient connaître l'élément unique dont toutes les choses visibles leur paraissaient de simples transformations. Plus tard, grâce à Socrate, on s'appliqua de préférence à l'analyse des idées. Avec Platon et Aristote, la notion de Dieu se dégagea très nette, mais Dieu n'était point encore considéré comme le créateur de toutes choses. Le christianisme fit faire ce progrès, et la science de Dieu reçut de lui son entier développement. La connaissance de l'âme lui dut aussi de précieuses lumières; toutefois, l'organisation de la psychologie comme science ne date que d'hier, et elle est due surtout aux philosophes du xviii° et du xix° siècle. La physique, elle aussi, s'est organisée pendant les deux derniers siècles; en sorte que, comme la psychologie, elle peut se diviser en deux parties, l'une expérimentale et l'autre rationnelle. La première a pour objet les faits et leurs relations constantes, tandis que la seconde étudie certaines questions primordiales que la raison seule peut résoudre, en s'appuyant sur les données de l'expérience.

Parmi les questions réservées à la physique rationnelle, il faut surtout compter la matière, le mouvement et la vie. Cependant, quelques philosophes ayant cru devoir mettre en doute l'existence du monde extérieur, il est nécessaire d'examiner la valeur des raisons qu'ils ont invoquées pour justifier leur manière de voir.

CHAPITRE VIII

DE L'EXISTENCE DU MONDE EXTÉRIEUR.

De prime abord, il semble impossible qu'un homme raisonnable s'avise de mettre en doute l'existence des corps. Comment ne pas croire que les choses visibles sont vraiment autour de nous, et telles que nous les percevons ?

Si légitime que paraisse cette croyance de sens commun, la méthode philosophique exige qu'on vérifie les titres qui peuvent la justifier. Tout d'abord, il faut voir sur quoi reposent les opinions de ceux qui la contredisent.

§ I. — Quelles raisons ont porté certains philosophes a mettre en doute, au moins provisoirement, l'existence des corps.

Quand on réfléchit un peu sur la valeur des données de nos sens, on est promptement frappé de leur relativité : elles varient selon les circonstances. Tel mets qui plaît à l'homme en bonne santé, est désagréable à celui qui ne se porte pas bien. Les objets paraissent grands ou petits, selon qu'on les voit de près ou de loin. La vision des couleurs dépend de la structure de l'œil : les daltoniens ne distinguent pas le vert du rouge. L'image visuelle elle-même varie suivant les dimensions de l'œil. Pour résumer tous les faits de ce genre, Protagoras disait : « L'homme est la mesure de toutes choses. » Platon, après Socrate, distingua soigneusement l'opinion et la science : l'opinion s'en tient aux apparences, la science va au fond des choses et contredit souvent les apparences. Pyrrhon nia tout à fait la certitude des données sensibles.

Arguments de Pyrrhon contre la certitude des sens. — Pour cela, il s'appuyait sur dix *tropes* ou groupes d'arguments. Ces dix tropes, bien examinés, se réduisent facilement à deux : la *relativité* et l'*hallucination*.

Nos sensations sont relatives, cela est incontestable. Elles dépendent de l'état de nos organes, de la distance qui nous sépare des objets, et des objets eux-mêmes.

D'autre part, il arrive parfois qu'une sensation ne correspond à aucune réalité extérieure. Tel homme s'imagine voir sans cesse un spectre qui le menace; tel autre croit toujours qu'on l'injurie. Ce phénomène s'appelle hallucination.

Arguments de l'école cartésienne — Les erreurs de nos sens, la relativité de leurs données, avaient porté Descartes à mettre provisoirement en doute la valeur de leur témoignage (1); mais c'est par des considérations d'un tout autre ordre que ce philosophe a posé le principe de l'idéalisme moderne (2). Ce principe se dégage de la métaphysique cartésienne tout entière. Descartes débute par l'affirmation simultanée de la pensée et du moi : « Je pense, donc je suis », dit-il. Seulement, par ces mots : « je suis », il n'entend point parler de l'existence de son corps. Pour lui, l'âme seule est nécessairement impliquée dans la pensée; elle est le principe pensant, et le moi n'est pas autre chose que l'âme elle-même. L'âme, dit-il, est « une substance dont

---

(1) « Ainsi, à cause que nos sens nous trompent quelquefois, je voulus supposer qu'il n'y avait aucune chose qui fût telle qu'ils nous la font imaginer... » (*Discours de la Méthode*, IV⁰ partie, début. — *Première méditation*.)

(2) Le principe de l'idéalisme moderne est celui-ci : Nous ne percevons que nos propres modifications; il nous est impossible de sortir de nous-mêmes; nous sommes prisonniers de nos états de conscience.

toute l'essence ou la nature n'est que de penser, et qui, pour être, n'a besoin d'aucun lieu ni ne dépend d'aucune chose matérielle ; en sorte que ce moi, c'est-à-dire l'âme, par laquelle je suis ce que je suis, est entièrement distincte du corps et même qu'elle est plus aisée à connaître que lui, et qu'encore qu'il ne fût point, elle ne laisserait pas d'être tout ce qu'elle est. » (1) De l'âme, Descartes s'élève à Dieu, et c'est de l'existence de Dieu qu'il déduit celle du monde extérieur. Tout le monde, dit-il, est assuré, d'une certitude morale, de la réalité de l'existence des corps, et cette certitude « est telle qu'il semble qu'à moins d'être extravagant », on ne peut douter que les corps existent ; « toutefois aussi, à moins que d'être déraisonnable, lorsqu'il est question d'une certitude métaphysique, on ne peut nier que ce ne soit assez de sujet pour n'en être pas entièrement assuré, que d'avoir pris garde qu'on peut en même façon s'imaginer, étant endormi, qu'on a un autre corps et qu'on voit d'autres astres et une autre terre sans qu'il en soit rien : car d'où sait-on que les pensées qui viennent en songe sont plus fausses que les autres, vu que souvent elles ne sont pas moins vives et expresses ? Et que les meilleurs esprits s'y étudient tant qu'il leur plaira, je ne crois pas qu'ils puissent donner aucune raison qui soit suffisante pour ôter ce doute, s'ils ne présupposent l'existence de Dieu. » (*Discours de la Méthode*, IVe partie). En d'autres termes, l'existence de Dieu étant établie, on peut prouver qu'il y a des corps ; mais, directement, l'âme ne connaît qu'elle-même. La pensée implique l'âme ; elle n'implique pas le corps uni à l'âme ni aucune chose matérielle. Nous pouvons concevoir le monde des corps, mais non le percevoir. L'âme ne sort pas d'elle-même.

Berkeley pose le même principe que Descartes : l'âme ne peut sortir d'elle-même. Elle connaît les sensations qu'elle éprouve, mais elle ne connaît pas la matière considérée comme chose en soi, distincte du moi.

---

(1) DESCARTES, (*Discours de la Méthode*, IVe partie).

De plus, à la différence de Descartes, Berkeley n'admet pas que nous puissions concevoir une chose que nous ne percevons pas ; « une chose non perçue est une contradiction », dit-il. Dès lors, il est amené à dire que tout l'être des choses consiste dans la perception que nous en avons : « *Esse est percipi.* » C'est la négation de la matière.

Depuis Berkeley, tous les idéalistes ont posé le même principe : nous ne pouvons connaître autre chose que les modifications du moi, nous sommes prisonniers de nos états de conscience. Il n'y a rien au dehors, ou si quelque chose existe, nous ne pouvons le savoir.

Arguments empruntés aux sciences contemporaines. — Pour nier le monde extérieur, Berkeley ne se contentait pas de raisonner *a priori*. Il faisait appel à l'expérience. Il disait, par exemple : « Le même objet vu par un verre me paraît quatre fois plus grand qu'à l'œil, et quatre fois plus petit par un autre verre. Or un objet ne peut avoir 16, 4 et 1 pied. Ma vue ne m'apprend donc rien de l'étendue de cet objet, et je puis croire qu'il n'a pas d'étendue. » (1) L'expérience invoquée ici démontre une fois de plus que les sensations visuelles sont relatives ; elle ne prouve pas qu'il n'y a pas d'étendue. L'histoire naturelle et la physique ont fourni aux idéalistes de notre temps des arguments nouveaux pour soutenir que toute sensation est subjective, c'est-à-dire purement intérieure, sans relation aucune avec un objet extérieur quelconque.

1° Toute sensation dépend des nerfs qui contribuent à la produire. Cela est si vrai que des excitations semblables produites sur différents nerfs donnent lieu à des sensations de lumière, de son ou d'odeur, selon le nerf qui est affecté, tandis que des excitations variées, produites sur un même nerf, provoquent des sensations de même nature.

2° Tout phénomène physique se ramène à un mouve-

---

(1) BERKELEY, *Dialogues entre Hylas et Philonoüs* (Traduction de l'abbé de Gua).

ment; c'est une donnée de la science contemporaine. Or, il n'y a pas de raison pour que la sensation fasse exception à cette loi, qui est même déjà vérifiée pour diverses sensations. Helmoltz, d'ailleurs, a fait voir que, à une extrémité du spectre, la couleur rouge correspond à 451 billions de vibrations lumineuses, tandis qu'à l'autre extrémité, la couleur violette exige plus de 730 billions de vibrations.

3º Le cerveau est l'organe des sensations. C'est la conclusion qui se dégage des expériences de Flourens, de Longet, du docteur Tison. Si, par exemple, les fonctions du cerveau sont interrompues, toute sensation est impossible. La même chose arrive pour une sensation quelconque, si la communication est interrompue entre le cerveau et l'organe extérieur de cette sensation ; ainsi, toute section du nerf optique empêche absolument la vision. Enfin, une altération quelconque des fonctions cérébrales peut modifier considérablement les sensations. Sous l'influence de la fièvre, le général Marbot croyait apercevoir un lion prêt à s'élancer sur lui ; le lion qu'il perça de son épée n'était qu'un lion en peinture.

§ II. — Examen des raisons précédemment exposées.

Telles sont les principales raisons qui ont porté divers philosophes à mettre en doute, au moins provisoirement, la réalité du monde sensible. Ces raisons ne sont pas décisives, et il est possible, ce semble, de montrer qu'on ne peut s'en autoriser pour nier l'existence des corps, ou simplement pour entreprendre de la démontrer. Tout d'abord, que peut-on conclure des arguments empruntés aux sciences contemporaines ?

Examen des arguments les plus récents. — Des faits mis en lumière par Flourens, Longet et Tison, il résulte que le cerveau est la condition de toute sensation, mais non pas qu'il en est l'organe principal. Ce n'est pas le cerveau qui voit ou qui entend; l'une de ces fonctions appartient à l'œil et l'autre à l'oreille; mais le cerveau est la source de l'énergie nerveuse qui rend l'œil et l'oreille capables de percevoir. De plus, il enregistre les sensations et les conserve à titre de perceptions acquises (1). Parfois, sous son influence, elles reparaissent avec une telle vivacité, qu'on les croit objectives (2); c'est l'hallucination. Parfois enfin, toujours sous l'influence du cerveau, des sensations hallucinatoires s'ajoutent à une perception actuelle, ainsi qu'il est arrivé au baron de Marbot, cité plus haut. Rien de tout cela ne permet de croire que la sensation s'accomplit tout entière dans le cerveau, et que par conséquent elle est entièrement subjective.

Quant à la proposition si généralement admise de nos jours : tout phénomène physique se ramène à un mouvement de molécules, elle donne lieu, elle aussi, à une confusion très grave. Il est vrai, peut-être, que tout phénomène physique suppose un mouvement moléculaire; mais il ne suit pas de là que tout phénomène physique se ramène à un mouvement de molécules. La lumière, le son, correspondent à des vibrations; mais cela ne donne pas le droit de dire que la nature de la lumière ou celle du son est totalement exprimée par un nombre déterminé de vibrations. De même, toute combinaison chimique, toute sensation suppose peut-être un mouvement de molécules; mais rien ne prouve que ce mouvement de molécules soit toute la combinaison chimique ou toute la sensation. Il n'est donc pas sage d'identifier toutes les sensations, sous prétexte qu'elles

(1) On appelle ainsi des impressions conservées dans le cerveau, et qui reviennent à l'esprit à propos d'une perception actuelle. En voyant une dissolution d'ammoniac, on peut songer à l'odeur de ce gaz et à la propriété qu'il a de dissiper l'ivresse.

(2) Une sensation est dite objective quand elle correspond à une réalité différente d'elle-même; elle est subjective dans le cas contraire. La vision des choses réelles est une série de sensations objectives; au contraire, on éprouve des sensations tout à fait subjectives quand on croit voir ce qu'on ne voit pas réellement, ou entendre ce qu'on n'entend pas.

sont toutes conditionnées par un mouvement de molécules. Sans doute, si le mouvement était leur cause unique, on pourrait dire que leur diversité provient de la diversité de nos organes, et que, par conséquent, elles sont subjectives ; mais rien ne prouve que leur cause soit toujours la même, à savoir le mouvement moléculaire. La condition d'un fait n'est pas la totalité de sa nature.

Il faut dire la même chose encore à propos des relations de la sensation et du système nerveux : condition n'est pas cause. Toute sensation dépend des nerfs qui contribuent à la produire ; mais il ne s'ensuit pas qu'elle s'explique entièrement par l'ébranlement nerveux qui lui correspond. Si à chaque nerf sensitif correspond une sensation spéciale, telle que la sensation de lumière ou celle de son, cela ne peut-il pas s'expliquer très raisonnablement en supposant que chaque nerf sensitif est impressionnable à l'action spéciale d'un agent déterminé du monde extérieur ? Le nerf optique, par exemple, est sensible à l'action de la lumière ; le nerf acoustique, à celle du son, et ainsi des autres nerfs : chacun répond à un stimulant qui agit du dehors. Il y a des sensations purement internes, comme celle d'une vive lumière à l'occasion d'un choc violent du nerf optique, mais les sensations de ce genre ne sont pas des faits primitifs ; elles ne pourraient jamais se produire si le sujet qui les éprouve n'avait d'abord éprouvé des sensations objectives de même ordre. L'aveugle-né ne connaît pas la vision subjective des couleurs ; le sourd de naissance ne croit jamais entendre des sons. La subjectivité de quelques sensations, la variété des sensations subjectives, selon le nerf qui est ébranlé, l'identité de nature de ces mêmes sensations, quand elles sont produites par diverses excitations d'un même nerf, rien de tout cela ne prouve que, en général, aucune réalité extérieure ne correspond à nos sensations. Les arguments de l'école cartésienne ne sont pas plus convaincants.

Examen du principe de l'idéalisme cartésien. — Ces

arguments se ramènent d'ailleurs à un seul : l'âme ne peut sortir d'elle-même.

S'il en était ainsi, comment aurions-nous seulement l'idée de choses extérieures ? Nous ne pouvons nous faire cette idée qu'à la condition de sortir de nous-mêmes par l'expérience.

De fait, nous en sortons sans cesse : toute sensation s'objective naturellement ; c'est sa loi. Le gobe-mouches, à peine sorti de l'œuf, saisit les mouches qui sont à sa portée ; comment le pourrait-il si ces insectes lui apparaissaient comme situés en lui-même et non au dehors ? et tout animal est dans le même cas : ce qu'il perçoit, il le perçoit en dehors de lui, dès qu'il s'agit de connaître autre chose que des modifications organiques purement subjectives.

Descartes a pensé que le moi ou la personne humaine est tout entière dans l'âme seule ; dès lors il était amené à se demander comment les corps peuvent faire impression sur l'âme. Ce problème paraît insoluble si l'on ne fait attention que l'âme et le corps sont étroitement unis et forment « un tout naturel », selon l'expression de Bossuet. Par les sens qu'elle anime, l'âme prend conscience à la fois des sensations qu'elle éprouve et des réalités qui leur correspondent ; c'est ainsi qu'elle sort d'elle-même en quelque façon, ou, pour mieux dire, qu'elle objective ses perceptions. Elle perçoit donc les corps, et Descartes a eu tort de penser qu'elle se borne à les concevoir, sauf à démontrer ensuite leur existence. Comment d'ailleurs les concevrait-elle sans les avoir perçus ? Cela n'est pas admissible, si l'on considère que toute connaissance humaine débute par les perceptions des sens. Sans doute, Berkeley va trop loin en affirmant « qu'une chose non perçue est une contradiction », car nous pouvons concevoir des choses que nous ne percevons pas, le polygone de mille côtés, par exemple ; mais les éléments de toute conception relative à la quantité sont empruntés à nos perceptions. Nous ne pourrions concevoir le polygone de mille côtés, si nous n'avions jamais perçu une étendue limitée par des angles et des côtés.

Examen des arguments de Pyrrhon. — Nous percevons donc les corps, mais Pyrrhon a très bien vu que nos perceptions n'ont qu'une valeur relative. Elles dépendent de l'état de nos organes, de la distance qui nous sépare des objets, de la grandeur et de la situation des choses à percevoir. Rien n'est plus vrai ; mais, malgré cela, nos sens remplissent assez bien leurs fonctions : grâce à eux, nous conservons notre vie et notre santé; malgré les imperfections de leurs données, la science va de progrès en progrès, et chaque jour l'art et l'industrie nous font admirer quelque merveille d'un nouveau genre.

Il arrive bien parfois que nous sommes dupes de quelque erreur des sens : nous percevons mal ce qui est, ou nous croyons percevoir ce qui n'est pas ; mais cela tient à des causes connues, et ces accidents ne contredisent en rien la loi générale d'après laquelle nos perceptions sont objectives. On peut éviter les erreurs des sens ; quant aux hallucinations, elles sont dues à quelque trouble des fonctions cérébrales. Ce sont des sensations subjectives, qui ont leur cause au dedans, et qui supposent toujours avant elles des sensations objectives de même ordre.

La philosophie ancienne, on le voit, n'a rien établi de concluant contre l'existence du monde extérieur ; il faut en dire autant de l'idéalisme moderne, dont Descartes a posé le principe, et du subjectivisme, qui emprunte ses arguments aux sciences contemporaines.

§ III. — Peut-on démontrer l'existence du monde extérieur ?

Les idéalistes et les subjectivistes ne nient pas nécessairement le monde extérieur ; par exemple, Descartes est idéaliste en principe; il ne l'est pas en fait, car il affirme l'existence des corps. De même, Taine soutient que toute sensation est hallucinatoire, et cependant il admet que nos perceptions correspondent pour l'ordinaire à des objets réels. « La perception, dit-il, est une hallucination vraie. » Comme Descartes et Taine, Cousin a pensé que la croyance des hommes au monde extérieur s'explique par un raisonnement. D'après ces philosophes, il faut démontrer l'existence des corps comme il faut démontrer l'existence de Dieu.

L'existence des corps d'après Descartes. — Pour justifier sa croyance à la réalité des objets de nos perceptions, Descartes gradue ses raisonnements. Nous avons, dit-il, une idée claire et distincte de la matière, car nous la concevons comme une chose étendue. Or, Dieu peut réaliser toute chose dont nous avons une représentation claire et distincte ; l'existence de la matière est donc possible.

Elle est même probable, car

a) Nos sensations sont nettes et vives, tandis que les représentations qu'elles laissent d'elles-mêmes sont faibles et vagues. Quelle différence entre le spectacle d'un régiment qui défile et la représentation mentale que l'on s'en fait après coup !

b) Nos perceptions s'enchaînent selon l'ordre naturel des choses, ce qui permet de distinguer le rêve de l'état de veille. Les rêves sont d'ordinaire incohérents.

c) Nos sensations ne viennent pas de nous ; nous ne les créons pas, elles s'imposent à nous. Nous ne pouvons pas, à volonté, percevoir une chose ou une autre ; nous percevons ce qui est, simplement.

Est-ce Dieu qui produit en nous les sensations que nous éprouvons ? — Non, car Dieu nous tromperait en faisant apparaître en nous des sensations auxquelles ne répondrait aucune réalité. L'existence du monde est donc démontrée ; elle repose sur la véracité divine. Nous objectivons naturellement nos sensations; cette loi de notre nature ne nous trompe pas, car Dieu est l'auteur de notre nature.

Appréciation. — Il est bien vrai, Dieu ne peut pas

être l'auteur de l'illusion universelle et invincible qui serait la nôtre si les corps n'existaient pas ; mais Descartes se serait dispensé de recourir au raisonnement pour prouver que le monde existe, s'il avait bien analysé la sensation. Il eût vu que toute sensation suppose l'action d'un objet extérieur sur l'un de nos organes ; c'est par là qu'elle est objective. D'ailleurs, « pour chercher au dehors la cause d'une affection du moi, il faut déjà savoir qu'il y a quelque chose au dehors » (1). C'est ce que Descartes est censé ne pas savoir, puisqu'il fait consister le moi dans l'âme seule (2). Son raisonnnement ressemble donc à un cercle vicieux (3).

L'existence des corps d'après Cousin. — Il en faut dire autant de Cousin, qui fait du principe de causasalité (4) « le pont » à l'aide duquel nous pouvons passer du moi au monde. « Nul phénomène ne pouvant se suffire à lui-même, la raison, qui agit sous la loi de causalité et de substance, nous force de rapporter le phénomène de la sensation à une cause existante, et cette cause évidemment n'étant pas le moi, il faut bien que la raison rapporte la sensation à une autre cause, car l'action de la raison est irrésistible; elle la rapporte donc à une cause étrangère au moi, placée hors de la domi-

---

(1) Emile CHARLES, *Lectures de Philosophie*, tome I, p. 147.

(2) « Je connus de là que j'étais une substance dont toute l'essence ou la nature n'est que de penser, etc » (Voyez page 159).

(3) A parler exactement, c'est plutôt une pétition de principe que Descartes commet, en supposant sans preuve qu'il y a quelque chose en dehors du moi. La pétition de principe consiste à s'appuyer sur ce qui est à prouver. Le cercle vicieux est une double pétition de principe. On a reproché à Descartes le cercle vicieux qui consisterait à démontrer l'existence de Dieu par la règle de l'évidence, puis à faire reposer la règle de l'évidence elle-même sur l'existence de Dieu : « Car premièrement, cela même que j'ai tantôt pris pour une règle, à savoir que les choses que nous concevons très clairement et très distinctement sont toutes vraies, n'est assuré qu'à cause que Dieu existe, et qu'il est un être parfait... (*Discours de la Méthode*, IVᵉ partie).

(4) Le principe de causalité peut s'énoncer ainsi : « *Tout fait a une cause.* » C'est un corollaire du principe de raison suffisante : « *Tout a sa raison d'être.* »

nation du moi, c'est-à-dire à une cause extérieure ; là est pour nous la notion du dehors opposée au dedans, que le moi constitue et remplit, la notion d'extérieur opposée au sujet qui est la personnalité elle-même, la notion de passivité opposée à la liberté (1). »

Appréciation. — Il n'est pas nécessaire d'avoir un pont pour passer du moi au monde ; la connaissance de l'extériorité est une donnée immédiate de la conscience, ou, si l'on veut, c'est notre corps qui sert de pont, car il est quelque chose d'extérieur, et en même temps il fait partie intégrante de notre personne. Comme Descartes, Cousin se fait une idée incomplète de la personnalité : il la fait consister dans l'âme seule. Le moi est à la fois âme et corps ; par sa composition même, il est en relation directe avec le monde extérieur. Au reste, le principe de causalité permet bien d'affirmer que nos sensations ont une cause, mais il ne fait pas connaître cette cause. Est-ce le monde extérieur ? est-ce autre chose ? aucun principe de la raison ne nous met en mesure de l'affirmer. Le voyageur qui visite la mosquée du barbier ou la grande mosquée, à Kairouan, a beau se dire que chacun de ces édifices a été construit sous la direction d'un architecte, le principe de causalité ne lui révèle aucun nom.

L'existence des corps d'après H. Taine. — Non moins critiquable, quoique très ingénieuse, est la théorie de l'*hallucination vraie*, par laquelle Taine essaie d'expliquer la valeur objective de nos perceptions. Toute perception, dit Taine, est une hallucination, parce qu'il n'y a aucune différence de nature entre une sensation et l'image interne qui lui correspond. « L'halluciné qui voit à trois pas devant lui une tête de mort, éprouve en ce moment-là une sensation visuelle exactement semblable à celle qu'il éprouverait si ses yeux ouverts recevaient, au même moment, les rayons lumineux qui partiraient

---

(1) Cousin : *Fragments de Philosophie contemporaine*, p. 27. Didier, 1856.

d'une tête de mort réelle »(1). D'autre part, la perception est une hallucination vraie, parce que le mouvement du centre nerveux qui la provoque est lui-même provoqué par une excitation venant du dehors. Il est très facile de distinguer l'hallucination vraie de l'hallucination proprement dite : celle-ci est toujours en désaccord avec les sensations qui l'accompagnent, tandis que toutes les sensations concomitantes confirment l'hallucination vraie ou perception. Un ami vient me voir ; sa visite ne me surprend pas, car elle m'avait été annoncée ; j'entends sa voix, je lui serre la main et il prend place à côté de moi ; voilà une perception véritable : sensations et images, tout concorde. Au contraire, un pauvre malade voit un squelette assis au coin du feu, à quelques pas de lui ; c'est là une hallucination proprement dite : le spectre était inattendu, il ne parle pas, et si on a le courage de prendre la place qu'il semble occuper, on la trouve vide ; le désaccord est manifeste entre la sensation visuelle et les autres sensations ou images.

Appréciation. — Rien de mieux, seulement il n'est pas prouvé que toute sensation soit hallucinatoire de sa nature. Ce préjugé cartésien n'est pas du tout confirmé par la science contemporaine. Les faits que Taine expose à l'appui de sa thèse ne sont pas concluants, parce qu'ils peuvent être interprétés d'une autre manière. L'hallucination est un fait exceptionnel, non primitif, dû à un état maladif du système nerveux. Elle n'est pas la loi, et on ne peut affirmer avec les cartésiens que nos sensations ne nous font pas connaître autre chose que les modifications de nos organes.

Conclusion. — Ces trois exemples peuvent suffire à faire voir qu'il n'est pas possible de démontrer l'existence du monde extérieur. Tout raisonnement qui tend à ce but est une pétition de principe, car il suppose la notion d'extériorité, qui nous est donnée par l'impression des corps sur nos organes. De plus, aucun raisonnement de ce genre ne suffit à expliquer les faits. Les jeunes ani-

(1) H. TAINE, *De l'Intelligence*, tome I, p. 408.

maux, dès que leurs membres sont assez forts, vont sans hésiter aux objets qui frappent leurs sens, ou bien ils s'en éloignent spontanément; cependant ils ne raisonnent point. Les enfants croient au monde extérieur sans aucun raisonnement ; il en est de même de l'immense majorité des hommes.

Il faut donc renoncer à démontrer le monde extérieur tout comme à le nier. Selon Berkeley, l'existence de la matière est illusoire; d'après Stuart Mill, nous ne percevons que nos états de conscience. Ces doctrines idéalistes sont erronées. D'autre part, Royer-Collard a grandement raison de dire, en parlant du monde extérieur : « Si on me demande de le prouver par le raisonnement, je demanderai à mon tour que l'on me prouve d'abord, par le raisonnement, que le raisonnement est plus convaincant que la perception; que l'on prouve au moins que la mémoire, sans laquelle on ne raisonne pas, est une faculté plus véridique que celles dont on rejette le témoignage » (1).

La philosophie nous enseigne, dit Hume, « que ce qui est présent à l'âme, ce n'est pas l'objet lui-même, mais sa représentation, son image. » — Ce n'est pas la philosophie qui enseigne cela, c'est Locke. Ce philosophe a supposé gratuitement qu'il existe, entre l'âme et les objets, un intermédiaire qui est l'image; selon lui, nous ne voyons pas les objets, mais seulement leurs représentations. L'hypothèse de Locke, connue sous le nom d'hypothèse des *idées intermédiaires*, est une application des principes cartésiens : le moi consiste dans l'âme seule; l'âme ne sort pas d'elle-même. Mais si on considère que l'âme est étroitement unie au corps, on comprendra que l'âme sort naturellement d'elle-même par la perception. Toute sensation implique d'une part le sujet qui l'éprouve, et, d'autre part, l'objet qui la produit. « La sensation n'est pas sensation d'elle-même, dit Aristote ; il y a un objet en dehors de la sensation, et l'exis-

---

(1) ROYER-COLLARD, *Fragments, Œuvres de Reid*, traduites par Jouffroy, tome IV, p. 449.

tence de cet objet est nécessairement antérieure à la sensation. De sa nature en effet, le moteur est antérieur au mobile » (1).

Si l'on fait consister le moi dans l'âme seule, si l'on ne tient pas compte du corps, on crée entre l'âme et la matière un abîme que l'hypothèse seule peut franchir. Ceux qui veulent démontrer le monde extérieur et ceux qui le nient, sautent à pieds joints par dessus notre corps, ou bien ils affirment que nous ne percevons directement que notre propre corps; dès lors, il n'est pas étonnant que l'existence du monde n'ait pas à leurs yeux la même certitude que l'existence de leurs états de conscience. La vérité est que l'univers visible existe, qu'il ne se démontre pas, et que nous l'apercevons directement, en prenant conscience des modifications qu'il fait subir à nos organes.

OUVRAGES CONSULTÉS :

ARISTOTE.	— *Métaphysique.*
BROCHARD.	— *Les Sceptiques grecs.*
CHARLES.	— *Lectures de philosophie,* (tome I).
COUSIN.	— *Fragments de philosophie contemporaine.*
DESCARTES.	— *Discours de la Méthode* (IVᵉ partie); — *Première méditation.*
FARGES.	— *La perception extérieure.*
LAFOREST.	— *Histoire de la philosophie ancienne.* (tome I).
PENJON.	— *Berkeley, sa vie et sa doctrine.*
RIBOT.	— *La psychologie anglaise contemporaine.* (Introduction).
ROYER-COLLARD.	— *Fragments.*
TAINE.	— *De l'Intelligence,* (tome I).

---

(1) ARISTOTE, *Métaphysique.* IV, 5.

CHAPITRE IX.

LA MATIÈRE.

L'univers existe, mais nos sens ne nous le font pas connaître tel qu'il est, parce que leurs données sont relatives. Tout ce qu'ils nous apprennent des corps nous est connu à travers des sensations très variables.

L'étendue elle-même (1) est toujours perçue par la vue, comme liée à des sensations de couleur, et par le tact, comme liée à des sensations de résistance, de solidité et de chaleur. Sans doute, notre esprit peut concevoir une étendue abstraite, mais cette étendue n'est pas l'étendue réelle, c'est l'étendue des géomètres. L'étendue que nous percevons par nos sens est colorée, résistante, parfois vivante et même animée.

Si toutes les données de nos sens sont relatives, devons-nous penser qu'il nous est impossible de savoir, au moins dans une certaine mesure, en quoi consiste l'essence des corps? — Cette question relève de la raison et non des sens ; or rien n'empêche la raison de s'appuyer sur les données des sens pour les dépasser. Diverses sciences existent, comme la physique, la

---

(1) Descartes et ses disciples, Locke notamment, ont distingué dans la matière deux sortes de qualités : les unes, comme la chaleur, la lumière, l'odeur et la saveur, n'ont rien d'absolu, elles dépendent beaucoup de l'état de nos organes ; les autres, comme l'étendue, sont directement connues par la raison et paraissent inhérentes à la matière. Quels que soient les changements que subit la matière, disait Descartes, elle est toujours étendue, en sorte que l'étendue est son essence. La matière est donc la chose étendue, « res extensa ». Cette distinction des *qualités premières* et des *qualités secondes* de la matière est très ancienne ; elle remonte à Démocrite.

chimie, la géométrie, qui ont pour objet certaines propriétés permanentes de la matière ; pourquoi ne pourrait-on pas aussi déterminer scientifiquement l'essence des corps ? Si la relativité des données de nos sens n'empêche pas de découvrir les lois de la physique ou celles de la géométrie, pourquoi la définition de la matière serait-elle un problème inaccessible à la raison ? Au reste, les philosophes n'ont pas hésité à aborder ce problème. Par le fait, il convient d'examiner les diverses solutions qu'ils en ont données ; cela ne pourra que servir à la découverte de la vérité.

§ I. — L'Atomisme.

Parmi ces solutions, l'une des plus anciennes est l'atomisme. Elle remonte à Leucippe. Démocrite l'a adoptée ; Epicure en a fait la base de sa physique, et Lucrèce, disciple d'Epicure, l'a exposée en très beaux vers. Gassendi l'a tirée de l'oubli, et la physique cartésienne n'est pas autre chose que l'atomisme de Gassendi, modifié par Descartes sous l'influence de sa conception toute géométrique de la matière. L'atomisme compte encore de nos jours beaucoup de partisans, surtout parmi les savants.

En quoi consiste l'atomisme. — D'après cette hypothèse, la divisibilité de la matière concrète s'arrête à une limite extrême, qui est *l'atome*, particule étendue, mais insécable (ἀ τόμος, sans partie). Les atomes se meuvent dans l'espace, et leurs groupements variés forment les corps dont se compose l'univers. Tout s'explique par la *matière* et le *mouvement*.

L'hypothèse atomiste est mal nommée, car on peut la rejeter sans nier l'existence des atomes. Il est même tout à fait certain que les atomes existent, puisque, sans eux, on ne s'expliquerait ni le mélange intime des corps ni leurs combinaisons : « *Corpora non agunt nisi soluta* », dit l'adage antique. Au reste, il est évident que la matière concrète n'est pas divisible à l'infini ;

il faut s'arrêter quelque part. Si on s'arrêtait à un point inétendu, comment expliquerait-on l'étendue ? Si on aboutissait au néant, la difficulté serait la même, car le néant ne peut rien produire. Il faut donc s'en tenir à l'atome.

Seulement, on pourrait admettre que l'atome possède en lui-même un principe de mouvement qui est la force. C'est ce que les atomistes ne veulent pas reconnaître. A leur avis, le mouvement de la matière ne lui apppartient pas en propre; il vient du dehors. L'atome est résistant, mais il est inerte. Il reçoit le mouvement et il le transmet, il ne l'imprime jamais. Le nom de *mécanisme* conviendrait mieux à cette hypothèse que celui d'atomisme.

L'atomisme d'après Leucippe et Démocrite. — Quoi qu'il en soit, l'atomisme ancien, sous sa forme la plus complète, est celui de Leucippe et de Démocrite. On peut le résumer en quelques propositions :

1° Les atomes sont en nombre infini ; ils sont éternels, invisibles, et tous de même nature. Leurs figures géométriques sont très variées, ce qui leur permet de se grouper aisément quand ils se rencontrent.

2° Ils se meuvent au sein du vide, et le hasard seul préside à leurs groupements. Tout corps est ainsi formé d'atomes et d'intervalles, de plein et de vide, d'être et de non-être. Tout s'explique donc par l'étendue et le mouvement qui suppose le vide.

3° Rien ne se crée, rien ne se perd. La quantité de matière et la quantité de mouvement demeurent toujours les mêmes dans l'univers.

L'atomisme d'Epicure. — Si les atomes se mouvaient toujours en ligne droite, ils ne se rencontreraient jamais. Pour cette raison, Epicure jugea bon de les douer d'un certain pouvoir de déviation spontanée, le *clinamen*.

De plus, il saisit fort bien la portée morale de cette physique, et en tira les conséquences pratiques qu'elle renferme. Epicure rejette absolument toute intervention de la Providence dans les choses de ce monde ; à ses yeux, il n'y a ni bien ni mal, et tout finit pour l'homme après la mort. Lucrèce se fit le poète de ces doctrines ; il chanta les atomes, l'athéisme et l'anéantissement final de l'âme. Tout cela cependant fut bien vite oublié ; l'avénement du christianisme dissipa ces nuages, qui assombrissaient la vie humaine en lui ôtant l'espérance.

L'atomisme de Gassendi. — Les atomes cependant furent tirés de l'oubli au XVII° siècle par Gassendi. Ce philosophe fit revivre la physique d'Epicure, mais il en écarta les plus grossières erreurs. D'après Gassendi :

1° Les atomes ne sont pas éternels ; ils ont été créés par Dieu.

2° Leur nombre est incalculable, mais il n'est pas infini.

3° Ils ne se meuvent pas au hasard. Leur mouvement obéit à des lois, et il leur a été imprimé par Dieu à l'origine.

Sauf ces réserves, Gassendi admet pleinement que tous les phénomènes de la nature s'expliquent par la matière et le mouvement. Descartes est du même avis ; mais il ne laisse point passer la physique atomiste sans lui faire subir de nouvelles et profondes modifications.

L'atomisme de Descartes. — 1° Tout d'abord il déclare ne point connaître d'autre matière que « celle que les géomètres nomment la quantité, et qu'ils prennent pour l'objet de leurs démonstrations, » et il ne considère en cette matière que « ses divisions, ses figures et ses mouvements » (1).

2° Par le fait, la matière est divisible à l'infini, car on ne conçoit aucune limite possible à la division de l'étendue purement abstraite des géomètres.

3° De même, le vide est impossible. Partout où l'on suppose le vide, il y a l'étendue. Il y a la matière, par conséquent ; car l'étendue est l'essence de la matière. Nous ne pouvons donc « concevoir que le monde ait des bornes » (2).

4° Le mouvement des atomes est un mouvement rota-

---

(1) DESCARTES, *Principes de Philosophie* (II° partie, n. 64.)
(2) DESCARTES, *Principes de Philosophie* (II° partie, n. 21.)

toire ; cela résulte de l'impossibilité du vide. « Il faut nécessairement, dit Descartes, qu'il y ait toujours un cercle de matière ou anneau de corps qui se meuvent ensemble et en même temps. » Si un corps A se déplace, un corps B le remplace ; celui-ci est à son tour remplacé par un corps C, et ainsi de suite. Le corps qui est mû le dernier occupe alors la place de A. Pour qu'il n'y ait pas de vide, tous ces changements doivent se faire en même temps, ce qui suppose que tous les atomes se meuvent en cercles ou anneaux.

C'est en vertu d'une impulsion divine que s'accomplit ce mouvement, et il demeure toujours en même quantité dans l'univers. Tout s'explique par lui, même la vie des animaux. Ceux-ci ne sont que des machines ; ils ressemblent à des horloges.

L'atomisme contemporain. — Ce mécanisme universel de Descartes est encore en honneur aujourd'hui ; des chimistes de grande valeur le regardent comme une hypothèse démontrée. Il s'harmonise très bien, semble-t-il, avec les découvertes les plus récentes. La lumière est produite par des vibrations ; il en faut dire autant du son. La chaleur elle-même a pour cause un mouvement vibratoire ; pourquoi n'en serait-il pas ainsi de l'électricité, du magnétisme et de l'attraction universelle des corps? En chimie, la loi des nombres domine tout; chaque combinaison suppose la présence d'un certain nombre d'éléments déterminés, en proportions définies et invariables. Une gouttelette d'eau, par exemple, si petite qu'on la suppose, contient, en poids, huit parties d'oxygène pour une d'hydrogène. Comment, dès lors, se refuser à admettre l'existence des atomes? N'est-il pas naturel de considérer tous les corps comme des groupements d'atomes dont les proportions mathématiques varient, ce qui explique la diversité des substances ? Dans une molécule d'acide sulfureux, deux atomes d'oxygène gravitent autour d'un atome de soufre, tandis que, dans une molécule d'acide sulfurique, l'atome de soufre est le centre autour duquel vibrent trois atomes d'oxygène.

Les mouvements atomiques dans une molécule rappellent les mouvements des planètes dans le système solaire.

Examen de l'atomisme. — Cette conception du monde est séduisante; c'est une hypothèse à la fois simple et grandiose. Reste à savoir si le mécanisme universel explique tous les faits. Les atomes existent, le mouvement aussi, mais ces deux causes ne semblent pas suffire à rendre compte de tous les phénomènes physiques. Chaque corps paraît posséder une force qui lui est propre. On peut le prouver par un grand nombre de faits. Il suffit d'en citer quelques-uns.

1° Tout corps est un agrégat d'atomes maintenus par une force appelée *cohésion*. Cette force est plus ou moins intense selon la nature des corps; elle est considérable dans certains solides, très faible dans les liquides, presque nulle dans les gaz, mais elle diffère d'un corps à un autre. On a cru pendant longtemps que tous les gaz se dilataient de la même manière; M. Regnault a montré qu'il n'en est rien. Tout corps a son coefficient spécial de dilatation (1).

2° Tout corps a aussi son poids atomique spécial. Si l'on représente par 1 le poids de l'atome d'hydrogène, il faudra représenter celui de l'atome de soufre par 32, celui de l'atome de zinc par 65, celui de l'atome d'argent par 102, et celui de l'atome d'uranium par 240 (2).

Cependant tous les atomes ont la même étendue; tous sont pareillement indivisibles. Ces différences de poids,

---

(1) Le coefficient de dilatation d'un corps est l'accroissement éprouvé par l'unité de ce corps, quand sa température s'élève d'un degré. Il y a, pour les corps solides, trois sortes de dilatations : la dilatation linéaire ou en longueur, la dilatation en superficie et la dilatation en volume. Les liquides et les gaz, n'ayant pas une forme géométrique déterminée, ne peuvent avoir que la dilatation en volume. Dans les corps solides, les coefficients de dilatation en surface et en volume dépendent de celui de dilatation linéaire : le premier en est le double, et le second le triple.

(2) L'hydrogène et l'uranium forment les deux termes extrêmes de la série des 70 corps simples connus jusqu'à présent.

sous un même volume irréductible, présentent une véritable difficulté que l'atomisme ne permet pas de résoudre. Si on admettait que tout atome est constitué par une force simple, qui varie selon la nature de l'atome, et qui a besoin, pour se manifester, d'un minimum de matière plus ou moins dense, on expliquerait l'impossibilité de diviser un atome quel qu'il soit, lourd ou léger.

3º Le poids atomique d'un corps dépend de la nature de ce corps ; il en faut dire autant de ses *affinités électives*. Un gramme d'oxygène, par exemple, ne se combine pas, pour former de l'eau, avec huit grammes d'un corps quelconque, mais avec huit grammes d'hydrogène. La quantité, fût-elle en proportions définies, ne suffit pas à expliquer les combinaisons chimiques ; il faut admettre un autre élément, la qualité. Il y a donc dans les corps autre chose que la matière, principe de quantité ; il y a la force, qui spécifie la matière.

En conséquence, il semble juste de regarder l'atomisme comme une solution incomplète du problème de la matière, parce qu'il implique la négation de la force inhérente à chaque corps, et même à chaque atome. Par elle-même, l'étendue serait divisible à l'infini, car il n'y a aucune raison pour que l'étendue, considérée mathématiquement, ne soit pas toujours divisible. Si donc l'atome ne peut être divisé, c'est qu'en lui l'étendue s'unit à la force pour former un composé indestructible.

§. II. — Le Dynamisme.

Leibniz a eu raison de penser que « ce qui n'agit point ne mérite pas le nom de substance »; mais il est allé trop loin, de son côté, en affirmant que la force seule constitue l'essence des corps. Sa doctrine sur ce point, comme celle de Descartes, n'est que « l'antichambre de la vérité. » Elle s'appelle le *dynamisme*. Elle est an-

cienne ; on pourrait l'attribuer à Zénon d'Elée (1).
Pythagore (2) en est le représentant le plus illustre dans
l'antiquité.

Dynamisme de Pythagore. — Ce philosophe avait
remarqué que la loi des nombres domine tout dans la
nature : « *mundum regunt numeri* », et il avait conclu
de là que les nombres constituent l'essence même des
corps. Aristote lui reproche très justement d'expliquer
des êtres concrets par de simples abstractions. « Quand
les Pythagoriciens, dit-il, composent les corps de la nature avec des nombres, quand ils composent les corps
légers ou pesants avec des éléments qui n'ont ni légèreté
ni pesanteur, ils semblent vraiment nous parler d'un
autre ciel et d'autres corps, mais non pas des corps que
nos sens connaissent » (3).

Dynamisme de Leibniz. — L'erreur de Leibniz est
semblable à celle de Pythagore, c'est la même faute de

(1) Zénon d'Elée naquit vers l'an 504 av. J.-C. Il fut disciple de Parménide, fondateur de *l'Ecole éléatique*. Cette école niait l'existence du mouvement. Zénon estimait que la matière se résout en éléments qui sont des points mathématiques. Il passe pour l'inventeur de la *dialectique*, art de raisonner sous forme de dialogue. Cet art ne lui servit qu'à tromper par des sophismes. Il fut livré à d'affreux supplices pour avoir conspiré contre le tyran Néarque.

(2) Pythagore est le fondateur de *l'Ecole italique*. Il naquit à Samos, vers l'an 600 avant J.-C. Il fut d'abord athlète, mais ayant assisté aux leçons de Phérécyde sur l'immortalité de l'âme, il résolut de se consacrer à la philosophie. Il quitta sa patrie et parcourut l'Egypte, la Chaldée et l'Asie Mineure. De retour à Samos, il se trouva en face d'un usurpateur, le tyran Polycrate, et s'exila pour aller vivre dans cette partie de l'Italie qu'on a appelée la Grande Grèce. Il habita principalement à Crotone, dans la maison de l'athlète Milon. Pythagore fut un mathématicien célèbre, en même temps qu'un philosophe. Il pensait avec raison que l'intelligence suprême a ordonné le monde d'après les lois des mathématiques, mais il eut tort de croire que les nombres sont les éléments des choses. Il enseignait aussi qu'à la mort l'âme va s'unir à un autre corps. C'est la théorie de la *métempsycose* ou *transmigration des âmes*. En vertu de cette théorie, il ne voulait pas que la chair des animaux servît de nourriture à ses disciples.

On ne sait rien de certain sur le lieu et le temps de sa mort.

(3) Aristote, *Métaphysique* (traduction Barthélemy Saint-Hilaire, tome III, p. 351).

raisonnement. Le nombre n'est qu'un accident ; il n'est pas l'essence de la matière ; de même la force n'est qu'un élément de l'atome ; elle n'est pas l'atome tout entier. Leibniz pense que les *monades* ou unités de force « sont les véritables atomes de l'univers. »

Selon lui, ces monades sont en nombre infini ; de plus, elles sont douées de perception et d'appétition (1), et n'exercent aucune influence directe l'une sur l'autre. Seulement, Dieu, en créant chacune d'elles, a eu égard à toutes les autres, de sorte qu'elles sont reliées entre elles par une *harmonie préétablie*, simple lien idéal. Ainsi deux chronomètres, œuvre d'un habile artisan, marquent toujours la même heure, quelle que soit la distance qui les sépare. Entre les monades il n'y a aucun intervalle; tout est plein dans l'univers. Aucune monade n'est parfaitement semblable à une autre, car « deux êtres semblables seraient indiscernables, et l'un serait justement la même chose que l'autre. » (2)

Au début de sa *Monadologie*, Leibniz raisonne ainsi : « Il y a des composés, donc il faut qu'il y ait des simples. » (3). Ce raisonnement n'est pas rigoureux. Puisqu'il y a des composés, il faut qu'il y ait des composants ou éléments, mais ces éléments, quoique indivisibles, ne sont pas nécessairement simples. Chacun d'eux peut être formé de deux principes distincts, quoique inséparables. Ainsi dans la parole on distingue le son et l'articulation qui le détermine : nulle parole qui ne soit articulée, et nulle articulation qui ne détermine une émission de voix. Ainsi encore, un morceau de cire revêt tou-

---

(1) Leibniz appelle perception l'unité de la monade dans la multiplicité de ses états représentatifs. La perception se distingue de l'aperception. Toutes deux sont des connaissances, mais l'aperception est consciente, tandis que la perception ne l'est pas.

L'appétition est une tendance de la monade à passer d'un état à un autre. L'appétition est inconsciente ; le désir est une appétition devenue consciente.

(2) *Correspondance entre Leibniz et Clarke*, 3º Ecrit. § 5 ; 4º Ecrit. § 4 et 5.

(3) Leibniz, *Monadologie*. § 2.

jours une forme extérieure quelconque, bien que sa matière soit entièrement distincte de toute forme extérieure prise à part.

Dynamisme de Wolf et de Boscowitch. — Leibniz n'a donc pas solidement établi que les derniers éléments des corps sont des forces simples. Il y a dans sa doctrine d'autres assertions aussi peu fondées ; ses disciples en ont rejeté quelques-unes. Ainsi, Wolf (1) n'admet pas que les monades soient douées de perceptions et d'appétitions ; il se borne à leur prêter des forces d'attraction et de répulsion. Par là même il leur attribue une influence réciproque : elles s'attirent et se repoussent, ce qui suppose qu'elles sont séparées par des intervalles.

Boscowitch (2) modifie plus profondément encore la théorie des monades. Il admet avec Wolf que les monades s'attirent, se repoussent, et qu'elles sont séparées par des intervalles vides. Mais, d'après lui, plus deux monades sont éloignées, plus elles tendent à se rapprocher ; et plus elles se rapprochent, plus elles tendent à

---

(1) Christian de Wolf naquit à Breslau, en 1676. Il était fils d'un brasseur, mais cet homme lui fit donner une éducation en rapport avec ses heureuses dispositions pour l'étude. Il fut professeur de mathématiques et de philosophie. Il écrivit beaucoup. Il coordonna les divers éléments de la doctrine de Leibniz, mais ses ouvrages sont longs, diffus et d'un style barbare. La sûreté de son jugement n'égalait pas l'étendue de ses connaissances. Ses idées sont extravagantes en politique ; il croyait à la pluralité des mondes habités, au point d'admettre sans trop de peine que le soleil renferme des êtres vivants. Il veilla des nuits entières pour attendre le retour de l'âme de l'une de ses cousines, dont il regrettait la mort. Comblé d'honneurs, mais tourmenté par la goutte, il termina sa carrière en 1754.

(2) Joseph-Roger Boscoswitch naquit à Raguse le 18 mai 1711. Il entra chez les jésuites à l'âge de 14 ans. Après de solides études, il fut successivement professeur de philosophie et de mathématiques au Collège Romain, professeur à l'Université de Pavie, professeur d'astronomie et d'optique aux écoles palatines de Milan. En 1773, lors de la suppression des jésuites en Italie, il vint à Paris, à la prière de quelques personnages influents, qui lui firent donner le titre de directeur de l'optique de la marine, avec une pension de 8000 livres. Il quitta ce poste à la suite de quelques désagréments, et se retira à Milan, où il mourut le 12 février 1787, à l'âge de 76 ans.

s'éloigner. Quand la distance qui les sépare est devenue très petite, la force d'attraction se change en force de répulsion.

Dynamisme de Kant. — Il y a là de l'arbitraire : comment une même force peut-elle changer de direction par suite du rapprochement de deux monades? Cela n'est pas admissible. Kant le comprit, et à la place de l'unique force, tantôt attractive, tantôt répulsive, admise par Boscowitch, il supposa des forces attractives et des forces répulsives opposées entre elles, et par conséquent distinctes. Il supposa aussi des forces plastiques, qui président à l'évolution des êtres vivants, à la formation des cristaux, et même à la constitution de toute molécule. Les forces plastiques obéissent à une idée directrice ; autrement dit, elles sont soumises à la loi de finalité (1).

Dynamisme contemporain. — Du moins Kant ne niait pas la substance. Il se bornait à la déclarer inconnaissable. Ses successeurs furent moins réservés. Schelling, Schopenhauer, Hartmann (2) admirent que

---

(1) La loi de finalité a été énoncée par Socrate en ces termes : « *L'intelligence n'agit jamais qu'en vue du bien.* » Aristote disait dans le même sens que rien n'a été fait en vain : « οὐδὲν μάτην. »

On peut distinguer trois sortes de finalités : 1º la *finalité intrinsèque ou immanente*.—C'est l'idée directrice d'après laquelle tout être se développe; c'est, par exemple, le type qu'une matière vivante tend à réaliser. La cellule-mère d'un organisme fait son évolution d'après un modèle qui varie avec chaque espèce animale.

2º La *finalité extrinsèque*.—C'est une harmonie préétablie entre un être et un autre; par exemple, l'herbe des champs est faite pour les herbivores, tandis que les carnivores sont organisés en vue de se nourrir de la chair d'autres animaux.

3º La *finalité accidentelle*.—Elle dépend de l'intelligence humaine; on en trouve de nombreux exemples dans l'industrie. Le bois de nos forêts peut être mis en planches pour fabriquer des meubles; on peut en faire des poutres; on peut même l'accommoder pour le chauffage des appartements.

(2) Schelling fut professeur de philosophie à l'Université de Berlin. Il succéda à Fichte, disciple immédiat de Kant. La doctrine de Schelling est un idéalisme qui a pour point de départ l'affirmation *à priori* de l'absolu. (Voyez p. 42 et 43).

les forces sont à la fois attractives et répulsives, et qu'elles se soutiennent toutes seules, indépendamment de toute substance. C'est doublement contraire à la raison : une même force ne peut pas changer arbitrairement de direction, et une énergie quelconque ne se conçoit pas sans un support ou centre de force.

En France, Cousin, Vacherot (1) et beaucoup d'autres, ramènent la notion de matière à celle de force. Descartes estimait que l'étendue est l'essence même de la matière. Vacherot pense qu'elle n'est pas même une propriété des corps. Selon lui, l'étendue, la figure, la solidité, sont simplement des formes sous lesquelles nous percevons les corps, par suite d'une habitude invétérée. La distinction des *qualités premières* et des *qualités secondes* de la matière est un préjugé cartésien : les propriétés géométriques des corps, comme l'étendue et la figure, sont aussi subjectives que la couleur, la saveur et l'odeur. La notion de matière, dépouillée de tout ce qui ne lui est pas essentiel, se réduit à « quelques propriétés physiques et chimiques indestructibles et irréductibles, telles que la masse, le poids, les affinités moléculaires, les attractions électives. Or, que sont ces propriétés, sinon des principes d'action, des forces, dans l'acception la plus simple et la plus générale du mot ?... S'il en est ainsi, pourquoi hésiter sur la vraie notion de la matière, laquelle ne peut être que l'idée de force ?... Quand nous disons, à

Schopenhauer fut à la fois panthéiste et pessimiste. Né à Dantzig le 22 février 1788, il mourut à Francfort, le 21 septembre 1860.

De Hartmann est né à Berlin le 23 février 1842. C'est aussi un pessimiste. Il a beaucoup écrit. On cite notamment de lui la *Philosophie de l'Inconscient.*

(1) Victor Cousin est né à Paris le 8 septembre 1792. Sa philosophie est connue sous le nom de spiritualisme éclectique. Elle a été fort célèbre, mais elle ne répond plus aux besoins du temps présent ; elle est trop peu scientifique. Cousin mourut à Cannes le 13 janvier 1867.

Vacherot fut l'un de ses meilleurs disciples. Il naquit à Langres le 29 juillet 1809. Il est mort depuis peu, à l'âge de 90 ans. Il a été directeur des études à l'École normale de 1837 à 1851. Parmi ses ouvrages, il faut surtout citer une *Histoire critique de l'École d'Alexandrie* et le *Nouveau spiritualisme.*

l'exemple de Leibniz, que la matière est force, nous n'entendons pas dire autre chose que ceci : la réalité que nos sens nous font percevoir est essentiellement mouvement et action, et l'idée de force est tout ce qui reste au fond de la substance matérielle, du moment que nous en avons éliminé les sensations et les images. » (1).
D'après Cousin, le monde extérieur n'est qu'un « assemblage de causes correspondantes à nos sensations réelles ou possibles ; le rapport de ces causes entre elles est l'ordre du monde. Ainsi, ce monde est de la même étoffe que nous, et la nature est la sœur de l'homme ; elle est active, vivante, animée comme lui, et son histoire est un drame tout aussi bien que la nôtre. » (2)

Examen du dynamisme considéré en général. —
1º *Il entraîne la négation de la matière.* — Identifier ainsi la matière et la force, c'est nier la matière. L'idéalisme est une conséquence nécessaire du dynamisme. Or, à ce titre, le dynamisme ne soutient pas l'épreuve du raisonnement. En effet, ou bien les forces qui composent l'univers ne sont séparées par aucun intervalle, ou bien le vide existe entre elles. Dans le premier cas, rien ne s'oppose à ce qu'elles coïncident ; elles doivent même coïncider, car des éléments inétendus ne peuvent, par leur juxtaposition, former une étendue ; dans le second cas, au contraire, elles doivent agir l'une sur l'autre à distance, à travers le vide. Or, deux points étant séparés l'un de l'autre par un intervalle vide, ne peuvent agir l'un sur l'autre, si petit que soit l'intervalle qui les sépare. Ils ne peuvent agir par l'intermédiaire d'un milieu quelconque, puisqu'ils ne sont reliés par aucun milieu ; ils ne peuvent agir par émissions de particules, puisqu'ils sont simples et indivisibles ; enfin, leur action ne s'isole pas d'eux-mêmes pour aller de l'un à l'autre, car on ne conçoit aucune action séparée de l'être qui agit, et, d'une manière générale, aucun phénomène sans

---

(1) VACHEROT, *Essais de philosophie critique*, p. 47.
(2) COUSIN, *Fragments de philosophie contemporaine*, p. 27.

substance (1). De toute façon, l'action à distance est inconcevable.

2° *Il suppose une confusion de l'abstrait et du concret.* — Conçoit-on mieux, d'ailleurs, une force sans matière? La force est un principe de mouvement; or, le mouvement suppose de petites portions de matière, des molécules, qui agissent l'une sur l'autre par le choc. Nier le choc des molécules, c'est aller contre l'un des faits les plus élémentaires et les mieux accrédités de la physique moderne. C'est aussi se laisser aller à une illusion très fréquente, qui consiste à n'envisager qu'un côté des choses et à prendre cet aspect de la réalité pour la réalité totale. Les pythagoriciens regardaient les nombres comme les éléments des choses; les platoniciens prenaient les idées pour des réalités; Descartes oubliait que l'étendue géométrique n'est pas l'étendue véritable; les dynamistes à leur tour confondent les « points métaphysiques » avec les points physiques. Or, les points métaphysiques sont de pures abstractions. Un point absolument inétendu n'existe nulle part dans le monde réel; c'est une simple conception de l'esprit. Il ne faut pas abuser de l'abstraction, et prendre l'abstrait pour le concret.

3° *Il n'explique pas la distinction spécifique des corps.* — Il ne faut pas non plus confondre une différence accidentelle avec une différence de nature. Les corps diffèrent totalement de l'un à l'autre. Le fer n'est pas du plomb; le sel marin n'est pas du sable; l'oxygène n'est pas du chlore. D'après les données de la chimie, un corps simple est irréductible à un autre; les composés ont d'autres propriétés que leurs composants, et ils ne se forment point avec des éléments quelconques : un mé-

---

(1) La substance se définit : l'être en soi, « *ens in se* », par opposition au phénomène, qui est l'être en un autre : « *ens in alio.* » La couleur blanche du papier est un phénomène; le papier est une substance; la pensée qui traverse l'esprit est un phénomène; le principe pensant est une substance. Les caractères de la substance sont l'unité, la permanence, l'identité.

lange n'est pas une combinaison. Quand les corps se combinent, ils obéissent à diverses lois, telles que la loi des *affinités électives,* celle des *proportions définies* et celle des *proportions multiples,* tandis qu'on peut faire un mélange avec des éléments quelconques et en proportions quelconques (1). Cela posé, il est inadmissible que des différences essentielles s'expliquent par des différences accidentelles : le nombre des monades peut varier, leurs positions respectives peuvent se diversifier à l'infini. Chaque monade peut, comme le voulait Leibniz, se développer et même prendre plus ou moins conscience de ce qui l'environne ; rien de tout cela ne fait comprendre pourquoi la nature d'un corps n'est pas la même que celle d'un autre corps. L'atomisme, d'ailleurs, va tout aussi nettement contre le principe de

---

(1) *a) Loi des affinités électives.* — Une combinaison chimique ne peut avoir lieu entre des corps quelconques ; il faut choisir les corps entre lesquels s'exerce une attraction spéciale appelée affinité. Un atome de soufre peut s'unir à un atome de fer pour former une molécule de sulfure de fer ; celle-ci, à son tour, attire et fixe quatre atomes d'oxygène, qui constituent deux molécules de ce gaz. Six atomes ainsi combinés constituent la molécule de sulfate de fer. On voit par là que les mots molécule et atome ne sont pas synonymes. La molécule est un tout dont les atomes sont les parties. On l'a comparée à un édifice dont les atomes sont les matériaux.

b) Loi des proportions définies. — Les corps s'unissent suivant des rapports de poids qui demeurent invariables pour chaque combinaison. Il faut 35 gr. 5 de chlore pour convertir 100 gr. de mercure en chlorure de mercure. Si le poids du chlore mis en présence de 100 gr. de mercure était de 36 gr., un demi-gramme de chlore resterait à l'état libre. De même, 35 gr. 5 de chlore se combinent avec 31 gr. 75 de cuivre pour former du chlorure de cuivre, et avec 33 gr. de zinc pour former du chlorure de zinc. Les nombres qui expriment les quantités respectives de mercure, de cuivre et de zinc, qui se combinent avec une même quantité de chlore sont les équivalents en poids de ces métaux. La loi des proportions définies fut découverte par Dalton.

c) Loi des proportions multiples. — Ce chimiste remarqua aussi que deux corps peuvent se combiner en plusieurs proportions. Pour la même quantité de carbone, l'acide carbonique renferme exactement deux fois plus d'oxygène que l'oxyde de carbone. L'azote forme avec l'oxygène cinq combinaisons ; or, pour le même poids d'azote, les poids de l'oxygène sont entre eux comme les nombres 1, 2, 3, 4 et 5.

raison suffisante (1) : si les atomes sont de même nature, quel que soit leur mode de groupement, on ne voit pas comment des composés, formés d'éléments similaires, peuvent présenter des différences absolues de nature.

Leibniz déclare quelque part qu'après s'être « appliqué sérieusement aux études mécaniques et mathématiques, ainsi qu'aux expériences sur la nature », et après avoir penché pour d'autres opinions, ses « méditations continues » l'ont « contraint de recevoir les enseignements de l'ancienne philosophie. » (2) Peut-être est-il sage d'imiter cet illustre exemple, puisque l'atomisme et le dynamisme sont deux explications également insuffisantes de l'univers.

§ III. — La Matière et la Forme.

Quels sont ces enseignements de l'ancienne philosophie ? Leibniz lui-même les résume en peu de mots : « On peut montrer par des raisons solides, dit-il, que la nature des corps exige à la vérité qu'ils soient étendus, à moins que Dieu n'y mette obstacle, mais que leur essence consiste dans la matière et la forme substantielle, c'est-à-dire dans un principe de passivité et d'activité, car il est de l'essence de la matière de pouvoir être active et passive. La matière est donc la première puissance passive, mais la forme substantielle est le premier acte ou la première puissance active. » (3)

De la composition des corps. — D'après Aristote, — Platon déjà avait ébauché cette doctrine, — tout corps est composé de deux principes : la *matière* et la *forme*. La matière : « ἡ ὕλη, τὸ ἄπειρον », est une réalité indéterminée, qui peut devenir ceci ou cela ; elle est, dans tout corps,

---

(1) Le principe de raison suffisante, ainsi appelé par Leibniz, peut s'énoncer ainsi : « *Tout a sa raison d'être.* » L'un de ses principaux corollaires est le principe de causalité : « *Tout fait a une cause.* »

(2) Leibniz. *Systema theologicum. De l'Eucharistie*, trad. de Broglie.

(3) Leibniz. *Systema theologicum, De Eucharistia.*

le principe passif, déterminable. La forme, au contraire, est le principe actif et déterminant, qui donne à une matière d'être tel corps plutôt que tel autre. C'est la forme « τὸ εἶδος, ἡ οὐσία » qui constitue la substance; de là son nom de *forme substantielle*. Il ne faut pas la confondre avec la forme extérieure « μορφή », qui peut changer sans que la nature du corps soit modifiée. Si une statue de marbre se brise, le marbre demeure ce qu'il était. Au contraire, dès qu'un corps perd sa forme substantielle, sa nature change. Cependant l'un de ses éléments persiste, c'est la matière. L'eau décomposée par la pile n'est plus de l'eau; l'oxygène et l'hydrogène qui la formaient reparaissent à l'état libre, mais la somme de leurs poids est égale au poids total de l'eau décomposée.

La matière est toujours déterminée par quelque forme. — Par cette expérience, on voit clairement que la matière et la forme sont deux réalités distinctes ; nulle part cependant la matière n'existe sans une forme qui la détermine ; réciproquement, jamais une forme n'est sans matière (1). Dès l'origine, la matière première « ἡ πρώτη ὕλη » a été réellement déterminée. Le chaos lui-même était déterminé d'une certaine façon. Seulement, une matière quelconque, toujours actuellement déterminée, ne l'est nullement par rapport aux diverses formes substantielles qui peuvent s'emparer d'elle. L'oxygène et l'hydrogène sont parfaitement déterminés en eux-mêmes, mais la forme substantielle de l'eau impose une détermination nouvelle à la matière qu'ils lui fournissent. C'est ainsi qu'un arbre abattu par le bûcheron a une forme extérieure bien connue ; mais le charpentier, le menuisier ou le sculpteur peuvent lui faire subir les transformations les plus variées.

Telle matière, telle forme. — Il est clair cependant qu'une forme substantielle donnée ne détermine pas une

---

(1) Il y a ici une réserve à faire au sujet de l'âme humaine ; séparée du corps qu'elle anime, elle est une forme substantielle sans matière, comme on le verra plus loin.

matière quelconque : il faut que la matière subisse une préparation spéciale, variable selon la nature du corps à former. Le corps de l'homme, par exemple, ne se forme pas de n'importe quels éléments ; la nourriture que nous prenons, pour être assimilable, doit passer par des transformations nombreuses et d'une chimie très savante. Cette loi domine toute la nature ; il y a comme une harmonie préétablie entre la matière et la forme : telle matière, telle forme ; telle forme, telle matière. La loi des *affinités électives* n'est qu'une application de ce principe fondamental de la physique rationnelle. C'est parce qu'une matière donnée ne s'unit pas à une forme quelconque, que toute combinaison chimique exige des éléments définis et en proportions définies.

Toute forme est actuelle ou virtuelle. — D'où viennent les formes substantielles qui s'emparent de la matière pour constituer les corps ? — Elles sont dans la matière elle-même, mais à l'état virtuel. Tel est le feu caché dans le phosphore, un simple frottement suffit à le faire passer de la puissance à l'acte. La forme substantielle de l'eau, virtuellement contenue dans l'un des éléments qui concourent à la formation de l'eau, s'empare, à un moment donné, de l'oxygène et de l'hydrogène, et les transforme en une substance nouvelle dont le poids est égal à la somme des poids de ses composants. D'autre part, si on décompose l'eau par la pile, les formes substantielles de l'oxygène et de l'hydrogène, virtuellement renfermées dans l'eau, passent tout à coup de la puissance à l'acte, et les deux éléments constitutifs de l'eau reparaissent à l'état libre.

La gradation et la dégradation des formes. — Ainsi les formes se succèdent, tantôt par gradation ascendante, tantôt par gradation descendante. Quand deux corps simples, comme le chlore et le sodium, se combinent pour former un composé, le sel marin, il y a gradation ascendante. Quand le sel marin, l'eau et les divers sucs de la terre sont assimilés par une plante pour devenir matière vivante, il y a gradation ascendante encore.

Même chose, quand l'herbe des champs est broutée par l'herbivore ; même chose enfin, quand la chair des animaux et la substance des plantes contribuent à former dans l'homme une matière vivante assez délicate pour servir d'instrument aux plus hautes spéculations de la raison.

Par contre, quand la vie vient à cesser, tous les éléments qui ont été utilisés par le corps vivant se dissocient peu à peu, et entrent dans des combinaisons nouvelles ou reparaissent à l'état libre. Les formes se succèdent alors par une sorte de gradation inverse de la précédente, mais de telle façon que la disparition d'un corps amène toujours la formation d'un autre corps. De là cet adage de la philosophie ancienne : « *Corruptio unius, generatio alterius.* » Un être ne se produit qu'au détriment d'un autre.

Résumé de la théorie. — En résumé, tout corps se compose d'un principe déterminable appelé matière, et d'un principe déterminant appelé forme substantielle. La matière n'est jamais indéterminée, et aucune forme ne peut exister sans la matière qui lui convient. Les formes substantielles sont tantôt à l'état actuel, tantôt à l'état virtuel. Des formes diverses peuvent pénétrer successivement les mêmes éléments matériels ou quantitatifs. Si la succession des formes se fait par gradation ascendante, il y a génération ; au contraire, la corruption est une succession des formes par gradation décroissante. Tout changement de forme substantielle doit être préparé : jamais une forme substantielle n'apparaît que dans certaines conditions, et jamais elle ne disparaît, tant que ces conditions sont réalisées.

Appréciation. — La doctrine aristotélicienne sur la composition des corps a été adoptée par saint Augustin, saint Thomas et tous les philosophes scolastiques. Il ne faut pas la rejeter à la légère, elle a bien ses mérites.

1º *Elle concilie l'atomisme et le dynamisme.* — Elle nous fait d'abord mieux comprendre la nature des corps que les théories précédemment exposées. D'une part, en effet, nous ne concevons pas l'étendue sans la force ; d'autre part, nous ne concevons pas davantage la force, cause du mouvement moléculaire, sans les molécules, c'est-à-dire sans la matière. Notre esprit affirme donc deux principes dans les corps : la matière et la force, la passivité et l'activité, l'élément quantitatif et l'élément qualitatif. Les atomistes ont exagéré la passivité de la matière, et les dynamistes n'ont pas vu que la force suppose des molécules à mettre en mouvement.

2° *Elle explique la diversité de nature dans les corps.* — De plus, atomistes et dynamistes ont expliqué par des différences accidentelles les différences essentielles qui séparent les corps. Un corps diffère d'un autre par sa forme cristalline, par la couleur qui lui est propre, par son degré de cohésion et par ses affinités avec d'autres corps, bref, par l'ensemble de ses propriétés. Cela ne s'explique bien que si l'on admet dans chaque corps un principe qualitatif qui en détermine la nature, et qui ne subit pas les variations du principe quantitatif auquel il est uni. Une goutte d'eau est de la même nature que la masse d'eau qui forme l'océan. Un minimum de matière suffit à l'existence de ce principe qualitatif qui est la forme substantielle.

3° *Elle concorde avec l'ensemble des faits de la nature.* — Si l'on considère, non plus les corps simples, qui diffèrent totalement de nature, mais les combinaisons chimiques, on trouve qu'à cet égard encore, la théorie de la matière et de la forme satisfait la raison. Une combinaison n'est pas un mélange ; un corps composé a d'autres propriétés que ses composants ; la différence ici, est une différence de qualité ou de nature. Par contre, après la combinaison, la quantité est restée la même, puisque *le poids du composé est toujours égal à la somme des poids des composants.* Cette loi, découverte par Lavoisier, rend manifeste, ce semble, la différence de la matière et de la forme dans les corps composés.

Cette différence est tout aussi évidente dans les êtres

vivants. La matière, dans la plante, est pénétrée et vivifiée par une force appelée *âme*, et si l'âme de la plante vient à disparaître, la matière subsiste, mais elle change de nature et se désagrège. Les animaux vivent comme les plantes, mais en eux l'âme est plus apparente encore : elle communique à la matière le pouvoir de sentir, de désirer, de se transporter d'un lieu à un autre. Dans l'homme enfin, l'âme ne se borne pas à vivifier la matière, comme dans la plante, à la rendre capable de sensations, de passions et de mouvements de translation, comme dans l'animal, elle la fait servir à la pensée et à la volition, au point que le cerveau apparaît comme la condition indispensable de la vie intellectuelle, étant donnée l'union de l'âme et du corps.

Conclusion. — L'hypothèse d'Aristote sur la constitution intime des corps semble donc bien justifiée par les faits. D'autre part, elle ne peut être contredite par les sciences expérimentales. Ces dernières n'ont pas le même domaine que la métaphysique. Elles constatent les faits, les coordonnent et en déterminent les lois, tandis que la métaphysique dépasse les faits ; elle doit les observer avec soin, mais, à l'aide du raisonnement pur, elle en recherche les causes suprasensibles.

En chimie, par exemple, la limite extrême de l'analyse est l'atome. Or, si l'atome échappe à toute analyse réelle, l'analyse rationnelle y découvre fort bien deux éléments, l'un *quantitatif* et l'autre *qualitatif*. Le premier est passif, le second est actif. A cause du premier, l'atome est étendu et pondérable ; grâce au second, il a des propriétés spécifiques qui le distinguent de tout atome d'une autre nature. En biologie, la limite extrême de l'analyse réelle est la cellule vivante. Or, dans toute cellule vivante, l'analyse rationnelle découvre un principe de vie et une matière vivifiée par ce principe. Le point de vue métaphysique est donc tout autre que le point de vue expérimental : à ce dernier point de vue, la cellule et l'atome sont des limites, tandis qu'au point de vue métaphysique, ils sont des points de départ.

Le conflit est donc impossible entre la métaphysique et les sciences expérimentales, pourvu que les métaphysiciens observent avec soin, et que les savants, aussi bien que les philosophes, se gardent de toute interprétation hasardée. La physique en particulier est hors de cause, car elle n'a point pour objet la constitution intime des corps, mais seulement leurs propriétés générales.

La théorie de la matière et de la forme, examinée de près, semble fournir une interprétation raisonnable des faits ; de plus, elle n'a rien de contraire aux données de la science ; enfin, comme Leibniz lui-même l'a reconnu, c'est elle qui concorde le mieux avec les enseignements de la théologie. Ces harmonies diverses sont une présomption sérieuse en faveur de cette célèbre doctrine. Il est donc sage de la préférer à l'atomisme et au dynamisme, qui sont loin de présenter les mêmes titres à l'assentiment d'un homme affranchi de toute prévention vis-à-vis des explications philosophiques mises en honneur par la philosophie traditionnelle.

OUVRAGES CONSULTÉS :

ARISTOTE :	*Métaphysique* (Traduction Barthélemy St-Hilaire, tome III).
DE LA BOUILLERIE :	*L'Homme, sa nature, son âme, ses facultés, sa fin* (Chap. II).
	Appendice : Etude sur la doctrine thomiste considérée dans ses rapports avec la science sur la composition des corps.
CICÉRON :	*De natura deorum* (I. 24, sur les diverses formes des atomes).
COUSIN :	*Fragments de philosophie contemporaine.*
DESCARTES :	*Principes de philosophie* (II. 20 et IV. 198).
FARGES :	*Etudes philosophiques* (II. Matière et forme).
LEIBNIZ :	*Monadologie. — Correspondance entre Leibniz et Clarke. — Systema theologicum.*
LIBERATORE :	*Du Composé humain.*

CHAPITRE X.

LE MOUVEMENT.

Le principe actif que renferme la matière manifeste sa présence de mille manières ; tout est en mouvement dans l'univers. Les astres accomplissent leurs révolutions, les vents soulèvent des tempêtes, les êtres vivants naissent, se développent et meurent ; bref, selon la formule du vieil Héraclite, toutes choses paraissent et disparaissent : « πάντα ῥεῖ. » Le monde ressemble à un grand fleuve dont les flots coulent toujours et vont se perdre dans le vaste océan. On peut comparer aussi l'univers à une immense scène de théâtre où d'innombrables personnages s'agitent sans cesse : chacun d'eux se retire dès que son rôle est joué. De ce perpétuel flux de phénomènes reste-t-il quelque chose, ou bien tout n'est-il que vaine apparence ? Héraclite (1) pensait que si tout passe, rien ne reste : « Rien n'est, disait-il, tout devient ; on ne se baigne pas deux fois dans le même fleuve. » D'autres philosophes, les Eléates (2), avaient adopté une manière de voir tout opposée : à les entendre, c'est le mouvement qui n'existe pas, car l'être est nécessairement immobile. Ce qui change sans cesse ne saurait s'appeler l'être, et cependant notre raison affirme que l'être existe, puisqu'il y aurait contradiction à dire :

---

(1) Héraclite, né à Ephèse, florissait vers l'an 500 av. J.-C. D'humeur mélancolique et même sauvage, il affectait de pleurer sans cesse sur les sottises humaines. De là son surnom de *pleureur*. Il a été aussi appelé le *philosophe ténébreux* parce que ses écrits sont peu intelligibles.

(2) Les principaux représentants de l'école éléatique furent Xénophane, Parménide et Zénon d'Elée. A leur avis, il n'y a pas d'autre réalité que l'être éternel et immuable.

l'être n'est pas. Il faut affirmer l'être et nier le mouvement. Aristote a pris un moyen terme. Il ne nie pas le mouvement; ce serait aller contre l'évidence des sens, laquelle, à son avis, doit prévaloir contre les subtilités de la raison. Il ne nie pas l'être non plus; cela reviendrait, selon lui, à nier la raison, car la raison connaît l'être, et le néant n'est pas intelligible. Sans doute, dit-il, la mobilité des choses est un fait si apparent, qu'il ne saurait échapper à l'observateur le moins attentif, mais le changement n'est pas un anéantissement complet suivi d'une création totale : dans tout changement, quelque chose passe, quelque chose reste et quelque chose devient. Tout à l'heure j'écrivais : ce phénomène n'est plus, mais je reste, et je cherche les termes propres à revêtir la pensée que doit exprimer la phrase qui va suivre. Ainsi s'explique le changement : tout ce qui devient, comme tout ce qui passe, a son principe dans ce qui persiste. L'analyse du mouvement par Aristote est le fondement de sa métaphysique; elle tient un sage milieu entre le phénoménisme d'Héraclite et les sophismes de Zénon d'Elée contre l'existence du mouvement; de plus, elle peut, sans désavantage, être comparée avec les vues de Descartes et de Leibniz sur le même sujet.

§ I. — Définition du Mouvement.

Le mouvement, dit Aristote, est *l'acte d'un possible comme tel*: « Ἡ τοῦ δυνάμει ὄντος ἐντελέχεια, ᾗ τοιοῦτον, κίνησίς ἐστιν. » (1) Cette formule paraît obscure; au fond, elle est très acceptable. On l'a tournée en ridicule, au moins autant que la théorie de la matière et de la forme; peut-être eût-il mieux valu s'appliquer à la bien comprendre. « Pour ces abstractions, dit Barthélemy Saint-Hilaire, le point vraiment difficile, c'est de les comprendre; mais une fois bien comprises, on voit qu'elles ne sont ni

---

(1) Aristote, *Physique,* III, c. I. § 6.

fausses ni inutiles. Ainsi, quand Aristote définit le mouvement l'acte du possible, il faut, au lieu de s'étonner, tâcher de savoir ce que signifie cette formule (1). »

Tout ce qui change est en mouvement. — Pour y arriver, le plus simple est d'analyser les faits. Aristote donne un sens très large au mot mouvement ; pour lui, tout changement qui se produit dans la nature est un mouvement. Le gland qui devient un chêne, l'enfant qui grandit, l'eau froide que l'on porte à la température d'ébullition, tous ces faits sont des mouvements au même titre que le mouvement par lequel un corps passe d'un lieu à un autre. D'après Aristote, tout devenir est un mouvement.

Trois sortes de mouvements. — Ce philosophe distinguait diverses sortes de changements dans l'univers. Il y a des changements de *qualité* : par la digestion, le pain devient du sang ; la combinaison du chlore et du sodium, substances vénéneuses, produit un aliment très utile à la santé, le sel marin. D'autres changements sont de simples accroissements de substance ou de *quantité* : tel le cristal, qui se forme lentement dans une solution de sulfate de cuivre, ou l'arbuste qui devient un grand arbre, ou encore l'ovule qui, peu à peu, se transforme en un organisme puissant. Les changements de qualité et de quantité diffèrent du changement *local*, mais ils le supposent. Nulle modification ne peut survenir dans un corps sans le choc des molécules qui composent ce corps : une barre de fer à demi-plongée dans le feu s'échauffe peu à peu dans toute sa longueur ; il y a là un changement de qualité dû à un mouvement local ; les molécules de fer immédiatement en contact avec le feu vibrent avec une intensité plus grande que d'habitude, et ce mouvement se communique de proche en proche jusqu'aux molécules les plus éloignées. Le mouvement de translation est donc la condition du changement de quantité et du changement de qualité, et tous les chan-

(1) Barthélemy Saint Hilaire, Préface de la *Physique* d'Aristote.

gements qui se produisent dans l'univers rentrent dans l'une ou dans l'autre de ces trois catégories du mouvement.

La puissance et l'acte. — Mais, si universel que soit le mouvement, il s'en faut que tout phénomène observable soit un mouvement. Héraclite a singulièrement exagéré, quand il a dit : « Tout change, tout passe, tout devient. » L'affirmation du perpétuel devenir est aussi insoutenable que la thèse des Eléates. Il y a un milieu entre le mouvement incessant et l'immobilité absolue. Platon admettait la coexistence de « l'être et du non-être », ce qui, dans sa langue, signifiait que la mobilité suppose la persistance, que le changement se concilie très bien avec la continuité de l'être. Je parle et je me tais, j'écris et je cesse d'écrire, je marche et je m'assieds, je regarde au dehors et je rentre en moi-même pour réfléchir, j'entends le bruit des voitures, les cris de la rue, et je cesse d'y faire attention parce que ma pensée m'absorbe ; tous ces changements s'accordent avec mon identité personnelle, et même ils ne s'expliquent que par elle. Quand je me tais, je pourrais parler ; quand je n'écris pas, je conserve l'habitude d'écrire ; quand je suis assis devant mon pupitre, je puis à volonté me lever et marcher ; quand je cesse de réfléchir pour observer quelque phénomène extérieur, je sais qu'il me sera facile de reprendre à volonté la suite de mes pensées. Cette alternative perpétuelle de l'action et du repos, d'un mode de l'activité et d'un autre, parfois même d'une action déterminée et d'une action tout opposée, Aristote l'avait très bien formulée par sa célèbre distinction de *la puissance et de l'acte*. Tout être sujet au changement est en puissance par rapport à ce qu'il peut devenir ; le changement une fois accompli, il est en acte à cet égard. Le gland est un chêne en puissance ; le chêne une fois formé est un être accompli en son genre, un chêne en acte. Pour Aristote, l'acte d'un être « ἐντελέχεια », signifie son accomplissement, sa perfection, son existence actuelle. Quant à la puissance « δύναμις », elle est la possibilité réelle ou physique d'un changement (1). Le disciple intelligent est en puissance de s'instruire ; on n'en peut dire autant du pauvre idiot qui ne se rend compte de rien. L'œuf déposé dans un nid peut devenir un petit oiseau ; il n'en est pas de même d'un caillou qui aurait exactement la même apparence.

La distinction d'Aristote est légitime. — Comme on le voit, Aristote interprète fort bien les faits, et les sciences contemporaines sont loin de lui donner un démenti. M. Berthelot, après avoir fait l'analyse et la synthèse du sel marin, parle comme Aristote : « Il est donc démontré, dit-il, que le composé se trouvait réellement en puissance, avec toutes ses qualités, dans les composants mis en évidence par l'analyse (2). » La lumière blanche renferme en puissance toutes les couleurs du spectre, et on peut la reconstituer en faisant converger au même point tous les rayons colorés que l'analyse par le prisme permet de distinguer. Un peu d'humidité fait revivre des vibrions depuis longtemps desséchés. La gelée suspend la vie dans un œuf, mais la vie reprend son cours quand le dégel survient. Un ovule fécondé renferme en puissance l'organisme, le tempérament, les prédispositions morbides, tout l'avenir d'un individu et peut-être tout l'avenir de plusieurs générations. Cela fait voir nettement qu'il y a lieu de distinguer l'acte et la puissance. L'être en puissance est indéterminé : un bloc de marbre sera statue, cuvette ou autre chose ; l'être en acte est déterminé, il est devenu ce qu'il pouvait devenir.

Aristote, d'ailleurs, montre très bien par l'absurde qu'on aurait grand tort d'identifier l'acte et la puissance :

---

(1) La possibilité réelle ou physique est quelque chose de plus que la simple possibilité logique. Celle-ci n'est que l'absence de toute contradiction. Logiquement, il n'est pas impossible qu'un mort ressuscite ; dans les conditions ordinaires, cela est physiquement impossible. Ce qui est contradictoire ne peut jamais se réaliser ; l'impossibilité logique est absolue.

(2) Berthelot : *La synthèse chimique*, p. 7.

« Prétendre qu'on n'a réellement de puissance que lorsqu'on agit, et que là où l'on n'agit pas, on n'a plus de puissance, ce serait soutenir que celui qui ne construit pas ne peut pas construire, ou qu'il n'y a plus de constructeur dès qu'il ne construit pas, ou bien que l'artiste qui cesse d'exercer son art ne le possède plus. Mais alors, par quelle acquisition soudaine peut-il se mettre à travailler et à construire? Même objection pour ce qui regarde les choses inanimées. Ni le froid, ni le chaud, ni le doux, en un mot, aucun objet sensible n'existerait plus, du moment que nous ne le sentirions plus. Par la même raison, aucun être sensible n'aura la faculté de sentir quand il ne sent pas actuellement. Si l'on appelle aveugle l'être qui n'a pas la vue dont la nature a doué sa race, et qui ne l'a pas à l'époque où la nature voudrait qu'il l'eût, il s'ensuivra, d'après cette théorie, que les mêmes hommes pourront être, plusieurs fois par jour, aveugles ou sourds. Mais si ce sont là des doctrines qu'on ne peut défendre, il est clair que la puissance et l'acte sont deux choses fort différentes, tandis que ces systèmes les identifient et les confondent. »

Le mouvement est le passage de la puissance à l'acte. — Cette distinction, que l'auteur déclare n'être pas de peu d'importance, permet de rendre intelligible sa définition du mouvement. C'est, dit-il, « l'acte d'un possible comme tel »; en d'autres termes, c'est l'effort d'un être en puissance pour passer à l'acte. Le grain de blé qui germe fait effort pour devenir un épi; l'enfant qui grandit tend à devenir homme fait; le disciple qui écoute son maître veut apprendre à penser ou à exprimer sa pensée, et ainsi de tous les mouvements que nous pouvons observer; chacun d'eux est un passage de la puissance à l'acte.

Le mouvement d'après Descartes. — Cette définition est plus compréhensive que celle de Descartes. D'après ce philosophe, le mouvement est « le transport d'une partie de la matière ou d'un corps du voisinage de ceux qui le touchent immédiatement, et que nous considérons comme en repos, dans le voisinage de quelques autres (1). » Cette définition est celle du mouvement « qui se fait d'un lieu en un autre. » Descartes ajoute : « Je ne conçois que celui-là, et je ne pense pas aussi qu'il en faille supposer d'autre en la nature. »

C'est trop restreindre la notion du mouvement ; il y a d'autres mouvements que le mouvement local, bien que les autres supposent celui-là. Au reste, le passage « d'un lieu en un autre » est un effet du mouvement local ; l'essence ou la nature de ce mouvement consiste en autre chose. Soit un boulet de canon qui accomplit sa trajectoire : à chaque instant de sa course il n'occupe qu'un seul lieu ; si donc on dit que son mouvement est un changement de lieu, il faudra expliquer ce changement par une succession de repos, ce qui paraît assez difficile. Le mouvement local n'est pas une succession de repos ; c'est, comme tout autre mouvement, un devenir, la production d'une nouvelle manière d'être, un acte incomplet, comme dit Aristote, « ἐνέργεια ἀτελής. » Et le même philosophe ajoute avec non moins de raison : autant on peut distinguer de manières d'être dans la nature, autant il faut distinguer d'espèces de mouvements.

Descartes parle uniquement du mouvement local, parce qu'il se fait une idée inexacte de la matière. « Je pense, dit-il, que tous les corps sont faits d'une même matière (l'étendue), et qu'il n'y a rien qui fasse de la diversité entre eux, sinon que les petites parties de la matière qui composent les uns, ont d'autres figures et sont autrement arrangées que celles qui composent les autres. » Nier tout ce dont on n'a pas une « idée claire », c'est s'exposer à de très graves erreurs, comme la philosophie de Descartes l'a fait voir. Appliquée à l'étude de la matière, la méthode de ce philosophe l'a conduit à nier l'activité des corps : il constate le mouvement qui est un effet de la force, et il ne tient pas compte de la force.

(1) Principes de philosophie. IIe Partie, n° 25.

Le mouvement d'après Leibniz. — Leibniz donne dans l'excès contraire : non seulement il affirme la force, mais il pense que la force est l'essence de la matière ; de plus, selon lui, la force est toujours en état de tension. « L'exemple d'un poids, dit-il, qui tend la corde à laquelle il est suspendu, ou celui d'un arc tendu peut éclaircir cette notion. » D'après Leibniz, la tension est « un pouvoir moyen entre la simple faculté d'agir et un acte déterminé (1). »

Qu'est-ce que ce pouvoir moyen ? La force qui l'exerce agit ou n'agit pas. Si elle agit, elle est en acte ; si elle n'agit pas, elle est en puissance. Il n'y a pas de milieu possible entre ces deux états. A la vérité, Leibniz n'accepte pas la différence établie par Aristote entre la puissance et l'acte. Il rejette ce qu'il appelle « la puissance nue de l'école. » C'est un tort. Supposons deux lutteurs qui se tiennent en échec : leurs efforts se neutralisent, mais la lutte qu'ils soutiennent, la force musculaire de chacun d'eux est évidemment une force en acte. Le contraire a lieu si ces deux hommes, fatigués, cessent de lutter et se reposent l'un à côté de l'autre ; alors la force musculaire est en puissance.

Il faut maintenir cette distinction de l'acte et de la puissance, si sagement établie par Aristote. En effet,

1° Il y a une différence entre être et agir. Un homme que l'eau a suffoqué peut n'être pas mort ; il existe, mais il n'agit pas, son activité est en puissance.

2° L'activité d'un être ne s'exerce pas toujours complètement : pendant que j'écris, je ne marche pas, je ne discute pas, mais je conserve la puissance de marcher et de discuter.

3° Dans un même être, on peut trouver des activités incompatibles : un homme ivre-mort ne peut traiter un problème de métaphysique ; chez lui, la pensée est en puissance ; toute sa puissance d'action est absorbée par l'organisme ; toute l'énergie dont cet homme dispose est

---

(1) Leibniz : *Sur la réforme de la philosophie*, I, 454.

nécessaire pour éliminer un poison redoutable entre tous. Réciproquement : l'habitude de la réflexion laisse peu de prise aux passions brutales ; celles-ci ne sont qu'en puissance dans un vrai philosophe.

L'acte et la puissance sont choses distinctes, et tout changement dans les choses est un passage de l'un de ces états à l'autre. Si donc tout changement peut s'appeler mouvement, il est juste de dire que le mouvement est un passage de la puissance à l'acte, ou réciproquement.

§ II. — Le Moteur et le Mobile.

Comment s'accomplit ce passage ? L'être qui subit un changement se meut-il lui-même ? Cela est impossible, car il serait à la fois agent et patient sous le même rapport. Un être peut bien se mouvoir lui-même, mais à la condition qu'on puisse distinguer en lui comme deux parties, dont l'une provoque le mouvement de l'autre. La locomotive se meut elle-même, sans doute, mais le piston imprime le mouvement, la vapeur meut le piston, l'eau produit la vapeur et le chauffeur porte l'eau à la température convenable. Un animal se meut lui-même, mais le système osseux demeurerait immobile sans la contraction des muscles, et ceux-ci ne se contracteraient point sans l'action des nerfs, qui reçoivent eux-mêmes du cerveau la première impulsion. Un homme se détermine lui-même, mais sa volonté ne peut prendre aucune résolution sans que l'intelligence ait pesé les avantages et les inconvénients du parti à prendre. Il faut tout au moins, avant de vouloir, connaître ce dont il est question. « *Nihil volitum nisi præcognitum.* » On le voit, dans tout être qui se meut lui-même, il faut distinguer ce qui produit le mouvement et ce qui le reçoit ; il n'est pas possible que l'action et la passion s'identifient.

A plus forte raison faut-il distinger l'action et la passion, quand il s'agit des êtres qui ne se meuvent pas eux-mêmes. La bille de billard doit subir l'action du choc ;

autrement elle ne bouge pas, car elle est inerte, comme toute matière. Tout changement qui survient dans un être est donc produit par un autre être : « *Omne quod movetur, ab alio movetur.* » Autrement dit, dans tout mouvement, il faut distinguer le *moteur* et le *mobile*. Le moteur imprime le mouvement, et le mobile le reçoit. Le moteur est en acte par rapport au mouvement qu'il va communiquer, car nul ne peut donner ce qu'il n'a pas ; au contraire, le mobile est en puissance par rapport à ce même mouvement. La bille A, qui va heurter la bille B, est en mouvement, tandis que la bille B est encore en repos.

Le moteur est avant le mobile. — Et dans ce cas, évidemment, le mouvement de A est antérieur à celui de B. De même, la chaleur du feu est antérieure à celle de l'eau qu'on veut faire bouillir, ou à celle de l'atmosphère du cabinet de travail qu'il s'agit de chauffer. Le chêne est antérieur au gland, qui n'est qu'un chêne en puissance ; l'homme fait existe avant l'enfant. Aristote a donc eu raison de dire : L'acte prime la puissance, « *actus prior est potentiâ.* »

Ce n'est pas seulement par la priorité de temps que l'acte est antérieur à la puissance, c'est aussi et tout d'abord par la priorité logique. Un mouvement, quel qu'il soit, ne peut se concevoir que par sa cause ; nous pouvons le connaître avant de connaître sa cause, mais il ne peut être expliqué et pleinement conçu que lorsque sa cause nous est connue. Quand une notion rend compte d'une autre notion, on dit qu'elle lui est logiquement antérieure : ainsi le principe est logiquement antérieur à ses conséquences, la cause est logiquement antérieure à ses effets.

La priorité logique de l'acte par rapport à la puissance est nécessaire, tandis que la priorité de temps ne l'est pas. D'ordinaire, la cause est antérieure à ses effets, mais cela peut très bien ne pas arriver. Mon esprit est antérieur aux pensées qu'il forme, mais je conçois très bien une intelligence dont les idées seraient innées : dès lors, aucun intervalle de temps ne séparerait cette intelligence et ses pensées. Quand des rayons lumineux partent d'un foyer qui n'est pas éloigné de moi, je puis, à cause de la rapidité de la lumière, ne pas tenir compte du temps qu'elle a mis à me parvenir ; dès lors, je dirai que cette lumière m'apparaît en même temps que le foyer d'où elle part, bien que son apparition suppose nécessairement l'existence de ce foyer. Autre chose est la priorité logique ou de raison et la priorité de temps ; l'une n'implique pas l'autre.

Ce n'est pas tout : au-dessus de la priorité logique, il y a la priorité de perfection. Il faut, pour produire le mouvement, que l'acte soit quelque chose de plus que la puissance : il a plus d'être, il est plus parfait. En ce sens, Aristote disait très justement : *l'acte est meilleur que la puissance* « ἡ ὅρα ἐνέργεια βελτίων. » L'épi de blé a plus d'être que le grain de blé ; le soleil est plus brillant que les rayons qui nous parviennent ; l'intelligence est plus que la pensée qu'elle conçoit ; Dieu surtout, cause suprême, Etre absolument parfait, est meilleur que toutes ses œuvres. Il possède éminemment tout l'être dont les causes secondes participent à des degrés divers (1). C'est donc à trois titres différents que l'acte prime la puissance : par la raison, par la perfection et quelquefois par le temps : « Προτέρα ἐστὶν ἡ ἐνέργεια καὶ λόγῳ, καὶ τῇ οὐσίᾳ, χρόνῳ δ'ἔστι μὲν ὡς, ἔστι δ'ὡς οὔ (2). »

Le moteur agit sur le mobile. — Non seulement l'être en acte prime l'être en puissance, mais il exerce une action sur ce dernier ; autrement, le mouvement ne

---

(1) En général, on appelle causes secondes les êtres créés, par opposition à la cause première, qui est Dieu. En philosophie, souvent on appelle cause seconde, l'antécédent invariable d'un fait. En ce sens, l'oxyde de carbone et l'acide carbonique sont des causes secondes par rapport à l'asphyxie. D'un autre côté, on entend par cause première celle qui sert de point de départ à une série de faits de même ordre. La matière est la cause première de tous les phénomènes physiques ; l'âme est la cause première de tous les phénomènes psychologiques. Dieu est alors la cause première universelle.

(2) Aristote : *Métaphysique* (livre VIII., ch. VIII, § 2)

se produirait jamais. L'impulsion de la bille A est évidemment nécessaire pour que la bille B change de place. Mais faut-il penser que la force motrice de la bille A passe en partie dans la bille B, ou bien plutôt que le choc des deux billes excite en B une force qui lui est propre? De prime abord, on est porté à admettre que A perd une partie de sa force d'impulsion au profit de B. En effet, si, avant le choc des deux billes, la force vive de A est représentée par 20, et si après le choc elle ne vaut plus que 12, l'énergie motrice de B ne dépasse point 8. Et la raison de cela semble bien simple : dans la nature, la quantité de force est toujours la même. La force se communique et se transforme, mais elle ne diminue jamais.

Au fond, pourtant, les choses ne se passent point comme les apparences l'indiquent. En effet, le mouvement de B n'est pas la continuation de celui de A. Le choc de A contre B est un arrêt de A, un repos, par conséquent. Si court que soit ce repos, il ne peut engendrer un mouvement. La vraie cause du mouvement de B est l'élasticité de B. La boule B a été comprimée par le choc; elle a ensuite brusquement repris sa forme propre en s'appuyant contre A, et ainsi s'est engendré le mouvement qui en apparence lui est imprimé par le choc. D'ailleurs, pour peu que l'on consulte les faits, on remarquera que souvent le choc produit des réactions manifestement dues à des causes d'une tout autre nature que celle du choc. Un frottement énergique et continu enflamme le bois sec; le picrate de potasse détonne avec violence à la suite d'un léger contact; la piqûre d'une épingle peut produire une vive commotion nerveuse; la lecture d'une dépêche peut faire mourir de joie ou de chagrin celui qui l'a reçue. Évidemment, dans bien des cas tout au moins, le moteur n'est pas la cause efficiente du mouvement qu'il occasionne (1); il n'en est

---

(1) La cause efficiente est celle qui produit réellement un effet donné : le menuisier est la cause efficiente du meuble qu'il fabrique. La cause occasionnelle est une circonstance accidentelle de l'action, mais elle peut

que la cause accidentelle, il joue le rôle d'excitateur, il fait passer de la puissance à l'acte une force qui appartient au mobile mis en mouvement.

Hypothèses diverses sur le rôle du moteur. — Mais comment expliquer cette action excitatrice que le moteur exerce sur le mobile ?

1° *Occasionalisme de Malebranche.* — Dira-t-on, comme Malebranche, que nulle substance n'exerce une action quelconque sur une autre substance, mais que Dieu produit lui-même toutes les opérations des substances ? A l'occasion d'une action produite par Dieu dans la substance A, Dieu produit une autre action dans la substance B ; ainsi Dieu, en ce moment, me donne la volonté d'écrire, et en même temps il meut ma main qui trace les caractères sur le papier. Cette doctrine de Malebranche s'appelle l'*occasionalisme*. Elle est manifestement contraire à l'expérience. J'ai la conscience très nette de mouvoir moi-même la main qui écrit en ce moment ce que je pense.

2° *Harmonie préétablie de Leibniz.* — De plus, Malebranche supprime toute activité dans les créatures. Leibniz a voulu éviter cet écueil ; seulement, il refuse à toute monade la possibilité d'agir sur une autre. « Les monades, dit-il, n'ont point de fenêtres par où quelque chose y puisse entrer ou sortir (1). Leurs relations mutuelles ne sont qu'apparentes ; elles se réduisent à une simple influence idéale d'une monade sur une autre (2). » Dieu a tellement bien coordonné leurs actions, qu'une monade paraît agir sur l'autre, mais il n'en est rien. Il y a entre les monades une harmonie préétablie, semblable à celle qui existerait entre deux chronomètres faits de main d'ouvrier, et marquant toujours la même heure,

---

avoir une influence décisive sur cette dernière. Le menuisier fait un meuble parce qu'on le lui a commandé ; il ne le ferait peut-être pas sans cela. Le mal moral serait souvent évité, si les circonstances ne le favorisaient pas : « l'occasion fait le larron. »

(1) LEIBNIZ, *Monadologie*, n° 7.
(2) LEIBNIZ, *Monadologie*, n° 51.

quelle que soit la température et quel que soit le degré d'humidité de l'air. Ainsi, dans l'homme, « l'âme suit ses propres lois, et le corps les siennes, » (1) et cependant, tout se passe comme si l'âme agissait sur le corps et le corps sur l'âme. — C'est qu'en vérité l'influence réciproque de l'âme et du corps est incontestable ; on ne peut méconnaître un fait aussi évident, et la théorie de Leibniz, comme celle de Malebranche d'ailleurs, se brise nécessairement contre cet écueil.

3° *L'action transitive.* — Leibniz pensait que toute action *transitive* est impossible (2). « Les accidents, dit-il, ne sauraient se détacher ni se promener hors des substances... Ainsi, ni substance ni accident ne peuvent entrer de dehors dans une monade (3). » Il est bien vrai, les accidents ne se promènent pas d'une substance à l'autre, car tout accident, par définition, est inhérent à une substance et en même temps pénètre une autre substance. Quand le professeur enseigne, son action est bien à lui et elle demeure en lui, mais en même temps elle excite l'intelligence de l'élève et lui fait comprendre la vérité. Sans doute, l'action ne peut s'exercer à distance, à travers le vide, car un être ne peut agir où il n'est pas. Mais entre l'action à distance et l'action transitive, il y a une différence totale. L'une est inconcevable sans un milieu qui la transmette de proche en proche, mais rien ne s'oppose à ce que l'action transitive ait à la fois un point de départ et un point d'arrivée. Le point de départ « *terminus a quo* » est la substance d'où procède l'action transitive, tandis que le point d'arrivée « *terminus ad quem* » est la substance sur laquelle s'exerce l'action motrice. L'une de ces substances est le moteur, et l'autre le mobile.

(1) LEIBNIZ, *Monadologie*, n° 78.
(2) L'action transitive est l'action d'une substance sur une autre. Exemples : une bille pousse une autre bille ; un homme instruit ses semblables ; un orateur excite à l'action bonne ou mauvaise. L'activité immanente est celle qui reste au-dedans : la nutrition, la sensation, la pensée, sont des activités de ce genre.
(3) LEIBNIZ, *Monadologis*, n° 7.

Le mouvement est une action commune du moteur et du mobile. — En d'autres termes, on trouve dans les êtres deux sortes de qualités : les unes sont immanentes, elles n'impliquent aucune relation d'un être à un autre ; tandis que les autres sont transitives, elles ne se conçoivent pas sans un point de départ et un point d'arrivée. La vie, la sensation, la pensée, tant qu'elles ne se manifestent pas, sont immanentes et appartiennent à l'essence de l'homme. Au contraire; le mouvement pour aller d'un lieu à un autre, un cri de joie ou de douleur, la parole qui manifeste la pensée, sont des qualités transitives ; elles supposent une relation, un autre terme que leur sujet d'inhérence. La parole s'adresse à un interlocuteur ; un cri de joie ou un appel, un cri d'alarme est fait pour être entendu ; un mouvement de translation s'exerce dans un sens déterminé, et la distance à parcourir a un terme. Or, tout mouvement, quel qu'il soit, est une action transitive (1). Il suppose deux termes, qu'il unit étroitement pendant un temps donné. Voilà pourquoi Aristote disait que le mouvement est une action commune à deux sujets. Ainsi il définissait la sensation : « l'acte commun du sujet qui perçoit et de la chose qui est perçue. » Dans la vision des couleurs, par exemple, il y a évidemment deux actions qui se fondent en une seule : l'action de la lumière sur la rétine et l'action du nerf optique, qui, seul entre tous les nerfs, est sensible à la couleur. Cette ingénieuse application de la théorie du mouvement à la perception, a l'avantage d'expliquer cette loi de notre nature d'après laquelle nous extériorisons généralement nos sensations. Toute sensation est subjective, mais elle est objective en même temps, parce qu'elle est l'action commune d'un sujet et d'un objet. Les subjectivistes méconnaissent

---

(1) Les mouvements propres aux êtres vivants, comme la nutrition, la sensation, la pensée, sont immanents de leur nature, mais ils résultent toujours d'une action transitive. La nutrition est provoquée par les aliments ; la sensation suppose une impression causée par un corps ; la pensée est toujours éveillée par un objet.

ce caractère de la sensation ; voilà pourquoi ils disent qu'elle est une hallucination. A leur avis, c'est par accident, et non par définition, qu'elle correspond à un objet. Elle est alors une « *hallucination vraie* (1). » Tout au contraire, l'hallucination est un accident maladif ; c'est une sensation dont la cause est au dedans ; ce n'est pas une sensation au sens ordinaire du mot. La sensation proprement dite a toujours un objet distinct d'elle-même. Cet objet n'est pas un fait subjectif, une pure représentation ; il appartient au monde réel, au monde des corps.

La formule que donne Aristote pour résumer sa théorie du mouvement, fournit une explication assez heureuse de l'objectivité de nos perceptions, mais elle a une portée beaucoup plus considérable. A moins de nier le mouvement, il faut bien avouer qu'Aristote en a donné la vraie formule. Le mouvement, en effet, n'est pas dans le moteur seul ni dans le mobile seul ; il est à la fois dans le moteur et dans le mobile. Il est leur action commune.

Dira-t-on que cette notion du mouvement est contradictoire, parce qu'elle identifie l'action et la passion ? — Sans doute, il y aurait contradiction à dire que le moteur ou le mobile est à la fois actif et passif sous le même rapport, mais il n'y a aucune contradiction à dire que le mouvement est une action commune à deux termes dont l'un exerce une activité, tandis que l'autre la subit.

Si on n'accepte pas cette manière de voir, il faut recourir à l'*occasionalisme* de Malebranche ou à l'*harmonie préétablie* de Leibniz, mais ces hypothèses ont l'inconvénient grave de nier le mouvement au lieu de l'expliquer. Descartes se rapproche davantage des doctrines anciennes et sans doute aussi de la vérité, quand il écrit : « J'ai toujours cru que l'action et la passion ne sont qu'une seule et même chose à qui on a donné deux noms différents, selon qu'elle peut être rapportée tantôt au

---

(1) TAINE, *De l'Intelligence.*

terme d'où part l'action, tantôt à celui où elle se termine ou en qui elle est reçue, en sorte qu'il répugne qu'il y ait durant le moindre moment une passion sans action(1). »

§ III. — Les notions métaphysiques qui dérivent de la notion du mouvement.

Quelle que soit la théorie que l'on adopte pour expliquer le mouvement, il est certain que le mouvement est toujours un changement. Dans l'univers, les changements se succèdent sans interruption, la scène se renouvelle continuellement, « πάντα ῥεῖ. » Cependant, à travers l'incessante mobilité des phénomènes, quelque chose persiste ; autrement on ne s'expliquerait pas le changement. Le cheval qui passe en ce moment dans la rue occupe successivement divers points de l'espace, mais cette variété de positions ne fait pas qu'il change de nature ; c'est bien le même cheval que mes yeux suivent tout le long de son parcours. Les pensées que j'exprime en ce moment sont d'un tout autre ordre que les préoccupations qui m'agitaient hier soir ; cependant je suis la même personne qui, hier, était anxieuse, et aujourd'hui, s'efforce d'analyser la notion de mouvement. On pourrait multiplier les exemples ; on aboutirait à cette invariable conclusion: dans tout changement, quelque chose change et quelque chose persiste. Ce qui demeure, c'est la substance ; ce qui parait et disparait, ce sont les phénomènes.

L'idée de substance. — *a) Définition de la substance.* — La substance, c'est la chose en soi, « *ens in se.* »

Le phénomène, c'est l'être en un autre, « *ens in alio* » ; je suis une substance, car j'ai mon existence à part, et je ne suis pas l'attribut d'un autre être. Mes pensées actuelles sont des phénomènes : elles n'ont d'existence qu'en moi, on peut me les attribuer, elles sont à moi, mais elles ne sont pas moi. Les phénomènes sont passa-

---

(1) Descartes, *Lettre VIII.*

gers, ils sont multiples, ils sont de simples modes ou manières d'être ; au contraire, la substance est une, elle est permanente, elle est une chose en soi.

b) Sa valeur. — Telle est du moins l'idée que nous en avons. Cette idée correspond-elle à la réalité des choses ? Sans aucun doute. En effet :

1° Tout d'abord l'idée de substance est simple ; impossible de la décomposer. Or toute idée simple de l'esprit a une valeur objective ; autrement nous ne pourrions être sûrs de rien. « *In simplicibus non deficit intellectus* (1). »

2° Les phénomènes existent ; personne ne le conteste. Or, on ne conçoit pas un phénomène sans substance. Par définition, un phénomène est ce qui existe en autre chose ; donc tout phénomène suppose autre chose que lui. Si les phénomènes n'avaient qu'une existence idéale, s'ils n'étaient que des modes de la pensée, même alors on ne les comprendrait pas sans admettre que quelque chose leur sert de *substratum* (2). En ce cas, le rôle de la substance serait attribué à l'esprit, principe de la pensée.

3° Un phénomène isolé ne se conçoit pas sans une substance ; à plus forte raison un groupe de phénomènes est-il impossible si la substance n'est pas le lien qui maintient le groupement. Si l'on considère à part la forme sphérique de l'orange, son poids, sa couleur, son odeur et sa saveur, aucun de ces phénomènes ne peut rendre compte de leur groupement. C'est la substance de l'orange qui leur sert de lien.

Les Eléates avaient donc raison de penser que l'être persiste, sans quoi il serait inintelligible ; ils avaient tort seulement de nier le mouvement. Par contre, les phénoménistes, quels qu'ils soient, ont tort de ne voir dans la substance qu'un groupement de phénomènes.

c) Son rôle dans les sciences. — Cette conception fausse

---

(1) Voyez chapitre III. Conclusion. p. 88 et 89.

(2) Ce terme signifie : ce qui est étendu dessous ; on l'emploie dans le sens de support.

de la substance n'entrave pas le progrès des mathématiques, ni même celui des sciences de la nature, mais elle peut être la cause des plus graves erreurs en métaphysique, parce que cette dernière science est à proprement parler la science de la substance.

L'idée de cause. — A l'exemple d'Aristote, on peut distinguer dans toute substance l'*acte premier* et l'*acte second*, ou, en termes plus modernes, l'*activité immanente* et l'*activité transitive*. Pendant l'hiver, la circulation de la sève est très lente, presque nulle ; la vie des plantes est suspendue ; elle persiste cependant, mais elle ne se manifeste pas au dehors ; elle est en acte premier ; elle est immanente. Pendant la belle saison, on voit les arbres produire des bourgeons et se couvrir de feuilles ; bientôt apparaissent d'innombrables fleurs blanches comme celles du cerisier ou rouges comme celles du pêcher ; enfin on voit les branches plier, parfois même se rompre sous le poids des fruits que le soleil a fait mûrir ; ce sont là d'admirables manifestations de la vie, qui alors est en acte second.

a) La notion de cause. — L'activité transitive a pour principe une force inhérente à la substance, et qui s'appelle la *cause*. D'une façon générale, on donne le nom de cause à tout ce qui contribue à la production d'un être : « *quod influit esse* (1). »

Mais la cause dont il s'agit ici est la cause efficiente, c'est-à-dire la cause dont l'action produit directement un effet donné : l'intelligence, la volonté, la force motrice, sont respectivement causes efficientes de la pensée, de l'acte libre, du mouvement que nous imprimons à l'un de nos membres.

b) Son origine. — Maine de Biran l'a bien montré, l'origine de l'idée de cause est certainement dans la conscience de l'effort moteur. Hume semble dans le vrai quand il soutient que cette idée ne vient ni de nos sens ni de notre raison, mais il se trompe en affirmant que

---

(1) Suarez.

la conscience elle-même est impuissante à nous faire concevoir la cause. Qu'importe la paralysie du bras, si l'homme ainsi paralysé sait bien qu'il fait effort pour mouvoir son bras. Que l'effort soit impuissant ou non, le sentiment de l'effort est l'expérience décisive qui permet à la raison de former la notion de cause. Qu'importe aussi que nous connaissions ou non les secrets ressorts par lesquels notre volonté fait mouvoir nos organes, l'essentiel est que nous ayons conscience de l'effort moteur. Les empoisonneurs de l'île d'Haïti sont des homicides, à coup sûr, quand même ils ignorent comment il se fait que le suc de telle plante produit une mort instantanée, tandis que celui de telle autre plante détruit peu à peu la vie de l'organisme. L'ignorance des lois de la physiologie n'empêche en rien l'exercice de l'activité volontaire, qui est une véritable cause.

c) *Sa valeur et son rôle dans les sciences.* — Hume a donc eu tort de nier la valeur de l'idée de cause. Selon lui, la causalité n'est qu'une connexion nécessaire de deux idées, comme l'idée de feu et celle de brûlure. Cette connexion s'établit fortement dans notre esprit après un certain nombre d'expériences. Le feu est cause de la brûlure, c'est vrai, mais le jour n'est pas cause de la nuit, et pourtant les idées de jour et de nuit sont fortement associées dans l'esprit de tout homme par une longue expérience. L'idée de cause a une valeur, comme toute idée simple de l'esprit. La cause est d'ordre invisible, comme disait Aristote, mais elle est quelque chose. La cause, c'est Dieu, c'est une faculté de l'âme, c'est l'activité qui se révèle sous mille formes dans la matière ; en tout cas c'est une réalité.

On peut être un grand mathématicien sans en avoir une notion juste ; la physique peut faire des progrès quand même les physiciens prennent souvent pour cause ce qui n'est qu'un antécédent invariable, mais il est impossible de ne pas commettre les plus graves erreurs en métaphysique, si on se fait une fausse idée de la cause.

L'idée de force. — Bien que toute activité transitive soit une cause, on donne généralement le nom de force à la cause spéciale du mouvement de translation. On dit, par exemple: j'ai la force de marcher, de soulever un poids, de renverser un obstacle. L'idée de force a la même origine que l'idée de cause; comme l'idée de cause aussi, elle correspond à une réalité. C'est en vain que Descartes, Leibniz et les positivistes de notre époque, ont voulu supprimer ce qu'ils appellent les *forces occultes* (1), les *puissances nues de l'Ecole* (2), les *entités métaphysiques* (3); on est bien forcé d'admettre que la force motrice n'est pas simplement un mot. La logique de Port-Royal (4) se moque de la *vertu indicatrice* des aiguilles d'une horloge et de la *vertu sonorifique* du timbre qui annonce les heures; Molière tourne en ridicule la *vertu dormitive* de l'opium; soit : il ne faut pas se payer de mots ni multiplier les êtres sans nécessité (5). Tant qu'on le peut, on doit expliquer les faits par les faits, mais le dernier fait d'une série doit s'expliquer par une cause invisible. Les aiguilles d'une montre sont mues par des roues placées au centre de l'appareil; celles-ci sont mues par d'autres roues, et ainsi de suite; mais on arrive bientôt à la roue maîtresse, qui doit son mouvement à la force d'élasticité du ressort de la montre. Que le nom d'élasticité soit bien ou mal choisi, il exprime une réalité, la cause première du mouvement des aiguilles de la montre. Il est ridicule de supposer, comme Van Helmont (6), autant d'*archées* ou énergies spéciales qu'il y a de fonctions vitales; on ne doit pas

(1) Descartes.
(2) Leibniz.
(3) Taine.
(4) Ouvrage de logique composé par Arnaud et Nicole.
(5) Cette maxime est d'Ockam, philosophe du xive siècle : « *Entia non sunt multiplicanda praeter necessitatem.* »
(6) Van Helmont vivait au xvie siècle. Il était partisan de la génération spontanée, théorie d'après laquelle certains animaux peuvent naître sans parents. On attribue à Van Helmont une recette pour produire des souris.

distinguer une force respiratoire, une force digestive, une force circulatoire, mais il faut reconnaître un principe qui préside à toutes les opérations de la vie ; il n'y a pas de fait sans cause. Tout fait s'explique par un autre fait, ou, s'il est le dernier terme d'une série, par une cause placée en dehors de la série. Et s'il s'agit du mouvement local, cette cause, c'est la force.

L'idée de finalité. — a) *Sa nature.* — Quand un être agit avec intelligence, il se propose toujours un but : « L'intelligence, disait Socrate, n'agit jamais qu'en vue du bien. » L'idée du but à atteindre est la *cause finale de l'action*, et le principe énoncé par Socrate s'appelle le *principe de finalité*. On peut en donner d'autres formules. Aristote disait : « Rien n'est en vain », et Jouffroy : « Tout a une fin (1). »

b) *Son origine.* — La formule socratique du principe de finalité indique clairement l'origine de l'idée de fin : notre conscience nous apprend que toute action réfléchie a sa raison d'être dans la pensée d'un résultat à atteindre. Ce fait, notre esprit le généralise, et nous disons que tout a une fin.

c) *Sa valeur et son rôle dans les sciences.* — Est-il bien sûr que tout dans l'univers soit fait en vue d'un but ? Qui pourrait dire à quelle fin telle montagne est plus élevée que telle autre, ou dans quel but la mer ne dépasse jamais certaines limites ? Ces faits, semble-t-il, ne s'expliquent que par des raisons mécaniques. S'ils ont une fin, ce ne peut être que dans la pensée du Créateur. — Soit, il se peut que le principe de finalité n'ait une valeur absolue que dans la pensée divine; cela n'em-

---

(1) On distingue trois sortes de finalités :

1º La finalité intrinsèque. C'est l'idée directrice qui préside à l'évolution d'un être : tout être vivant, en se développant, réalise le type propre à son espèce.

2º La finalité extrinsèque. C'est la corrélation de deux êtres : l'herbe est faite pour l'herbivore.

3º La finalité accidentelle. C'est celle qui dépend de l'industrie de l'homme : la terre peut servir à fabriquer des briques, les pierres sont utilisées pour la construction des maisons.

pêche pas l'esprit humain de l'appliquer avec fondement dans certaines circonstances. Telles sont, par exemple :

1º La simultanéité des actions identiques : quand un grand nombre de flèches viennent frapper une cible en un même point, il est clair que ce point a été visé par les archers ;

2º La répétition successive des mêmes actions : des écoliers savent que leur maître aime les fleurs, et tous les jours ils lui en apportent; c'est la preuve évidente qu'ils tiennent à lui être agréables ;

3º L'accommodation des parties : la forme des roues d'une locomotive montre clairement que cette machine est faite pour rouler sur des rails.

Appliqué aux sciences, le principe de finalité rend parfois de précieux services. Il ne sert de rien en mathématiques, et les physiciens n'ont pas besoin d'y faire appel, mais il n'en est pas de même des naturalistes. Les valvules qui, dans les vaisseaux sanguins, jouent le rôle de soupape, ont suggéré à Harvey l'idée que le sang circule dans les veines et les artères. La corrélation des organes a permis à Cuvier de reconstruire le squelette entier de certains animaux à l'aide d'un fragment assez notable de ce squelette. En métaphysique, on fait usage du principe de finalité pour démontrer l'existence de Dieu : l'ordre qui règne dans la nature suppose un ordonnateur.

Conclusion. — Le principe de finalité, le principe de causalité et le principe de substance, dérivent nécessairement de l'analyse du mouvement. A moins de nier le mouvement ou d'affirmer, comme les sophistes, que « tout devient, » que « rien n'existe, » il faut admettre ces principes. Dès lors, on donne gain de cause à la métaphysique contre ses adversaires de tous les temps, qui ont toujours nié la substance, la cause et la fin. Dans la substance, ils n'ont vu qu'un groupement de phénomènes ; la causalité n'a été pour eux que la succession régulière des antécédents et des conséquents ; enfin, ils ont regardé la finalité comme une illusion des théologiens et une explication sans valeur. « Nous voyons, parce que nous avons des yeux, disait Epicure, mais l'œil n'a pas été fait pour voir. » Cette formule résume bien la pensée des mécanistes (1). La vision, disent-ils, est un résultat, non un but. Rien n'empêche cependant que la vision soit à la fois un but et un résultat. L'explication par la finalité ne contredit pas l'explication mécaniste, elle la complète plutôt. Nous voyons, parce que avons des yeux, et en même temps l'œil a été fait pour voir. Il offre un exemple frappant de finalité évidente ; une intention a sûrement présidé à l'arrangement de toutes ses parties, et en l'analysant, on se souvient sans effort de cette belle parole d'un naturaliste anglais : « Le corps humain est un hymne au Créateur. »

OUVRAGES CONSULTÉS :

Aristote :	*Physique*, livre III.
—	*Métaphysique*, livre VIII.
Barthélemy St-Hilaire :	*Préface de la physique d'Aristote.*
Berthelot :	*La Synthèse chimique.*
Descartes :	*Discours de la Méthode.*
—	*Principes de philosophie.*
—	*Lettres.*
Farges :	*La Matière et la Forme.*
Leibniz :	*La Monadologie.*
—	*Sur la Réforme de la philosophie.*
Malebranche :	*Recherche de la vérité.*
Taine :	*De l'Intelligence.*

---

(1) Les mécanistes cherchent à expliquer l'univers par les seules causes efficientes ; ils rejettent la finalité.

CHAPITRE XI.

LA VIE.

Si le mouvement, en général, attire à juste titre l'attention des philosophes, à plus forte raison ne peuvent-ils se désintéresser de cette forme particulièrement remarquable du mouvement qu'on appelle la vie. Aussi voit-on que toujours, depuis Aristote, ils ont cherché à définir ce phénomène, à en déterminer la cause véritable et à formuler les lois qui le régissent. Il est intéressant de connaître le résultat de leurs recherches en cet ordre d'études.

§ 1. — Définition de la Vie.

Vivre, c'est se mouvoir soi-même. En ce sens, l'adage ancien qui fait consister la vie dans le mouvement est fort juste : « *Vita in motu.* » La plante se meut elle-même, car elle n'a besoin d'aucun secours étranger pour aspirer les sucs de la terre, pour les assimiler, pour respirer et pour s'emparer du carbone de l'air sous l'influence de la chlorophylle (1). L'animal va et vient à son gré, guidé par ses sens et par ses appétits. Quand on le voit immobile, si rien n'autorise à penser qu'il reprendra bientôt son mouvement spontané, on estime qu'il a cessé de vivre. L'homme est capable de choisir entre

---

(1) La *chlorophylle* est une substance répandue sous forme de grains ou sous forme de rubans dans les feuilles vertes des plantes. Par l'action de la chlorophylle et sous l'influence de la lumière, les plantes absorbent l'acide carbonique de l'air, le décomposent, retiennent le carbone qu'il renferme et dégagent l'oxygène.

deux partis opposés ; il se détermine lui-même après réflexion ; c'est une forme plus haute de la vie.

Caractères du mouvement propre aux vivants. — **1º La spontanéité.** — De toute façon l'être vivant possède en lui-même le principe de son mouvement, en sorte que le caractère le plus apparent de la vie est la spontanéité du mouvement. La bille que l'enfant laisse tomber sur le pavé, rebondit aussitôt ; un instant comprimée, elle a vite repris sa forme primitive ; de là, son mouvement de bas en haut. Cette réaction est le fait d'une activité propre à la matière, mais non pas d'une activité spontanée. L'élasticité ne passe point d'elle-même de la puissance à l'acte ; cela n'est possible que sous l'influence d'une pression venue du dehors. Tout être vivant, au contraire, entre de lui-même en action, aussitôt que les conditions favorables à son activité sont réalisées. Au printemps, dès que l'atmosphère commence à être un peu tiède, la vie des plantes reprend son cours. Des poussières vivantes, desséchées, inertes, se meuvent avec activité aussitôt qu'on les a légèrement imbibées d'eau. Un voleur essaie d'enlever un anneau de grand prix à une personne enterrée le jour même ; tout à coup, la main qu'il dépouille le saisit fortement ; c'est le réveil spontané après une léthargie prolongée. Ces exemples font voir que le mouvement vital diffère nettement des énergies de la matière brute : toute activité propre à un corps n'est pas une activité spontanée.

2º L'immanence. — La vie, sans doute, exerce souvent son influence au dehors, elle se manifeste par des actions transitives très variées ; mais elle est avant tout une activité immanente. A son degré inférieur, telle qu'elle nous apparaît dans les plantes, elle est surtout une vie de nutrition. Dans les animaux, la vie des sens serait impossible si les fonctions de nutrition ne s'accomplissaient pas. Il en faut dire autant de la vie intellectuelle de l'homme, puisque son exercice régulier dépend du bon état des sens. Dès lors, on comprend que Claude Bernard ait pu dire : « Vivre et se nourrir sont deux expressions synonymes (1). » Or, le phénomène de la nutrition s'accomplit par un mouvement continuel des molécules ; les unes entrent et les autres sortent. Celles qui entrent sont assimilées ; celles qui sortent font retour au monde minéral. Ce mouvement continuel s'appelle le tourbillon vital. Il est immanent, car il s'accomplit tout entier dans l'être vivant et au profit de l'être vivant. La sensation n'est pas moins immanente que la nutrition ; cela est si vrai que beaucoup de philosophes voient dans la sensation un phénomène purement subjectif. Ils exagèrent, car la sensation est à la fois subjective et objective ; mais, par le fait qu'elle est subjective, elle est immanente. La pensée aussi est un acte immanent. On la distingue sans peine de la parole qui la revêt et qui sert à la manifester au dehors. Qu'elle soit manifestée ou non, la pensée demeure toujours dans l'esprit qui l'a formée. A tous égards donc, il est juste de dire que la vie est l'immanence de l'action.

3° **La plasticité.** — Bien qu'immanente, l'action vitale, et notamment la nutrition, subit dans une large mesure l'influence des circonstances extérieures. On peut acclimater les plantes et les animaux. Un chat, condamné à vivre dans une salle très froide, se munit promptement d'une épaisse fourrure ; par la vaccination, c'est-à-dire par l'inoculation d'un virus atténué, on modifie le tempérament d'un homme au point de l'immuniser : il devient réfractaire à l'action du même virus, fût-elle très dangereuse. Quand les influences extérieures amènent la mort, ce n'est jamais sans résistance : toujours l'être vivant s'efforce de s'accommoder à son milieu en modifiant sa nutrition générale ou son tempérament.

Diverses définitions incomplètes de la vie. — 1° **Définition de Bichat.** — Voilà pourquoi, sans doute, Bichat (2) croyait pouvoir définir la vie : « *l'ensemble des*

---

(1) Claude Bernard fut un physiologiste français très renommé. Il naquit en 1813 à Saint-Julien (Rhône), et mourut à Paris en 1878.

(2) Bichat fut anatomiste et médecin (1771-1802). Il insista sur la distinction de la vie animale et de la vie organique, au point de les attribuer à des principes différents.

forces qui résistent à la mort. »Cette définition, cependant, n'est pas juste, car la vie n'est pas un ensemble de forces. Tout être vivant est un, en dépit des apparences. Les plantes, certains animaux, sont des agrégats d'êtres vivants, mais chaque vivant pris à part a son unité; si on la fait disparaître, il meurt nécessairement. La section transversale d'un ver de terre ne détruit pas sa vie; bientôt même chaque tronçon forme un ver complet. Par contre, la section longitudinale entraîne la mort de tous les individus qui, sous la forme d'anneaux, composaient cet agrégat. Au reste, l'action vitale ne se borne pas à résister à la mort; autrement l'être vivant ne serait en rien supérieur aux corps bruts, aux atomes surtout, dont l'existence est indéfinie. La vie consiste tout d'abord dans la nutrition, et la nutrition produit l'accroissement suivant un type défini. En général, tout être vivant a une forme déterminée, qu'il tend à réaliser, à maintenir et à reproduire.

2° **Définition de Claude Bernard.** — En ce sens, Claude Bernard disait : « La vie est un effort pour réaliser un type. » Par cette formule, l'illustre physiologiste voulait surtout faire comprendre que l'être vivant obéit à une *idée directrice*, et que la vie ne s'explique pas par les seules forces de la matière. Mais il y a des animaux qui n'ont aucune structure définie. L'*amibe* prend toutes sortes de formes ; c'est une simple gouttelette de protoplasma, sans enveloppe cellulaire et souvent sans noyau. De plus, la vie intellectuelle n'est pas un effort pour réaliser un type. C'est sans organe qu'on pense, bien que la pensée humaine soit soumise à des conditions organiques. La vie des purs esprits, la vie divine surtout, ne tend en aucune façon à donner une forme quelconque à la matière, puisque les esprits purs ne sont unis à aucune matière.

3° **Définition de Cuvier.** — Ces remarques s'appliquent aussi à la définition de Cuvier (1). « La vie, dit ce natu-

---

(1) Cuvier, né à Montbéliard le 23 août 1769, mourut à Paris le 13 mai 1832. La *loi de la corrélation des formes*, qu'il a découverte, lui

raliste, est le mouvement des molécules qui entrent et qui sortent pour entretenir le corps de l'animal. » Autrement dit, pour Cuvier comme pour Claude Bernard, d'ailleurs, la vie se ramène à la nutrition. Cela est vrai de la vie des plantes, Aristote déjà l'avait remarqué ; mais cela ne peut se dire ni de la sensation ni de la pensée. La nutrition est la condition de l'une et de l'autre, mais elle n'est en rien leur essence. La sensation et la pensée la supposent, tandis qu'elle peut exister à part, mais son existence quand elle est isolée, comme dans la plante, ne contient nullement en germe la sensation et la pensée.

La vie est donc le mouvement spontané d'un être : « *Vivere est movere seipsum* (1), » et elle se présente à nous sous trois formes : la vie de nutrition, qui est celle des plantes ; la vie sensitive, qui appartient aux animaux, et la vie intellectuelle, qui est le propre de l'homme : « *Homo est animal rationale* (2). »

§ II. — Le principe de la vie. Diverses conceptions a ce sujet.

Si la vie est un mouvement spontané, comment Descartes a-t-il pu l'assimiler au mouvement d'une horloge ? Les animaux sont à ses yeux de simples machines, « telles qu'un orgue ou un moulin. »

C'est là une conséquence des deux définitions célèbres que Descartes a données de l'âme et du corps. L'âme, dit-il, et la chose pensante « *res cogitans*, » tandis que le corps est la chose étendue « *res extensa* ». L'âme et le corps n'ont rien de commun, car il y a une différence totale entre l'étendue et la pensée. On ne peut donc songer à expliquer la vie des corps par la pensée ; dès lors

---

permettait de reconstituer tout un organisme à l'aide d'un fragment de cet organisme. Des squelettes fossiles, trouvés depuis peu, ont justifié les reconstructions artificielles de Cuvier.

(1) Saint Thomas.
(2) Saint Thomas.

il faut en rendre compte, comme de tous les phénomènes physiques, par l'étendue et le mouvement.

Organicisme. — « La seule disposition des organes » suffit à faire naître et à entretenir la vie. C'est la formule de l'organicisme. A la fin du *Traité de l'Homme*, Descartes la développe lui-même en ces termes : « Je désire que vous considériez que toutes les fonctions que j'ai attribuées à cette machine, comme la digestion des viandes, le battement du cœur et des artères, la nourriture et la croissance des membres... suivent naturellement en cette machine de la seule disposition de ses organes, ni plus ni moins que font les mouvements d'une horloge ou autre automate, de celle de ses contrepoids et de ses roues ; de sorte qu'il ne faut point, à leur occasion, concevoir en elle aucune autre âme végétative ni aucun autre principe de vie que son sang et ses esprits, agités par la chaleur du feu qui brûle continuellement dans son cœur, et qui n'est point d'autre nature que tous les feux qui sont dans les corps inanimés. » Dans le *Traité des Passions de l'âme* (art. VI), Descartes insiste sur cette assimilation de l'être vivant à une machine : « Le corps d'un homme vivant diffère autant de celui d'un homme mort que fait une montre ou autre automate, (c'est-à-dire autre machine qui se meut de soi-même), lorsqu'elle est montée et qu'elle a en soi le principe corporel des mouvements pour lesquels elle est instituée, avec tout ce qui est requis pour son action, et la même montre, ou autre machine, lorsqu'elle est rompue et que le principe de son mouvement cesse d'agir. »

Personne aujourd'hui n'admet plus la théorie des *animaux machines*. Elle est manifestement contraire aux faits. La vie ne résulte point « de la seule disposition des organes », puisque c'est elle qui produit les organes : « Vivre, c'est créer », a dit Claude Bernard. Tout être vivant, l'homme aussi bien que le ciron, le chêne comme l'herbe des champs, débute par une cellule invisible à l'œil nu, et l'organisme se forme peu à peu sous l'influence du principe qui vivifie cette cellule primitive.

Le matérialisme. — L'organicisme de Descartes a fait place à une doctrine qui fut très en honneur parmi les chimistes de la première moitié du xixᵉ siècle. Descartes avait surtout considéré l'organisme vivant comme une machine ; c'en est une, en effet, mais on peut aussi l'assimiler à un laboratoire ; certains phénomènes chimiques s'y accomplissent : la combustion et la digestion, par exemple ; de plus, il élabore de l'acide carbonique, du sucre, du phosphate de chaux et diverses substances organiques, comme l'urée, l'acide formique, l'alcool éthylique. Pendant longtemps, on demeura persuadé que les matières organiques ne peuvent être produites que par des êtres vivants ; mais M. Berthelot parvint à faire la synthèse de quelques-unes de ces substances à l'aide des procédés de la chimie minérale, et il crut pouvoir conclure de là « que les effets chimiques de la vie sont dus au jeu des forces chimiques ordinaires (1). »

Cette conclusion dépasse certainement la portée des faits. Ceux qui la formulent ne font pas la différence qu'il faut établir entre matière organique et matière vivante. L'urée, l'alcool, l'acide formique, ne sont pas des matières vivantes ; ce sont des déchets organiques, qui tendent à faire retour au monde minéral. Qu'un chimiste parvienne à préparer ces substances, cela ne l'autorise pas à penser qu'il pourra quelque jour produire une matière vivante. A supposer qu'il y réussisse, la distance est grande entre la matière vivante et l'organisme, si grande que M. Berthelot désespère de pouvoir la franchir. « Jamais, dit-il, le chimiste ne prétendra former dans son laboratoire, avec les seuls instruments dont il dispose, une feuille, un fruit, un muscle, un organe. »

(1) M. Berthelot est un chimiste français né à Paris en 1827. Il s'est occupé surtout de la synthèse chimique, c'est-à-dire de la préparation artificielle des substances qui entrent dans la composition des êtres organisés. Jusqu'à lui, dans cet ordre de recherches, les chimistes s'en étaient tenus à peu près exclusivement à l'analyse.

Il ne faut pas d'ailleurs exagérer l'importance de la découverte de M. Berthelot : s'il lui est possible d'élaborer des composés organiques, c'est par des procédés très compliqués, que la nature ne connaît pas.

Une plante n'a pas besoin de températures élevées ni de courants électriques puissants pour s'emparer du carbone de l'acide carbonique, ou pour former des carbures d'hydrogène ; le tissu de la feuille verte opère beaucoup plus simplement ; la lumière du soleil lui suffit, et les variations de la température n'empêchent point son action.

Les propriétés chimiques des corps ne suffisent donc pas à expliquer la vie. Le matérialisme est aussi impuissant à cet égard que le mécanisme de Descartes. Il faut un principe de vie, Claude Bernard le reconnaît de la façon la plus nette. A son avis, l'évolution qui s'accomplit dans l'œuf ne se comprend pas sans cela. « Cette puissance d'évolution immanente à l'ovule, dit-il, constituerait le *quid proprium* de la vie ; car il est clair que cette propriété évolutive de l'œuf, qui produira un mammifère, un oiseau ou un poisson, n'est ni de la physique ni de la chimie...; la force évolutive de l'œuf est donc le dernier rempart du vitalisme (1). »

Le vitalisme. — Seulement, les vitalistes (2) admettent deux principes de vie, au lieu d'un. A les entendre, la vie consciente a son principe, qui est l'âme, et la vie inconsciente a le sien, qui est la *force vitale*.

C'est à l'âme qu'il faut attribuer la pensée, tandis que les phénomènes physiologiques, tels que la circulation et la digestion, relèvent de la force vitale.

A ce compte, il faudrait trois principes de vie dans l'homme : un pour la vie de nutrition, un autre pour la vie sensible et un troisième pour la vie intellectuelle. Ces trois vies, en effet, diffèrent totalement l'une de l'autre,

---

(1) Claude Bernard, *la science expérimentale*, p. 109.
(2) Les vitalistes appartiennent surtout à l'école de médecine de Montpellier. Les plus célèbres sont Bordeu et Barthez. Bichat adopta leurs idées, mais il leur donna une forme plus concrète.

si bien que, dans les plantes, la vie de nutrition est séparée des deux autres, tandis que, dans les animaux, la vie sensible est séparée de la vie intellectuelle. Or, personne ne songe à revenir à l'opinion de Platon, qui admettait trois âmes dans l'homme (1).

Tout, d'ailleurs, concourt à nous persuader que, dans l'être humain, le principe de vie est unique. La raison affirme que tout être est un ; nous avons conscience qu'en nous l'être qui pense est bien le même que celui qui boit, qui mange, qui marche, qui digère et qui dort ; enfin, d'après le témoignage des physiologistes, il n'y a pas lieu de distinguer, comme Bichat l'avait pensé, deux systèmes nerveux, dont l'un, le *grand sympathique*, présiderait aux opérations de la vie de nutrition, tandis que l'autre, le système *cérébro-spinal*, serait l'organe de la vie consciente. « Nos distinctions de nerfs sympathiques et cérébro-spinaux, dit Claude Bernard, ne sont rien moins que scientifiquement fondées. »

Si le vitalisme était vrai, comment pourrait-on expliquer cette loi de notre nature : quand l'activité intellectuelle est très intense dans un homme, il perd conscience de ce qui se passe autour de lui ? Archimède n'entendit pas le soldat qui l'interpellait, et son amour de l'étude lui coûta la vie. Les compagnons de table de La Fontaine se plaisaient parfois à l'injurier : tout entier à sa rêverie, il demeurait insensible. Inversement, dans le sommeil profond, la pensée est suspendue ; toute l'activité paraît alors absorbée au profit de la nutrition ; l'organisme se répare en assimilant d'une manière plus complète les produits de la digestion. Un homme ivre-mort est incapable de penser, et même de voir ou d'entendre : toute l'activité dont il dispose tend à éliminer le poison qu'il a absorbé (2).

L'animisme. — Quand on y réfléchit, ces faits et beaucoup d'autres conduisent à admettre l'unité du principe de vie dans l'homme. C'est l'âme raisonnable qui pense ;

(1) Platon, *Timée*, 69-70.
(2) Saint Thomas, *Somme théologique*, (I P. qu. 76. a. 3).

c'est elle qui voit, qui entend, qui meut le corps; c'est elle enfin qui préside aux phénomènes de la nutrition. Le cerveau lui fournit les données expérimentales à l'aide desquelles elle pense, mais elle pourrait penser sans organe. Pour sentir, au contraire, elle a absolument besoin des sens : c'est elle qui voit et qui entend, mais elle ne peut voir sans le secours des yeux, ni entendre quand l'organe de l'ouïe lui fait défaut. Quant à la digestion, elle s'accomplit dans l'estomac comme elle peut s'accomplir dans une cornue ; évidemment, ce n'est pas l'âme qui digère. Cependant, l'âme a son rôle dans la digestion : sa présence dans le corps qu'elle anime est une condition indispensable de ce phénomène.

Telle est la doctrine qu'on appelle animisme. Elle semble fondée en raison, et les objections des vitalistes ne paraissent pas de nature à la tenir en échec.

Objections des vitalistes. — 1° *La distinction des phénomènes conscients et des phénomènes inconscients.* — Il y a des phénomènes conscients et des phénomènes inconscients: la pensée réfléchie est toujours consciente; la digestion et la circulation du sang ne le sont pas. Il est donc juste d'admettre un principe de la vie consciente et un principe de la vie inconsciente. — La délimitation du conscient et de l'inconscient n'est pas très nette : une pensée, après avoir été consciente, peut devenir inconsciente, et les moindres accidents de la digestion ont parfois un retentissement très douloureux dans la conscience. Quant à la nécessité d'un principe spécial pour expliquer la vie inconsciente, elle ne paraît pas évidente. Il ne faut pas oublier que Descartes a donné de l'âme une définition trop étroite. L'âme n'est pas seulement « une chose pensante »; elle est aussi, dit Maine de Biran, « une chose active » (1), et il se peut très bien

---

(1) Maine de Biran est né vers 1770, à Chanteloup, près de Bergerac (Dordogne). Il fut peut-être le métaphysicien le plus profond de son temps. D'abord disciple de Condillac et de Cabanis, il s'en éloigna bientôt, et s'attacha surtout à mettre en relief l'activité volontaire, dont l'école de Condillac n'avait pas suffisamment tenu compte. Sa philo-

que son activité soit tantôt consciente et tantôt inconsciente.

2° *La nécessité de lutter contre soi-même.* — Buffon se plaisait à répéter le mot de Boherhaave (1) : « *Homo duplex* »; et de la dualité de notre nature, des combats intérieurs qui s'y livrent, il concluait à l'existence de deux principes de vie. — Il est vrai, la lutte contre nous-mêmes est une nécessité de tous les jours, mais cela prouve seulement qu'il faut faire une distinction entre la volonté et les passions, entre « l'esprit et la chair », comme parle l'Evangile. L'homme est composé d'un esprit et d'un corps, mais il ne suit pas de là qu'il ait deux principes de vie.

3° *La séparation possible de l'organe de la pensée.* — Flourens, en ce siècle, est parvenu à isoler l'organe de la pensée. Il a enlevé le cerveau à certains animaux, à des grenouilles, à des pigeons; ils ont paru stupides; leurs facultés intellectuelles ont été anéanties, mais ils n'ont pas cessé de vivre. Par contre, Flourens a constaté que, le nœud vital une fois atteint, même par une aiguille très fine, la mort est instantanée. — Convient-il de parler d'intelligence et de pensée quand il s'agit des animaux? Quoi qu'il en soit, il est certain que la vie consciente a son organe propre, qui est le cerveau. Dès lors, rien d'étonnant si un animal paraît avoir perdu toute conscience quand on lui a enlevé le cerveau. L'animal endormi cesse aussi d'avoir conscience de son existence, bien qu'il soit très vivant. C'est que son cerveau est dans un repos complet. Que conclure de ces faits? Non pas que la vie et l'intelligence ne peuvent provenir d'un même principe, mais simplement que la

---

sophie pourrait s'appeler la philosophie de l'effort. Maine de Biran mourut à Paris en 1824. C'est un philosophe indépendant, qui, par ses recherches personnelles, s'est élevé du matérialisme au spiritualisme, et du spiritualisme au christianisme.

(1) Boherhaave, médecin célèbre, né à Woorhout, près de Leyde, en 1668, fut le véritable fondateur de l'enseignement clinique. Il réussit à décomposer le sang, le lait et les principaux liquides de l'économie animale. Il mourut en 1738.

vie de nutrition et l'intelligence n'ont pas les mêmes organes.

4° *Persistance de la vie après la mort.* — Certaines énergies vitales se manifestent après la mort : la barbe pousse, les ongles aussi ; donc il y a dans l'homme d'autres principes de vie que l'âme. — La vie, disait Aristote, est une en acte dans chaque être vivant, mais elle est multiple en puissance. La vie cellulaire persiste quelque temps après la décapitation d'un animal, et cela tant que les cellules se trouvent dans un milieu propre à les nourrir. Elles vivent alors d'une vie indépendante ; mais quand l'âme était présente, elles n'avaient pas de vie propre. Elles vivaient de la vie de l'âme, et le principe de vie de chacune d'elles n'existait qu'en puissance. Ainsi les nombres 1, 2, 3, 4, etc., sont en puissance dans le nombre 100, mais le nombre 100 n'est pas formellement chacun de ces nombres. Au reste, chaque cheveu, chaque poil de barbe, peut très bien avoir son principe de vie. Cela ne contredit en rien l'animisme. Un cheveu est semblable à une plante : il tire sa vie de l'organisme comme la plante se nourrit des sucs qu'elle puise dans le sol auquel elle est fixée.

Les vitalistes ont fait d'autres objections encore, mais elles ne paraissent pas plus décisives. Il se peut, par exemple, qu'un homme très avancé en âge conserve une grande vigueur d'esprit malgré l'affaiblissement de ses forces physiques, mais cela tient à ce que le cerveau n'a encore rien ou presque rien perdu de sa puissance d'action. Le fait est rare, du reste ; d'ordinaire la vieillesse a pour contre-coup une notable diminution des forces de l'esprit, à cause de la dépendance indirecte de l'intelligence vis-à-vis du cerveau.

On ne peut rien conclure non plus de la loi d'hérédité : l'enfant est souvent affligé d'une maladie ou d'un vice de conformation que l'un de ses parents lui a transmis, tandis que l'intelligence ne se transmet pas. — Il est vrai, l'intelligence ne se transmet pas, mais l'âme intelligente peut très bien animer l'organisme dont elle hérite, tout en subissant des influences heureuses ou fâcheuses qui viennent des parents ou même des ancêtres.

Ce n'est pas la peine enfin de s'émouvoir vivement à la pensée d'une âme spirituelle occupée à sécréter la bile, les sucs gastriques, l'urine. L'âme ne sécrète rien de tout cela ; seulement, elle vivifie les organes qui opèrent ces sortes de sécrétions. Sa présence est nécessaire aux fonctions de la vie, mais cela ne l'empêche pas de dominer l'organisme par la pensée, qui est immatérielle de sa nature, et cependant soumise elle-même à des conditions organiques.

Rien en tout ceci qui implique le matérialisme, et puisqu'on ne réussit pas à faire voir que la doctrine de l'unité du principe de vie est à rejeter, mieux vaut s'en tenir à cette doctrine : elle fournit une explication raisonnable des faits ; elle a pour elle le témoignage du sens intime et l'assentiment de la raison. Beaucoup de physiologistes l'ont adoptée, et si on consultait les théologiens, ils diraient qu'elle leur paraît plus que toute autre en harmonie avec le dogme révélé. Cela n'est pas peu de chose, et il convient d'en tenir compte. Au reste, si on veut admettre deux principes de vie dans l'homme, il faut, pour les mêmes raisons, en admettre trois. Personne ne songe plus à cet excès ; il n'y a donc qu'un principe de vie dans l'homme.

§ III. — LES PRINCIPALES LOIS DE LA VIE.

En dépit de certaines apparences, il n'y a de même qu'un principe de vie dans tout être vivant, et ce principe n'est pas le résultat d'une simple évolution de la matière non vivante ; il est d'une nature à part. La vie ne naît pas spontanément dans un milieu propre à l'entretenir ; c'est ce que Pasteur a démontré par des expériences décisives contre M. Pouchet, de Rouen (1).

(1) Pasteur est un chimiste français, né à Dole le 2 septembre 1822. Il est célèbre par ses travaux sur la fermentation, sur l'origine de la vie, sur les

Tout vivant naît d'un vivant. — Depuis la plus haute antiquité jusqu'à notre époque, la génération spontanée de certains animaux, comme les cousins, les abeilles, les limaces, les anguilles, les scorpions et même les souris, avait été admise sans contestation par les savants, les philosophes et les théologiens. Mais il y avait deux manières de l'entendre : selon les uns (1), de petits animaux pouvaient naître sans germe préalable, une fois les conditions de leur existence réalisées ; selon d'autres, au contraire (2), la génération spontanée n'était autre chose qu'un germe vivant passant tout à coup de la vie en puissance à la vie en acte, à la faveur des circonstances.

Cette dernière interprétation des faits était la vraie. Si vous examinez au microscope une mare d'eau chauffée par les rayons du soleil, vous y découvrirez d'innombrables petits animaux qui s'agitent en tous sens. A ne consulter que les apparences, on est tenté de croire que l'eau produit spontanément des animaux microscopiques sous l'influence du soleil. Il n'en est rien pourtant. Quand l'eau ainsi remplie d'êtres vivants s'évapore, la poussière desséchée qui reste au fond de la mare, peut se ranimer en un instant, même après des années ; il suffit pour cela qu'elle soit légèrement humectée. Les expériences de l'abbé Spallanzani et de Gavarret (3) sont concluantes à cet égard, et elles ne furent pas inutiles à Pasteur.

Quand un rayon de soleil pénètre dans un apparte-

maladies des vers à soie, du vin, du vinaigre, sur la cause de la rage, du charbon, etc. Un virus exposé à l'air ayant perdu de sa violence, Pasteur eut l'idée de l'inoculer à des sujets, afin de les immuniser par rapport à la maladie correspondante. Cette expérience réussit. La même méthode de préservation a été depuis employée avec succès pour combattre d'autres affections morbides.

(1) Van Helmont, par exemple, au xvie siècle.
(2) Aristote, saint Augustin et saint Thomas.
(3) Gavarret fut un précurseur peu connu de Pasteur. L'abbé Spallanzani, célèbre naturaliste, est né à Scandino, près de Modène, en 1729. Il a fait d'intéressantes observations sur la circulation du sang, la génération, la digestion, les animaux microscopiques, la reproduction d'organes amputés, la fécondation artificielle, etc. Spallanzani mourut en 1799.

ment, il est aisé d'apercevoir des poussières qui tourbillonnent dans l'atmosphère. Pasteur estima que ces poussières renfermaient des germes vivants, et que le contact de l'air chargé de ces germes avec certaines infusions, expliquerait suffisamment l'éclosion de la vie dans ces liquides, sous l'influence d'une douce chaleur. Pour vérifier cette hypothèse, il suffisait de montrer que la vie ne se manifeste jamais dans un liquide propre à l'entretenir, lorsqu'on maintient ce liquide à l'abri des poussières de l'air. D'ingénieuses expériences firent voir qu'il en est réellement ainsi.

1° Pasteur remplit un ballon de verre d'une substance nutritive très propre à l'éclosion de la vie, d'une infusion de foin, par exemple. Il ferma ce ballon au chalumeau, puis il le chauffa fortement, de façon à détruire tous les germes de vie qu'il pouvait renfermer. Toutes les fois que cette expérience a été bien faite, le liquide est resté indéfiniment inaltérable. Par contre, le col du ballon étant brisé, en quelques heures l'infusion qu'il contenait était remplie de petits êtres vivants.

2° Sur les hautes montagnes, l'air est pur ; il ne renferme pas de poussières vivantes. Pasteur plaça des bouillons de culture sur les sommets du Jura et du Mont-Blanc ; la vie ne se manifesta jamais dans ces liquides, bien qu'ils fussent au contact de l'air. Ces mêmes infusions, exposées à l'air dans les bas-fonds, s'altéraient presque aussitôt.

3° Des matières organiques en dissolution étant exposées à l'air libre dans un laboratoire, si elles ont été préalablement portées à une très haute température, et si le ballon qui les renferme est muni d'un tube recourbé en spirale, elles ne s'altèrent jamais. Les poussières de l'air sont arrêtées par les sinuosités du tube de communication. Qu'on aspire la dissolution par ce tube recourbé, de façon à mettre le liquide en contact avec les germes déposés dans les spirales, aussitôt ce liquide est ensemencé, et la vie s'y manifeste.

Bref, par une admirable série d'épreuves et de contre-épreuves, Pasteur prouva que la vie suppose toujours le développement d'un germe vivant, et que, si M. Pouchet avait cru pouvoir affirmer le contraire, c'est parce qu'il n'avait pas su tenir ses bouillons de culture en dehors du contact de toute poussière vivante.

La loi est donc universelle : tout vivant naît d'un vivant : « *omne vivum e vivo.* » Mais le vivant qui naît d'un autre est-il déjà tout formé et comme en miniature dans le premier? Leibniz le pensait, et des naturalistes, comme Buffon et Cuvier lui-même, ont été de cet avis. C'est l'hypothèse de la « préformation » ou de « l'emboîtement des germes (1). »

L'être vivant se construit peu à peu. — Cette hypothèse est contraire aux faits. Aristote avait déjà remarqué que toutes les parties de l'animal ne sont pas formées à la fois. « Dès le premier instant, certains organes se montrent, dit-il, tandis que d'autres n'apparaissent pas encore. Et qu'on ne dise point que c'est à cause de leur petitesse qu'on ne les aperçoit pas ; car le poumon, qui est plus gros que le cœur, ne se montre qu'après le cœur, dans ces premiers développements de la génération (2). »

Les naturalistes modernes, après les plus consciencieuses études d'embryogénie, ne font que mettre mieux en relief la pensée d'Aristote. M. de Quatrefages résume en ces termes les résultats de leurs observations : « Quelques granulations à peine visibles sous les plus forts grossissements, ou même un seul utricule moins épais que la pointe de la plus fine aiguille, voilà ce que sont à l'origine les germes végétaux ou animaux, grains, bourgeons, bulbilles ou œufs. Ainsi commence le chêne comme l'éléphant, la mousse comme le ver ; telle est certainement la première apparence de ce qui, plus tard, sera un homme. Entre ces points de départ et ces points d'arrivée, on comprend tout ce qu'il doit exister d'intermédiaires. En apparence semblables au début, il faut que

---

(1) Leibniz, *Monadologie*, n° 74.
(2) Aristote : *De generatione* II. 1.

toutes les espèces animales ou végétales se différencient et acquièrent leurs caractères propres (1). »

La différenciation s'accomplit en effet peu à peu. La cellule primitive se nourrit, se développe et se dédouble. Il en est de même de chacune des cellules qui résultent de ses dédoublements successifs. Bientôt, la masse cellulaire ainsi formée laisse apparaître les premiers linéaments de l'édifice qui se construit. C'est le cœur que l'on aperçoit tout d'abord, parce que le sang est nécessaire à la nutrition. Bientôt après, l'axe cérébro-spinal se dessine ; puis viennent les organes des sens, l'appareil de la digestion, les poumons. Cet exposé très sommaire des résultats de l'embryogénie moderne suffit à faire comprendre ce que l'on entend par l'évolution de l'ovule. C'est par *épigénèse*, c'est-à-dire par une série de constructions successives que l'être vivant se développe avant de naître. S'il en est ainsi de tout individu appelé à la vie, ne faut-il pas penser que la même loi d'évolution a présidé à la formation des diverses espèces d'êtres vivants, en sorte que toutes dériveraient d'une première matière vivante homogène, appelée le *protoplasma*? Les naturalistes sont divisés à ce sujet. Darwin (2) a soutenu que les espèces actuelles résultent des transformations successives d'espèces plus anciennes, qui, elles-mêmes, proviennent d'espèces plus anciennes encore; de Quatrefages, au contraire, tient pour la fixité des espèces depuis leur origine.

Dans l'état actuel des choses, une espèce vivante ne se transforme point en une autre. — Les vues ingénieuses de Darwin ont provoqué de vifs enthousiasmes, et de patientes recherches ont été faites en vue d'en vé-

(1) De Quatrefages, *Métamorphoses de l'homme et des animaux*. M. de Quatrefages est né en 1810 à Berthezène (Gard). Naturaliste très distingué, il fut un adversaire sérieux du darwinisme. Il mourut à Paris, le 2 janvier 1892.

(2) Charles Darwin, célèbre naturaliste anglais (1809-1883), fait dériver toutes les espèces vivantes de quelques types primitifs, par une série de transformations. D'où le nom de transformisme, donné à sa doctrine.

rifier la justesse. Ces recherches n'ont pas encore abouti ; l'évolution des espèces n'est pas prouvée (1);

(1) Parlant de l'évolution des espèces, M. Rabier a pu dire avec raison que « l'évolution n'est qu'une hypothèse, et la plus discutée de toutes les hypothèses. » Cela n'implique pas que l'idée d'évolution soit à rejeter d'une façon absolue. Il y a des réserves à faire. Les savants admettent généralement avec Kant, Herschell, Laplace, Faye, que le monde stellaire et le globe terrestre ont été formés par une lente et progressive transformation de la matière chaotique primitive.

Cette hypothèse, sans doute, ne concorde pas avec l'interprétation littérale du premier chapitre de la Genèse ; mais les théologiens et les exégètes sont à peu près unanimes à l'heure présente pour renoncer à l'interprétation littérale du récit biblique de la création du monde. Déjà, aux yeux de saint Augustin, l'œuvre des six jours n'était qu'une allégorie. D'après ce Père, la succession des œuvres de Dieu telle que la donne l'auteur de la Genèse est une série de tableaux manifestés aux anges. Saint Thomas estime l'opinion de saint Augustin plus raisonnable que l'interprétation littérale ou historique ; il la préfère, parce que, dit-il, elle expose moins l'Ecriture sainte aux railleries des incrédules. Toutefois, il refuse de se prononcer d'une façon absolue. (*Com. in lib.* II. *Sent.*; *Dist.* XII, *qu.* 1. *Art.* II ; — *Sum. th.* I P. *qu.* LXXIV, *art* 2).

Quoi qu'il en soit, certains principes sont universellement reçus par les théologiens et les exégètes contemporains, lorsqu'il s'agit d'interpréter la Bible : (Voyez ce qui est dit sur le même sujet, pp. 81, 82, 83).

1º *Il ne peut y avoir de conflit irréductible entre la science et la Bible*. Les deux ont la même origine, qui est Dieu. Si donc quelque contradiction apparente embarrasse les esprits, elle disparaîtra toujours, pourvu que l'on ait soin de ne pas prendre une opinion théologique pour un dogme catholique et de ne pas confondre une hypothèse plus ou moins probable avec une vérité scientifique pleinement établie.

2º *La Bible n'a pas pour but d'enseigner des vérités scientifiques*. L'auteur sacré ne se propose jamais de faire œuvre de savant ; il vise simplement à faire connaître aux hommes les vérités surnaturelles nécessaires ou utiles à leur salut. Cuvier s'est donc trompé, en faisant de Moïse un savant de premier ordre, un précurseur méconnu de Newton et de Laplace.

Il y a bien en fait un accord admirable entre les données de Moïse et celles de la géologie contemporaine, mais cet accord n'est avéré que si on considère les grandes lignes ; il n'existe pas dans les détails. En droit, d'ailleurs, il n'est nullement nécessaire.

3º *Il faut toujours préférer une affirmation démontrée de la science à une interprétation douteuse de la Bible*. Ce principe avait déjà été énoncé par Suarez au XVIe siècle.

On le voit, il n'y pas lieu de dire avec Renan que le cerveau de tout catholique instruit doit être divisé en deux compartiments séparés par une « cloison étanche ». Dans l'un des compartiments seraient conservés les

par contre, depuis qu'on observe la nature, on constate que les espèces actuelles ne subissent aucune altération profonde et durable. L'espèce est *une série indéfinie d'individus de même type inaliénable.* Elle comporte certaines variations individuelles ou héréditaires, puisque dans une même espèce il y a des variétés et des races, mais ces variations sont limitées. Pour s'en convaincre, il suffit de tenir compte des faits : le croisement de deux espèces très éloignées l'une de l'autre ne donne aucun produit ; quand deux espèces sont assez voisines, comme le cheval et l'âne, le croisement peut donner lieu à un produit hybride, le mulet. Les produits de ce genre sont d'ordinaire stériles ; quand ils ne le sont pas, leur fécondité dure peu de temps, et si elle persiste, ce qui est très rare, le produit fait retour au type primitif. Sous l'influence de cette loi, qui s'appelle la loi du retour (1), toute trace de croisement disparaît, et toute variation profonde d'un type est empêchée.

Dans la nature, il ne se produit presque pas de croisements, et les rares hybrides qui naissent en dehors de l'influence de l'homme sont stériles.

Conclusion. — Si donc on veut vérifier l'hypothèse de l'évotion des espèces, il est nécessaire d'examiner les données de la paléontologie, science des espèces disparues. Les diverses couches de la terre sont comme les pages d'un grand livre ; ceux qui savent lire dans ce livre peuvent nous dire quelque chose de l'origine des espèces. Les résultats obtenus jusqu'à ce jour, après un siècle de consciencieuses recherches, ne permettent pas d'affirmer que les espèces vivantes sont issues les unes des autres par une suite de transformations lentes et bien graduées.

---

dogmes de la foi, et dans l'autre les vérités démontrées par la science. Taine à son tour se trompe en accusant un conflit irréductible entre ces deux ordres de vérités. Une connaissance exacte des règles de l'exégèse catholique lui eût épargné cette assertion erronée.

(1) Un *léporide*, issu du lapin et du lièvre, a fait retour au type lapin dès la troisième génération.

En fût-il ainsi, viendrait-on un jour à démontrer que l'évolution a présidé à la formation des espèces qui vivent maintenant sous nos yeux, on ne pourrait rien conclure de là contre les croyances traditionnelles de l'humanité. En particulier, la croyance au Dieu créateur n'a rien d'incompatible avec l'évolution ; des partisans déclarés de cette grandiose hypothèse n'hésitent pas à en convenir. L'un d'entre eux, parmi les plus récents, déclare qu'il verrait simplement, dans chaque transformation accomplie, un reflet de la beauté infinie de Dieu (1). Saint Augustin était évolutionniste à sa manière (2), et saint Thomas ne rejette point cette façon d'interpréter le premier chapitre de la *Genèse* (3). Cela fait assez voir que l'idée d'évolution, prise en elle-même, n'a rien d'incompatible avec la philosophie spiritualiste (4) et la foi catholique.

---

(1) Gaudry, *Les ancêtres de nos animaux.*
(2) Saint Augustin pense que Dieu a créé dès l'origine toutes les espèces vivantes à l'état de simples virtualités. Avec le temps, à mesure que les circonstances ont favorisé le développement de ces germes primitifs, ils ont produit les plantes et les animaux que nous voyons aujourd'hui.

Saint Augustin fait reposer son opinion sur un texte de la Bible qu'il interprète mal. D'après la version latine, Dieu aurait créé toutes choses en même temps : « creavit omnia simul », mais le texte grec signifie que Dieu a tout créé sans exception. (Cf. *Ecclésiastique*, XVIII. 1). Cette erreur de traduction ne nous ôte pas le droit de nous appuyer sur saint Augustin pour montrer que l'idée d'évolution, prise en elle-même, n'a rien de contraire à la foi.

(3) *Comment. in lib.* II *Sent.; Dist.* XII. qu. 1. *art.* 2
(4) La philosophie spiritualiste est opposée au matérialisme. Elle affirme que l'âme humaine est distincte du corps et qu'elle survit au corps. Elle reconnaît aussi l'existence de Dieu, Esprit pur, Etre parfait.

OUVRAGES CONSULTÉS :

Aristote :	*De la génération des animaux* (II. 1.)
Saint Augustin :	*De Genesi ad litteram.* (Lib. III. c. xiv. — v. n° 45.)
Bacuez et Vigouroux :	*Manuel biblique* (tome 1.)
Claude Bernard :	*La science expérimentale.*
Berthelot :	*La synthèse chimique.*
Descartes :	*Traité de l'homme.*
—	*Traité des passions de l'âme.*
Farges :	*La vie et l'évolution des espèces.*
Gaudry :	*Les ancêtres de nos animaux.*
Guibert :	*Les origines.*
Leibniz :	*Monadologie* (n° 74).
Léon XIII :	*Encyclique* Providentissimus Deus.
Pelt :	*Histoire de l'Ancien Testament.*
Platon :	*Timée* (69, 70).
De Quatrefages :	*Métamorphoses de l'homme et des animaux.*
Taine :	*Les origines de la France contemporaine* (Le nouveau régime : *l'Eglise.*)
Saint Thomas :	*Somme théologique* (1 P. Quest. 69, art. 2; — Quest. 74, art. 2; — Quest. 76, art. 3.)
	Comment. in lib. II *Sent.* (Dist. xii, qu. i, art. 2.)

TROISIÈME PARTIE

PSYCHOLOGIE RATIONNELLE

Souvent, dans la pensée de ses partisans, l'évolution fait corps avec la doctrine matérialiste. Mais le matérialisme est manifestement inconciliable avec « cette philosophie éternelle » qui sert de fondement à la religion révélée. Les plus grands génies de l'humanité ont admis, comme le peuple, que l'âme est distincte du corps, qu'elle peut lui survivre, et qu'après la mort elle persistera éternellement, heureuse ou malheureuse, selon l'usage qu'elle aura fait de sa liberté. Les matérialistes, au contraire, prétendent que l'âme est quelque chose du corps, qu'elle périt avec lui, et que notre destinée est le néant.

Difficilement, on imaginerait une opposition plus tranchée ; or, la question est si grave qu'il ne faut rien négliger pour la résoudre. Elle se ramène d'ailleurs à cet autre problème : quelle est la nature de l'âme ?

CHAPITRE XII.

L'AME.

MATÉRIALISME ET SPIRITUALISME.

Les philosophes, on le pense bien, n'ont pas laissé ce problème sans réponse ; il est donc sage de se demander d'abord ce qu'ils ont dit à ce sujet ; cela peut aider à trouver une bonne définition de l'âme.

§ I. — Principales définitions de l'Ame.

Homère, interprète des conceptions primitives au sujet de l'âme, ne voit en elle qu'une ombre sans force, sans conscience et sans souvenir : « εἴδωλον ». La distinction de la matière et de l'esprit n'est pas faite.

Conceptions matérialistes des premiers philosophes grecs. — La matière vivante, dont les premiers Ioniens font le principe des choses, est identique à la force qui la meut. Par le progrès de la réflexion, on en vient à ajouter l'intelligence à la force, mais on se contente de faire de la raison un attribut de la matière primitive. Diogène d'Apollonie imagine un air pensant comme premier principe des choses, tandis que, pour Héraclite, le premier principe est un feu raisonnable, mêlé à tout. L'âme humaine, à l'entendre, est faite de vapeurs chaudes et sèches : « L'âme la plus sèche est la plus pure et la meilleure. Si l'homme ivre ne se possède plus, c'est que son âme est souillée par l'humidité. »

Parménide affirmait l'unité absolue de l'être et niait le mouvement ; il n'avait donc pas besoin d'un principe propre à rendre compte des mouvements du corps. Pour les Pythagoriciens, l'âme était un nombre ; car, à leur avis, le nombre était la substance même des choses. Ils disaient aussi que l'âme est une harmonie. Peut-être voyaient-ils en elle l'harmonie du corps ; seulement, il est difficile de concilier cette définition avec leur doctrine sur l'immortalité et la transmigration des âmes.

Au dire de Démocrite, l'âme est composée d'atomes subtils, lisses et ronds, qui ne sont autre chose que du feu ; chaque atome de l'âme est placé entre deux atomes du corps.

Anaxagore distingua l'esprit de la matière. — Le premier, parmi les philosophes grecs, Anaxagore formula nettement la distinction de l'esprit et de la matière. Les théories antérieures n'avaient fait que préparer plus ou moins cette distinction. Le Νοῦς d'Anaxagore est simple, il est infini, il n'est jamais passif, et il a un savoir illimité. Cependant il n'est pas encore entièrement dégagé de la matière : il est une sorte d'intermédiaire entre l'esprit et la matière. Il tient de l'esprit par sa simplicité, par son indépendance et par la propriété qu'il a de penser ; il ressemble à la matière par la quantité, peut-être même par l'étendue.

L'âme d'après Socrate. — Les idées d'Anaxagore plurent beaucoup à Socrate ; il les modifia peu. Il remarqua simplement que l'intelligence agit toujours en vue du bien. C'était poser le principe de finalité. Comme Anaxagore, Socrate est panthéiste : à ses yeux, l'âme de l'homme est une partie de l'intelligence universelle. Elle est surtout raison, et par là, plus que tout le reste, dans l'homme, elle participe du divin ; c'est elle qui gouverne le corps : « Βασιλεύει ἐν ἡμῖν. »

L'âme d'après Platon. — Comme Socrate, Platon voit dans l'âme humaine une partie de l'âme du monde. Il en fait un principe de mouvement, d'harmonie, de connaissance et de vertu. Elle est incorporelle, simple, invisible. Elle gouverne le corps, mais elle a existé avant lui. On y peut distinguer trois parties : le Νοῦς, qui est divin et immortel ; l'ἐπιθυμία ou le désir, qui est périssable ; le θύμος, qui est l'ensemble des passions généreuses.

L'âme d'après Aristote. — On trouve dans Aristote une définition précise de l'âme : elle est, dit-il, « *l'entéléchie première d'un corps naturel, organisé, ayant la vie en puissance.* » Dans la langue d'Aristote, entéléchie signifie principe déterminant, forme substantielle. Par sa forme substantielle, un être est telle chose et non telle autre. L'entéléchie première est à l'entéléchie seconde ce qu'est l'habitude à l'acte, ce qu'est la science du géomètre à une démonstration qu'il expose actuellement. Pour Aristote, l'âme n'est pas seulement la forme substantielle du corps ; c'est elle qui l'organise, et c'est pour elle que le corps est formé. Elle est donc à la fois la cause formelle, la cause efficiente et la cause finale du corps. A ces titres et en ce sens seulement, elle est quelque chose du corps : « τὶ σώματος ». L'âme disparue, le corps n'est plus rien, c'est un organisme en dissolution. L'âme humaine unie au corps remplit trois fonctions : elle fait vivre le corps, comme l'âme végétative fait vivre les plantes ; elle perçoit les choses extérieures à l'aide des sens, comme l'âme sensitive des animaux ; enfin elle pense, parce qu'elle est douée de raison. C'est sans organe que l'âme pense, mais le bon ou le mauvais état du corps exerce une influence sur la pensée.

Retour au matérialisme : Epicuriens et Stoïciens. — Les successeurs d'Aristote ne surent pas se maintenir à une telle hauteur ; ils perdirent la notion de ce qui est purement spirituel. Pour les Epicuriens, rien n'est incorporel, si ce n'est le vide. L'âme est un composé d'atomes très subtils, car e¹ meut le corps avec une extrême facilité, et un hon   iort pèse autant qu'un homme vivant. Quatre   nents entrent dans la composition de l'âme : un léger souffle, *aura;* la chaleur, *calor;* l'air, *aer*, et un autre élément dont on ne sait pas le nom : « *omnino nominis expers.* » C'est le plus ténu de tous ; il communique la sensibilité et le mouvement aux autres ainsi qu'aux diverses parties du corps. De plus, il est principe de pensée, tandis que la chaleur est le principe du courage, l'*aura* le principe de la crainte, et l'*aer* le principe de l'indifférence. La chaleur domine dans le lion; l'*aura* dans le cerf, et l'*aer* dans le bœuf. Chez l'homme, ces éléments sont en proportions à peu près égales.

Pour les Stoïciens, l'âme est un fragment de Dieu : « ἀπόσπασμα τοῦ θεοῦ » (1) ; c'est une partie du souffle divin plongée dans le corps de l'homme : « *in corpus humanum pars divini spiritus mersa* (2). » L'âme, dit Chrysippe (3), est un souffle inné en nous, qui parcourt tout le corps et le contient : « πνεῦμα σύμφυτον ἡμῖν. » Ce πνεῦμα se compose d'air et de feu : « *ex aere et igne.* » L'âme de l'homme est à son corps ce que Dieu est au monde (4); elle est une étincelle du feu divin qui circule dans le monde « comme le miel court dans les rayons des cellules (5). »

La conception chrétienne de l'âme : Saint Augustin et saint Thomas. — Les philosophes chrétiens, on le comprend, ne pouvaient concilier leur foi avec de telles opinions. Saint Augustin s'inspire de Platon, et en même temps il résume la doctrine des Pères sur l'âme. D'après son enseignement, l'âme est incorporelle ; elle est le principe de la pensée et elle se distingue du corps surtout par la puissance de réfléchir.

Saint Thomas exprime les mêmes idées; mais comme il a étudié à fond la doctrine d'Aristote, il insiste particulièrement sur l'union de l'âme et du corps. Pour lui, l'âme humaine n'est pas seulement un principe de pensée, elle est aussi la forme du corps. C'est même par ce dernier caractère que saint Thomas définit l'âme en général : « L'âme dit-il, est un principe de vie pour un

---

(1) Epictète.
(2) Sénèque (Epîtres. LXVI, 11).
(3) Chrysippe fut l'organisateur du stoïcisme. Il était disciple de Cléandre, successeur de Zénon. Il mourut en 207 avant Jésus-Christ.
(4) Le Dieu des Stoïciens est l'âme du monde ; c'est un feu intelligent, raison séminale des choses : « λόγος σπερματικός ».
(5) Tertullien.

corps. » Seulement, il ajoute que l'âme humaine possède en même temps la vie, la sensation et la pensée.

L'âme humaine d'après Descartes, Spinoza et Leibniz. — A cet égard, les idées de Descartes diffèrent nettement de celles de saint Thomas. Pour Descartes, l'homme seul possède une âme, et cette âme n'est pas autre chose qu'un principe de pensée. Dans la deuxième méditation, il la définit une chose pensante : « *res cogitans, id est, res dubitans, intelligens, affirmans, negans, volens, nolens, imaginans quoque et sentiens.* » Cette chose pensante, Descartes la déclare « entièrement et véritablement distincte du corps. » Elle n'est pas, il est vrai, dans le corps comme un pilote sur son navire, mais, elle n'est en aucune façon la forme du corps.

Pour Spinoza, la distinction de l'âme et du corps est une simple différence de point de vue. L'âme et le corps, dans sa doctrine, sont deux aspects d'un même mode de la substance unique, qui est Dieu. L'âme, dit-il, est l'idée du corps : « *anima est idea corporis,* » et le corps est une étendue purement conçue ; il est à l'âme ce que l'objet d'une idée est à cette idée, ce que, par exemple, la définition du triangle est à l'idée de triangle. L'âme possède la raison, ce qui la rend capable de concevoir les choses au point de vue de l'éternité : « *sub specie œternitatis.* »

D'après Leibniz, le corps n'est même pas le contenu d'une idée, c'est-à-dire une étendue intelligible. Ce philosophe n'admet que des forces ; à ses yeux, par conséquent, l'âme est une force. Seulement, c'est une force consciente d'elle-même : « *vis sui conscia.* » De plus, l'âme humaine se distingue de l'âme des bêtes parce qu'elle est douée de raison. A ce titre, elle est capable de connaître le monde par la science, de pénétrer sa propre nature par la réflexion, et de s'élever jusqu'à Dieu par l'induction métaphysique.

A cet immatérialisme absolu, issu des doctrines cartésiennes, s'oppose un matérialisme hardi et conséquent, qui part de Bacon. Pour Hobbes, par exemple, ce qui est incorporel est abstraction pure. Les corps seuls sont réels. L'âme est un corps, mais ce corps est assez subtil pour ne faire aucune impression sur les sens.

Doctrines phénoménistes : Locke, Hume, Stuart Mill. — Locke est plus réservé que Hobbes ; il ne se prononce pas sur la nature de l'âme. Avec Descartes, il reconnaît que l'âme est un principe de pensée ; mais quelle est la nature de ce principe ? Est-il matériel ou ne l'est-il pas ? Locke déclare qu'il n'en sait rien. L'âme, dit-il, est un « je ne sais quel sujet qu'on suppose être le soutien » des phénomènes de la pensée.

Hume ne connaît pas les hésitations de Locke. Toute idée, dit-il, est « la copie d'une impression. » A toute idée dont l'objet est réel doit correspondre une impression déterminée. Or, aucune impression ne correspond à l'idée de substance ; donc il n'y a aucune substance, soit corporelle, soit spirituelle. Le moi ou l'âme n'est qu'un « faisceau de perceptions. » Tous les hommes, il est vrai, croient à l'identité et à la simplicité du moi, mais c'est là une illusion dont les lois de l'association suffisent à rendre compte.

Stuart Mill admet les idées de Hume. Le moi, selon lui, peut fort bien être conçu comme la série de nos sensations et de nos sentiments. Cependant, ce philosophe se fait à lui-même une objection qu'il estime décisive : « Si nous définissons le moi une série de sensations et de sentiments, comme le moi se connaît lui-même, nous sommes obligés d'admettre que le moi est autre chose qu'une série de sensations et de sentiments, ou de soutenir ce paradoxe, qu'une série peut se connaître soi-même, en tant que série. » Une série, en effet, ne peut pas se connaître soi-même ; car, ou chacun des termes connaît la série tout entière, et alors la connaissance est multipliée à l'infini ; ou chaque terme ne connaît que soi-même et peut-être quelques-uns des termes qui l'avoisinent, et alors la connaissance est fragmentée à l'infini. Dans aucun de ces deux cas, la série ne se connaît soi-même en tant que série.

Enseignement des matérialistes sur la nature de l'âme. — Ce raisonnement démontre l'impossibilité du phénoménisme de Hume, qui consiste à nier la substance. Les matérialistes sont moins absolus; ils se bornent à nier la substance incorporelle. Les admirables progrès de la physiologie en ces derniers temps, leur ont fait perdre de vue tout un aspect de la nature humaine. « La pensée, dit Moleschott, est au cerveau comme la bile est au foie. » D'après Karl Vogt, « les activités spirituelles ne sont que les fonctions du cerveau, et la physiologie se déclare catégoriquement contre une immortalité individuelle, et en général contre toutes les hypothèses qui se rattachent à l'existence d'une âme distincte. » Dubois-Raymond est plus modeste. « Pour ce qui est de l'énigme : qu'est-ce que la force ? qu'est-ce que la matière ? et comment peuvent-elles penser ? le naturalisme doit se résoudre une fois pour toutes à cet arrêt : *ignorabimus*. » Pour nier en connaissance de cause la spiritualité et l'immortalité de l'âme, il faudrait être en état de réfuter les raisons que donnent ceux qui affirment ces dogmes. Il faudrait par conséquent avoir étudié sérieusement la psychologie et la métaphysique. Ceci rappelle le mot de Leibniz : « Plût à Dieu que les médecins philosophassent. » Les arguments des métaphysiciens peuvent ne pas paraître concluants, mais au moins il faut en tenir compte.

L'âme d'après Kant. — Selon Kant, les métaphysiciens raisonnent mal quand ils concluent de l'unité de la pensée à l'unité du sujet pensant. Jamais nous ne pouvons considérer le sujet pensant en lui-même ; par conséquent nous n'avons pas le droit d'affirmer au nom de la science qu'il est une chose en soi. Il est une substance, pourtant, mais c'est parce qu'il est une volonté libre, impliquée dans le sentiment du devoir. On ne conçoit pas le devoir sans la liberté : « devoir implique pouvoir. » Si donc nous ne connaissons pas scientifiquement le moi, nous pouvons cependant l'affirmer comme un postulat du devoir. A ce titre, il est une force libre et immortelle.

Kant a voulu faire la part du phénoménisme de Hume ; pour cela il a renoncé à l'affirmation scientifique du moi comme substance ou chose en soi. Il admet cependant que la réalité du moi est objet de croyance.

L'âme d'après l'école spiritualiste du XIX⁰ siècle. — Reid a moins d'égards pour les conclusions de Hume ; il les rejette au nom du sens commun. « On ne peut, dit-il, concevoir une qualité sans sujet, un phénomène dégagé de toute substance, un faisceau de perceptions sans quelque chose qui les unisse. Mon identité personnelle, constatée par la mémoire, suppose l'existence continue de ce quelque chose d'invisible que j'appelle moi. » Royer-Collard pense comme Reid. Maine de Biran va plus loin : à son avis, le sujet pensant peut se saisir directement lui-même ; il le peut surtout par le sentiment de l'effort. D'après Jouffroy, ce qui distingue la psychologie de l'histoire naturelle et des autres sciences d'observation, c'est qu'en psychologie, l'observateur saisit directement la substance en même temps que les phénomènes. Jouffroy parle ici des phénomènes que l'âme produit, et non pas de ceux qu'elle subit. En cela, il se rencontre avec Maine de Biran. Il faut donc, ajoute-t-il, « rayer de la psychologie cette phrase consacrée : l'âme ne connaît que ses phénomènes. » M. Ravaisson estime aussi que, par la réflexion, l'âme se connaît elle-même tout entière, comme force d'abord, et en définitive comme amour, puisque force suppose tendance. On le voit, pour tous ces philosophes, l'âme est une chose en soi, capable de connaître, d'aimer et de vouloir.

Résumé. — Somme toute, trois solutions ont été données à cette question : qu'est-ce que l'âme ?

1º L'empirisme soutient que l'âme est une série de phénomènes.

2º Le matérialisme ne voit dans l'âme qu'une résultante des énergies de la matière.

3º Le spiritualisme affirme que l'âme est une substance distincte du corps et capable de lui survivre.

On ne conçoit pas une quatrième solution; car, ou l'âme est quelque chose ou elle n'est rien. Si elle est quelque chose, elle est une chose en soi ou une chose en une autre ; si elle est une chose en soi, elle est spirituelle ou matérielle.

Dire que l'âme n'est rien, on ne le peut; car l'âme est la cause de la vie, et le néant ne peut pas être cause de la vie.

Se retrancher dans l'inconnu, comme Locke et Stuart Mill (1), c'est renoncer sans raison suffisante à la solution d'un grand problème; car l'âme peut être connue par les phénomènes de la vie, dont elle est la cause. On peut même la connaître directement par la réflexion, quand elle manifeste son activité dans un sujet intelligent.

§ II. — Empirisme et Matérialisme.

Il n'y a pas lieu de s'arrêter longtemps à l'empirisme. L'exposé qui précède suffit à fournir de solides raisons de l'écarter.

L'empirisme est inadmissible. — 1° Tout phénomène suppose une substance, et toute série de phénomènes est impossible sans un lien qui unisse ces phénomènes. Par la conscience, d'ailleurs, notamment par le sentiment de l'effort, nous pouvons saisir cette réalité substantielle en action.

(1) Locke déclare ne pas savoir ce qu'est la substance de l'âme, et Stuart Mill définit le moi : « un récipient inconnu de sensations. » Locke et Stuart Mill sont des *agnostiques*. On appelle ainsi ceux qui prétendent que toute chose en soi, telle que la matière ou l'âme, échappe aux prises de l'esprit humain. Pour les agnostiques, Dieu est l'inconnaissable par excellence. Parmi les contemporains, Mansel, Bain, Spencer sont les principaux représentants de cette doctrine.

Dieu nous est connu par ses œuvres; nous ne pouvons le connaître parfaitement, parce que notre esprit est borné, mais nous pouvons déterminer quelques-uns de ses attributs. Nous savons qu'il est l'Etre parfait. Nous connaissons l'âme par les phénomènes qu'elle produit, et la matière par ses propriétés.

2° Une série de phénomènes ne peut se connaître soi-même en tant que série. En effet, comme nous l'avons déjà fait voir (Cf. page 248), si chaque terme de la série connaissait la série tout entière, la connaissance de l'âme serait multipliée à l'infini ; si, au contraire, chaque terme de la série ne connaissait que soi-même ou quelques-uns des termes qui l'avoisinent, la connaissance de l'âme serait fragmentée à l'infini. De toute façon, ces résultats vont à l'encontre des données claires de la conscience.

3° Le souvenir serait impossible sans l'identité du moi ; il implique cette identité (1).

Le phénoménisme est donc insoutenable, et nous restons en présence des deux plus célèbres solutions du problème de l'âme, le matérialisme et le spiritualisme.

Exposé du matérialisme. — Le matérialisme est très ancien, et il a passé par diverses phases. Personne ne pense plus, comme Lucrèce, que l'âme soit un corps. La plupart même des matérialistes contemporains désavouent la formule de Büchner : « Le cerveau sécrète la pensée comme les reins sécrètent l'urine », mais tous estiment que la pensée est une fonction du cerveau.

Les raisons sur lesquelles cette doctrine est fondée peuvent se résumer ainsi :

(1) C'est parce que le souvenir implique l'identité du moi que chaque homme affirme nettement son identité. Il la perçoit dans chacun de ses souvenirs. Cette ferme croyance ne saurait s'expliquer si l'on suppose que l'âme n'est qu'une série de phénomènes. Toute série est divisible : la série de nos phénomènes passés présente à notre esprit des lacunes considérables ; le moi est au contraire indivisible.

Les phénoménistes parlent beaucoup de ce qu'ils appellent les maladies de la personnalité, mais ces anomalies ne sont autre chose que des altérations de l'idée du moi. Un désordre grave des souvenirs, causé par une lésion cérébrale, peut faire perdre à un homme la notion claire de sa personnalité. Il ne cesse pas pour cela d'être une personne. Kant et beaucoup d'autres après lui, ont mal à propos confondu la personnalité avec le sentiment de la personnalité. L'enfant en bas âge, l'homme qui dort, le pauvre fou qui se croit roi ou prince, le malade en délire, l'alcoolique abruti, sont des personnes, qu'ils le sachent ou non. L'idée du moi et le moi sont choses distinctes. L'idée du moi peut s'altérer ; le moi demeure identique à lui-même.

1° Il y a une remarquable proportion entre le développement du cerveau et la puissance de la pensée : « *Grosse Koepfe, grosse Geister* », disait Karl Vogt. Lucrèce déjà avait dit dans le même sens :

Crescere sentimus pariterque decrescere mentem.

2° « Il n'y a, dit Darwin, aucune différence de nature entre les facultés mentales de l'homme et celles de l'animal. » L'homme est plus intelligent que l'animal, mais ce n'est là qu'une différence de degré. « L'homme, dit encore Darwin, est un parvenu de l'animalité. » Or le cerveau préside à toutes les connaissances que l'animal acquiert et dont il fait usage ; pourquoi ne serait-il pas l'organe de la pensée de l'homme ?

3° « La force ne va pas sans matière » ; c'est l'avis des plus célèbres matérialistes contemporains, Moleschott, Büchner, Karl Vogt. « L'analyse chimique ne découvre pas d'âme », dit Moleschott. Le baron d'Holbach, au XVIII° siècle, disait la même chose en d'autres mots : « Le moyen d'admettre l'existence d'une substance que l'on ne peut se représenter ? »

Examen et discussion. — Ces arguments ne sont pas concluants, et ils ont été, ce semble, habilement réfutés par les adversaires du matérialisme.

1° On ne saurait contester le rapport étroit de la pensée et du cerveau, mais il y a deux interprétations possibles de ce fait. On peut dire comme les matérialistes : le cerveau est le principe de la pensée ; on peut dire aussi, avec les spiritualistes : tant que dure l'union de l'âme et du corps, le cerveau est simplement la condition de la pensée humaine.

Il est bien vrai : quand l'action du cerveau est arrêtée, il n'y a pas de pensée. De même, l'expérience fait voir qu'une lésion cérébrale, fût-elle légère, peut amener la folie ou l'idiotisme, et que les facultés les plus hautes accompagnent d'ordinaire les cerveaux les plus développés. Mais conclure de là que le cerveau produit la pensée, c'est absolument comme si l'on disait qu'un excellent piano suffit à faire de très bonne musique. Privé de son instrument, le meilleur musicien demeure impuissant. Il en est presque de même si son instrument est faussé ou abîmé d'une façon quelconque. Cependant, personne n'a jamais songé à conclure de là qu'un très bon instrument pouvait remplacer un artiste.

D'ailleurs, les matérialistes ont exagéré la portée des faits. On peut s'en convaincre en lisant leurs propres écrits. Si, par exemple, ils prétendent que l'intelligence dans l'homme est en raison directe du poids du cerveau, l'expérience les met en face de faits qui contredisent cette assertion. « Le cerveau de Cuvier pesait 1830 grammes, celui de Byron 2238 gr., celui du poète russe Tourgueniew 2020 gr., celui de Cromwell 2231 gr. Mais on peut avoir beaucoup d'esprit à moins de frais : le cerveau de Broca pesait 1484 gr., celui de Dupuytren 1436, celui de Gambetta 1160 gr. Par contre, des cerveaux très pesants ont souvent appartenu à des idiots. Des hommes sans culture ont présenté jusqu'à 1900 gr. de cervelle (1). » Karl Vogt reconnaît volontiers que « les colosses du règne animal, les éléphants et les cétacés », ont beaucoup plus de cerveau et beaucoup moins d'intelligence que l'homme.

Le poids relatif du cerveau n'est pas non plus une mesure rigoureuse de la puissance intellectuelle ; autrement les petits singes d'Amérique et les oiseaux chanteurs auraient plus d'intelligence que l'homme (2).

Il en faut dire autant de tous les autres moyens d'évaluation signalés par les anthropologistes, tels que la capacité du crâne, l'ouverture de l'angle facial (3), le nombre des circonvolutions cérébrales. A tous ces points de vue, les moyennes, pour les diverses races humaines, sont sensiblement identiques, et les diffé-

---

(1) Guibert, *Anatomie et physiologie animales*, p. 399.
(2) Le poids relatif du cerveau est le poids de la masse cérébrale comparé au poids total du corps.
(3) L'angle facial a son sommet au point le plus saillant de la lèvre supérieure, et ses côtés se dirigent, l'un vers le milieu du front, l'autre vers le creux de l'oreille.

rences légères qu'elles présentent, ne répondent certainement pas aux différences de développement intellectuel que l'on remarque d'une race à l'autre.

2º Entre l'homme et l'animal, il y a une différence de nature, et non une simple différence du plus au moins. C'est la différence qui sépare la connaissance par les sens de la connaissance par la raison, l'image de l'idée.

Il est très facile de distinguer l'image et l'idée :

a) L'image est toujours la représentation d'un objet particulier; exemples : la figure de Pierre, la photographie de la Sainte Chapelle, tel triangle tracé au tableau. Au contraire, l'idée représente l'universel, ce qui est toujours et partout le même. L'idée d'homme, celle d'un monument religieux, celle du triangle en général, sont des représentations qui ne dépendent d'aucun temps ni d'aucun lieu.

b) D'ordinaire, l'image accompagne l'idée ; elle en est comme le support. Mais, dans certains cas, la différence de ces deux modes de représentation s'accuse très nettement ; ainsi l'image d'un myriagone est très confuse, tandis que l'idée correspondante demeure claire pour l'esprit. Le myriagone est une surface plane, limitée par dix mille côtés égaux.

c) Parfois enfin, les idées représentent des objets totalement dégagés de la matière ; l'idée de Dieu, celle d'esprit pur, celle de justice, celle de vérité, sont de cette nature.

Cela posé, l'animal n'a aucune représentation de l'universel. Il connaît par des images, jamais par des idées. Pour se convaincre que l'animal n'a aucune idée, il suffit de se rappeler certains faits caractéristiques de la vie animale :

α) Les bêtes ne parlent pas. Le langage articulé est le signe de l'idée. Quand un animal réussit à prononcer des mots, on remarque aisément qu'il ne comprend pas ce qu'il articule ;

β) Les bêtes ne possèdent aucune science. La science a pour objet l'universel, et l'universel leur est étranger;

γ) Elles n'ont pas de religion. Elles paraissent ignorer absolument l'invisible. La loi du devoir leur est tout aussi inconnue.

Leurs actes s'expliquent suffisamment par l'instinct, par « la consécution des images », comme disait Leibniz, et par une certaine sagacité naturelle, incontestable, sans doute, mais bien différente de l'intelligence. C'est s'abuser d'une façon singulière que de voir dans l'homme un parvenu de l'animalité. L'homme est un animal doué de raison ; la bête ne possède pas la raison.

3° La force, principe du mouvement de translation des corps, ne va pas sans matière ; cela est évident. Mais rien ne prouve que le principe de la pensée soit inséparable de la matière. La pensée n'est pas un mouvement de molécules. Jamais un mouvement moléculaire, quel qu'il soit, ne donnera l'idée d'une pensée. Sans doute, le principe immatériel de la pensée ne peut être représenté par une image ; on ne peut pas se le figurer ; mais il y a un autre moyen de connaître que celui qui consiste à imaginer. Ce qui fait, dit Descartes, que plusieurs ont de la difficulté « à connaître ce que c'est que leur âme, c'est qu'ils n'élèvent jamais leur esprit au delà des choses sensibles, et qu'ils sont tellement accoutumés à ne rien considérer qu'en l'imaginant, qui est une façon de penser particulière pour les choses matérielles, que tout ce qui n'est pas imaginable leur semble n'être pas intelligible (1). »

§ III. — LE SPIRITUALISME.

Les matérialistes ressemblent fort à des aveugles qui nieraient l'existence du soleil ; en tout cas, leur doctrine n'est pas prouvée, et il reste à demander aux spiritualistes s'ils ne peuvent pas expliquer la pensée d'une façon plus heureuse. De l'avis de ces derniers, la pensée n'est pas une fonction du cerveau ; elle en est même

---

(1) Descartes, *Discours de la Méthode*, IV° partie.

indépendante par nature : « C'est sans organe qu'on pense », a dit Aristote. Cette parole exprime très bien l'idée mère du spiritualisme.

Preuves du spiritualisme. — En fait, la pensée humaine dépend du cerveau, mais, comme toute pensée, elle est inorganique par nature. Trois faits le prouvent bien nettement :

1° *L'universalité de la connaisance intellectuelle.* — « Notre esprit juge des diverses natures de tous les corps, ce qu'il ne saurait faire, s'il était de la même nature que l'un d'entre eux. Quand la langue d'un malade, par exemple, est couverte de bile ou d'une humeur amère, elle ne peut plus percevoir le doux ; tout lui paraît amer. Notre principe intellectuel connaît tous les corps ; il est donc impossible qu'il soit lui-même un corps. Il est pareillement impossible qu'il comprenne au moyen d'un organe corporel ; car la nature particulière de cet organe l'empêcherait, pour la même raison, de connaître l'universalité des autres corps. Mettez entre votre œil et les choses un milieu diaphane d'une couleur particulière, les objets que vous apercevrez vous paraîtront tous de la même couleur. Le principe intellectuel appelé esprit ou intelligence, possède donc une opération spéciale que rien de corporel ne modifie (1). »

2° *L'abstraction.* — Non seulement nous connaissons tous les corps, mais nous connaissons la nature de chaque corps en ce qu'elle a d'universel. Quand un chimiste étudie les propriétés du soufre, il fait abstraction du lieu, du temps, des particularités du morceau de soufre qu'il a sous les yeux ; ce qu'il considère, c'est le soufre en général, et il est persuadé que les propriétés qu'il constate appartiennent à tous les morceaux de soufre, partout et toujours. Nous retenons aisément ce qui frappe notre attention, ce qui nous intéresse, ce que nous comprenons ; ces lois de la mémoire nous paraissent absolument indépendantes du temps, des lieux

---

(1) Saint Thomas. *Somme théologique,* I P. qu. LXXV, a. 2.

et des individus. Toute connaissance scientifique a ce caractère universel : elle est vraie partout, toujours et dans tous les cas semblables. Or l'universel est immatériel, car la matière a tout juste les caractères opposés à ceux de l'universel : elle est ceci, ici, maintenant. La table sur laquelle j'écris est distincte de toute autre table ; elle est placée dans la vaste salle de bibliothèque d'un ancien monastère, à Bordeaux, et nous sommes au 14 février 1900, toutes particularités parfaitement étrangères à l'idée générale de table. Cette idée étant immatérielle, l'esprit, qui la forme par abstraction, est immatériel lui aussi : à l'œuvre on connaît l'ouvrier (1).

3° *La réflexion.* — L'esprit humain n'a pas seulement le pouvoir de dégager l'universel du particulier ; il peut aussi se replier sur lui-même : à l'abstraction il joint la réflexion. C'est par réflexion qu'il connaît ses états de conscience et qu'il se connaît lui-même. Ce pouvoir de réfléchir, aucun organe ne le possède. « Quand je regarde ou que j'écoute, je ne sens ni l'ébranlement qui se fait dans le tympan que j'ai dans l'oreille, ni celui des nerfs optiques qui répondent au fond de l'œil. Lorsqu'ayant les yeux blessés ou le goût malade, je sens tout amer et je vois tout jaune, je ne sais point par la vue et par le goût l'indisposition de mes yeux ou de ma langue. J'apprends tout cela par les réflexions que je fais sur les organes corporels, dont mon seul entendement me fait connaître les usages naturels avec leurs dispositions bonnes ou mauvaises (2). »

Conclusion. — Ces preuves du spiritualisme, empruntées à saint Thomas, suffisent pour établir que le principe pensant est immatériel. Il n'est cependant pas inutile de rappeler l'expérience décisive qui a fait dire à Aristote le mot célèbre : « Ἄνευ ὀργάνου νοεῖ ἡ ψυχή. » Bossuet résume cette expérience en ces termes : « Tout ce qui nous touche trop violemment nous blesse. Les yeux

---

(1) C'est le vieil adage de la philosophie scolastique : « *operatio sequitur esse* », l'opération d'un être est conforme à sa nature, et réciproquement.

(2) Bossuet, *Traité de la connaissance de Dieu et de soi-même*, I. § VII.

trop fixement arrêtés sur le soleil, c'est-à-dire sur le plus visible de tous les objets, et par qui les autres se voient, y souffrent beaucoup, et à la fin s'y aveugleraient. Au contraire, plus un objet est clair et intelligible, plus il est connu comme vrai, plus il contente l'entendement et plus il le fortifie. La recherche en peut être laborieuse, mais la contemplation en est toujours douce. C'est ce qui a fait dire à Aristote que le sensible le plus fort offense le sens, mais que le parfait intelligible récrée l'entendement et le fortifie. D'où ce philosophe conclut que l'entendement, de soi, n'est point attaché à un organe corporel, et qu'il est, par sa nature, séparable du corps, ce que nous considérerons dans la suite (1). »

Cette conclusion semble s'imposer, et depuis Aristote, rien n'a été dit qui soit de nature à l'ébranler. Certains faits, au premier abord, paraissent difficilement conciliables avec la spiritualité de l'âme ; mais, à y regarder de près, ces faits prouvent simplement que l'âme, immatérielle de sa nature, est étroitement unie à un corps, au point de former un « tout substantiel » avec ce corps. Dès lors, les opérations les plus spirituelles de l'âme subissent nécessairement l'influence de l'état des organes. Les idiots ont le cerveau trop petit ; une lésion cérébrale engendre la folie ; certaines maladies causent le délire ; l'alcool, l'opium, le haschich, les narcotiques, sont des « poisons de l'intelligence » ; tout cela prouve simplement que, dans l'homme, par suite de l'union de l'âme et du corps, la pensée dépend, en fait, du bon état de l'organisme, et notamment de la puissance du cerveau.

Les matérialistes, en exposant avec tous les développements qu'ils comportent, les faits rappelés plus haut et beaucoup d'autres de même nature, ont pu croire le spiritualisme battu en brèche et condamné à disparaître. C'est qu'ils avaient affaire au spiritualisme cartésien, parfaitement résumé dans cette formule de Bonald :

---

(1) Bossuet, *Traité de la connaissance de Dieu et de soi-même*, I, xvii.

« L'homme est une intelligence servie par des organes. »
Déjà les Platoniciens disaient la même chose en d'autres
mots : « *Aiebant appendicem animi esse corpus.* »
(Cicéron).

Ce n'est pas cela. L'homme n'est pas, comme le dit
Platon, « une âme qui se sert d'un corps »; c'est un
composé « non pas artificiel, non pas accidentel, mais
substantiel de l'esprit et de la matière, de l'âme et du
corps, en sorte que ces deux substances ne forment dans
l'homme qu'un seul supposé, un seul individu, une seule
personne. » (Ventura).

Telle est la doctrine d'Aristote, développée par saint
Thomas. Elle représente le vrai spiritualisme. Etudiée à
la lumière des sciences modernes, elle permet d'interpréter sagement les faits sans qu'on soit amené à dire,
comme les matérialistes, que l'âme est un corps ou
quelque chose du corps.

OUVRAGES CONSULTÉS :

BOSSUET :	*Connaissance de Dieu et de soi-même.* (I. § VII et § XVII.)
CARO :	*Le Matérialisme et la Science.*
DESCARTES :	*Discours de la Méthode.* (IV⁰ partie.)
—	*Deuxième méditation.*
EPICTÈTE :	*Entretiens.*
FARGES :	*Le cerveau, l'âme et les facultés.*
FONSEGRIVE :	*Eléments de philosophie.* (II⁰ partie.)
GUIBERT :	*Anatomie et physiologie animales.*
JANET :	*Le matérialisme contemporain.*
JANET ET SÉAILLES :	*Les problèmes et les écoles.*
JOUFFROY :	*Nouveaux mélanges.* (Mémoire sur l'organisation des sciences philosophiques).
SÉNÈQUE :	*Lettres.*
SPINOZA :	*Ethique.*
SAINT THOMAS :	*Somme théologique.* (I P. Qu. 75.)
—	*Des puissances de l'âme.*

CHAPITRE XIII.

L'AME ET LE CORPS.

LA PERSONNALITÉ HUMAINE.

Les spiritualistes s'accordent à reconnaître que l'âme est immatérielle, mais il y a entre eux de graves divergences de vues lorsqu'il s'agit de définir nettement l'union de l'âme et du corps. Selon les uns, cette union est substantielle ; pour les autres, elle n'est qu'un accident. Le composé humain, d'après Aristote, est une substance, un être en soi, formé de deux autres êtres. Platon soutient que le corps n'est que l'instrument de l'âme. Il n'est pas un être en soi : « τὸ ὄν ; » il est l'être d'un autre être : « Τὸ ὄντος ὄν. » Saint Thomas pense comme Aristote ; mais Descartes, à l'exemple de Platon, estime que l'âme est unie au corps comme le moteur au mobile, comme le cavalier à son cheval, comme le batelier à son bateau. Parmi les spiritualistes contemporains, de Bonald, Cousin, Jouffroy et beaucoup d'autres s'inspirent de Descartes en ce point. Il importe d'examiner où est la vérité, car une fausse conception de l'homme peut entraîner les plus graves erreurs. Si on définit mal la personne humaine, il peut arriver, par exemple, que beaucoup d'hommes se croiront dégagés de toute responsabilité morale. S'il était prouvé que je ne suis pas aujourd'hui la même personne qu'il y a dix ans, pourquoi m'inquiéterais-je de mes actes d'autrefois ? Ils ne m'appartiendraient pas et ne me regarderaient plus. La question est sérieuse. Pour être en état de la résoudre, il faut étudier d'abord le spiritualisme cartésien.

§ I. — L'union de l'ame et du corps d'après Descartes, Malebranche et Leibniz.

Descartes, on s'en souvient, estime que l'âme « est une substance dont toute l'essence ou la nature n'est que de penser (1). » Dès lors, comment s'expliquer les mouvements du corps ? — Par un mécanisme, tout comme s'il s'agissait des mouvements d'une montre ou d'une horloge. Ceci, dit Descartes, ne semblera nullement étrange à ceux qui savent « combien de divers automates ou machines mouvantes l'industrie des hommes peut faire sans y employer que fort peu de pièces, à comparaison de la grande multitude des os, des muscles, des nerfs, des artères, des veines et de toutes les autres parties qui sont dans le corps de chaque animal (2). »

Le mécanisme de Descartes et les esprits animaux. — « Considérons ce corps comme une machine qui, ayant été faite des mains de Dieu, est incomparablement mieux ordonnée, et a en soi des mouvements plus admirables qu'aucune de celles qui peuvent être inventées par les hommes (3). »

La cause de ces mouvements se trouve dans les esprits animaux, « qui sont comme un vent très subtil, ou plutôt comme une flamme très pure et très vive, qui, montant continuellement en grande abondance du cœur dans le cerveau, se va rendre de là par les nerfs dans les muscles (4). » C'est l'âme qui, par son action sur la petite glande où elle réside au milieu du cerveau, envoie les esprits animaux dans les nerfs, afin de mouvoir les muscles et tout le corps. A son tour, elle subit les impressions des objets extérieurs, par la concentration des esprits animaux autour de la petite glande centrale du cerveau. « La petite glande, qui est le principal

---

(1) *Discours de la Méthode*, 4º partie.
(2) *Discours de la Méthode*, 5º partie.
(3) Ibidem.
(4) Ibidem.

siège de l'âme, est tellement suspendue entre les cavités qui contiennent ces esprits, qu'elle peut être mue par eux en autant de diverses façons qu'il y a de diversités sensibles dans les objets ; elle peut aussi être diversement mue par l'âme, laquelle est de telle nature qu'elle reçoit autant de diverses impressions en elle, c'est-à-dire qu'elle a autant de diverses perceptions qu'il arrive de divers mouvements en cette glande. Réciproquement, la machine du corps est tellement composée que, de cela seul que cette glande est diversement mue par l'âme ou par telle autre cause que ce puisse être, elle pousse les esprits qui l'environnent vers les pores du cerveau, qui les conduisent par les nerfs dans les muscles, au moyen de quoi elle leur fait mouvoir les membres (1). »

L'occasionnalisme de Malebranche. — A cette explication toute mécanique, et par le fait inacceptable, puisque l'âme est inétendue, Malebranche a substitué une explication théologique qui ne vaut pas mieux. « Ainsi, quoique Dieu seul agisse dans les esprits, que tous les corps soient impuissants, il a dû unir les esprits aux corps, afin que ces deux substances puissent être l'une à l'autre causes occasionnelles des changements qui leur arrivent. Il a dû donner aux esprits, à l'occasion de ce qui se passe dans leurs corps, cette suite de sentiments qui est le sujet de leur mérite et la matière de leur sacrifice. Il a dû donner au corps, à l'occasion des désirs de l'âme, cette suite de mouvements et de situations qui est nécessaire à la conservation de la vie. Rien n'est plus sage, rien n'est plus simple, rien n'est mieux réglé (2). »

L'harmonie préétablie de Leibniz. — C'est très simple, en effet, mais on peut simplifier encore ; c'est du moins ce que Leibniz a voulu faire. Ce philosophe estimait qu'il ne convient pas de faire intervenir Dieu

---

(1) *Traité des passions de l'âme*, art. XXXIV.
(2) *Méditations chrétiennes*, IX, 15.

sans cesse pour produire les mouvements de l'âme à l'occasion de ceux du corps, et les diverses modifications de l'organisme à l'occasion des actes de l'âme. Cette supposition fait ressembler Dieu à un artisan malhabile, qui se voit obligé d'intervenir sans cesse pour régler ses machines. Il n'en va pas ainsi. L'âme et le corps sont comparables à deux chronomètres habilement construits et parfaitement réglés ; quelle que soit la distance qui les sépare, ils marquent toujours la même heure. Aucune influence de l'un sur l'autre, mais seulement un accord préalable établi par l'horloger. « L'âme suit ses propres lois et le corps aussi les siennes ; et ils se rencontrent en vertu de l'harmonie préétablie entre toutes les substances, puisqu'elles sont toutes des représentations d'un même univers (1). » L'harmonie préétablie est une influence idéale d'une monade (2) sur l'autre, qui ne peut avoir son effet que par l'intervention de Dieu, en tant que, dans les idées de Dieu, une monade demande avec raison que Dieu, en réglant les autres dès le commencement des choses, ait égard à elle; car puisqu'une monade créée ne saurait avoir une influence physique sur l'intérieur de l'autre, ce n'est que par ce moyen que l'une peut avoir de la dépendance de l'autre (3). »—« Les âmes agissent selon les lois des causes finales, par appétitions, fins et moyens. Les corps agissent selon les lois des causes efficientes ou des mouvements. Et les deux règnes, celui des causes efficientes et celui des causes finales sont harmoniques entre eux (4). »—« Ce système fait que les corps agissent comme si, par impossible, il n'y avait point d'âmes, et que les âmes agissent comme s'il n'y avait point de corps, et que tous deux agissent comme si l'un influait sur l'autre (5). »

(1) *Monadologie*, 78.
(2) La monade est l'unité de force. Elle est simple, c'est-à-dire sans parties. Les monades, d'après Leibniz, sont les éléments des choses ; elles sont les vrais atomes de l'univers.
(3) *Monadologie*, 51.
(4) *Monadologie*, 79.
(5) *Monadologie*, 81.

Appréciation. — C'est là précisément ce qui fait l'erreur du système : l'unité de la nature humaine est méconnue. Leibniz n'explique pas la ferme croyance de tous les hommes à l'unité du moi. Chacun de nous s'attribue les actes de son corps comme ceux de son âme ; nous disons également bien : je digère, je sens, je réfléchis. L'âme et le corps forment un tout naturel, substance unique, toujours semblable à elle-même, en dépit des variations accidentelles qu'elle subit.

De plus, si Dieu a réglé dès le commencement les relations de l'âme et du corps, ou s'il règle ces relations à mesure que les faits se produisent, quelle part reste-t-il à l'initiative de l'homme ? Dans les deux cas, Dieu est acteur unique, et il n'y a pas de place pour la liberté humaine.

L'hypothèse des esprits animaux avait sans doute, et à bon droit, paru insuffisante à Malebranche et à Leibniz, car elle ne repose sur rien et n'explique rien, mais l'occasionnalisme et l'harmonie préétablie ne sont pas plus fondés, ni mieux en harmonie avec les faits. Il faut chercher ailleurs une explication plus satisfaisante.

§ II. — Le composé humain.

L'âme, dit Aristote, est la forme du corps. Si on se reporte à la théorie du même philosophe sur la composition des corps (1), on comprendra sans peine le sens de cette formule.

Union substantielle, non accidentelle. — D'après Aristote, l'âme et le corps, substances distinctes, forment un composé qui est lui-même une substance à part, bien différente de chacun de ses composants. Par son union avec l'âme, le corps ne perd rien de son poids ni de son étendue, mais il est vivant et possède la propriété de sentir. L'âme, de son côté, ne pourrait, sans le corps, percevoir les objets matériels ; elle ne pourrait

---

(1) Voyez pages 188-195.

se les représenter quand ils sont hors de la portée des sens ; elle ne pourrait par conséquent suivre la loi fondamentale de la pensée humaine, d'après laquelle nous ne pensons point sans image : « οὐδὲν ἄνευ φαντάσματος νοεῖ ἡ Ψυχή. » Si on fait les réserves qui s'imposent, on peut se rendre compte de l'union de l'âme et du corps telle qu'Aristote la concevait, en la comparant à une combinaison chimique.

Des charbons ardents, exposés dans une chambre close, vicient promptement l'air de cette pièce : le charbon se combine avec l'oxygène de l'air pour former de l'oxyde de carbone, qui est un poison pour l'organisme. Or, dans l'oxyde de carbone, il serait impossible de découvrir, à l'aide du miscroscope le plus puissant, aucune molécule d'oxygène ou de carbone, et il en est ainsi de tout composé chimique : la molécule du composé est d'une tout autre nature que les molécules ou les atomes des composants. Au contraire, dans l'air atmosphérique, l'oxygène et l'azote sont simplement mélangés : l'azote, impropre à la respiration, modère l'action de l'oxygène, mais les atomes de ces gaz demeurent distincts ; ils ne sont que juxtaposés. Cette simple juxtaposition rappelle l'union de l'âme et du corps d'après les théories de Descartes, de Malebranche et de Leibniz ; elle symbolise l'union accidentelle de l'âme et du corps, tandis que la combinaison chimique représente assez bien l'union substantielle de ces deux éléments. Sans doute, dans l'union substantielle, le corps et l'âme conservent quelques-unes de leurs propriétés spéciales, mais le mode d'union est le même que celui des corps qui entrent dans une combinaison pour former une substance nouvelle.

Fondements de cette théorie. — La conception aristotélicienne des rapports de l'âme et du corps offre un avantage incontestable : elle explique l'unité de la nature humaine. Si l'âme et le corps sont unis en une seule substance, c'est à bon droit que nous attribuons au même moi les actes les plus divers, tels que la digestion, la sensation et la pensée. D'autre part, en raison de cette union substantielle, on comprend que des actes très peu semblables, accomplis par la même personne, soient parfois entravés l'un par l'autre. Une digestion laborieuse diminue l'activité intellectuelle, et un sommeil profond l'interrompt complètement. Par contre, si la pensée est trop intense, elle affaiblit les fonctions végétatives ; elle peut même empêcher la sensation. Les hommes d'étude ne digèrent pas aisément une nourriture grossière, et quand l'esprit est absorbé par un problème à résoudre, on ne voit rien, on n'entend rien autour de soi. Il est impossible de comprendre ces faits si l'on suppose que le corps et l'âme n'ont entre eux que des relations accidentelles. Le simple parallélisme n'est pas l'union : si la pensée suit ses propres lois comme si elle était seule, et si les mouvements du corps sont indépendants de ceux de l'âme, il ne se peut que le travail de l'intelligence gêne la nutrition ou réciproquement.

En harmonie avec les faits d'observation journalière, la théorie aristotélicienne du composé humain a aussi pour elle les données de la science. D'après Aristote, en effet, l'âme est la forme du corps ; par conséquent elle donne au corps son être, sa nature et sa vie. Il ne faut pas dire que le corps contient l'âme ; c'est le contraire qui est vrai : l'âme contient le corps ; elle lui donne d'être ce qu'il est. La forme substantielle d'un corps, en effet, est le principe déterminant de ce corps, ce par quoi ce corps est tel corps plutôt que tel autre. D'après cela, c'est l'âme qui organise le corps, c'est elle qui le conserve, c'est elle qui le répare. Or, l'embryogénie moderne constate que le principe de vie construit peu à peu l'organisme dont il doit se servir. D'autre part, tout membre d'un corps vivant cesse de vivre dès qu'il est séparé de ce corps ; en peu de jours il se corrompt et se désagrège. Enfin, c'est un principe très connu que le médecin se borne à venir en aide à la nature ; jamais il ne la remplace. Quand l'énergie vitale est épuisée, les remèdes sont impuissants à conjurer la mort. C'est l'âme qui triomphe de la maladie; en ce sens, tout homme est son propre médecin. C'est l'âme aussi qui guérit les blessures du corps, pourvu qu'aucun organe essentiel ne soit atteint.

D'après la théorie des formes substantielles, l'âme, forme du corps, ne peut s'unir à lui que si la matière dont il est composé a été convenablement préparée à cette union. Une forme substantielle ne peut déterminer une matière quelconque (1) ; telle forme, telle matière. Par le fait, dès qu'une matière cesse d'être appropriée à une forme donnée, l'union des deux principes se dissout. La séparation de l'âme et du corps est donc simplement la conséquence d'une grave altération de l'organisme. La mort n'est pas la cause de la décomposition du corps ; elle en est plutôt la conséquence. La dissolution de l'organisme après la mort n'est que la continuation d'un travail commencé dans l'être vivant. La vieillesse, la maladie, une décomposition subite du sang, altèrent la matière vivante au point qu'elle devient impropre à la vie. Une fois de plus, les faits sont d'accord avec la théorie, et cela donne à penser qu'Aristote a bien défini l'union de l'âme et du corps. S'il n'a pas expliqué le mystère de cette merveilleuse union, tout au moins la formule qu'il en a donnée mérite d'être retenue. Elle paraît définitive : l'âme est vraiment la forme du corps.

Définition de l'homme. — Il suit de là qu'on ne peut, avec de Bonald, définir l'homme : « une intelligence servie par des organes. » L'âme humaine, en effet, n'est pas simplement une intelligence, une « chose pensante », comme Descartes l'a dit; elle est aussi le principe de vie d'un corps. Elle n'est pas non plus simplement servie par des organes, elle est étroitement unie à des organes. La plume, à l'aide de laquelle j'écris ces lignes, diffère beaucoup de ma main qui trace les caractères : toutes deux, il est vrai, concourent à mon écriture présente ;

(1) Voyez ce qui a été dit des formes substantielles, pages 188 et suivantes.

mais l'une n'est qu'un instrument, tandis que l'autre fait partie de ma personne La plume n'est pas, comme la main, unie à l'âme de celui qui écrit et vivifiée par cette âme. De Bonald, par sa définition de l'homme, résume assez bien la doctrine de Platon, celle d'Origène et celle de Descartes sur la nature humaine, mais ces doctrines ne sont pas en harmonie avec les faits. Lamartine a dit :

> Borné dans sa nature, infini dans ses vœux,
> L'homme est un dieu tombé qui se souvient des cieux.

La nature humaine est bornée, et « l'homme n'est créé que pour l'infinité, » comme dit Pascal, mais il n'est pas un Dieu, ni un ange déchu, et il ne se souvient pas d'une existence antérieure à sa vie présente.

Faut-il voir en lui, comme Darwin, « un parvenu de l'animalité ? » — Non, la vérité est entre ces deux extrêmes ; elle ne comporte

> Ni cet excès d'honneur, ni cette indignité.

« L'homme n'est ni ange ni bête », dit Pascal ; il tient le milieu entre l'ange et la bête. Comme l'ange, il est intelligent ; comme la bête, il se nourrit, il sent, il a des appétits. C'est un animal doué de raison. Parce qu'il possède la raison, il parle, il réfléchit, il connaît l'universel. L'animal sans raison peut bien quelquefois articuler des mots, mais il ne compose jamais des signes pour exprimer une pensée ; il est incapable de réflexion, et sa connaissance ne dépasse jamais ce qui est individuel et concret. Il n'a ni science, ni art, ni religion, ni morale. L'homme, au contraire, dit M. de Quatrefages, est « un animal moral et religieux. »

§ III. — La personne humaine.

A ce titre, il est une personne ; car on appelle de ce nom tout individu de nature raisonnable. C'est la définition donnée par les théologiens (1), acceptée en droit civil et

---

(1) Cette définition est de Boèce.

reçue par l'usage. Les philosophes cependant ont souvent donné d'autres définitions du moi ou de la personne. Il importe de les passer brièvement en revue ; car la question de la personnalité humaine est étroitement liée avec celle de la responsabilité morale.

La personnalité d'après Descartes et Kant. — Descartes identifie le moi et l'âme, parce qu'il méconnaît la véritable nature de l'union de l'âme avec le corps. Le moi est à la fois âme et corps ; il n'est pas simplement une intelligence qui se sert d'un corps. Pour Kant, la personnalité consiste dans la conscience de soi. Si cela était, il en résulterait que l'enfant en bas âge, que l'homme endormi, que tout être humain momentanément privé de la pleine possession de lui-même, ne sont pas des personnes. La personnalité n'est pas un accident heureux, elle tient à la nature même de l'homme.

La personnalité d'après l'école spiritualiste de Cousin. — Il faut dire la même chose d'une autre conception de la personnalité, celle de Maine de Biran, adoptée par Cousin et Jouffroy. D'après ces philosophes, la personnalité est la maîtrise de soi. Celui-là est vraiment une personne qui sait commander à lui-même et aux autres. — Evidemment on confond ici la personnalité avec ce qui en est le couronnement. La maîtrise de soi est le plein développement de la personnalité, mais elle ne la constitue pas. L'enfant est une personne, bien qu'il ait à faire la conquête de lui-même. Sa personnalité est imparfaite, mais elle est indéniable, car il possède les deux caractères essentiels de la personne, qui sont l'individualité et la raison. Quant à la liberté, elle n'est qu'une conséquence de la raison : l'homme est libre parce qu'il est raisonnable.

La personnalité d'après l'école positiviste. — Les doctrines positivistes sur la personne humaine s'écartent beaucoup plus de la vérité que les précédentes. Pour Taine, le moi est un polypier d'images, une synthèse d'événements. Cela rappelle la formule donnée par un disciple de Condillac pour résumer la doctrine de ce philosophe : « Le moi est une collection de sensations. » Auparavant, Hume l'avait défini : « un faisceau de perceptions. » — Ces thèses sont insoutenables, pour des raisons déjà indiquées plus haut(1), et que nous rappelons en peu de mots :

1° Tous les hommes croient que le moi est un, indivisible, toujours identique à lui-même. Il faudrait expliquer cette croyance de sens commun. Elle s'explique tout naturellement, si l'on admet que le souvenir suppose l'identité du moi.

2° Une série d'événements, comme le remarque Stuart Mill, ne peut se connaître soi-même en tant que série (2).

3° On ne conçoit pas, dit Reid, « une qualité sans sujet, un phénomène dégagé de toute substance, un faisceau de perceptions sans quelque chose qui les unisse. »

Les maladies de la personnalité, dont les positivistes font grand bruit, peuvent s'expliquer autrement que par leur définition de la personne humaine. Une personne se croit double ; une autre se trompe sur son identité ; une troisième présente alternativement diverses manières d'être ; cela prouve que l'idée du moi est altérée dans ces personnes, mais non pas que le moi ait vraiment cessé d'être lui-même. L'idée que chaque homme possède de sa personnalité dépend de ses souvenirs, et on sait que la mémoire est sujette à divers accidents, comme l'amnésie, l'hypermnésie, l'alternance, l'aliénation mentale, la double personnalité (3). Ces trois dernières maladies

---

(1) Voyez chapitre XII, pages 248, 250, 251, 252.

(2) « En appelant l'esprit une série de sentiments qui se connaît elle-même comme passée et à venir, nous sommes réduits à l'alternative de croire que l'esprit ou *moi* est autre chose que les séries de sentiments, ou bien d'admettre le paradoxe que quelque chose qui *ex hypothesi* n'est qu'une série de sentiments, peut se connaître soi-même en tant que série. » (Stuart Mill, *Philosophie d'Hamilton*, p. 234, 235).

(3) L'amnésie est une disparition partielle ou totale des souvenirs ; le vieillard qui ne se souvient plus des noms propres a une amnésie partielle.

L'hypermnésie est une surexcitation cérébrale qui ravive tout à coup

sont improprement appelées maladies de la personnalité. A vrai dire, elles sont des maladies de mémoire.

Rien ne prouve donc que la personnalité humaine soit une synthèse d'états de conscience. Elle n'est pas davantage « une synthèse de pouvoirs (1), » car les animaux ont des pouvoirs, et ils ne sont pas des personnes. Dirons-nous avec Stuart Mill que le moi est « un récipient inconnu de sensations, » ou avec Locke, qu'il est « je ne sais quel sujet qu'on suppose être le soutien » des phénomènes de la pensée? — Cela n'est pas admissible, car le moi est connu par les actes qu'il produit, et par les raisonnements que nous pouvons faire sur ces actes. Les propriétés de la pensée nous mettent en mesure de déterminer celles du sujet pensant.

1° La pensée humaine n'est pas purement spirituelle, elle est toujours accompagnée d'un élément sensible, d'une image qui lui sert de signe. C'est que l'homme est à la fois âme et corps.

2° La pensée est une. On ne conçoit pas ce que peut être un fragment de pensée. « Penser, c'est unir, » disait Kant. Le moi, principe de la pensée, est donc un, lui aussi, bien que composé d'âme et de corps. Il est un sans être simple. L'union de l'âme et du corps et leur séparation possible n'empêchent pas l'unité fondamentale du sujet pensant.

3° La pensée est permanente. Ses lois fondamentales ne varient pas, et les vérités que l'esprit découvre sont

certaines impressions passées, auxquelles d'ailleurs, le sujet n'avait prêté qu'une attention médiocre. Une cuisinière récitait, dans son délire, de longues tirades d'hébreu rabbinique, que son maître reconnut comme ayant été prononcées par lui dans un corridor attenant à la cuisine.

Dans l'alternance, les souvenirs d'une époque donnée sont interrompus par l'amnésie totale ; ils reparaissent ensuite, sauf à disparaître de nouveau, et ainsi de suite.

La double personnalité consiste dans le parallélisme de deux séries de souvenirs très différents, qui font qu'une personne humaine présente comme deux caractères, le moi et l'autre. Au moi, elle attribue certaines actions, et à l'autre, des actions très peu semblables aux premières.

(1) Elie Rabier, *Psychologie*.

elles-mêmes définitives. Le moi demeure lui aussi identique à lui-même. Ses variations ne sont qu'à la surface. L'idée qu'il a de son identité peut changer, mais son identité persiste.

4° La pensée ne dépend pas nécessairement de l'organisme. « C'est sans organe qu'on pense, » dit Aristote. De même, la dissolution du corps n'entraîne pas nécessairement l'anéantissement du moi. Sa partie principale, l'âme, peut survivre au corps et elle lui survit en effet.

Pour conclure, la personne humaine est un individu doué de raison, et par le fait, libre, toujours au fond semblable à lui-même et appelé à une vie sans terme. Les doctrines positivistes ne renferment rien qui puisse prévaloir contre cette conception traditionnelle du moi humain. Ce fondement nécessaire de la morale subsiste donc; sous certaines conditions, les hommes sont responsables de leurs actes, et ils ont raison de redouter ou d'espérer les sanctions d'outre-tombe.

OUVRAGES CONSULTÉS :

Dr AZAM :	*L'Hypnotisme.*
BOÈCE :	*De la Trinité.*
DESCARTES :	*Discours de la Méthode.*
id.	*Traité des passions de l'âme.*
LEIBNIZ :	*Monadologie.*
MALEBRANCHE :	*Méditations chrétiennes.*
RABIER :	*Psychologie.*
STUART MILL :	*Philosophie d'Hamilton.*
TAINE :	*De l'Intelligence.*

CHAPITRE XIV.

L'IMMORTALITÉ DE L'AME.

L'espérance et la crainte qui ont pour objet les récompenses et les châtiments de la vie future sont des sentiments communs à tous les peuples, et il s'en faut de beaucoup que les conclusions des philosophes, prises dans leur ensemble, contredisent les croyances populaires à cet égard ; tous ou presque tous ont admis que l'âme est immortelle.

§ I. — L'IMMORTALITÉ DE L'AME D'APRÈS LES PHILOSOPHES.

Si l'on en croit Cicéron (1), c'est Phérécyde qui, le premier parmi les sages (2), affirma le dogme de la vie future. « *Pherecydes syrius primus dixit animas hominum esse sempiternas.* » L'école de Pythagore le suivit dans cette voie ; seulement, les pythagoriciens admettaient la métempsycose ou transmigration des âmes (3).

Socrate et Platon. — Dans les *Mémorables de Socrate*, composés par Xénophon, on ne trouve pas un mot sur l'immortalité de l'âme. Mais cette doctrine est le complément naturel de la philosophie morale et religieuse

---

(1) Tusculanes, I, xvi.
(2) Phérécyde, philosophe de l'île de Scyros, fut l'élève de Pittacus et le maître de Pythagore. Il vivait au vi° siècle avant J.-C.
(3) D'après le principal enseignement de la philosophie de Pythagore, l'âme, à la mort, passe dans un autre corps. Cette idée est empruntée à la philosophie orientale. Pythagore se vantait de savoir dans quels corps son âme avait résidé avant d'occuper celui qu'elle habitait alors.

de Socrate; de plus, c'est Socrate qui, dans le *Phédon* (1), cherche à prouver que l'âme est immortelle. Les arguments qu'il fait valoir ne sont pas tous de lui, sans doute, mais jamais Platon ne l'eût choisi pour défendre l'immortalité, si cette doctrine n'eût été étroitement liée à l'enseignement socratique. Il est très vraisemblable d'ailleurs, que Socrate ait occupé ses derniers moments à disserter sur l'immortalité ; seulement, il n'affirme pas d'une façon positive que l'âme est immortelle. Ses assertions à ce sujet sont mêlées de quelque doute ; l'immortalité, pour lui, « est un beau risque à courir. »

D'après Platon, non seulement l'âme est immortelle, mais elle est éternelle. Elle a existé avant d'être unie au corps, et elle survit à la dissolution du corps. Elle peut passer, d'ailleurs, dans un autre corps. Elle peut même subir diverses transmigrations, qui ont pour objet de la purifier. Seule, au reste, l'âme intelligente « τὸ διανοητικόν, » celle qui réside dans la tête, survit au corps ; les deux autres périssent avec lui (2).

Aristote. — On le voit, Platon a emprunté quelque chose aux pythagoriciens ; comme eux, il admet la métempsycose. Aristote, au contraire, soutient que la transmigration des âmes est impossible. L'âme, en effet, est la forme du corps ; par le fait même, elle ne peut être sans le corps, de même qu'il est impossible de voir sans yeux ou de marcher sans pieds. L'âme n'est pas seulement la forme d'un corps quelconque, elle est la forme de tel corps déterminé ; donc elle ne peut passer d'un corps dans un autre.

Faut-il conclure de là qu'elle périt avec le corps ? —

---

(1) Le *Phédon* est un dialogue de Platon sur l'immortalité. Voyez dans notre *Histoire de la philosophie* (chapitre VII, § 2, pages 97, 98, 99), l'exposé et l'appréciation des arguments de Platon pour prouver que l'âme est immortelle.

(2) Selon Platon, l'homme aurait trois âmes : l'ἐπιθυμία, principe des actes de la vie inférieure, résiderait dans le ventre ; le θύμος, foyer des passions généreuses, aurait son siège dans le cœur ; enfin le Νοῦς ou intelligence, occuperait la tête.

Les interprètes disputent à ce sujet. Au xvi° siècle, c'était une grosse question de savoir si Aristote admettait ou non l'immortalité de l'âme. De nos jours, encore, M. Zeller est pour la négative. Cependant l'examen des textes fait voir que si, d'après Aristote, quelque chose de l'âme périt avec le corps, quelque chose aussi survit au corps. Sans doute, la mort entraîne de grands changements : l'âme n'a plus besoin d'aliments, elle ne souffre plus du froid ni de la chaleur, elle ne voit plus et n'entend plus, elle ne peut plus se représenter les objets corporels ni en conserver le souvenir sensible ; enfin elle n'a plus de passions, mais sa pensée persiste. Le Νοῦς, dit Aristote, est une substance qui n'est pas destinée à périr : « οὐσία τις οὐ φθείρεσθαι » ; (1) c'est la seule partie de notre être qui soit séparable, « τοῦτο μόνον ἐνδέχεται χωριστὸν εἶναι. » (2) Une fois séparé, c'est alors seulement qu'il est ce qu'il est : « Χωρισθεὶς δέ ἐστι μόνον ὅπερ ἐστί, » et seul, il est immortel et éternel : « καὶ τοῦτο μόνον ἀθάνατον καὶ ἀΐδιον. » (3)

Ces textes paraissent décisifs : Aristote soutient que le principe pensant est immortel. Mais peut-on dire avec certains commentateurs (4) que l'immortalité dont il s'agit ici est une immortalité purement impersonnelle ? Après la mort, disent-ils, l'intelligence perd conscience d'elle-même et s'absorbe en Dieu. — Aristote ne parle nulle part d'absorption de l'intelligence en Dieu ; s'il avait voulu dire cela, il l'aurait dit ; la chose en vaut la peine.

Il semble donc manifeste qu'Aristote, comme Platon, admet l'immortalité du principe pensant ; seulement,

(1) *De Anima* (I, 4, 408, b. 19.)
(2) *Ibidem* (II, 2, 403, b. 26.)
(3) *Ibidem* (III, 5, 450, a. 17.)
(4) Il s'agit surtout ici des commentateurs arabes, et notamment d'Averroès. Ce philosophe affirmait la thèse fameuse de l'*Unité de l'Intellect*, appelée plus tard par Cousin : la *Raison impersonnelle*. D'après cette thèse, notre raison ne serait pas seulement éclairée par l'intelligence divine, elle serait l'intelligence divine elle-même, en sorte que l'intelligence ne serait point un élément de la personne humaine.

dans Platon, la part de la personnalité après la mor[t]
plus large, tout au moins plus manifeste.

Epicuriens et Stoïciens. — Epicure n'est pas du m[ême]
avis que ces grands philosophes, et Lucrèce, son [dis-]
ciple enthousiaste, nie audacieusement l'immorta[lité.]
Son argumentation est celle des matérialistes de t[ous]
les temps : l'âme grandit et décroît avec le corps, d[onc]
elle périt avec lui.

La doctrine des stoïciens est plus flottante. Zén[on,]
fondateur du stoïcisme, pensait que l'âme persiste ap[rès]
la mort, bien qu'elle soit périssable. En général, leur a[vis]
était que « l'âme vit comme les corneilles, pas toujou[rs,]
mais longtemps » (1). Mais l'accord sur ce point ét[ait]
loin d'être parfait : selon Cléanthe, toutes les âmes s[ur-]
vivent au corps; selon Chrysippe, cela est réservé a[ux]
âmes des sages. Panétius est le seul stoïcien con[nu]
comme ayant nettement nié l'immortalité de l'âme. [A]
mesure que l'influence chrétienne se fait sentir, [la]
croyance à l'immortalité prend plus de consistance da[ns]
l'école. Sénèque a des paroles tout à fait semblables [à]
celles de l'Eglise catholique : « Ce jour que vous regard[ez]
comme le dernier de vos jours, est celui de votre nai[s-]
sance pour l'éternité. » (2) Epictète et Marc-Aurèle so[nt]
moins affirmatifs; ils hésitent; on ne voit pas claire[-]
ment ce qu'ils pensent de la vie future.

L'école d'Alexandrie. — Plotin, au contraire, repren[d]
pour son compte la doctrine et les arguments de Platon[.]
Il admet, comme son maître, l'éternité des âmes et l[a]
métempsycose.

Le christianisme. — Les philosophes chrétiens
comme saint Augustin et saint Thomas, nient l'éternit[é]
des âmes et la métempsycose, mais leur doctrine su[r]
la vie future est très ferme : la mort n'est qu'un chan[-]
gement de vie. Dieu seul est éternel, mais l'âme humain[e]
est immortelle. La grande raison de cela, c'est la néces[-]
sité d'une sanction après cette vie. Chacun est respon[-]

---

(1) Cicéron : *Tusculanes* I, XXXI, XXXII.
(2) *Lettres à Lucilius*, 102.

sable de ses actes, et les œuvres des hommes les suivent : après la mort, c'est le bonheur sans fin pour ceux qui ont bien vécu, et le malheur sans espérance pour les mauvais. Le corps lui-même, un jour, aura part à la destinée de l'âme ; il sortira du tombeau, et sera resplendissant de gloire ou voué à la honte et à l'opprobre.

Descartes, Leibniz, Spinoza, Kant. — Descartes n'a pas de doctrine spéciale sur la vie future ; il n'en avait pas besoin, car il vécut en chrétien. Il lui semblait d'ailleurs que sa philosophie favorisait singulièrement le dogme de l'immortalité, puisqu'elle tendait à faire de l'âme humaine un pur esprit, simplement juxtaposé à un corps, et qu'elle impliquait la négation absolue de l'âme des bêtes. Il estima à tort que la doctrine péripatéticienne de l'union de l'âme avec le corps se concilie mal avec la survivance de l'âme, et que, si les bêtes avaient des âmes, ces âmes seraient comme les nôtres, spirituelles et par conséquent immortelles.

Si Descartes n'a rien dit de la vie future, par contre, Leibniz est l'auteur d'une hypothèse hardie, d'après laquelle « il n'y a pas de mort à la rigueur », la mort n'étant qu' « une diminution, un enveloppement de l'être. » L'âme humaine ne quitte jamais complètement le corps auquel elle est unie ; avec ce qui lui en reste, elle forme un nouveau corps. Il n'y a pas de métempsycose, mais l'existence éternelle de l'âme est une série de métamorphoses. L'âme passe d'une existence à une autre comme, au printemps, le serpent quitte sa peau, comme la « chenille devient papillon. »

D'après Spinoza, l'âme se rend immortelle par la possession des idées adéquates, qui sont éternelles. Plus elle acquiert d'idées de ce genre, plus elle est en sécurité contre la mort. Puisque « l'âme est l'idée d'un corps », son immortalité consiste dans la vision en Dieu de son corps « *sub specie æternitatis.* » C'est une immortalité tout intellectuelle, peut-être impersonnelle ; c'est l'âme réduite à l'idée pure, libre de toute passion, sans aucun pouvoir d'imaginer ni peut-être de se souvenir.

Kant estime que l'immortalité est une illusion, si on la considère comme une donnée de la métaphysique, mais il la regarde comme un postulat du devoir. L'homme doit tendre à la perfection morale ; il doit réaliser pleinement son essence. Mais il est impossible sur la terre d'atteindre l'idéal moral ; donc une autre vie est nécessaire pour que la sainteté soit possible.

Les philosophes du xix⁰ siècle se sont peu occupés du problème de la vie future En tout cas, ils n'ont rien dit de bien nouveau à ce sujet. Dans son livre intitulé *Le Vrai, le Beau et le Bien*, Cousin soutient que l'âme est immortelle en s'appuyant sur la nécessité d'une sanction après la mort. Jouffroy admet aussi l'immortalité, et la raison qu'il en donne ressemble fort à la preuve de Kant : l'homme aspire au progrès indéfini dans la science, dans l'amour, dans la vertu ; la mort paraîtrait sacrilège si elle arrêtait ce progrès. Que nos organes cessent de remplir leurs fonctions quand ils sont usés, on le comprend ; mais, à la mort, le savant n'a pas terminé ses recherches, la mère n'a pas épuisé ses tendresses, et le saint n'a pas réalisé son idéal de perfection. Il faut donc une autre vie. D'après Comte, l'immortalité n'est autre chose que la gloire des grands hommes. Comte était matérialiste ; or, pour les matérialistes, l'âme périt avec le corps, parce qu'elle dépend des organes. La philosophie chrétienne, on le pense bien, parle un tout autre langage. Pour elle, l'immortalité est un dogme très ferme ; mais, pour en faciliter la croyance, elle reproduit volontiers les meilleures preuves données par les philosophes dans le cours des siècles. Ces preuves, il convient de les exposer en peu de mots ; il était utile, toutefois, de constater d'abord que pas un philosophe de premier ordre n'a nié la vie future. Sur ce point, comme dit Platon, « tous les sages sont d'accord. »

§ II. — Les preuves de l'immortalité.

Tout d'abord, l'immortalité de l'âme est possible ; car,

par le fait que la pensée est inorganique, la destruction des organes n'entraîne pas nécessairement celle du principe pensant. (1)

Preuve métaphysique. — Les cartésiens ont exagéré la portée de cet argument. « Puisqu'il est certain que nous pensons et que nous sommes des êtres pensants, dit Nicole, nous avons en nous un être qui n'est point matière, et qui en est réellement distingué. Qui serait donc capable de le détruire ? et pourquoi périrait-il, étant séparé de la matière, puisque la matière ne périt pas lorsqu'elle en est séparée ? (2)

« L'anéantissement d'un être est pour nous inconcevable ; nous n'en avons aucun exemple dans la nature ; toute notre raison s'y oppose. Pourquoi forcerions-nous donc et notre imagination et notre raison, pour tirer ces êtres pensants de la condition de tous les autres êtres, qui, étant une fois, ne retombent jamais dans le néant ? et pourquoi craindrions-nous pour nos âmes, qui sont infiniment plus nobles que les corps, l'anéantissement que nous ne craignons pour aucun des corps ? » (3)

La conclusion de Nicole n'est pas dans les prémisses posées par lui, mais, d'autre part, Kant traite avec trop de dédain la preuve fondée sur la distinction de l'âme et du corps. Jamais, dit-il, elle n'a « exercé aucune influence sur le sens commun de l'humanité », et elle ne repose que « sur la pointe d'un cheveu. » (4)

La distinction de l'âme et du corps ne prouve pas que l'âme est immortelle, mais elle sert de fondement aux preuves de l'immortalité. Il ne faut pas dire avec Gratry

---

(1) Voyez chapitre XII, pages 257, 258, 259, les faits qui établissent le caractère inorganique de la pensée prise en elle-même.

(2) A ce compte, l'âme des bêtes serait immortelle aussi, et de même l'âme des plantes.

(3) Nicole, *De l'existence de Dieu*. Nicole comme tous les cartésiens, estimait que l'homme seul a une âme, parce que, pour les cartésiens, l'âme est « la chose pensante. »

(4) Kant, *Critique de la raison pure*, traduction, Tissot, édit. Ladrange, tome II, page 60.

et les spiritualistes cartésiens : « L'âme est, donc elle sera », (1) mais on peut dire : l'âme est, donc elle sera, s'il y a une raison pour qu'elle survive au corps. « Oui ou non, dit M. l'abbé Piat, l'esprit est-il d'une autre nature que le corps, et, si l'analyse nous répond en effet qu'il est d'une autre nature, avons-nous des preuves ou une preuve tout au moins, que cette nature exige l'immortalité ? » (2)

Preuve psychologique. — Voilà la question bien posée, et elle se résout par l'affirmative : l'esprit est d'une autre nature que le corps, et il y a tout au moins une raison de croire à l'immortalité. Cette raison repose sur le principe de finalité. Saint Thomas la résume ainsi : « *Naturale desiderium non potest esse inane.* » (3)

L'œil ne se lasse point de voir, et la pure lumière du soleil lui permet de contempler les objets qu'elle éclaire ; l'oreille aime à entendre, et les bruits du dehors ne lui font pas défaut ; les poumons ont besoin d'air pur, et l'atmosphère se renouvelle sans cesse ; l'homme sent la faim et la soif, et il trouve autour de lui de quoi se nourrir et se désaltérer ; il souffre du chaud et du froid, et il a des moyens de diminuer ces maux et de les rendre supportables ; un seul de ses désirs demeurerait donc inassouvi, à savoir, le désir de l'infini ? Ce désir, pourtant, est le plus grand de tous ceux qui agitent l'âme humaine. « Quoi que l'homme fasse, dit Cousin, quoi qu'il sente, quoi qu'il pense, il pense à l'infini, il tend à l'infini. Ce besoin de l'infini est le grand mobile de la curiosité scientifique, le principe de toutes les découvertes. L'amour aussi ne s'arrête que là. En dehors de l'infini, l'homme peut éprouver de vives jouissances ; mais l'amertume secrète qui s'y mêle, lui en fait bientôt sentir l'insuffisance et le vide. Souvent, dans l'ignorance où il est de son objet véritable, il se demande d'où vient ce désenchantement fatal dont finalement tous ses

---

(1) Gratry, *Connaissance de l'âme.*
(2) Saint Thomas, *Somme contre les gentils.*
(3) L'abbé Piat : *La destinée de l'homme.* Paris, Alcan, 1898.

succès, tous ses bonheurs sont atteints. S'il savait lire en lui-même, il reconnaîtrait que si rien ici-bas ne le satisfait, c'est parce que son objet est plus élevé, et que le vrai terme où il aspire est la perfection infinie. Enfin, comme sa pensée et son amour, son activité est sans limites. Qui peut dire où elle s'arrêtera ? Voilà cette terre à peu près connue. Bientôt il nous faudra un autre monde. L'homme est en marche vers l'infini, qui lui échappe toujours et que toujours il poursuit. Il le conçoit, il le sent, il le porte pour ainsi dire en lui-même ; comment sa fin serait-elle ailleurs ? De là cet instinct indomptable de l'immortalité, cette universelle espérance d'une autre vie, dont témoignent tous les cultes, toutes les poésies, toutes les traditions. Nous tendons à l'infini de toutes nos puissances ; la mort vient interrompre cette destinée qui cherche son terme, elle la surprend inachevée. Il est donc vraisemblable qu'il y a quelque chose après la mort, puisqu'à la mort rien n'est terminé. » (1)

Cela est même certain, si Dieu existe et si l'homme est son ouvrage. Destinée à périr et trouvant au fond d'elle-même un désir immense de vivre toujours, « la plus grande des créatures serait la plus maltraitée » ; elle serait « un monstre dans l'ordre éternel, problème mille fois plus difficile à résoudre que les difficultés qu'on élève contre l'immortalité de l'âme. » (2)

Monsieur l'abbé Piat, s'appuyant sur les données de la biologie, fait le même raisonnement. Le principe de finalité, dit-il, est une idée directrice qui ne trompe pas les savants, il est le ressort de toute recherche biologique. « Une fonction organique une fois constatée, la question n'est plus de savoir si elle a un but, mais

---

(1) V. Cousin, *Cours d'histoire de la philosophie moderne.* Ladrange et Didier, tome II, p. 359.

(2) V. Cousin, *Ibidem*. Cet argument, si éloquemment développé par Cousin, est emprunté à Kant. Il repose sur le principe des causes finales appliqué aux facultés de l'âme. (Voyez Kant, *Critique de la Raison pure*, trad. Tissot, édit. Ladrange, tome II, page 60.)

quelle en est la nature. » Dès lors, il faut savoir « s'il existe en nous-mêmes des formes de la vie qui demandent un au-delà, qui n'auraient aucune signification, qui donneraient dans le vide si elles ne trouvaient l'immortalité pour support. Or, telle est en fait la nature de notre activité supérieure ; telle est la nature de l'activité qui constitue tout l'homme en chacun de nous. Pensée, amour, effort moral, demeurent foncièrement inachevés et mutilés, de plus en plus vains au fur et à mesure qu'ils se purifient davantage, si tout se termine pour nous à la dernière pelletée de terre. »... « Si tout finit avec le dernier soupir, l'homme est un être manqué : il est tel par nature, il l'est d'autant plus qu'il touche de plus près à son point de maturité. Or il n'est pas rationnel de croire à une antinomie si profonde : on ne peut pas admettre que cette même finalité qui s'accuse si visiblement dans toutes les espèces inférieures, s'arrête brusquement au plus haut degré de la vie, et y fasse à jamais défaut. » (1)

A le prendre ainsi, la psychologie n'est qu'une forme supérieure de la biologie. La finalité qui gouverne l'une gouverne l'autre aussi. Notre pensée, notre amour ont une fin comme nos organes ; sous une forme ou sous une autre, l'Eternel est l'objet de notre intelligence et de notre cœur. « Les âmes, dit M. Piat, ont pendant toute leur vie l'Eternel en perspective. » L'Eternel est leur fin ; elles s'adaptent à lui comme l'œil à la vision, comme l'oreille à l'ouïe, comme l'homme à la société, et l'immortalité n'est pas autre chose que l'adaptation de l'âme à sa fin, qui est Dieu.

(1) Piat, la *Destinée de l'homme*. Cette preuve, déjà donnée par Kant dans la *Critique de la raison pure*, est présentée sous une autre forme dans la *Critique de la raison pratique*. L'homme, dit Kant, est appelé à la sainteté. Or, à aucun moment de sa vie présente, il ne réalise la parfaite conformité de son âme avec l'idéal moral. Il faut donc une vie future pour rendre possible ce perfectionnement indéfini qui doit permettre à la volonté humaine de réaliser peu à peu le souverain bien. « L'immortalité de l'âme est un postulat de la raison pratique. » (*Crit. de la raison prat.* trad. Barni, page 328)

Cette belle preuve ne doit pas faire oublier la preuve morale fondée sur la nécessité d'une sanction après la mort, en réparation des injustices dont les gens de bien sont victimes en ce monde. Ce dernier argument, quoique très ancien, est le plus accessible à tous, et il n'a rien perdu de sa force. Comme la preuve précédente, il suppose l'existence de Dieu. La preuve psychologique n'a de force que si Dieu est souverainement sage ; la preuve morale implique l'idée d'une justice éternelle, qui rendra à chacun selon ses œuvres. « Quand je n'aurais d'autre preuve de l'immatérialité de l'âme que le triomphe du méchant et l'oppression du juste en ce monde, dit Rousseau, cela seul m'empêcherait d'en douter. Une si choquante dissonance dans l'harmonie universelle me ferait chercher à la résoudre. Je me dirais : tout ne finit pas pour nous avec la vie, tout rentre dans l'ordre à la mort » (1).

En résumé, il y a trois preuves principales de l'immortalité de l'âme : l'une repose sur la distinction de l'âme et du corps ; c'est la preuve métaphysique ; elle est toute négative, car elle établit seulement que la dissolution du corps n'entraîne pas l'anéantissement de l'âme ; une autre s'appuie sur le principe de finalité, c'est la preuve psychologique ; une troisième enfin, appelée preuve morale, a pour fondement l'idée de la justice éternelle de Dieu.

Ces preuves suffisent, et elles permettent d'en laisser de côté beaucoup d'autres qui ne les valent pas. La preuve socratique, tirée de la vivacité et de la rapidité des songes, la plupart des preuves platoniciennes, d'autres preuves plus récentes, ont une portée très médiocre. Quoi qu'il en soit, et quoique Renan l'ait dit en très beaux termes, ce n'est pas l'espèce seule qui est immortelle, l'individu l'est aussi, du moins l'individu doué de raison et de liberté, c'est-à-dire la personne humaine.

---

(1) Rousseau, *Émile*, livre IV, *Profession de foi du vicaire savoyard*.

« Voici la loi de l'humanité, dit Renan : vaste prodigalité de l'individu, dédaigneuse agglomération d'hommes (je me figure le mouleur gâchant largement sa matière et s'inquiétant peu que les trois quarts en tombent à terre); l'immense majorité destinée à faire tapisserie au grand bal mené par la destinée, ou plutôt à figurer dans un de ces personnages multiples que le drame ancien apppelait le chœur. Sont-ils inutiles ? Non, car ils font figure ; sans eux, les lignes auraient été maigres et mesquines ; ils ont servi à ce que la chose se fît d'une façon luxuriante, ce qui est plus original et plus grand » (1).

Renan oubliait sans doute, en écrivant cette page, que certaines espèces ont disparu, que l'immortalité de l'espèce est une entité métaphysique qui ne peut consoler personne, et qu'une conception grandiose du drame de la destinée ne donne pas le droit de rayer ainsi la personne humaine du nombre des choses qui comptent.

§ III. — L'AME APRÈS LA MORT.

Il reste donc quelque chose de l'homme quand il disparaît de cette terre, et ce qui en reste, c'est la meilleure partie de lui-même.

> Tout commence ici-bas et tout finit ailleurs (2).

La mort n'est qu'un changement de vie : « *vita mutatur, non tollitur* » (3).

Mais en quoi consiste ce changement ? — Pour le comprendre, il faut tenir compte des données de la psychologie sur les facultés de l'âme (4).

Parmi nos facultés, il en est de trois sortes : les unes

---

(1) Renan, *L'Avenir de la science.*
(2) Victor Hugo : *Les Rayons et les Ombres* xxxiv.
(3) Saint Augustin.
(4) On appelle faculté un pouvoir spécial d'action. L'intelligence est la faculté de comprendre; la volonté est la faculté de se déterminer soi-même en connaissance de cause.

sont si étroitement liées à l'organisme que leur action en dépend presque totalement; d'autres supposent pour l'âme et pour le corps une part égale d'action; d'autres enfin n'exigent de leur instrument physiologique qu'un concours accidentel, quoique nécessaire par suite de l'union de l'âme avec le corps. Dans le phénomène de la nutrition, il est clair que l'appareil digestif joue le rôle important; le principe de vie n'est ici qu'une condition *sine quâ non*. Pour voir et pour entendre, il faut des yeux et des oreilles, mais c'est l'âme qui voit par les yeux, et c'est elle qui entend par les oreilles. Il y a ici communauté d'action, et cela dans des proportions égales. Tout autre est la loi de la pensée. C'est sans organe qu'on pense, comme le prouvent l'universalité de la pensée, la puissance réflexive de l'esprit et la tendance qui le porte à rechercher sans cesse une lumière immatérielle indéfiniment progressive. D'autre part, l'âme ne pense point sans image. Telles sont, d'après Aristote et d'après l'expérience, les conditions essentielles de la pensée humaine.

Les facultés végétatives et sensitives après la mort. — Cela posé, on voit clairement ce que deviennent nos facultés après la mort :

1° Les fonctions de nutrition, et en général les fonctions végétatives cessent complètement, par suite de la disparition des organes qui leur correspondent.

2° Il en faut dire autant de toutes les actions des sens, telles que voir, entendre, toucher, goûter, flairer. Tout cela, faute d'organe, est devenu impossible à l'âme séparée.

3° Aux sens correspondent des appétits, comme la faim et la soif; ils cessent complètement avec la vie présente.

4° Les passions disparaissent avec les appétits, dont elles ne sont que les mouvements divers. L'amour et la haine, le désir et l'aversion, la joie et la tristesse, la crainte et l'espérance, l'audace et le désespoir, la colère, peuvent encore agiter l'âme, mais ces émotions n'ont plus rien de sensible, elles sont purement spirituelles; bref, elles ne sont plus des passions (1).

5° L'imagination est le lieutenant des sens, mais ses fonctions cessent avec celles des sens, par suite de la destruction du cerveau, qui est son organe. Cela entraîne la disparition de la mémoire sensible, car les images sont la matière du souvenir. Après la mort, tout souvenir concret est impossible ; la mémoire est purement intellectuelle ; elle n'a plus d'autre objet que la succession des faits et des idées; les circonstances de temps lui demeurent étrangères.

L'intelligence et la volonté après la mort. — Ainsi dépouillée de ses auxiliaires naturels, qui sont les sens, l'imagination et la mémoire sensible, comment l'intelligence peut-elle s'exercer après la mort ? — Pour le savoir, rappelons-nous d'abord les lois de la connaissance humaine pendant la vie présente :

1° Toute connaissance humaine débute par les sens ; la sensation fournit à l'homme les matériaux premiers de tout travail intellectuel.

2° Grâce à l'activité qui lui est propre, l'esprit humain dégage l'universel de la donnée sensible. Un triangle est tracé au tableau; en le considérant, nous formons la notion du triangle en général. C'est l'abstraction.

3° Les notions abstraites une fois formées et conçues comme universelles, c'est-à-dire indépendantes des temps, des lieux et des individus, nous les unissons entre elles par des jugements et des raisonnements. Si nos jugements ou nos raisonnements sont faux, nous les rectifions, soit par nos propres efforts, soit à l'aide des

---

(1) La passion, dit Aristote, est un mouvement de l'appétit sensitif. D'après ce philosophe, il y a dans l'homme deux appétits : l'un tend à rechercher ou à fuir les objets que les sens font envisager comme bons ou mauvais, c'est l'appétit sensitif; l'autre a pour objet ce qui est un bien ou un mal au regard de la raison, c'est l'appétit rationnel ou volonté. Les mouvements de l'appétit sensitif relèvent de l'âme et du corps : « *passiones sunt compositi* » ; les actes de la volonté sont de leur nature purement spirituels; la passion peut les provoquer, mais elle n'est pas de leur essence.

lumières d'autrui; mais, quel que soit l'objet de nos pensées, nous ne pensons jamais sans image. Un élément sensible est nécessaire à la formation de notre pensée, à sa réapparition dans notre esprit et à son expression.

Cela posé, les changements opérés par la mort dans notre vie intellectuelle se devinent sans peine : la sensation n'y joue plus aucun rôle, l'abstraction demeure sans objet, et la pensée se fait sans image. Retranchée tout à coup du monde sensible, l'âme se tourne vers le monde intelligible; désormais, elle sera éclairée par les autres intelligences et principalement par l'intelligence divine, ce qui ne l'empêchera pas de se servir des connaissances acquises pendant la vie présente. Quoi d'étonnant à cette illumination soudaine de l'âme quand nous savons que, dès maintenant, Dieu éclaire toute intelligence humaine par la lumière des premiers principes?

La volonté, dégagée de ses liens naturels avec l'appétit sensitif, se décidera d'après les pures idées de l'intelligence. Celles-ci auront alors toute influence, tandis que maintenant, pour provoquer une résolution, il faut qu'elles se colorent de passion. C'est par la méditation qu'une idée se change en sentiment et devient un principe d'action; après la mort, l'idée se présentera de suite en pleine lumière et aura du premier coup toute sa force pour déterminer la volonté.

Transformée de cette façon, l'âme humaine est cependant un être incomplet. Les facultés sensitives, dont elle a perdu l'usage, elle les conserve en puissance, et elle aspire à s'en servir de nouveau. Le corps dont elle a été séparée par la mort n'était pas une prison pour elle, mais un instrument de connaissance et d'action. Construit par elle et pour elle, il était le complément indispensable de la personne humaine.

La résurrection des corps. — L'âme retrouvera-t-elle un jour le compagnon de sa vie terrestre? — Très certainement, d'après le dogme chrétien, et ce dogme n'a rien de contraire à la raison. Quand saint Paul l'annonça aux Athéniens de l'Aréopage, quelques-uns d'entre eux acceptèrent avec joie cette parole qui console de la mort ; d'autres se mirent à rire ; d'autres enfin dirent à l'apôtre : « Nous t'entendrons là-dessus une autre fois. » Il en sera toujours ainsi. La vérité chrétienne sera toujours aimée, ou bafouée ou négligée, mais personne jamais ne lui opposera une objection décisive.

La métaphysique nous montre l'âme séparée du corps comme une substance incomplète, incapable d'exercer toutes ses facultés.

La morale nous donne à entendre que notre corps, instrument de nos œuvres bonnes ou mauvaises, doit avoir sa part du châtiment ou de la récompense qui nous attend au delà de cette vie.

La foi catholique nous affirme que nous ressusciterons un jour, soit pour la gloire, comme le Christ dont les vrais chrétiens sont les membres, soit pour l'ignominie (1). A ces données, que pourrait bien opposer la science ?

Les molécules qui ont formé les corps de nos ancêtres forment maintenant les nôtres, et demain ils entreront dans des organismes nouveaux. Dès lors, comment une même molécule, après avoir appartenu, dans le cours des siècles, à deux ou trois cents corps différents, pourrait-elle se trouver, après la résurrection, dans deux ou trois cents corps à la fois ! — Dieu, qui connaît toutes choses et qui est tout-puissant, peut parfaitement faire que, dans tel corps ressuscité, il n'entre aucune molécule qui n'ait appartenu à ce corps en quelque moment de son existence. Au reste, ce qui fait l'identité du corps, c'est l'âme, et non pas la matière. Ici-bas même, la matière de nos corps change sans cesse. L'homme mûr est la même personne que l'enfant ; pourtant il ne reste plus en lui un seul des atomes qui formaient son corps vingt ans auparavant. Du moment que notre âme,

---

(1) *Omnes quidem resurgemus, sed non omnes immutabimur.* (Saint Paul, I, Cor. xv. 51.)

demeurée la même, se réunira, par l'action toute-puissante de Dieu, à quelques-uns des atomes de notre corps, ou même à des atomes quelconques, ce corps ressuscité sera vraiment le même qu'autrefois. L'identité matérielle n'existe jamais, même dans la vie présente ; pourquoi l'exiger après la résurrection ? L'identité personnelle, formée par l'âme, est suffisante.

Possible au regard des savants sans parti pris, convenable aux yeux des philosophes, certaine pour les croyants, la Résurrection est aussi facile à Dieu que la création. « Regarde-toi, ô homme, tu as en toi la preuve, tu es toi-même la preuve vivante de ta résurrection future. Il y a quelques années, tu n'existais pas, tu n'étais absolument rien, et tu existes actuellement. Celui qui t'a tiré du néant une première fois, corps et âme, pourquoi ne pourrait-il t'en tirer une seconde fois ? Tu n'y seras pas si enfoncé qu'auparavant. Dans ta résurrection, il ne t'arrivera rien de nouveau ; seulement, le miracle qui s'est opéré une première fois pour le tout, se renouvellera pour la moindre partie. Pourquoi ne pourrais-tu pas revenir quand tu as pu devenir ? » (1)

« Qu'est-ce que le corps humain dans le sein maternel ? Un germe à peine visible, une parcelle de matière informe et inerte. Dieu, en y infusant une âme en fait l'homme. Et ce qu'il a su faire, il ne le pourrait pas refaire ? » (2)

Après la nuit le jour, après l'hiver, le printemps. Notre corps aura sa longue nuit et son long hiver dans la mort, mais ensuite viendra le jour sans fin et commencera l'éternel printemps.

---

(1) Tertullien.
(2) Saint Cyrille de Jérusalem.

OUVRAGES CONSULTÉS :

Aristote :	*De l'âme.*
Cicéron :	*Tusculanes.*
Cousin :	*Cours d'histoire de la philosophie moderne.*
Gratry :	*Connaissance de l'âme.*
Kant :	*Critique de la raison pure.*
Leibniz :	*Monadologie.*
Nicole :	*De l'Existence de Dieu.*
Piat :	*La destinée.*
Platon :	*Le Phédon.*
Renan :	*L'avenir de la science.*
Rousseau :	*Emile.*
Sénèque :	*Lettres à Lucilius.*
Spinoza :	*Ethique.*
Saint Thomas :	*Somme contre les gentils.*
Xénophon :	*Mémorables de Socrate.*

QUATRIÈME PARTIE

THÉOLOGIE RATIONNELLE
OU THÉODICÉE

L'immortalité, la résurrection des corps, le bonheur sans terme réservé aux gens de bien, tout cela suppose l'existence d'un Etre souverainement sage, juste, puissant et bon. Il importe donc pour fortifier les espérances de vie éternelle, que l'âme humaine se plait naturellement à entretenir, de démontrer l'existence de Dieu et de faire voir que Dieu, s'il existe, n'est pas un être impersonnel, ignorant les choses de ce monde ou s'en désintéressant d'une façon absolue. L'existence de Dieu, la personnalité divine, la création, la providence, telles sont les questions qui nous restent à traiter. Ces questions résolues, il conviendra de dire ce que l'homme doit à Dieu, son créateur, et si la religion naturelle parait insuffisante, il faudra faire connaitre celle des religions positives qui présente manifestement les caractères d'une institution divine destinée à rendre au vrai Dieu les hommages qui lui sont dus, et qui conviennent à sa sainteté infinie.

CHAPITRE XV.

L'EXISTENCE DE DIEU.

Par les seules forces de sa raison, l'homme peut s'élever à la connaissance d'un Dieu unique, créateur de toutes choses ; mais il s'en faut que les premiers philosophes aient compris de cette façon l'origine du monde. Ils se servirent des données de la poésie, qu'ils transformèrent par l'abstraction. Hésiode et Homère furent leurs maîtres ; or, d'après Hésiode, tout est sorti du chaos par la vertu de l'amour, et d'après Homère, Jupiter est le suprême ordonnateur de toutes choses. L'un explique la formation du monde sans recourir à l'idée de Dieu ; l'autre attribue les passions et les vices des hommes à Jupiter et aux divinités de l'Olympe.

Xénophane, fondateur de l'école d'Elée, tournait en ridicule cette façon de créer des dieux à l'image de l'homme : « Les nègres, disait-il, se représentent les dieux noirs et avec le nez épaté ; les Thraces leur attribuent des yeux bleus et une chevelure rouge. Si les chevaux et les bœufs savaient peindre, ils représenteraient les dieux sous forme de chevaux et de bœufs (1). » Il n'en peut être ainsi : « Si Dieu est ce qu'il y a de plus puissant, il doit être un ; car s'il était deux ou plusieurs, il ne serait pas ce qu'il y a de plus puissant, puisqu'il ne pourrait pas tout ce qu'il voudrait (2). » D'après Xénophane, non seulement Dieu est un, mais il est éternel et il possède l'intelligence : « Sans fatigue, il dirige tout par la puissance de l'esprit (3). »

(1) Xénophane, *fragments 6 et 7*.
(2) Aristote, *de Xenoph.* 3.
(3) Xénophane, *fragments*, 3.

Cependant il paraît bien que ce philosophe est panthéiste, car il dit, en parlant de l'univers : « Tout entier il voit, tout entier il pense, tout entier il entend (1). » Ce n'est pas Xénophane, en tout cas, c'est Anaxagore qui a séparé le premier l'intelligence de la matière, et qui a placé l'intelligence à l'origine des choses. L'intelligence, dit Anaxagore, a ordonné toutes choses en les séparant : « ὁμοῦ πάντα χρήματα ἦν... Νοῦς πάντα διεκόσμησε. » L'intelligence est indépendante ; elle n'est mêlée à aucune autre chose ; elle est tout entière en elle-même : « μοῦνος αὐτὸς ἐφ'ἑαυτοῦ ἐστι. » Elle est ce qu'il y a de plus subtil et de plus pur : « τὸ λεπτότατον, τὸ καθαρώτατον. » Elle a une puissance absolue sur toutes choses : « ἰσχύει μέγιστος πάντων νοῦς κρατεῖ. » Enfin, elle a un savoir illimité : « περὶ πάντος ἴσχει, πάντα ἔγνω. »

A cause de ces doctrines, dit Aristote, Anaxagore comparé à ses devanciers parut seul en possession de son bon sens.

§ I. — L'EXISTENCE DE DIEU D'APRÈS SOCRATE ET SES SUCCESSEURS.

Anaxagore ne tira cependant pas tout le parti qu'il pouvait tirer de sa belle découverte métaphysique. Ayant compris que l'intelligence est à l'origine de toutes choses et exerce sur toutes choses une puissance souveraine, il eût dû songer à expliquer les choses par l'intelligence. Il n'en fit rien, ce qui surprit et mécontenta Socrate.

Socrate. — D'après ce dernier philosophe, l'intelligence agit toujours pour le bien. L'univers est le produit d'une volonté bienfaisante, qui préside à tout, et veille au bien de l'ensemble comme au bien des individus. Dieu sait tout ce qui se passe dans l'univers, et son regard pénètre les pensées les plus intimes des hommes.

(1) *Fragments,* 2.

On doit le prier, mais pour lui demander les biens de l'âme, non ceux de la vie présente.

Ces doctrines de Socrate sur Dieu sont nettement opposées aux idées religieuses de l'Orient et de la Grèce à cette époque. Elles le sont plus encore, s'il est possible, à l'irréligion des sophistes. Est-ce par les seules forces de son génie que Socrate s'est élevé si haut? A-t-il eu connaissance de la doctrine des juifs sur l'unité de Dieu? — Quoi qu'il en soit, ce philosophe a su comprendre que Dieu ne s'identifie pas avec la nature. L'anthropomorphisme des Grecs et le panthéisme des Orientaux n'étaient au fond qu'un seul et même culte, le culte de la nature.

Platon. — La conception d'un Dieu unique, qui a produit toutes choses parce qu'il est bon, et dont la providence veille sur toutes choses, fut reprise et amplement développée par Platon. Pour ce philosophe, Dieu est l'idée du bien. Platon entend par idée un type de perfection. A ses yeux, l'idée n'est pas simplement un concept de notre esprit, elle est une réalité, un principe d'existence pour les choses et de connaissance pour nous. Dieu, idée du bien, n'est autre chose que l'être souverainement bon.

L'existence de cet Être ne se démontre pas : grâce à la dialectique, on s'élève par degrés au-dessus des choses sensibles, et on arrive à l'intuition de Dieu. Ainsi le voyageur gravit peu à peu la montagne, et, parvenu au sommet, il contemple le soleil levant. Dieu est le soleil des intelligences.

Platon, cependant, a commencé à donner des preuves de l'existence de Dieu. A cet égard, Socrate n'avait laissé que des indications. Seulement, les preuves platoniciennes tendent plutôt à établir l'existence de l'âme du monde que celle de l'Être souverainement bon.

Ces preuves de Platon peuvent se ramener à trois :

1° *La cause efficiente :* Tout ce qui est produit a nécessairement une cause ; donc il y a une cause première de ce qui commence à être.

2° *Le mouvement* : Les substances qui ne se meuvent pas elles-mêmes doivent leur mouvement à une substance qui se meut elle-même.

3° *La finalité.* Les causes matérielles ne sont que des causes secondes. Ainsi, la voix, l'air, l'ouïe ne sont pas les vraies causes d'un entretien ; si deux personnes parlent ensemble, c'est tout d'abord parce qu'elles ont des pensées à échanger. De même, la cause première du monde c'est l'intelligence et non les mélanges des éléments.

De cette considération qui lui est commune avec Socrate, Platon tire des conclusions assez arbitraires, mais le principe posé mérite d'être retenu : l'intelligence est cause, et elle est amie de la mesure et de la proportion.

Aristote. — C'est par la dialectique ou marche ascendante des idées, que Platon s'était élevé jusqu'à Dieu ; Aristote suivit une autre voie. Son génie le portait à observer la nature ; c'est par l'analyse du mouvement qu'il établit l'existence d'une cause première.

Pour Aristote, tout changement est un mouvement : le gland qui produit un chêne, l'enfant qui grandit, l'eau qui devient chaude sous l'action du feu, le cheval qui court sur la route, sont des êtres en mouvement.

Tout être n'est pas toujours en mouvement; il y a mouvement et repos. Le gland qui n'est pas planté en terre demeure un chêne en puissance, tandis que le chêne pleinement développé est un chêne en acte. Il faut donc distinguer la puissance et l'acte : l'être en puissance est celui qui, par le mouvement, peut devenir ceci ou cela ; l'être en acte est actuellement ceci ou cela.

La puissance précède l'acte : le chêne a d'abord été un gland, l'homme a d'abord été un enfant. Nul être cependant ne peut passer de la puissance à l'acte sans que ce changement soit provoqué par un être déjà en acte. Le gland qui doit produire un chêne provient lui-même d'un chêne ; l'enfant a pour père un homme fait ; l'eau ne peut devenir chaude sans l'action du feu. L'acte prime donc la puissance, bien que, en fait, comme nous le constatons sans cesse, la puissance soit la condition même du changement.

Dès lors, si on se reporte à l'origine des choses, il n'est pas possible que la cause première du mouvement soit un être en puissance, autrement le mouvement ne se serait pas produit. Il y a donc un premier moteur, et ce premier moteur est un être en acte, non un être en puissance.

De plus, il n'est lui-même mû par rien, autrement il ne serait pas le premier moteur. Il est donc le premier moteur immobile, car rien en lui n'est en puissance d'être mû. Il ne peut subir aucun changement; il faut donc dire qu'il est l'acte pur.

A ce titre, il est l'être le plus parfait que l'on puisse concevoir. Donc il est intelligent, car les êtres intelligents sont plus parfaits que les êtres privés d'intelligence. Il pense, et l'objet de sa pensée, c'est lui-même, car nul autre objet n'est plus digne d'une pensée si haute. Nous dirons donc que Dieu est la pensée de sa pensée : « Θεός Νοήσεως Νόησις. »

Telle est la belle démonstration de l'existence de Dieu qu'Aristote a tirée de l'analyse du mouvement en général. On la trouve au xii° livre de sa *Métaphysique*. Dans le viii° livre de sa *Physique*, Aristote présente le même argument sous une forme un peu différente. Il part du mouvement de translation ou mouvement local, et son raisonnement peut se résumer de la façon suivante : Il y a du mouvement dans le monde. Or, tout mouvement est produit par un moteur. Le même corps ne peut être moteur et mobile en même temps et sous le même rapport. Donc, tout mobile est mû par un moteur distinct de lui-même. Mais on ne peut remonter à l'infini la série des moteurs. Il faut donc s'arrêter à un moteur immobile : « Κινοῦν ἀκίνητον. »

Les stoïciens.—Après Aristote, le sens métaphysique semble perdu. Les stoïciens identifient Dieu et le monde. Pour eux, Dieu est l'âme du monde. Il n'est pas le premier moteur, il est le premier mobile. Cette doctrine est d'origine asiatique. Comme Zoroastre, les stoïciens voient en Dieu un feu subtil et pénétrant, un feu artiste, qui procède avec méthode à la génération des êtres : « πῦρ τεχνικόν ὁδῷ βαδίζον εἰς γένεσιν. »

Quoi qu'il en soit de cette conception de la nature divine, les stoïciens ont insisté beaucoup sur deux preuves de l'existence de Dieu : celle *du consentement universel* et celle *des causes finales*. Tous les hommes, toutes les nations, dit Cicéron, s'accordent à reconnaître qu'il existe des dieux ; c'est un sentiment inné : « *Omnibus innatum et in animo quasi insculptum esse Deos* (1). » Le même Cicéron rapporte aussi les principaux exemples dont les stoïciens se servaient pour prouver que l'ordre du monde ne peut être l'effet du hasard : le mouvement réglé du ciel, l'impossibilité de produire un vers de l'Iliade en jetant au hasard les vingt-quatre lettres de l'alphabet, la nécessité d'une autorité pour expliquer l'ordre, le silence, l'ardeur au travail, dans une réunion d'écoliers ; etc. (2). Dans la pensée des stoïciens, ces exemples se rapportent plutôt à la divinité du monde, mais ils font voir avec évidence que certains phénomènes ne peuvent être produits par l'aveugle nécessité.

Epicure a parlé des dieux tout juste assez pour échapper à l'accusation d'athéisme. A son avis, la preuve que les dieux existent, c'est que nous les voyons dans nos songes. Il faut les invoquer, ajoute-t-il, non parce qu'ils se soucient de nos prières, mais parce que l'âme humaine a besoin de s'épancher dans la prière. Plotin, chef de l'école d'Alexandrie, ne donne aucune preuve spéciale de l'existence de Dieu. Sa doctrine sur Dieu est une sorte de synthèse de l'unité suprême de Platon, de l'intelligence d'Aristote, et de l'âme du monde des stoïciens. Dans la trinité alexandrine, Dieu se communique au monde sans rien perdre de son intégrité : ainsi la science du maître demeure tout entière après qu'il l'a enseignée ;

(1) *De natura Deorum*, II. 5.
(2) *De natura Deorum*, II, 5. 37.

ainsi le flambeau allume un autre flambeau et conserve tout son éclat.

§ II. — Les preuves de l'existence de Dieu d'après saint Augustin, saint Anselme et saint Thomas.

Cette doctrine panthéistique ne doit pas être mise en parallèle avec la Trinité chrétienne; car, dans celle-ci, les trois personnes divines sont égales, ce qui n'est pas admis dans la trinité alexandrine. A un autre point de vue encore, la théodicée chrétienne diffère nettement de celle des philosophes païens. Pour toutes les écoles philosophiques de l'antiquité, la matière est éternelle et Dieu n'est que l'organisateur du monde. Aucune doctrine païenne, pas même celle d'Aristote, n'est entièrement dégagée du panthéisme. Partie d'un monde qui était tout, la théodicée païenne aboutit, avec Plotin, à un Dieu qui est tout. La doctrine chrétienne est incompatible avec le panthéisme, quel qu'il soit : matérialiste, idéaliste ou mystique. Panthéisme et création ne se concilient pas.

Saint Augustin. — D'après la doctrine chrétienne, Dieu est la cause totale du monde. Il a tout fait sans matière première. « Comment avez-vous fait le ciel et la terre? dit saint Augustin. Ce n'est pas comme l'artisan humain, qui se sert d'un corps pour former un autre corps. Vous n'aviez pas une matière première qui pût vous servir à faire le ciel et la terre. Car, d'où vous serait venu ce quelque chose que vous n'auriez pas fait, puisque rien n'est que parce que vous êtes? Mais vous avez dit : « Que les choses soient! et les choses ont été ; et vous les avez créées par votre parole (1). »

Ainsi donc, si quelque chose est, c'est parce que Dieu est, car aucune chose contingente ne peut exister par elle-même. Dieu existe, puisque les choses existent. Et

(1) *Confessions*, x. v.

si Dieu a créé les choses, c'est par bonté. Il n'avait aucun besoin des créatures ; il se suffisait à lui-même. Il a voulu donner de la plénitude de son être.

Après la création comme avant, Dieu se connaît et s'aime. La connaissance qu'il a de Lui-même est une personne divine ; c'est le Verbe éternel, engendré de toute éternité et en tout égal à son Père. L'amour mutuel du Père et du Verbe est aussi une personne, comme la connaissance que Dieu a de son Verbe. Donc, non seulement Dieu existe, mais il y a trois personnes en Dieu ; c'est la Trinité des personnes dans l'unité de la substance.

En toute chose créée, d'ailleurs, on trouve l'image de la Trinité, car toute chose créée possède l'être dans une certaine mesure, répond à une idée déterminée et obéit à des tendances précises. Dans l'homme, l'image de la Trinité est plus particulièrement remarquable, puisque, comme Dieu, l'homme se connaît et s'aime lui-même. Seulement, la connaissance que l'homme a de lui-même n'est pas adéquate ; de plus, elle n'est pas une substance ; elle n'est qu'un phénomène sans cesse interrompu. Même chose à dire de l'amour de l'homme pour lui-même. Ce qui est simple phénomène ne peut être appelé personne, car la personne est avant tout un être en soi, une substance.

Saint Anselme. — Quoi qu'il en soit, c'est par la considération des choses créées que saint Augustin prouve l'existence de Dieu et détermine ses principaux attributs. En cela, il s'inspire de Platon. C'est par la même méthode, d'ailleurs, qu'Aristote s'était élevé de l'existence du mouvement à la conception d'un moteur immobile. Saint Anselme, dans son *Monologium*, suit aussi cette marche traditionnelle et très sûre, ce qui ne l'empêche pas de se frayer une voie nouvelle, qu'il indique dans l'opuscule intitulé *Proslogium*. Selon saint Anselme, on peut conclure de l'idée de Dieu à son existence, comme on peut s'élever des choses à leur auteur. Dans ce dernier cas, on s'appuie sur le principe de causalité ; dans le premier, on raisonne à la manière des géomètres, qui ont sans cesse recours au principe d'identité ou de contradiction. Saint Anselme estimait qu'en démontrant l'existence de Dieu par l'idée que nous en avons, il couperait court au blasphème de l'impie, qui a dit dans son cœur : « Il n'y a pas de Dieu (1). » L'impie, pensait-il, a l'idée de Dieu, puisqu'il en parle ; or, si l'idée de Dieu implique l'existence de Dieu, il est clair que l'impie ne peut nier Dieu sans se contredire, pourvu qu'il se rende compte du contenu de l'idée de Dieu.

En cela, sans doute, saint Anselme comptait trop sur la logique des athées, mais son argument mérite plus qu'une simple mention. On l'a beaucoup attaqué, c'est vrai, mais on l'a surtout travesti. Il n'est donc que juste de le reproduire d'après saint Anselme lui-même. « Nous croyons, Seigneur, que vous êtes un être tel qu'on ne peut s'en représenter un plus grand. Est-ce donc qu'une telle nature n'existe pas parce que l'insensé a dit dans son cœur : Il n'y a pas de Dieu ? Mais ce même insensé, quand il entend parler d'un être tel qu'on ne peut s'en représenter un plus grand, comprend ce qu'on lui dit, et ce qu'il comprend est dans son intelligence, quand bien même il ne comprendrait pas que cela est aussi dans la réalité. Autre chose est, en effet, d'avoir l'idée d'un objet, et autre chose de comprendre que cet objet existe réellement. Quand un peintre songe au tableau qu'il va faire, il a ce tableau dans l'esprit, mais il sait que ce tableau n'existe pas puisqu'il ne l'a pas encore fait. Quand il l'a peint, il ne cesse pas de l'avoir dans l'esprit, et de plus, il comprend que le tableau fait partie de la réalité des choses, puisque c'est un travail déjà exécuté. L'insensé lui-même est donc convaincu qu'il existe, tout au moins dans l'intelligence, un être tel qu'on ne peut rien concevoir de plus grand. Toutes les fois, en effet, que l'insensé entend parler de cet être, il com-

---

(1) *Dixit insipiens in corde suo : Non est Deus.* (Ps. 13.)

prend ce qu'on lui dit ; or, ce que l'on comprend existe tout au moins dans l'intelligence. A coup sûr cependant, l'être en comparaison duquel on ne peut rien concevoir de plus grand, ne peut exister dans l'intelligence seule. Si en effet cet être existe seulement dans l'intelligence, on peut penser qu'il existe aussi dans la réalité, ce qui est plus grand. Si donc l'être tel qu'on n'en peut penser de plus grand n'a qu'une existence intellectuelle, ce même être, tel qu'on ne peut rien penser de plus grand est tel aussi, en même temps, qu'on en peut concevoir un plus grand, ce qui implique contradiction. Il existe donc, sans aucun doute, et dans l'esprit et dans la réalité, un être tel qu'on ne peut rien concevoir de plus grand (1). »

Saint Thomas d'Aquin. — Il est bien vrai, l'idée de Dieu implique son existence, car si l'essence de Dieu et son existence n'étaient pas une seule et même chose, Dieu serait un être contingent.

Saint Thomas, sous ce rapport, est de l'avis de saint Anselme. Cependant, il ne cherche pas à démontrer Dieu par l'idée d'un être tel que nous n'en pouvons concevoir un plus grand. Toutes ses preuves de l'existence de Dieu ont pour point de départ un fait du monde extérieur. Dans la *Somme théologique* il les ramène à cinq, que l'on peut ainsi résumer :

1° *Preuve tirée du mouvement.* — Il y a du mouvement dans le monde. Or, tout mouvement d'un corps suppose un moteur. On ne peut remonter à l'infini la série des moteurs. Il faut donc s'arrêter à un premier moteur qui ne soit mû par rien.

2° *Preuve par la cause efficiente.* — Parmi les objets sensibles, on découvre des causes et des effets. La sensation de son, par exemple, a pour causes les vibrations d'un corps sonore. Or, nul phénomène ne peut être cause de lui-même, car il faudrait pour cela qu'il existât avant d'exister, ce qui est absurde. D'autre part, on ne

---

(1) Saint Anselme, *Proslogium*, chapitre II.

peut remonter à l'infini la série des causes efficientes ; il faut donc s'arrêter à une première cause efficiente, qui est Dieu.

3° *La preuve par le possible et le nécessaire.* — On trouve dans le monde beaucoup de choses qui peuvent être ou ne pas être. Une maison existe aujourd'hui, demain on la démolira. Or, par définition, ce qui peut être ou ne pas être n'est pas toujours. Si donc, tout ce qui existe sous nos yeux pouvait ainsi être ou ne pas être, il y aurait eu un temps où rien n'eût existé. Par le fait, rien n'existerait maintenant ; car ce qui n'est pas ne peut commencer à être que par ce qui est. Il n'est donc pas admissible que tout ce qui existe puisse également bien ne pas exister : il y a des êtres qui ne cessent jamais d'être ; on les appelle nécessaires. Or, un être nécessaire possède en lui-même la cause de sa nécessité, ou cette cause est dans un autre être. Mais on ne peut pas remonter à l'infini la série des êtres nécessaires qui ont en un autre être la cause de leur nécessité. Il faut donc s'arrêter à un être qui soit nécessaire par lui-même, et qui soit la cause de la nécessité des autres êtres nécessaires. Cet être nécessaire par lui-même, c'est Dieu.

4° *La preuve par la gradation des êtres.* — La bonté, la vérité, l'excellence sont dans les êtres à des degrés divers. Or, le plus et le moins ne peuvent se dire que des choses qui approchent ou s'éloignent d'un idéal donné. Ainsi un homme est plus ou moins saint selon qu'il ressemble plus à la sainteté absolue, ou qu'il en diffère davantage. Il y a donc un être parfaitement vrai, parfaitement bon et excellent entre tous, qui est la source de toute vérité, de toute bonté, de toute excellence. Cet être s'appelle Dieu.

5° *La preuve par les causes finales.* — Nous voyons clairement que les êtres inintelligents tendent à une fin. Cela ne peut paraître douteux si l'on considère que toujours ou le plus souvent ces êtres agissent de la même façon et atteignent un résultat excellent. Or, n'ayant aucune connaissance, ils ne peuvent se diriger eux-mêmes. Ils sont donc dirigés par un être intelligent, comme la flèche est dirigée par l'archer. L'Etre intelligent par les soins duquel tout ce qui n'a pas la connaissance tend cependant à une fin, s'appelle Dieu (1).

Les cinq preuves exposées par saint Thomas dans la *Somme théologique* résument les arguments de Platon, d'Aristote, des stoïciens, de saint Augustin et des scolastiques. La preuve par les causes efficientes est de Platon ; celle du premier moteur est d'Aristote. Les stoïciens ont amplement développé l'argument des causes finales ; saint Augustin remontait volontiers, à la suite de Platon, d'ailleurs, de la vérité, de la bonté, de l'excellence relatives à la vérité, à la bonté, à l'excellence absolues ; enfin, la preuve tirée du nécessaire et du contingent semble particulière aux scolastiques. Toutes ces preuves reposent sur l'expérience sensible ; les faits qu'elles mettent en lumière sont incontestables, et l'interprétation qui en est donnée est facile à saisir par l'ensemble des hommes. C'est là un mérite appréciable, quand il s'agit d'une vérité aussi importante que l'existence de Dieu.

§ III. — LES PREUVES DE L'EXISTENCE DE DIEU D'APRÈS DESCARTES, LEIBNIZ, SPINOZA ET KANT.

Descartes a bien connu les preuves données par saint Thomas, mais il ne pouvait s'en servir. Ayant mis provisoirement en doute toutes les opinions jusqu'alors « reçues en sa créance », une seule vérité, à ses yeux, restait debout, c'est l'existence de la pensée, impliquant celle du principe pensant. En effet, bien qu'il mît tout en doute, il ne pouvait cependant douter de son doute même ; or douter, c'est penser, et penser c'est être. « Je

---

(1) *Somme théologique*, 1re partie, qu. II, art. 3.

pense, donc je suis; » tel fut le point de départ de la philosophie cartésienne.

Preuves cartésiennes. — Partant de l'existence de l'âme, principe de pensée, il raisonnait ainsi pour démontrer l'existence de Dieu.

1° J'ai l'idée d'un être parfait. Or cette idée ne peut me venir du néant, qui ne produit rien ; elle ne peut pas davantage me venir de moi-même, qui suis imparfait ; elle me vient donc de l'Etre parfait, qui est Dieu. Elle est en moi comme le « vestige de l'ouvrier. »

2° Je connais des perfections que je ne possède pas. Je voudrais bien, par exemple, être exempt de doute, d'inconstance et de tristesse. Il y a donc un Etre dont je dépens, et qui m'a donné le peu de perfections que je possède. Si je tenais de moi-même ce que j'ai, par la même raison je me serais donné tout le reste. Je serais donc infini et immuable; ma science serait absolue et ma puissance sans limite.

3° En examinant bien l'idée que j'ai d'un Etre parfait, je trouve que l'existence y est comprise « en même façon qu'il est compris en celle d'un triangle que ses trois angles sont égaux à deux droits, ou en celle de la surface d'une sphère que tous ses points sont également distants de son centre, ou même encore plus évidemment ; et que par conséquent il est pour le moins aussi certain que Dieu, qui est cet Etre parfait, est ou existe, qu'aucune démonstration de géométrie le saurait être (1). »

D'après Descartes, il est donc possible de démontrer l'existence de Dieu à l'aide de l'idée d'être parfait. Malebranche va plus loin dans cette voie : il identifie nettement l'idée de l'Etre parfait et l'Etre parfait lui-même. Si Dieu est pensé, il est, dit-il.

Leibniz. — Leibniz est du même avis. Si Dieu est possible, il est, dit-il. « Et comme rien ne peut empêcher la possibilité de ce qui n'enferme aucunes bornes,

---

(1) *Discours de la méthode,* quatrième partie.

aucune négation, et par conséquent aucune contradiction, cela seul suffit pour connaître l'existence de Dieu *à priori* (1).

Leibniz ne s'en tient pas à cette preuve *à priori*. Il admet, comme les scolastiques, « que des contingents existent, lesquels ne sauraient avoir leur raison dernière ou suffisante que dans l'Etre nécessaire, qui a la raison de son existence en lui-même (2). »

Enfin, il se sert d'un argument auquel Bossuet a consacré l'une des plus belles pages de son *Traité de la connaissance de Dieu et de soi-même* (3). C'est la preuve par les vérités éternelles. L'entendement de Dieu, dit Leibniz, est la région des vérités éternelles ou des idées dont elles dépendent; sans lui, il n'y aurait rien de réel dans les possibilités, et non seulement rien d'existant, mais encore rien de possible. Car, il faut bien que s'il y a une réalité dans les essences ou possibilités, ou bien dans les vérités éternelles, cette réalité soit fondée en quelque chose d'existant ou actuel, et par conséquent dans l'existence de l'Etre nécessaire, dans lequel l'essence renferme l'existence, ou dans lequel il suffit d'être possible pour être actuel (4). »

Spinoza. — Par le fait que, en Dieu, l'essence implique l'existence, il est impossible d'admettre que Dieu n'existe pas. « Si vous niez Dieu, dit Spinoza, concevez, s'il est possible, que Dieu n'existe pas. Son essence n'envelopperait donc pas son existence (5). » Mais cela est absurde, parce que Dieu est cause de soi (6) et que, à ce titre, son essence implique son existence (7).

D'ailleurs, pour soutenir que Dieu n'existe pas, il faudrait donner une raison de sa non-existence. « Or,

---

(1) *Monadologie*, n° 45.
(2) Ibidem.
(3) Chapitre IV. § V.
(4) *Monadologie*, n°s 43, 44.
(5) *Ethique*, première partie, proposition II.
(6) Ibidem. proposition 6.
(7) Ibidem. Définition 1.

pour qu'une telle cause ou raison fût possible, il faudrait qu'elle se rencontrât soit dans la nature divine soit hors d'elle, c'est-à-dire dans une autre substance de nature différente; car, l'imaginer dans une substance de même nature, ce serait accorder l'existence de Dieu. Maintenant, si vous supposez une substance d'autre nature que Dieu, n'ayant rien de commun avec lui, elle ne pourra être cause de son existence ni la détruire. Puis donc qu'on ne peut trouver hors de la nature divine une cause ou raison qui l'empêche d'exister, cette cause ou raison doit être cherchée dans la nature divine elle-même, laquelle, dans cette hypothèse, devrait impliquer contradiction. Mais il est absurde d'imaginer une contradiction dans l'Etre absolument infini et souverainement parfait. Concluons donc que, en Dieu ni hors de Dieu, il n'y a aucune cause ou raison qui détruise son existence, et partant que Dieu existe nécessairement (1).

« Pouvoir ne pas exister, c'est évidemment une impuissance; et c'est une puissance, au contraire, que de pouvoir exister. Si donc l'ensemble des choses qui ont déjà nécessairement l'existence ne comprend que des êtres finis, il s'ensuit que des êtres finis sont plus puissants que l'Etre absolument infini, ce qui est de soi parfaitement absurde. Il faut donc, de deux choses l'une, ou qu'il n'existe rien, ou, s'il existe quelque chose, que l'Etre absolument infini existe aussi (2). »

En d'autres termes, d'après Spinoza, Dieu existe nécessairement :

1° Parce qu'il est cause de soi;

2° Parce qu'on ne peut assigner aucune cause de sa non-existence;

3° Parce que si l'Etre infini pouvait ne pas exister, il serait au-dessous des êtres finis qui existent.

Kant. Synthèse et discussion des preuves de l'existence de Dieu. — Tel est l'exposé des principales

---

(1) *Ethique,* première partie, proposition ii.
(2) Ibidem.

preuves de l'existence de Dieu données par les philosophes qui ont précédé Kant. Ce dernier a pensé que les raisonnements de ses devanciers sur cette question fondamentale, n'étaient pas de nature à produire une conviction réfléchie. Il a d'abord fait la synthèse de ces raisonnements, ensuite il les a soumis à une critique plus funeste aux âmes que fondée en raison.

Selon Kant, on peut ramener à trois les preuves de l'existence de Dieu, d'après le principe rationnel sur lequel chacune d'elles repose.

1° La preuve *cosmologique*, fondée sur le principe de causalité ; elle se résume ainsi : le contingent suppose le nécessaire.

2° La preuve *ontologique*, qui, de l'idée de l'Etre absolu conclut à l'existence de l'Etre absolu. Elle invoque le principe d'identité ou de contradiction.

3° La preuve *téléologique*, ou des causes finales, qui conclut de l'ordre du monde à l'existence d'une intelligence ordonnatrice.

A chacun de ces arguments, Kant oppose un raisonnement qui lui paraît sans réplique.

1° Il est vrai, nous ne pouvons remonter à l'infini la série des contingents, mais c'est là pour nous une impossibilité toute subjective ; rien ne nous assure que la série des contingents n'est pas infinie. Le principe de causalité exige que tout phénomène ait pour cause un autre phénomène. Si nous posons un terme à la série des phénomènes, ce terme est arbitraire, et c'est notre infirmité mentale qui nous oblige à le poser.

2° D'autre part, il n'est pas permis de conclure de l'idée d'Etre infini à l'existence de l'Etre infini. On ne peut aller ainsi de l'idée à l'être, du possible au réel. Quand on dit : je puis supposer que l'être en comparaison duquel on n'en conçoit pas de plus parfait existe, c'est une existence idéale que l'on attribue à cet être, et il ne suit évidemment pas de là qu'il ait une existence réelle.

3° Enfin, la preuve par les causes finales peut bien

servir à établir qu'il existe un ordonnateur du monde, mais elle n'autorise pas à conclure que cet ordonnateur est un être infini. Il peut être très intelligent sans être parfait.

Appréciation. — 1° Il semble que cette dernière remarque de Kant soit juste. Par le principe de finalité, en effet, on ne prouve pas que Dieu est infini. On ne prouve même pas qu'il est distinct du monde. Les stoïciens ont fait grand usage de l'argument des causes finales, et cependant ils ont pensé que Dieu était l'âme du monde.

2° On peut admettre aussi que l'argument ontologique n'est pas conforme aux règles du syllogisme, puisque, dans la mineure, saint Anselme parle d'une existence idéale de l'Etre parfait, tandis que la conclusion affirme l'existence réelle de cet Etre. Mais il ne suit pas de là que l'argument ontologique soit sans valeur. Assurément, on ne peut passer de l'idée à l'être, du possible au réel quand il s'agit d'un objet contingent, parce que, par définition, un objet de cette nature peut également bien exister ou ne pas exister, mais il est permis de passer de l'idée à l'être quand on parle de l'Etre nécessaire. Un tel être ne peut pas ne pas être; il faut donc qu'il soit. Je puis penser que cent thalers feraient assez mon affaire sans posséder cette somme, mais, de toute façon, l'idée de l'Etre infini implique l'existence de cet Etre. En Dieu, l'essence et l'existence ne font qu'un. Cela est évident en soi, bien que cela ne soit pas manifeste à toutes les intelligences. Quiconque, au reste, réfléchit à fond, peut s'apercevoir qu'il y aurait contradiction à dire : l'Etre par excellence n'est pas. « La perfection, dit Bossuet, est une raison d'être. » Elle est la raison suprême de l'existence.

Les lois du syllogisme sont faites pour préserver de l'erreur, mais il n'est pas absolument impossible de s'en affranchir sans se tromper.

3° En ce qui concerne la preuve cosmologique, Kant est tout à fait dans l'erreur. Tout d'abord, il interprète mal le principe de causalité. Ce principe ne s'énonce pas ainsi : *Tout phénomène est précédé d'un autre phénomène ;* sa formule véritable est : *Tout fait a une cause.* Dès lors, la causalité ne suppose pas nécessairement une série indéfinie de termes; un effet et une cause suffisent à la réaliser. Autrement dit, une cause n'est pas nécessairement un effet; elle peut n'avoir aucune cause et être à elle-même sa raison d'être. D'autre part, si l'esprit humain exige une cause de toute réalité contingente, Kant n'est pas en droit de prétendre que cette cause est purement idéale; elle est réelle parce que son effet est réel. Il y a toujours au moins autant de réalité dans la cause que dans ses effets. Kant tend à faire de l'homme le prisonnier de ses idées, mais l'homme ne reste pas enfermé dans son moi. Il en sort, et il en sort notamment quand il affirme qu'à l'idée de cause première du monde, correspond un Etre réel, qui est la cause première du monde.

Conclusion. — Cette affirmation, aucune théorie subjectiviste n'a jamais pu la détruire, parce que, aucune théorie ne peut tenir debout contre la nature. Dieu existe donc, et on peut le démontrer par trois preuves principales, qu'il est meilleur d'unir que de séparer, parce qu'elles se fortifient l'une l'autre. La preuve cosmologique fait voir qu'il existe un Etre nécessaire; la preuve ontologique établit que cet Etre nécessaire est absolument simple, puisque son essence et son existence sont une même chose; enfin, la preuve par les causes finales permet d'affirmer que l'Etre nécessaire est intelligent, puissant et bon. Parce qu'Il est intelligent, il a conçu le plan du monde; parce qu'Il est puissant, il a réalisé ses sages desseins; parce qu'Il est bon, il a fait toutes choses en vue du bien.

OUVRAGES CONSULTÉS :

Saint Anselme :	*Monologium.*
id.	*Proslogium* (Chapitre II).
Aristote :	*Physique* (Livre VIII).
id.	*Métaphysique.*
Saint Augustin :	*Confessions* (x, 5).
Bossuet :	*Traité de la connaissance de Dieu et de soi-même* (Chapitre IV, § v).
Cicéron :	*De natura Deorum* (II, 5, 37).
Descartes :	*Discours de la méthode* (IV° partie).
Leibniz :	*Monadologie* (n°s 43, 44, 45).
Kant :	*Critique de la raison pure.*
Spinoza :	*Éthique* (Première partie).
Saint Thomas :	*Somme théologique* (Première partie, quest. II, art. 3).

CHAPITRE XVI.

DE L'ATHÉISME.

Si Kant a cru bon de rejeter les preuves de l'existence de Dieu données avant lui, du moins on ne peut l'accuser d'athéisme. Il avait sa manière à lui de prouver que Dieu existe. A son avis, la loi du devoir implique trois postulats : la liberté, l'immortalité, Dieu. Le devoir est la libre réalisation de la loi morale. Quiconque l'accomplit fidèlement mérite d'être heureux ; mais le bonheur ne se conçoit pas si la vie doit finir. D'autre part, le bonheur résulte d'un accord de la nature avec les désirs de l'homme. Or, Dieu seul est assez puissant pour réaliser cet accord. Ainsi, l'existence de Dieu est un postulat du devoir.

Non seulement Kant n'est pas athée, mais il a dit très sagement à l'adresse des athées : « Nul ne peut être certain que Dieu n'existe pas. » Personne, en tout cas, n'a jamais prouvé que le genre humain ait tort de croire en Dieu. Il y a cependant des doctrines philosophiques qui impliquent la négation de Dieu. Tel est l'idéalisme de Hegel, vulgarisé en France par Vacherot et par Renan ; tel est aussi le positivisme matérialiste d'Auguste Comte. L'agnosticisme de Spencer est lui-même un athéisme déguisé : à quoi sert-il de ne pas nier Dieu, si on déclare en même temps que Dieu est inconnaissable ?

§ I. — L'ATHÉISME IDÉALISTE.

D'après la doctrine idéaliste, les idées seules existent,

et la vérité n'est autre chose que l'accord de l'esprit avec lui-même (1). S'il en était ainsi, Dieu ne serait qu'une idée.

C'est bien là ce que pensait Hegel (2) : Dieu, selon lui, n'est qu'un idéal connu par l'homme ; c'est le rêve du cœur de l'homme, mais ce rêve n'a aucune réalité objective.

L'athéisme idéaliste d'après M. Vacherot. — Renan a très bien défini le Dieu de Hegel. C'est, dit-il, « *la catégorie de l'idéal.* » Cependant, c'est M. Vacherot qui a été en France le principal interprète de la doctrine du philosophe allemand sur Dieu. D'après M. Vacherot, « le Dieu qu'adore la philosophie depuis deux mille ans, n'est pas un véritable Dieu, parce qu'il n'est ni infini, ni absolu, ni universel. »

Il n'est pas infini parce qu'il n'est pas tout. L'homme et la nature ont une existence distincte de la sienne.

Il n'est pas absolu, parce qu'il n'est pas indépendant de toute relation.

Il n'est pas universel parce qu'il est un individu, et comme tel, distinct de tout ce qui l'entoure.

« Le Dieu de la métaphysique platonicienne et cartésienne n'est, au fond, qu'une âme humaine agrandie. »

« Dieu est l'Etre parfait ; or, un être vivant et personnel ne saurait être parfait, parce que la perfection est, par sa nature même, incompatible avec l'existence réelle. » — « Il faut choisir pour Dieu, ou l'être vivant et personnel, nécessairement imparfait, ou l'être parfait, qui n'est ni personnel ni vivant. »

(1) D'après les dogmatiques, on s'en souvient, la vérité est l'accord de l'esprit avec lui-même et avec les choses. Le dogmatisme s'oppose à la fois à l'idéalisme, qui mutile la vérité, et au scepticisme, qui la déclare introuvable. Le dogmatisme ne se démontre pas ; il repose sur un postulat qui est celui-ci : l'esprit humain est fait pour connaître les choses ; il y a une harmonie préétablie entre l'esprit et les choses.

(2) Hegel, philosophe allemand né à Stuttgard en 1770, occupa les chaires de philosophie de Heidelberg et de Berlin. Il mourut du choléra en 1832. Il est panthéiste plutôt qu'athée. Pour lui, Dieu est l'éternel devenir. Cela revient à nier Dieu ; c'est la négation pure et simple de l'existence d'un Etre parfait.

On le voit, au rebours des cartésiens qui disaient : Dieu est l'Infiniment parfait, donc il existe, M. Vacherot dit : Dieu est la perfection infinie, donc il n'existe pas ; autrement il serait imparfait (1).

Appréciation. — Il y a deux parties dans la thèse de M. Vacherot : d'une part, la critique de toutes les théodicées antérieures ; d'autre part, l'affirmation du Dieu-Idée de Hegel, c'est-à-dire la négation d'un Dieu personnel, l'athéisme idéaliste.

« L'Infini, dit M. Vacherot, n'est qu'à la condition d'être tout. S'il n'est tout, il n'est rien. » — Or « une personne ne saurait être infinie, parce qu'elle est un moi concentré en lui-même et distinct de tout autre. »

Cette argumentation repose sur une équivoque évidente. Jamais, avant Hegel, aucun métaphysicien n'a confondu l'infini et la totalité. Pour les maîtres de la philosophie, l'infini c'est le parfait pur et simple. A leur avis, la perfection est incompatible avec la pluralité des parties. Un tout dépend de ses éléments. Totalité implique dépendance, imperfection par conséquent.

M. Vacherot s'est trompé de même, en disant que le Dieu de l'ancienne métaphysique n'est ni absolu ni universel. Pour l'école idéaliste, l'être absolu est celui dont l'idée n'implique aucune relation, et l'être universel, celui qui comprend la totalité des individus. Ainsi entendu, l'absolu et l'universel ne peuvent être une personne. Mais quand les anciens philosophes disent que Dieu est l'être absolu, ils veulent dire qu'il est l'être nécessaire, l'être par soi, et, pour eux, l'Etre universel est la raison métaphysique de toutes choses, la cause première. Or, il est impossible de démontrer l'incompatibilité de l'idée de la personne avec les deux idées de cause première et d'existence par soi.

Quant au syllogisme par lequel M. Vacherot cherche à prouver que Dieu n'est qu'une idée, il repose sur une

---

(1) Vacherot : *La Métaphysique et la science.* (Voyez page 184 la note sur M. Vacherot.)

pétition de principe. Il faudrait prouver cette majeure : tout ce qui existe est nécessairement imparfait. — « On a pu, dit Paul Janet, contester aux cartésiens que l'existence fût une perfection ; il serait étrange qu'elle fût une imperfection. Être vaut mieux après tout que ne pas être (1). » — « La perfection, disait Bossuet, est-elle un obstacle à l'être? » Il n'y a rien dans l'idée de l'être parfait qui contredise l'idée de l'existence réelle. Une perfection est un degré quelconque de l'être. Pour être en droit d'affirmer l'incompatibilité absolue de la perfection avec l'existence réelle, il faudrait faire voir qu'un degré de l'être est incompatible avec l'être. Aucun idéaliste, sans doute, n'y réussira jamais.

Mais, dit M. Vacherot, toute existence réelle n'est qu'un ensemble de phénomènes qui passent. — Qu'est-ce à dire, sinon : Toute existence réelle est bornée, parce qu'elle commence et finit. Or, c'est là précisément la thèse à démontrer; la prendre comme accordée, c'est faire une pétition de principe évidente. « Je vois bien, dit Paul Janet, que le réel qui tombe sous mes sens est imparfait. Mais pourquoi en conclure que toute réalité est nécessairement imparfaite (2)? »

Si l'existence réelle est incompatible avec l'infinie perfection, « Dieu n'est qu'une idée, et son existence tient à l'être pensant. » — Or la pensée a ses crises, ses aberrations, ses négations, ses doutes. Voilà donc Dieu soumis à toutes les incertitudes de la raison, périssant quand la raison périt, se relevant quand la raison se relève, suivant ses plus obscures vicissitudes, et lié à toutes ses contradictions (3).

Il y a de singulières imperfections dans ce Dieu parfait qui « a tout juste le degré d'existence d'un triangle ou d'un cercle idéal, » qui « ne pense même pas, » parce que « son rôle est d'être pensé (4). »

(1) *Revue des Deux-Mondes* (1er août 1864).
(2) *Revue des Deux-Mondes* (1er août 1864).
(3) Caro, l'*Idée de Dieu* (page 259).
(4) Caro, l'*Idée de Dieu* (page 258).

Quel triste ciel, dit Paul Janet, que celui qui ne vit qu'en nous, qui naît et qui meurt avec nous, et dont le seul lieu est la pensée !

§ II. — L'athéisme matérialiste.

Au lieu de dire que « Dieu est la catégorie de l'idéal, » il y a, semble-t-il, plus de franchise à dire que Dieu n'existe pas du tout. C'est le parti qu'ont adopté les positivistes de l'école d'Auguste Comte (1). Ils nient Dieu au nom de la science. Reste à savoir si leur conclusion est renfermée dans les prémisses posées par eux.

Fondements de cette doctrine. — Trois principes résument leur enseignement :

1° La matière est éternelle ;

2° Tous les phénomènes de la nature se ramènent au mouvement éternel et incréé comme la matière ;

3° Tous les mouvements de la nature sont régis par les lois mathématiques.

La matière est éternelle ; en effet, ce qui ne peut être anéanti ne peut être créé ; or la matière est indestructible, donc elle n'a point été créée. Rien ne se perd, rien ne se crée.

De plus, la matière nous apparaît comme un ensemble de forces qui se traduisent par des états ou phénomènes qu'on appelle chaleur, son, lumière, électricité, travail mécanique, etc... Tous ces phénomènes, si variés qu'ils soient, ne sont eux-mêmes que les formes diverses du mouvement produit par les forces. Tout, dans la nature, se ramène donc à un principe unique, le mouvement, et le mouvement est lui-même déterminé par une cause appelée force. Le mouvement et la force sont essentiels à la matière ; ils sont éternels et incréés comme elle.

---

(1) Auguste Comte, né à Montpellier en 1798 et mort à Paris en 1857, est le fondateur du positivisme français. Son principal ouvrage est le *Cours de philosophie positive*. Le positivisme tient tout entier dans ces deux thèses : *La science a pour objet les phénomènes et leurs lois. La philosophie n'est pas une science; elle est la synthèse des sciences.*

Mais, de deux choses l'une, ou la série des mouvements qui forment l'univers visible se déroule en vertu de lois immuables, ou c'est par la puissance d'une volonté supérieure qu'un mouvement résulte d'un autre mouvement, et produit lui-même un troisième mouvement d'une intensité égale à celle des deux premiers. Si c'est la volonté divine qui gouverne, les lois sont superflues ; si au contraire ce sont les lois, toute intervention d'une cause intelligente et libre devient inutile. Or tout, dans l'univers, nous atteste l'existence de lois immuables. Ce sont donc les lois mathématiques qui gouvernent. « Le monde, comme le dit un poète allemand, est un théorème de mécanique, dont on a voulu faire un poème divin. » Dès lors, Dieu n'est qu'une hypothèse.

Tel est, sur la question de Dieu, le dernier mot d'un enseignement que ses adeptes essaient de faire reposer sur les données de la science contemporaine. C'est au nom de la science qu'il faut apprécier la négation des positivistes, sans oublier de faire appel à la raison.

Appréciation. — 1° D'abord il n'est nullement prouvé que la matière soit éternelle. Sans doute, rien ne se crée, rien ne se perd. On peut admettre avec tous les savants contemporains, que si nous avions des balances assez précises et assez fortes pour nous permettre une vérification complète de cette loi, nous constaterions qu'aucun atome ne vient jamais s'ajouter à la masse totale de matière, et ne peut en être retranché. Mais de ce que l'homme ne peut ni créer ni anéantir un atome, conclure à l'impossibilité absolue de toute création et de tout anéantissement, c'est dépasser les limites de l'expérience, et, par conséquent, sortir du domaine de la science positive, qui fait profession de s'en tenir aux faits et à la méthode expérimentale. C'est aussi supposer ce qu'il faudrait prouver. Que la quantité de matière qui forme le monde reste toujours la même, cela n'est pas plus inconciliable avec l'affirmation d'un Dieu créateur qu'avec l'hypothèse d'une matière éternelle.

2° Eternelle ou non, la matière nous apparait sous la

forme du mouvement sans cesse engendré par le mouvement. Tout mouvement est précédé et suivi d'un autre mouvement. C'est là tout ce que la science expérimentale peut affirmer. Si elle s'avise de soutenir que le mouvement est essentiel à la matière, elle dépasse ses droits, car une telle proposition ne relève pas de l'expérience. C'est une nouvelle pétition de principe, ou, en d'autres termes, une affirmation toute gratuite.

Il y a plus : cette affirmation n'est pas conciliable avec l'expérience elle-même, car l'expérience nous apprend que la matière est inerte, c'est-à-dire indifférente au mouvement et au repos. Les maîtres les plus autorisés de la science expérimentale en conviennent. Je ne conçois guère la matière que comme un coefficient de l'inertie, disait Léon Foucault. C'est par la « loi de l'inertie » que Laplace expliquait l'inaltérabilité absolue du mouvement sidéral. Enfin, la mécanique serait inconcevable sans l'inertie de la matière. Pour calculer la force nécessaire à la production d'un mouvement, il faut nécessairement se rendre compte des obstacles à vaincre, c'est-à-dire des résistances que l'on rencontrera par suite de l'inertie de la matière. Rien n'est donc moins établi que cette proposition : Le mouvement est essentiel à la matière. Au contraire, la matière étant inerte, le mouvement ne saurait lui être essentiel. Et si le mouvement ne lui est point essentiel, il lui vient du dehors. La contingence du mouvement implique donc, comme on dit aujourd'hui, la transcendance d'un premier moteur (1).

3° L'immutabilité des lois du mouvement n'est pas mieux prouvée que sa nécessité. Le mouvement est soumis à des lois, cela est sûr, mais ces lois ne sont pas assimilables aux lois mathématiques. Celles-ci sont absolues et immuables; nous ne concevons pas qu'elles puissent souffrir une seule exception. Il en est tout

(1) On appelle transcendant ce qui est en dehors de la série des faits, ou série des contingents.

autrement des lois physiques. Il n'y a rien d'absurde à supposer qu'elles ne s'accomplissent pas toujours ; il n'y a aucune contradiction à dire : la chaleur ne dilate pas tous les corps. Et, de fait, l'argile soumis à l'action du feu ne se dilate point. Toute loi physique est conditionnelle. C'est une loi que le phénomène A détermine un phénomène B, mais à la condition que rien ne vienne troubler cet ordre. La paume lancée en l'air retombe sur le sol si le joueur ne l'arrête point. Puisque telle est la nature des lois physiques, il est évident que leur existence n'est point incompatible avec l'action d'une volonté libre, assez puissante pour entraver parfois leur accomplissement. Le savant qui croit à la liberté humaine ne doute pas pour cela des lois de la science, quand même il sait que l'homme a parfois le pouvoir d'empêcher les effets de ces lois. Il est donc juste de rejeter la conclusion de l'athéisme : si le monde est gouverné par des lois, la volonté divine est inutile.

Non seulement la volonté divine n'est pas inutile, mais on ne saurait expliquer le monde sans elle. En effet, comment concevoir une loi de la nature, sans voir en elle l'expression d'une volonté souveraine? Toute loi n'indique-t-elle pas la volonté d'un législateur? Ce n'est pas la sentence qui condamne un coupable, c'est la volonté des juges, connue par la sentence.

Objection des mécanistes (1). — Mais, dira-t-on, les lois de la nature ne sont autre chose que des relations qui s'établissent d'elles-mêmes entre les diverses formes du mouvement. Tel mouvement se transforme en un autre mouvement; il n'y a là aucune intention, aucune finalité. — Ceux qui font cette objection admettent que le mouvement est essentiel à la matière. Mais nous savons déjà que, la matière étant inerte, le mouvement qu'elle possède suppose un premier moteur. Or, qui

---

(1) On appelle mécanistes ceux qui nient la finalité dans l'univers. La finalité est la manifestation d'une fin poursuivie par l'auteur de l'univers. Les mécanistes prétendent admettre que le mouvement est l'unique cause des phénomènes.

oserait soutenir que le premier moteur ne peut pas diriger le mouvement dont il est le principe? Il le dirige, en effet, car, si le mouvement n'est pas essentiel à la matière, la direction du mouvement, qui est quelque chose du mouvement lui-même, n'est pas davantage essentielle à la matière. Il faut donc dire que les lois du mouvement, loin d'être inconciliables avec une volonté motrice, supposent cette volonté.

§ III. — L'AGNOSTICISME.

Dieu existe donc, et un siècle après Kant, on peut redire la parole de ce philosophe : « Nul ne peut être certain que Dieu n'existe pas. » Voltaire avait dit presque dans les mêmes termes : « Nul ne peut prouver que Dieu n'existe pas. »

La thèse de l'agnosticisme.—Les positivistes anglais ne sont pas matérialistes; ils reconnaissent la légitimité de la psychologie. De plus, ils ne nient pas l'existence de Dieu ; ils ne regardent pas l'absolu comme une pure hypothèse. Ils conviennent même volontiers que l'absolu existe nécessairement, car son existence est impliquée par celle du relatif. Mais ils divisent le domaine de la réalité en deux parties : le connaissable et l'inconnaissable. Les phénomènes sont connaissables, et la science a pour objet d'étudier leurs relations constantes. Au delà des phénomènes, l'intelligence humaine se perd dans l'immensité de l'absolu. Les phénomènes et leurs lois sont la terre ferme sur laquelle l'homme peut prendre pied ; plus loin, c'est l'immense océan avec tous ses écueils.

Ses origines. — Huxley (1) a créé le nom d'agnosticisme, et il a été en Angleterre le principal vulgarisateur de la doctrine ainsi désignée. Cela n'empêche

---

(1) Huxley est né à Ealing, en 1825. C'est un philosophe de grande valeur. Il a écrit un livre intitulé : *La place de l'homme dans la nature*, et un autre sur *Hume, sa vie et sa philosophie*.

pas Herbert Spencer (1) d'être considéré comme le chef incontesté de l'école agnostique. Plus que personne, ce philosophe a contribué à accréditer dans le monde savant la doctrine de l'inconnaissable.

Spencer, cependant, se réclame lui-même d'un maître, qui s'appelait Mansel, et qui fut l'un des théologiens les plus distingués et l'un des métaphysiciens les plus remarquables de l'Angleterre dans la seconde moitié du xix° siècle. C'est dans les *Bampton Lectures*, de Mansel, qu'on trouve nettement posé le principe de l'agnosticisme. « La philosophie, dit le théologien anglais, ne peut rien nous dire des attributs de Dieu et de son Etre infini; mais elle nous apprend tout ce que nous pouvons savoir, tout ce que nous avons besoin de savoir relativement à notre incapacité de comprendre la nature divine, et nous donne le pourquoi de cette incapacité (2). »

De telles paroles sont la condamnation de la théologie. Aux yeux des agnostiques, cette science ne peut être qu'une recherche vaine et sans but. Ils la remplacent par un scepticisme désespéré, plus dangereux que l'athéisme proprement dit. L'athée nie Dieu, mais il ne se dérobe pas à la discussion; au contraire, l'agnostique se renferme dans son impuissance prétendue comme dans une citadelle imprenable.

Si du moins les agnostiques ne sortaient pas du domaine de la spéculation pure, mais ils s'en gardent bien; d'ailleurs cela n'est pas possible. Leur scepticisme

---

(1) Herbert Spencer est né à Derby en 1820. C'est l'un des penseurs les plus originaux du xix° siècle. Il est célèbre surtout par l'hypothèse de l'évolution. D'après cette hypothèse, la formation de l'univers s'expliquerait par un passage lent et gradué de l'homogène à l'hétérogène, sous l'action des forces ou causes mécaniques. Les ouvrages de Spencer sont très nombreux. Citons seulement : les *Principes de psychologie* (1855), les *Premiers principes* (1862), les *Principes de biologie* (1864) et les *Principes de sociologie* (1874).

(2) Mansel : *Bampton lectures*, lectures viii. Mansel vécut de 1820 à 1871. Il fut disciple d'Hamilton, qui disait : « Il faut exorciser le fantôme de l'absolu. »

pénètre dans la vie pratique, et s'y traduit par des principes détestables. Chaque jour, par exemple, on entend dire que toutes les religions sont bonnes, que toute croyance est respectable, pourvu qu'elle soit sincère. C'est une conséquence directe de l'agnosticisme. Si en effet nous ne pouvons rien savoir de Dieu, chacun est libre d'en penser ce qui lui plaît. Nul ne peut prouver à un autre qu'il se trompe, comme aussi personne ne saurait faire voir qu'il est dans le vrai. Dès lors, il n'y a pas de religion qui s'impose aux hommes à titre de religion divine.

Appréciation. — De telles assertions paraissent étranges à un homme qui a quelque peu sondé les fondements de la vraie Religion; il ne peut les expliquer qu'en admettant chez les agnostiques une ignorance totale des premiers principes de la philosophie traditionnelle et de la théologie. En réalité, beaucoup de savants modernes ignorent absolument ce qu'ont dit les théologiens et les philosophes, et ce qu'ils ignorent, ils le méprisent. Huxley disait : « Les questions traitées dans les ouvrages de théologie sont des questions de politique lunaire.....; elles ne méritent pas l'attention d'hommes qui ont quelque chose à faire ici-bas. » David Hume qui a été appelé « le prince des agnostiques, » disait déjà : « Au feu tous ces livres! Ils ne peuvent contenir que sophisme et tromperie. » Voilà bien le mépris; mais à ces condamnations dédaigneuses, tout esprit sérieux préférerait une preuve de compétence de la part de leurs auteurs.

Or, on peut prouver qu'ils ne connaissent pas ce qu'ils condamnent. Spencer, par exemple, estime qu'il est impossible que Dieu existe par lui-même de toute éternité; cela supposerait, dit-il, que Dieu aurait existé pendant un nombre infini d'instants, ce qui est une contradiction dans les termes : il n'y a pas de nombre infini. — Spencer ne dirait pas cela s'il avait la notion exacte du temps et de l'éternité. Le temps est le nombre des changements qui s'accomplissent dans un être donné (1). Il n'y a pas de temps abstrait, si ce n'est dans notre esprit; le temps est une propriété de chaque être sujet au changement. Dieu n'est pas sujet au changement, car il est l'acte pur, l'être immuable, le moteur immobile. Par le fait, Dieu n'est pas soumis à loi du temps. Il est éternel, c'est-à-dire qu'il est en possession continuelle d'une vie simultanée et parfaite. Son éternité, c'est Lui-même. Il n'y a pas d'éternité en dehors de Dieu. Ceux qui considèrent l'éternité comme une chose en soi, prêtent mal à propos la réalité à une abstraction pure. L'éternité, c'est Dieu. L'éternité exclut donc absolument la succession et le changement. Elle ne se mesure point par le nombre des instants, ni d'aucune façon. Telles sont les données de la philosophie traditionnelle sur le temps et l'éternité. Quiconque les possède ne peut voir une contradiction quelconque dans cette proposition : Dieu existe par soi (2).

Avec des notions de métaphysique aussi peu précises que celles qui ont cours parmi les savants modernes sous le nom de philosophie, il est aisé de faire fausse route. Si du moins ces hommes vraiment remarquables à d'autres égards avaient une connaissance exacte de la psychologie, peut-être seraient-ils moins facilement séduits par la doctrine agnostique; mais ils connaissent peu l'âme humaine, et c'est là pour eux une autre grave cause d'erreur. Ils confondent l'imagination et l'entendement. Ils ne voient pas que l'imagination est « le

---

(1) Aristote définit le temps : *le nombre des mouvements*. Par mouvements, ce philosophe entend tous les changements qui surviennent dans un être contingent. Pour lui, l'Etre nécessaire est immobile.

(2) De même que Dieu n'est pas dans le temps, de même on ne peut dire qu'Il occupe un espace. Seuls, les corps sont dans l'espace. Considéré en lui-même, l'espace n'est qu'une abstraction, comme le temps pris en général. Chaque corps a une étendue déterminée, comme chaque être contingent dure un temps déterminé. L'étendue d'un corps est l'ensemble de ses trois dimensions. Agrandie indéfiniment par l'imagination, l'étendue devient l'espace. Mais l'espace ainsi engendré n'est pas une réalité. En dehors des corps, qui sont étendus, il y a le vide. L'espace n'est qu'une possibilité d'existence pour de nouveaux corps.

lieutenant des sens, » et que, à ce titre, seuls les objets sensibles sont de son ressort; l'invisible lui échappe absolument. Dès lors, si l'on estime que ce qui ne s'imagine point est inconcevable, on est tout naturellement amené à dire que Dieu est inconnaissable, car il est impossible d'imaginer Dieu. Mais c'est un tort grave de ne rien concevoir qu'en l'imaginant, car entendre et imaginer ne sont point une même chose. On peut entendre très bien le myriagone, c'est-à-dire en comprendre très bien la définition, tandis qu'il est fort difficile d'imaginer un polygone d'un si grand nombre de côtés. Il est des choses qu'on n'imagine pas du tout, bien qu'on puisse clairement les définir; exemple : la vérité, la justice, la bonté.

Si l'agnosticisme suppose des erreurs de métaphysique et de psychologie, il n'est pas non plus absolument irréprochable au point de vue théologique. La logique elle-même y trouverait à redire. Il est certain sans doute que nous ne pouvons connaître Dieu pleinement, parce que Dieu est infini, tandis que notre esprit est borné. La théologie catholique enseigne que les saints du ciel eux-mêmes, qui voient Dieu face à face, ne le connaîtront jamais d'une façon adéquate. Ils connaissent Dieu tout entier, mais non pas totalement « *totus, sed non totaliter*, » selon la formule scolastique.

De là à conclure que nous ne pouvons rien connaître de Dieu, il y a loin. En fait, nous connaissons suffisamment Dieu et ses attributs pour orienter notre vie, et c'est tout ce qu'il faut. Qu'importe, si je dirige mes pas vers une bourgade, que j'aperçoive ma route à la pâle lumière de la lune, au lieu d'être éclairé par le grand soleil! « Un peu de lumière projetée sur les objets du monde invisible, dit Aristote, vaut mieux de beaucoup que la pleine évidence des choses visibles. »

OUVRAGES CONSULTÉS :

Dom Benoit :	*Les Erreurs modernes.*
Caro :	*L'Idée de Dieu.*
Paul Janet :	*La Crise philosophique.*
id.	*Les Causes finales.*
Mansel :	*Bampton lectures.*
Stuart Mill :	*Essais sur la religion.*
Spencer :	*Les Premiers principes.*
Vacherot :	*La Métaphysique et la science.*
id.	*Le Nouveau spiritualisme.*
Zahn :	*L'Evolution et le dogme.*

CHAPITRE XVII.

LES ATTRIBUTS DE DIEU. — LA PERSONNALITÉ DIVINE.

Nous savons que Dieu existe et que nous pouvons le connaître dans une certaine mesure. Mais nous ne pouvons le connaître directement, car nous ne connaissons directement que des êtres finis, qui sont en acte sous certains rapports, en puissance à d'autres égards (1). Par conséquent, nous ne pouvons attribuer à Dieu, acte pur, ce qui convient aux êtres qui sont en puissance de quelque manière. Tout corps, par exemple, étant divisible, est en puissance par rapport à la séparation de ses parties. Donc, Dieu n'est pas un corps. De même, tout composé d'âme et de corps, et, en général, tout composé est en puissance parce qu'il est décomposable. Donc, Dieu n'est pas composé d'une âme et d'un corps. Il n'est pas l'âme du monde, comme le pensaient les stoïciens ; il n'est pas la nature, comme le croient les panthéistes.

§ I. — Comment on peut déterminer les attributs de Dieu.

Pour connaître Dieu, il faut que nous écartions de sa nature tout ce qui, d'après l'expérience, nous paraît incompatible avec la notion d'acte pur, comme la com-

---

(1) Un être en acte est celui qui existe actuellement ; un être en puissance est celui qui peut exister. Le grain de blé est en acte comme grain de blé ; il est en puissance comme épi de blé. Dieu est acte pur, parce qu'il possède en tout temps la plénitude de son être.

position, l'imperfection, la succession, la limitation, la multiplicité. Cette manière d'étudier Dieu s'appelait au moyen âge *via remotionis*.

Et si, parmi les attributs des êtres directement connus de nous, nous en remarquons quelques-uns qui ne sont pas incompatibles avec la perfection divine démontrée par la méthode précédente, comme la pensée et l'amour, nous devons songer que Dieu n'a point ces attributs par emprunt, comme nous; il ne les possède pas d'une manière participée, mais par lui-même et nécessairement. S'il pouvait les perdre, il serait en puissance à cet égard. Nous ne devons donc pas dire de lui : il a la pensée et l'amour, mais il est la pensée même et l'amour même. Ce procédé, qui consiste à écarter des perfections divines toute idée de contingence, était appelé au moyen âge *via aseitatis*. Dieu est par soi, *a se*, et tout ce qu'il est, il l'est par soi.

De plus, par le fait que Dieu est parfait, non seulement il est par soi tout ce qu'il est, mais il l'est au plus haut point. S'il pouvait être plus pleinement ce qu'il est, il serait en puissance à cet égard. Par conséquent il est infini en toutes ses perfections. Toute perfection que nous découvrons en Lui doit donc être élevée par nous à l'infini. Cette méthode s'appelait *via eminentiæ* au moyen âge. Elle complète la précédente, et toutes deux réunies nous servent à découvrir ce qu'on appelle aujourd'hui assez improprement les attributs moraux de Dieu. Ces attributs sont plus justement appelés par les théologiens *operationes ad intra*, par opposition à la création, à la conservation et au gouvernement du monde, qui sont les opérations de Dieu *ad extra*.

Quant aux attributs que la première méthode nous fait découvrir, ils sont l'être même de Dieu, plutôt que ses opérations; mais c'est là une distinction purement mentale, une simple différence de point de vue; car en Dieu, être et agir, c'est tout un, pour la bonne raison que rien en Lui n'est en puissance. L'homme n'agit pas toujours, en ce sens que, à un moment quelconque de son existence, certaines énergies de sa nature sont en puissance seulement : nous ne pensons pas toujours, nous ne voulons pas toujours, nous ne sommes pas toujours en mouvement. Quand nous pensons, quand nous voulons, nous ne pensons pas à tout ce qui pourrait être pensé par nous, nous ne voulons pas tout ce que nous pourrions vouloir. Au contraire, Dieu étant acte pur, il est toujours pleinement en acte. La distinction de l'être et de l'action en Lui est une pure différence de point de vue, non la différenciation de deux choses réellement distinctes (1).

Il faut en dire autant, au reste, des attributs moraux de Dieu, et pour la même raison. Dieu étant toujours pleinement en acte, n'est pas comme l'homme, tantôt bon, tantôt juste, tantôt simplement attentif à la vérité ; il est à la fois bon, juste, souverainement intelligent. Si nous distinguons en lui la Bonté, la Justice, l'Intelligence, c'est parce que nous ne pouvons saisir d'une seule vue la perfection de sa nature.

Cela posé, pour étudier la nature de Dieu, nous avons à considérer d'une part ses attributs métaphysiques, d'autre part ses attributs moraux, ou si l'on veut, d'une part, sa nature, d'autre part ses opérations *ad intra*.

§ II. — La nature de Dieu et ses attributs métaphysiques.

La nature de Dieu, en tant que, pour faciliter nos recherches, nous la distinguons des opérations divines, ne nous est connue que d'une manière indirecte et négative, comme il a été dit plus haut. Nous ne savons point ce qu'est Dieu ; nous savons plutôt ce qu'Il n'est pas.

Ainsi donc, nous pouvons établir que Dieu n'est pas

---

(1) Dans l'homme et dans tout être contingent, il y a une différence très nette entre l'être et l'action ; quand un homme dort profondément ou tombe en syncope, l'être persiste, mais l'action est à peu près nulle. Quand un homme parle ou écrit, l'action s'ajoute manifestement à l'être.

composé, qu'Il n'est pas imparfait, qu'Il n'est pas fini, qu'Il n'occupe pas un espace déterminé, qu'il n'y a en Lui aucune succession. Ces attributs sont négatifs, du moins à première vue. Au fond, par le fait même qu'ils sont l'essence même de l'Etre par excellence, ils sont très positifs. Voilà pourquoi nous les appelons : Simplicité, Perfection, Infinité, Immutabilité, Eternité, Unité, Immensité.

La simplicité divine. — Dieu est simple. En effet :

1° Tout composé est ultérieur à ses composants et dépend d'eux, puisqu'il ne peut exister que par leur union. Or, Dieu est la cause première de toutes choses. Par conséquent il ne suppose aucun être antérieur à lui, et son existence ne dépend de celle d'aucun autre être.

2° Tout composé a une cause, car ses éléments ne s'unissent pas d'eux-mêmes. Il faut une raison pour expliquer que des principes donnés s'unissent pour former un tout distinct de chacun d'eux. Or, Dieu est la première cause ; par conséquent Il n'existe point en vertu d'une cause autre que Lui. Il est à lui-même sa propre cause, en ce sens qu'Il existe nécessairement ; son essence enveloppe son existence.

3° En tout composé il y a lieu de distinguer puissance et acte. Non encore unis, les éléments d'un composé sont en puissance par rapport à la synthèse qui peut en être faite. Cette synthèse, une fois formée, elle peut être détruite. Donc, en tout composé il y a puissance et acte, ce qui est incompatible avec la notion d'acte pur, qui est la notion même de Dieu. De tout ceci il faut conclure que Dieu est absolument simple.

La perfection en Dieu. — Par le fait même qu'il n'y a en Dieu aucun mélange d'acte et de puissance, rien ne lui manque ; si quelque chose lui manquait, il serait en puissance d'acquérir ce quelque chose. Si rien ne manque à Dieu, il est parfait, car on appelle parfait ce qui est complètement achevé, ce à quoi rien ne manque.

Objection. — Mais, dira-t-on, la perfection est l'achèvement de l'être. Qui dit parfait dit entièrement fait. Or Dieu n'a pas été fait, puisqu'il est la cause première. Donc on ne peut dire qu'il est parfait.

Réponse. — Le mot parfait, répond saint Grégoire, ne se dit pas d'une manière univoque quand on l'applique à Dieu et quand on parle des créatures. Appliqué aux créatures, il signifie Etre auquel rien ne manque dans un genre donné. Appliqué à Dieu, il signifie Etre auquel rien ne manque absolument. Dieu est la perfection absolue. Nous sommes obligés, pour parler de Dieu, de nous servir d'une langue faite pour exprimer les choses directement connues de nous. Voilà pourquoi cette langue ne peut exprimer que faiblement ce qui dépasse l'expérience.

Dieu est Infini. — Si Dieu est absolument parfait, il n'y a en lui aucune limite, car la limite est un non-être, et le non-être est une imperfection. Il faut donc dire que Dieu est Infini, car on appelle infini ce qui n'a point de limite.

Dieu est Immuable. — Puisqu'il n'y a en Dieu aucun non-être, Il est toujours pleinement ce qu'Il est. Par conséquent, Il ne peut subir aucun changement. Changer, en effet, c'est acquérir ou perdre quelque chose. Si Dieu pouvait acquérir quelque chose, il n'aurait pas la plénitude de l'être, il serait imparfait. Parce qu'Il est parfait, Il ne peut non plus rien perdre, car la perfection est une raison d'être, non une raison de non-être. Dieu, au reste, serait composé si quelque chose de son être pouvait disparaître. Or nous avons vu qu'il est absolument simple.

Dieu est Eternel. — Par le fait que Dieu est immuable, c'est-à-dire qu'il n'y a en Lui ni commencement ni fin, il n'y a en lui aucune succession d'avant et d'après. Tout changement, en effet, implique nécessairement trois termes : un point de départ, *terminus a quo*, ce que la chose était avant de changer ; un point d'arrivée, *terminus ad quem*, ce que la chose est devenue par le changement ; enfin l'être même qui a subi un changement, qui est devenu autre chose que ce qu'il était. Or, dans l'être immuable, il n'y a évidemment à distinguer ni point de départ ni point d'arrivée, puisqu'il n'y a aucun passage de l'un à l'autre. Si deux termes distincts étaient en Dieu, Il ne serait pas l'être absolument simple. Il n'a donc ni commencement ni fin.

De même, en Dieu, il n'y a aucune succession; tout changement suppose une succession d'états. Par le fait même que Dieu ne change pas, Il ne passe point d'un état à un autre, Il n'a point d'états successifs. D'où il suit que Dieu n'est pas soumis à la loi du temps, car le temps n'est autre chose que la succession des mouvements par avant et par après. Le temps est au changement ou mouvement ce que la figure est à l'étendue. Il est quelque chose du mouvement comme la figure est quelque chose de l'étendue.

Dieu est donc éternel, c'est-à-dire en possession d'un être qui n'a ni commencement, ni fin, ni succession.

Dieu est Un. — De la perfection de Dieu se dégage une autre conséquence encore : Dieu est un, c'est-à-dire qu'il ne peut y avoir plus d'un être parfait. Supposons, en effet, qu'il y ait deux êtres parfaits ; nécessairement ils différeraient en quelque chose, sans quoi on ne pourrait les distinguer. Donc, l'un aurait quelque chose qui manquerait à l'autre, et réciproquement. Or, si quelque chose manquait à Dieu, c'en serait fait de sa perfection. D'où il suit qu'il n'y a qu'un Dieu, simple, parfait, infini, immuable et éternel.

Dieu est présent partout. — Comme rien n'est que par Lui, puisqu'Il est la cause première, il s'ensuit qu'Il est présent à tous les êtres. Si donc il existe des êtres distincts de Dieu, Dieu les pénètre tous. De là son immensité. Dieu est présent partout, c'est-à-dire présent à tous les êtres pour leur communiquer sans cesse l'être et l'action. Dieu pénètre les êtres comme la lumière pénètre l'air, sans s'identifier avec lui. Rien n'échappe à son action souveraine.

§ III. — Les attributs moraux de Dieu ou la personnalité divine.

Nous connaissons la nature divine : Dieu est simple, parfait, infini, immuable, unique et partout présent. La connaissance de ces attributs n'est pas encore la connaissance d'un Dieu personnel. Pour savoir si Dieu est une personne, il faut avoir démontré que, comme les personnes humaines, il est doué d'intelligence et de volonté (1). L'homme est une personne, parce qu'il a la raison et la volonté. De même, si Dieu a l'intelligence, la volonté, nous dirons qu'il est un Dieu personnel.

C'est à Socrate que l'on attribue l'honneur d'avoir, le premier, parmi les philosophes, dégagé la personnalité divine en opposant au panthéisme de ses prédécesseurs un Dieu qui connaît toutes choses et gouverne ce monde en vue du bien. D'après Socrate, Dieu gouverne le monde comme l'âme de l'homme gouverne son corps.

Connaître et vouloir sont des opérations tout intérieures ; par là, elles diffèrent de la puissance d'agir au dehors.

---

(1) La personne humaine, dit Boèce, est « une substance individuelle de nature raisonnable. » Cette définition est adoptée en théologie ; de plus, elle répond à la notion admise en droit civil et communément reçue. La personne humaine, en effet, n'est pas un sujet vague, indéfini, comme serait une collectivité quelconque, une armée, par exemple. Elle est un individu, c'est-à-dire un être qui, pris en lui-même, n'est point divisé et se distingue de tout le reste « *indivisum in se, distinctum ab alio.* » Par le fait même que la personne humaine est douée de raison, elle est aussi douée de liberté, car la liberté est une conséquence de la raison ; l'homme est libre parce qu'il est intelligent.

Descartes identifie le moi ou la personne avec l'âme, qu'il définit la chose pensante « *res cogitans.* » C'est oublier que l'âme n'est pas le tout de l'homme, et que la pensée n'est pas l'unique fonction de l'âme. La personne humaine est un composé d'âme et de corps, et l'âme est le principe de la vie du corps.

Kant fait consister la personnalité dans la conscience de soi. A ce compte, l'enfant nouvellement né, l'homme endormi, l'homme qui délire, ne seraient pas des personnes.

Jouffroy, Maine de Biran, confondent la personnalité avec l'énergie du

La connaissance de Dieu. — Dieu est-il doué de connaissance? — Il est impossible d'en douter si l'on considère que tout être doué de connaissance est d'autant plus parfait qu'il connaît plus de choses. Les êtres qui ne peuvent rien connaître ne possèdent que leur propre nature; ceux, au contraire, qui connaissent quelque chose ont en eux une sorte de représentation de la chose qu'ils connaissent : tout être connu est en quelque façon dans l'être qui le connaît. La connaissance a toujours été comparée à une assimilation : le sujet qui connaît s'assimile d'une certaine manière l'objet connu. Voilà pourquoi Aristote disait : « Ἡ Ψυχή τρόπῳ τινὶ πάντα ἐστί, » ce qui signifie que l'âme, par la connaissance, devient en quelque sorte toutes choses.

Non seulement la connaissance est une assimilation, mais elle est une assimilation immatérielle. En effet, d'une part, nulle connaissance ne peut avoir lieu sans que l'objet connu soit séparé de sa matière par la faculté de connaître. Les êtres que nous voyons ne sont pas en nous; leur image seule est en nous. Un corps sonore n'est pas en nous; l'impression qu'il produit sur l'organe de l'ouïe est seule en nous. D'autre part, plus une connaissance est dégagée de la matière, plus elle est parfaite. Les idées ou représentations intellectuelles

---

caractère; ils prennent ainsi le plus haut développement de la personnalité pour la personnalité elle-même.

Hume, Condillac, Taine et tous les phénoménistes, ne voient dans la personne humaine qu'un « faisceau de perceptions, » une « collection de sensations, » un « polypier d'images, » une série d'événements. Encore faudrait-il expliquer comment un phénomène peut se concevoir en dehors d'une substance qui lui sert de support, et à plus forte raison comment des phénomènes peuvent former une série, sans un lien substantiel destiné à maintenir leur groupement. Les phénoménistes ne prennent pas soin non plus de dire comment s'explique ce que Taine appelle « l'illusion métaphysique », c'est-à-dire la ferme croyance de tous les hommes à l'individualité et à l'identité du moi, ou de la personne humaine.

Somme toute, rien ne vaut la définition théologique que saint Thomas emprunte à Boèce. D'après cette définition, la personne humaine a trois caractères : l'individualité, la raison et la liberté, qui est une conséquence de la raison.

sont des connaissances autrement parfaites que les images qui se forment dans le cerveau. L'idée est universelle, elle représente une infinité d'objets, tandis que l'image est singulière, elle ne convient exactement qu'à un objet. Si toute connaissance est immatérielle, et si elle est d'autant plus parfaite qu'elle est dégagée de la matière, il est clair que la matière est une limite imposée à la connaissance. Au reste, la matière est limitée par nature ; tout être soumis aux conditions de la matière, est, par le fait même, limité dans la mesure où il est soumis aux conditions de la matière. Si la connaissance est une perfection, et si la matière limite la connaissance, nous devons dire que la connaissance existe en Dieu, qui est parfait, et qu'elle n'y est en aucune façon limitée par la matière, puisque Dieu est incorporel, en raison de son absolue simplicité.

La connaissance divine et la connaissance humaine. — La connaissance divine diffère, à plusieurs égards, de la connaissance humaine.

1° Tout d'abord, la connaissance, en Dieu, n'est point comme en nous, tantôt en acte, tantôt en puissance, puisque Dieu est acte pur. Dieu est la vérité même : *Ego sum veritas* (1).

2° La science de Dieu n'est pas, comme la nôtre, ultérieure aux objets et causée par les objets, puisque Dieu est cause première. La science de Dieu est, au contraire, cause des objets, cause exemplaire (2), comme le plan conçu par l'architecte est cause exemplaire de l'édifice.

3° La science de Dieu n'est pas *discursive* comme la science humaine ; elle est au contraire immédiate. Elle ne passe point d'une vérité à une autre, par raisonnement ; elle saisit toutes les vérités en une seule intuition. Dieu est intelligent, mais on ne peut dire qu'Il est

---

(1) Joan. xiv. 6.
(2) On appelle cause exemplaire l'idée d'après laquelle une chose est faite. L'idée d'un Jupiter à sculpter est la cause exemplaire d'une statue de Jupiter.

raisonnable. La faculté de raisonner est caractéristique dans l'homme.

4° Dieu ne connaît point par plusieurs idées, mais par une seule. La science, on le sait, n'est pas seulement une connaissance démonstrative de quelque vérité isolée, c'est la connaissance démonstrative d'une longue suite de vérités rigoureusement enchaînées, si bien que celui-là a la science complète d'une chose qui, par la seule idée de cette chose, aperçoit tout l'enchaînement des vérités qui la concernent. La science de Dieu serait imparfaite si Dieu connaissait par plusieurs idées. Il voit tout en une seule idée, qui est l'idée de son infinie perfection, Dieu voit toute chose en Lui. De là ce beau mot d'Aristote : Dieu est la Pensée de la Pensée « Νόησις Νοήσεως Θεός. »

5° Dieu connaît les futurs contingents, c'est-à-dire ce qui, dans l'avenir, peut être ou ne pas être ; autrement la science de Dieu serait imparfaite. Dieu connaît même les futurs libres, c'est-à-dire les actes libres que l'homme accomplira. Tous les futurs contingents, libres ou non, sont présents à sa pensée. Dieu ne prévoit pas, il voit. Sa connaissance n'est pas, comme la nôtre, soumise à la loi du temps ; elle n'est pas successive. Le voyageur ne voit pas les hommes qui le suivent le long de la route ; il voit seulement ceux qui marchent devant lui. Au contraire, l'observateur placé sur une colline voit à ses pieds tous les voyageurs qui suivent le même chemin.

La science divine et la liberté humaine — Mais, dira-t-on, si tous les futurs libres sont actuellement présents à la pensée divine, ils sont nécessaires, car tout ce que l'on sait être est nécessairement. Si je sais que Paul est assis, Paul est nécessairement assis.

Réponse. — Les futurs libres, présents à la pensée de Dieu, sont nécessairement connus de lui, mais non pas connus comme nécessaires. Le mode d'être d'une chose n'est pas le même dans la pensée et dans la réalité. Une pierre connue de moi est immatériellement présente à ma pensée. Elle est cependant matérielle en réalité. On voit donc qu'il n'y a aucune incompatibilité entre la liberté humaine et ce que l'on appelle improprement la prescience divine.

Nous ne prétendons pas faire comprendre clairement la relation de ces deux termes; il y a là, croyons-nous, un profond mystère, mais c'est assez pour nous d'avoir montré que l'antinomie de la liberté humaine et de la science divine n'est pas une contradiction. Bossuet dit très sagement à ce propos : « La vérité ne détruit pas la vérité ;... c'est pourquoi, la première règle de notre logique, c'est qu'il ne faut jamais abandonner les vérités une fois connues, quelque difficulté qui survienne quand on veut les concilier, mais qu'il faut, au contraire, pour ainsi parler, tenir toujours fortement les deux bouts de la chaîne, quoiqu'on ne voie pas toujours le milieu par où l'enchaînement se continue (1). »

La difficulté de concilier la prescience divine et la liberté est grande, assurément, et pour la bien résoudre, il faudrait sans doute connaître pleinement l'Etre Infini. Cependant, Bossuet eût trouvé cette difficulté moins considérable, si, comme bien d'autres, il n'eût pas pensé que la liberté humaine est une force aveugle, un pouvoir de choisir sans motif, ou à l'encontre de tout motif (2). Les actes libres, comme tous les autres faits, ont des causes qui les expliquent totalement. D'où il suit que la connaissance totale de leur cause les ferait nécessairement connaître, sans les faire connaître comme

---

(1) *Traité du Libre arbitre*, chap. IV.

(2) La liberté, d'après saint Thomas, est un pouvoir de choisir avec réflexion. Aristote donne la même définition.

D'après Duns Scot, Descartes, Bossuet, Fénelon, Reid, Kant, la liberté serait le pouvoir absolu de vouloir ou de ne vouloir pas. Leibniz a soutenu avec raison qu'une telle conception de la liberté est incompatible avec la science divine. Elle est également en contradiction avec les faits; jamais nous n'agissons librement sans avoir des raisons d'agir, et des raisons bien connues de nous.

Une exacte notion de la liberté aiderait beaucoup à résoudre les objections diverses que les déterministes ont soulevées dans le but d'établir que

nécessaires. Nous comprenons donc que Dieu, qui sait toutes les causes de nos actes, connaisse tous nos actes dans leurs causes, que ces actes soient libres ou non. Nos actes libres restent libres cependant, parce que la connaissance nécessaire que Dieu en a, n'est pas leur cause immédiate. Cette cause est notre volonté libre, force distincte de l'Etre Infini. — Que l'on creuse le problème plus avant tant qu'on voudra, pourvu, ajoute Bossuet, « qu'on n'abandonne pas le bien qu'on tient pour n'avoir pas réussi à trouver celui qu'on poursuit (1). »

De la volonté divine. — Par ce qui précède, on voit que Dieu a la science actuelle de toutes choses, même des futurs libres. Il sait tout par intuition, sans raisonnement aucun, et sa science est cause de tout. Cependant la science divine n'est que cause exemplaire des choses, car la simple idée d'une chose ne peut la produire. Il faut qu'à l'idée se joignent la volonté et le pouvoir. Donc, Dieu a la volonté, sans quoi il ne serait pas cause efficiente.

La volonté n'est autre chose que l'amour du bien, et le bien n'est autre chose que l'être, considéré dans sa relation avec le désir ; c'est l'être, en tant que désirable. On ne peut désirer que l'être, et l'être est tout le fondement du désir. D'où il suit qu'il y a identité entre l'être et le bien. « *Ens et bonum convertuntur* (2). » Par là même, quand on connaît l'être, on connaît le bien. Et il est impossible de connaître le bien sans le désirer. Mais comme Dieu est l'être par excellence, il est en même

---

l'homme n'est pas libre. Il ne faut confondre la liberté morale ni avec la liberté d'indifférence, qui serait le pouvoir de se décider arbitrairement, ni avec la liberté de perception, par laquelle l'homme s'affranchit de l'esclavage des passions. Cette dernière liberté n'est pas nécessairement l'apanage de notre nature ; elle est une conquête à faire. Chaque homme doit travailler à se rendre maître de soi, ce qui demande de longs et pénibles efforts.

(1) *Traité du Libre arbitre*, chap. IV.
(2) Cet axiome de la philosophie scolastique signifie que l'être et le bien sont convertibles. On peut donc dire indifféremment : L'être est le bien ; le bien, c'est l'être.

temps le souverain bien. Il est donc l'objet souverain de sa volonté; par conséquent, sa volonté n'est autre chose que lui-même. Comme il est la pensée de la pensée, ainsi il est l'amour du bien. Ce qu'il aime souverainement, c'est Lui-même. Il est l'amour même « *Deus charitas est* (1). »

Cela ne l'empêche point d'aimer autre chose que Lui, mais Il n'aime rien en dehors de Lui que pour Lui-même. Il aime les hommes; Il a tout fait pour eux, mais cela à cause de Lui. Il n'y a là aucune antinomie. Nous pouvons aimer une chose uniquement pour nous-mêmes; c'est ainsi que le malade aime une médecine, non pour elle-même, mais en vue de sa santé. Nous pouvons aussi aimer une chose à cause d'elle-même et à cause de nous. Ainsi l'on aime la promenade, parce qu'elle est agréable et en même temps utile à la santé. Or, Dieu aime les hommes pour Lui-même et à cause d'eux. En sorte que nous avons grandement raison de lui rendre grâce à cause de sa gloire. « *Gratias agimus tibi propter magnam gloriam tuam* (2). » Sa gloire et nos vrais intérêts, c'est tout un. Dieu s'aime Lui-même souverainement, mais il ne cesse pas de s'aimer Lui-même en aimant autre chose que Lui-même, parce qu'Il aime toutes choses pour Lui. Il aime toutes choses pour Lui, et en même temps il aime les êtres autres que Lui à cause de leurs perfections. Seulement, ces perfections, c'est Lui qui les leur a données; elles sont un reflet, une participation de son être.

Non seulement Dieu nous aime sans cesser de s'aimer, mais Il nous aime librement. Il n'est pas libre de ne point s'aimer Lui-même, parce qu'Il est le bien infini, mais Il est libre d'aimer pour Lui-même tel être contingent plutôt que tel autre. Ainsi nous ne sommes pas libres de ne point aimer le bonheur, mais nous pouvons choisir nos moyens d'être heureux. Dieu aime les êtres qu'Il a créés, et Il les aime à cause de leurs perfections

(1) I. Joan. II. 16.
(2) Tiré de l'hymne *Gloria in excelsis*.

réelles, mais Il eût pu créer d'autres êtres plus parfaits encore. Leibniz n'a pas raison de dire que les êtres possibles ont droit à l'existence en raison de leurs perfections idéales, car, quelle que soit la perfection idéale d'un possible, on peut concevoir un possible plus parfait encore, et ainsi à l'infini. D'où il suit qu'aucun possible ne pourrait exister, si Dieu était tenu de créer les plus parfaits. Dieu a créé librement les êtres qui existent, sans tenir compte de la perfection idéale plus grande d'une infinité d'autres êtres possibles, et Dieu aime les êtres qu'il a créés, en proportion de la perfection qu'ils possèdent et de celle que quelques-uns d'entre eux acquièrent librement.

Dieu a donc la volonté, c'est-à-dire l'amour du bien. Il s'aime souverainement, mais non librement, tandis qu'Il aime librement les autres êtres dans la mesure de leur perfection.

La volonté divine est exempte de passion. — Mais l'amour en Dieu n'est pas une passion, comme en nous. C'est un amour purement intellectuel, c'est la volonté même de Dieu. — Ce qui fait que l'amour, en nous, devient aisément une passion, c'est que la volonté ou désir des biens connus par l'intelligence s'unit à l'appétit ou désir des biens connus par les sens. A l'appétit correspond un mouvement de quelque partie du corps, comme le sang, la bile, les nerfs ; ce mouvement donne à l'appétit le caractère de passion. Dieu n'ayant point de corps, ne peut avoir ni appétit sensitif ni passion. En Lui, l'amour est identique à la volonté, et la volonté est toujours en parfaite harmonie avec l'intelligence.

Conclusion. — Vouloir et connaître, telles sont les opérations intimes de Dieu, opérations dont Il est Lui-même l'unique principe. D'où il suit que Dieu est vivant, car la vie consiste à agir par soi-même. Celui-là est vivant qui possède en lui-même le principe de ses opérations. Non seulement Dieu est vivant, mais Il est la vie même « *Ego sum vita* (1). »

(1) Saint Jean, xiv. 6.

OUVRAGES CONSULTÉS :

Aristote : *Métaphysique.*
Bossuet : *Traité du libre arbitre.*
Farges : *Dieu.*
Liberatore : *Le composé humain.*
Saint Thomas : *Somme théologique.*

CHAPITRE XVIII.

LE PANTHÉISME.

L'intelligence, la volonté et la vie, distinguent profondément Dieu du monde, c'est-à-dire de l'ensemble des êtres. L'univers n'a ni intelligence ni volonté, bien qu'il renferme des êtres capables de vouloir. Il n'a pas la vie, bien que, parmi les êtres qui le composent, un très grand nombre soient vivants.

Dès lors, comment peut-on identifier Dieu et le monde? — Des philosophes l'ont fait pourtant; on les appelle panthéistes. Le panthéisme est l'une des plus énormes erreurs que l'on puisse commettre sur la nature de Dieu; il importe d'en étudier l'histoire et de mettre en lumière les raisons qui sont de nature à la faire éviter.

§ I. — Le panthéisme chez les anciens.

Les premiers philosophes grecs furent panthéistes. Thalès disait que tout est plein de dieux, « πάντα πλήρη θεῶν. » Xénophane, fondateur de l'école éléatique, ne semble pas avoir séparé Dieu du monde, bien qu'il ait démontré l'unité d'un Dieu éternel et intelligent. Aristote nous dit que Xénophane s'éleva à l'unité divine en contemplant le ciel tout entier, « εἰς τὸν ὅλον Οὐρανὸν ἀποβλέψας, » et c'est à l'univers, sans doute, que s'applique cette belle pensée : « Ὅλος ὁρᾷ, ὅλος δὲ νοεῖ, ὅλος δὲ τ'ἀκούει. »

Anaxagore, le premier, sépare l'esprit de la matière,

et place l'intelligence à l'origine des choses. Socrate, Platon et Aristote, consacrent cette distinction.

Les stoïciens. — Mais les stoïciens la méconnaissent; pour eux la métaphysique se réduit à la physique, et Dieu est identifié avec la nature : « *Quid aliud est natura quam Deus?* (1) — *Vis Deum naturam vocare? non peccabis* (2). » Le Dieu d'Aristote était le moteur immobile; pour les stoïciens, il est le premier mobile, « τὸ πρῶτον κινῆτιν. » C'est un esprit répandu dans le monde, et qui en parcourt toutes les parties, « πνεῦμα διὰ πάντων διεληλυθὸς (3). » C'est, dit Héraclite, le feu, c'est-à-dire le principe même de la mobilité, mais un feu artiste, procédant par méthode à la génération, « Πῦρ τεχνικόν, ὁδῷ βαδίζον εἰς γένησιν (4). » On le voit, les stoïciens divisent le monde, mais leur panthéisme est matérialiste, car pour eux tout est corps, « Οἱ Στοικοί πάντα τά σώματα κάλουσιν. »

Il est clair que, d'Aristote aux stoïciens, il y a un abaissement notable de l'esprit métaphysique. D'autre part, cependant, on trouve dans la théodicée stoïcienne un développement remarquable des preuves de l'existence de Dieu : leur panthéisme repose principalement sur l'argument tiré du consentement universel, et sur la preuve des causes finales. Celle-ci surtout est extrêmement développée dans leurs écrits.

C'est donc par des arguments d'expérience qu'ils établissent l'existence de Dieu et la Providence. Non seulement Dieu existe, comme l'ordre du monde en témoigne, mais il gouverne toute chose en vue du bien. « Il n'y a rien à reprendre et à blâmer dans l'univers, dit Chrysippe, le mal n'est qu'un accident dans la nature. »

Les maux, selon Marc-Aurèle, sont des faits qui surviennent « κατά παρακολούθησιν »; ils sont en quelque sorte

---

(1) Sénèque : *de Benef*, IV. 7.
(2) Sénèque : *Quaest. nat*, II. 45.
(3) Origène.
(4) Diogène Laerce, VII, 156.

des excroissances de ce qui est bien et beau, « ἐπιγεννήματα μετὰ τῶν σεμνῶν καὶ καλῶν. »

Le panthéisme stoïcien est donc optimiste en même temps que matérialiste. On peut aussi dire qu'il est mystique, en ce sens du moins qu'il est tout pénétré de sentiment religieux. Cléanthe, Epictète et Marc-Aurèle, nous ont laissé de touchants exemples en ce genre :

« O le plus glorieux des Immortels, Etre qu'on adore sous mille noms, Etre éternellement puissant, ô Jupiter, salut. C'est le devoir de tout mortel de te prier, car c'est de toi que nous sommes nés et que nous tenons le don de la parole. C'est pourquoi je t'adresserai mes hymnes, et je ne cesserai de chanter ton pouvoir.

« Traitez-moi, Seigneur, à votre volonté. Je suis résigné à vos lois, et votre volonté est la mienne. En toutes choses je célébrerai vos œuvres et vos bienfaits. Si le bien quotidien vient à me manquer, c'est que mon général a fait sonner la retraite. Je lui obéis, je le suis, je l'approuve ; je célèbre sa volonté, car je suis venu ici quand il a voulu ; je l'ai glorifié, car c'était ma fonction auprès de moi-même, auprès de chacun, auprès de tous. »

Plotin. — Tel est le panthéisme stoïcien, à la fois matérialiste, optimiste et mystique. Plotin, fondateur de l'école d'Alexandrie, est panthéiste, lui aussi, mais il n'absorbe pas Dieu dans le monde. Dieu, pour lui, est l'unité. De l'unité procède l'intelligence, et de l'intelligence, l'âme du monde. L'âme du monde est au-dessous de l'intelligence, et l'intelligence au-dessous de l'unité ; mais l'unité en produisant l'intelligence ne perd rien de sa perfection, et l'intelligence n'est point diminuée, parce que l'âme du monde émane d'elle.

C'est par nature et non par volonté que l'Un se développe ainsi en deux processions. La volonté en Dieu supposerait le désir, et par suite le manque. Or, comment quelque chose peut-il manquer à ce qui est la perfection même ?

De même que tout part de l'Un, tout y retourne : descente et retour, telles sont les deux lois du mouvement divin. Ce double mouvement n'est qu'une alternative d'expansion et de concentration de l'absolue unité à la multiplicité infinie, et de la multiplicité à l'unité. Ce retour vers le divin se fait dans l'âme par l'*extase*, c'est-à-dire par le ravissement à soi-même et l'absorption en Dieu.

Le panthéisme, on le voit, a revêtu dans l'antiquité trois formes principales : il a été cosmique avec les premiers ioniens, matérialiste avec les stoïciens, émanatiste avec les alexandrins. On peut presque dire qu'il est le fond de la théologie antique, car il n'est pas bien sûr qu'avant le christianisme aucun philosophe ait établi une distinction totale entre Dieu et le monde.

§ II. — Le panthéisme au moyen age.

Il s'en faut bien que le panthéisme ait été inconnu au moyen âge. Scot Eriugène, par exemple, l'une des personnalités les plus remarquables du ixe siècle, ne fut pas, comme le disent la plupart des historiens, le premier des scolastiques; il fut au contraire le plus redoutable des adversaires de la scolastique dans la période de début (1). Son ouvrage principal est le *De divisione na-*

(1) La scolastique cherche l'accord de la raison et de la foi; c'est l'un de ses caractères, mais ce n'est pas le seul. Si l'on compte parmi les scolastiques tous les philosophes du moyen âge qui ont essayé de concilier leurs théories philosophiques avec la foi catholique, on se verra exposé à confondre les vrais scolastiques avec leurs plus irréductibles adversaires. Les rationalistes du moyen âge se disaient catholiques et se réclamaient sans cesse de l'Ecriture et des Pères. C'était un leurre; il importe donc de distinguer ces rationalistes des vrais scolastiques. Ceux-ci estiment que la foi prime la raison; ceux-là pensent le contraire. Les scolastiques distinguent formellement Dieu du monde; les rationalistes sont panthéistes. Les scolastiques admettent que l'âme peut s'unir à Dieu par la prière et par l'amour, mais ils rejettent le faux mysticisme. Les rationalistes, au contraire, par suite de leur panthéisme, prétendent que l'âme humaine peut être substantiellement unie avec Dieu.

Au xiiie siècle, après la publication du commentaire d'Aristote par Averroës, les rationalistes s'asservirent à ce commentaire; ils le prirent

turæ, dans lequel il expose une doctrine tout à fait analogue à celle de Plotin. Sans connaître ce philosophe, il l'avait deviné à travers les écrits du pseudo-Denys, longtemps confondu avec saint Denys l'aréopagite.

Scot Eriugène. — Pour Scot, il n'existe qu'un seul Etre, qui est Dieu. Par une série d'émanations, Dieu donne naissance à toutes choses. L'homme est une projection de Dieu. Pour concilier de telles doctrines avec la foi, Scot interprète la Bible de la façon la plus fantaisiste. C'est un rationaliste. A ses yeux, la raison est l'autorité souveraine; elle prime la révélation (1).

L'Eglise condamna le *De divisione naturæ*, mais elle ne put l'empêcher entièrement de circuler parmi les doctes. A la fin du xiie siècle, ce livre eut un regain de faveur. Du même coup, le panthéisme fut remis en honneur au point d'inquiéter les théologiens orthodoxes. Bernard de Tours, Amaury de Bènes, David de Dinant, furent alors ses principaux champions.

Averroës. — Aucun de ces philosophes ne connut Averroës. Ce philosophe arabe, surnommé le *commentateur*, pénétra dans le monde de la science au xiiie siècle, en même temps qu'Aristote, dont il passait pour le fidèle interprète. Ainsi, au panthéisme alexandrin, qui

---

au pied de la lettre. Au contraire, la scolastique interpréta librement Aristote, tout en puisant à d'autres sources; elle s'inspira notamment de Platon et de saint Augustin. Les scolastiques croyaient fermement que la vérité ne peut contredire la vérité, et que par conséquent il ne peut y avoir antinomie réelle entre la foi et la raison. Les disciples d'Averroës proclamaient la coexistence des deux vérités. Ils déclaraient croire comme chrétiens ce que la foi enseigne, et nier comme philosophes ceux des enseignements de la foi que leur raison ne pouvait admettre.

(1) Scot Eriugène estime que la raison démontre et explique le dogme dans ses moindres détails. Pour faire voir cela, il donne aux textes de l'Ecriture et aux formules du dogme un sens symbolique dont la raison, en définitive, est seule juge. C'est l'anéantissement de la foi. Saint Anselme devait plus tard se contenter de dire que la raison peut fournir des arguments probables pour expliquer les dogmes et disposer les âmes à les accepter. C'est la note juste. Saint Anselme n'altère en rien la foi, tout en cherchant à comprendre ses enseignements « *Fides quærens intellectum.* »

n'était autre chose que le néo-platonisme de Plotin, allait succéder le panthéisme averroïste, qui se réclamait d'Aristote. A cette évolution du panthéisme se rattachent trois noms principaux : Siger de Brabant, Boèce le Dace et Bernier de Nivelles. Siger de Brabant est un chef d'école; il combat ouvertement Albert le Grand et saint Thomas, qu'il accuse de dénaturer Aristote. Quant à lui, il soutient dans toute sa teneur la doctrine averroïste, dont voici les principales thèses :

1° *L'unité de l'intellect agent* (1). — Dans tout homme, il y a une âme végétative et sensible, qui est le principe de vie du corps. En outre, l'intelligence, qui est unique, agit temporairement en chaque organisme humain pour produire l'acte de la pensée.

2° *La négation de l'immortalité personnelle.* — L'intelligence est unique; l'homme meurt, mais elle ne meurt pas. Par elle, l'humanité est immortelle, tandis que les hommes disparaissent à jamais.

3° *La réalisation nécessaire du monde.* — S'il n'y a qu'une intelligence pour l'espèce humaine, il y a beaucoup d'intelligences indépendantes de la matière. Elles sont produites nécessairement par Dieu, et à leur tour elles produisent le monde d'une façon nécessaire.

4° *La négation de la Providence.* — Dès lors, Dieu se désintéresse du gouvernement d'un monde qui n'est pas sous sa dépendance immédiate.

5° *Le déterminisme psychologique.* — Si l'acte créateur n'est pas libre, les actions humaines ne le sont pas davantage. Tout est déterminé dans la vie psychologique. Les hommes n'ont pas la responsabilité de leurs actes.

De telles doctrines ne sont pas seulement le contrepied de la philosophie scolastique, elles sont en opposition formelle avec le dogme catholique. Cela n'empêchait

---

(1) L'intellect agent, d'après Aristote, est l'intelligence active, la faculté d'abstraire l'universel du particulier. Aristote l'oppose à l'intellect passif, faculté de retenir l'idée une fois formée.

pas Siger et les autres averroïstes de protester de leur respect pour la foi de l'Eglise. La théorie des deux vérités sauvegardait tout. D'après l'axiome averroïste, *« ce qui est vrai en philosophie peut être faux en théologie, et réciproquement. »*

Cette théorie des deux vérités fut plus d'une fois, de la part de saint Thomas, l'objet de sévères, mais justes critiques. Sans doute, si Dante avait été informé avec plus de précision des controverses du xiii° siècle, il n'eût pas mis l'éloge de Siger de Brabant dans la bouche de saint Thomas. C'est en 1300 que Dante fit la rencontre de Siger dans le paradis; le chef de l'averroïsme au xiii° siècle était mort à Orviéto, vers 1290, dans une noire misère.

XIV° siècle et première moitié du XV°. — Les réfutations de l'averroïsme par Albert le Grand, saint Thomas, Raymond Lulle et beaucoup d'autres, n'empêchèrent pas cette funeste doctrine de reparaître dans les siècles suivants. Les condamnations de l'autorité ecclésiastique purent bien gêner sa marche et ralentir ses progrès, elles ne l'étouffèrent point. Jean de Jandun fut son principal représentant au xiv° siècle, mais les écrits de Maître Eckhart, de Raymond de Sabunde et de Nicolas de Cuse sont aussi plus ou moins entachés d'averroïsme.

La Renaissance. — Si nombreuses que soient les sectes philosophiques à l'époque de la Renaissance, toutes contribuent à donner au panthéisme une vitalité nouvelle. Les platoniciens d'alors confondent Platon avec Plotin, et c'est le néoplatonisme qu'ils préconisent sous le nom de platonisme. L'aristotélisme, sous quelque forme qu'on l'envisage, est un contre-sens historique : Aristote est interprété de travers et dans un sens panthéistique. Les philosophes naturalistes, tels que Campanella, Cardan, Giordano Bruno, ne se bornent pas à observer la nature; ils s'enthousiasment pour elle au point de la déifier. Les mystiques protestants, comme Sébastien Franck, sont panthéistes ; enfin la cabale, doctrine hébraïque personnifiée par Reuchlin, fournit aux philosophes naturalistes ou physiciens de l'époque une révélation panthéistique des secrets de la nature. Ces hommes complétaient l'observation par la magie; leur intelligence, avide de savoir, se contentait des rêveries d'une imagination égarée, à défaut d'explications rationnelles satisfaisantes.

§ III. — LE PANTHÉISME MODERNE.

C'est aux doctrines de la cabale bien plus qu'à Descartes, que Spinoza doit sa formation philosophique. La définition cartésienne de la substance peut bien être interprétée dans un sens panthéiste (1), mais Spinoza était panthéiste quand il lut Descartes. La philosophie cartésienne lui a simplement fourni de précieuses ressources pour développer sa doctrine.

Théorie de la substance d'après Spinoza. — Voici comment ce philosophe entreprend de démontrer l'unité de substance : « J'entends par substance, dit-il, ce qui est en soi et conçu par soi (2). » Puisque la substance est conçue par soi, elle n'est pas un effet, car la « connaissance de l'effet dépend de la connaissance de la cause et elle l'enveloppe (3). » La substance est donc cause de soi; dès lors il faut dire qu'elle existe nécessairement, car on entend par cause de soi « ce dont l'essence enveloppe l'existence (4). »

Si l'essence de la substance implique son existence, il faut dire que l'attribut est la même chose que la substance, car l'attribut est « ce que la raison conçoit dans la substance comme constituant son essence (5). » L'at-

---

(1) « Lorsque nous concevons la substance, dit Descartes, nous concevons seulement une chose qui existe en telle façon qu'elle n'a besoin que de soi-même pour exister. » (*Principes de la philosophie*, I, 51).
(2) *Ethique*, première partie, définition 3.
(3) *Ibidem*, axiome 4.
(4) *Ibidem*, définition 1.
(5) *Ibidem*, définition 4.

tribut étant la même chose que la substance, il ne peut y avoir deux substances de même attribut.

Dès lors, toute substance est infinie en son genre, car « une chose est dite infinie en son genre quand elle ne peut être bornée par une autre chose de même nature (1). » Si une substance ne peut être bornée par une autre de même nature, elle ne peut non plus être bornée par une substance de nature différente, car les choses de diverses natures ne se limitent point l'une l'autre. Ainsi « le corps n'est point borné par la pensée, ni la pensée par le corps. » Toute substance est donc absolument infinie.

Par le fait même, il n'existe qu'une seule substance, car deux infinis ne peuvent coexister; ils se limiteraient l'un l'autre. La substance unique a plusieurs attributs; elle en a même une infinité; aucun d'eux n'exprime toute la nature de l'être en soi; chaque attribut est un point de vue de la substance. D'ailleurs, entre les divers attributs de la substance, il n'existe qu'une distinction purement idéale. De ces attributs, deux seulement nous sont connus : l'étendue et la pensée. La substance unique est Dieu; quant aux êtres contingents, ils sont des modes de Dieu.

Le panthéisme de Spinoza et celui des stoïciens. — Le panthéisme de Spinoza, on le voit, diffère en plus d'un point du panthéisme ancien, et notamment de celui des stoïciens. Dieu, pour Spinoza, n'est pas l'âme du monde; il est la substance unique, non formée de deux principes, mais indivisible, à la fois étendue et pensée. — Les stoïciens démontraient Dieu par l'expérience, en faisant remarquer l'ordre du monde, et en invoquant le principe des causes finales. Spinoza établit que la substance unique existe nécessairement parce qu'elle est infinie, et par conséquent parfaite. Or, la perfection est une raison d'être. — On trouve dans l'*Ethique* trois démonstrations de l'existence de Dieu, et celle-là même

---

(1) *Ethique*, première partie, définition 2.

que Spinoza croit *à posteriori*, ne l'est pas. Pouvoir ne pas exister, c'est évidemment une impuissance, et c'est une puissance au contraire que de pouvoir exister. Si donc l'ensemble des choses qui ont déjà nécessairement l'existence, ne comprend que des êtres finis, il s'ensuit que des êtres finis sont plus puissants que l'être absolument infini, ce qui est de soi parfaitement absurde.

Cette démonstration, que Spinoza a faite pour être entendu de tous, dit-il, repose sur le même principe que les autres : l'essence de la substance infinie enveloppe son existence.

Non seulement Spinoza démontre Dieu *à priori*, mais il rejette absolument les causes finales, si chères aux stoïciens. Selon lui, toutes choses arrivent uniquement d'après les lois de l'éternelle nécessité, et non en vue d'une fin quelconque. Par le fait même, il est inutile d'honorer Dieu d'un culte spécial, car tout culte est une superstition. Les hommes, persuadés que Dieu a tout fait pour eux en vue d'être honoré par eux, cherchent des moyens de se rendre Dieu favorable; telle est l'origine des hommages offerts à la Divinité dans tous les pays.

Nous voilà loin, on le voit, de la piété stoïcienne et du Dieu des stoïciens, qui fait tout en vue du bien et pour le mieux.

Hegel. — Telle est en abrégé l'histoire du panthéisme. Toutefois, cette doctrine n'est point morte. Hegel l'a fait revivre au xix° siècle, par sa conception d'un éternel devenir, d'une réalité toujours en voie de progrès, tendant sans cesse vers un idéal qu'elle n'atteint jamais. Cet idéal est la perfection; par conséquent, il est plus réel que la réalité même, car tout ce qui est réel est imparfait. L'absolu est donc l'union des contraires, union étrange, s'il en est, de l'être et du non-être (1).

Quand une philosophie aboutit à identifier l'être et le

---

(1) Le panthéisme de Hegel n'est que le plein épanouissement des doctrines de Fichte et de Schelling. (Voyez chapitre ii, § ii du présent livre, pages 41 à 49).

non-être, elle est jugée. Nul esprit droit ne peut accepter le panthéisme idéaliste de Hegel, qui pourtant n'a pas été sans influence en France. Cousin a eu le tort de mettre son talent au service des conceptions hégéliennes ; sans cela, elles n'eussent peut-être jamais obtenu aucun crédit parmi nous.

Appréciation générale du panthéisme. — Quoi qu'il en soit du panthéisme de Hegel, par le fait que la doctrine panthéistique reparaît toujours, il est bon de tenir les esprits en garde contre elle en résumant les difficultés qu'elle soulève.

1º Nous avons tous l'idée claire du fini et l'idée claire de l'infini. Le fini est chose limitée ; l'infini est la réalité absolue, l'Etre parfait, c'est-à-dire l'Etre pleinement Etre. Par conséquent, le fini et l'infini sont pour nous choses complètement distinctes. De quel droit le panthéisme identifie-t-il des idées dont l'identification répugne formellement à l'esprit?

2º Nous avons l'idée claire que la pensée n'est point l'étendue. La pensée est simple, tandis que l'étendue est divisible. Il est impossible de réduire ces deux réalités l'une à l'autre. Cependant, le panthéisme les identifie, car il ne voit entre elles qu'une différence idéale ou rationnelle. C'est une différence réelle et très manifeste qu'il faut affirmer et maintenir, car elle existe.

3º Nous savons avec certitude que la substance n'est pas l'attribut. La substance est la chose en soi ; l'attribut ne se conçoit que par autre chose. D'après Spinoza, l'attribut constitue l'essence de la substance, et ce philosophe identifie à tort l'essence et la substance. Ces deux choses diffèrent complètement l'une de l'autre. En effet :

α) L'essence est une, la substance est multiple. Les attributs essentiels de l'homme ne varient point, tandis que les individus humains sont numériquement distincts.

β) L'essence ne comporte pas le plus et le moins ; il y a au contraire des degrés dans la quantité de la substance. L'eau n'est pas plus ou moins eau, mais il y a plus ou moins d'eau dans une rivière.

γ) L'essence est simple, tandis que la substance est composée. L'idée de pierre ne se divise pas; on peut diviser la pierre. En un mot, la substance est l'essence réalisée ; elle ajoute l'être à l'essence, elle n'est pas simplement l'essence. Le panthéisme méconnaît toutes ces différences, et pour cette raison encore, il faut le rejeter comme une énorme erreur.

Il est évident, au reste, que ses conséquences ne contribuent pas à le faire accepter par les esprits non prévenus : le panthéisme nie la liberté, supprime toute distinction entre le bien et le mal et heurte le sentiment très vif que nous avons de notre individualité.

Serait-il possible d'échapper à toutes ces objections en concevant Dieu comme l'âme du monde, à l'exemple des stoïciens? Non, car Dieu, acte pur, n'est en puissance par rapport à rien. Il ne peut, par conséquent, s'unir au monde pour former un composé. Il gagnerait ou perdrait à cette union. Dans les deux cas, il subirait un changement, ce qui est impossible. De plus, étant cause première, Dieu ne peut en aucune façon être modifié par une cause autre que Lui, sans quoi Il ne serait pas cause première.

Dieu n'est donc pas l'âme du monde. Encore moins est-il le monde même, puisque le monde est composé, tandis que Dieu est absolument simple. Sous aucune de ses formes, on le voit, le panthéisme ne donne la solution du problème philosophique. Dieu et le monde sont deux réalités totalement distinctes.

OUVRAGES CONSULTÉS :

Dagneaux :	Histoire de la philosophie.
Epictète :	Manuel ; dissertations.
Fouillée :	Histoire de la philosophie.
Janet et Séailles :	Les problèmes et les écoles.
Mandonnet :	Siger de Brabant et l'averroïsme latin au XIIIe siècle.
Marc-Aurèle :	Pensées.
Plotin :	Les Ennéades.
Sénèque :	De la Bienfaisance ; Questions naturelles.
Spinoza :	Éthique.
de Wulf :	Histoire de la philosophie médiévale.

CHAPITRE XIX.

CRÉATION ET ÉVOLUTION.

Si Dieu est totalement distinct du monde, il n'est pas cependant étranger au monde. Comment, sans Dieu, expliquer l'origine des choses? Il n'y a, dit Spencer, pour résoudre ce problème, « que trois hypothèses faisables, dont les termes soient intelligibles. Nous pouvons affirmer que le monde existe par lui-même, ou qu'il s'est créé tout seul, ou bien qu'il a été créé par une puissance qui lui est supérieure. »

Que le monde existe par lui-même, cela n'est pas possible, car le monde est contingent, il pourrait ne pas être. Il n'a donc pas en lui sa raison d'être. Or, pour qu'un être existe par lui-même, il faut qu'il ait en lui sa raison d'être.

Que le monde se soit créé lui-même, cela est inconcevable ; car pour se créer soi-même, il faudrait exister avant d'exister.

Il reste que le monde ait été créé par Dieu. Spencer n'admet pas plus cette hypothèse que les deux autres. Il la trouve elle-même inconcevable. Pour savoir ce qui en est, il est nécessaire d'exposer la doctrine de la création telle qu'elle est enseignée par la théologie catholique. Sûrement, Spencer ne s'est pas enquis de ce que disent les théologiens à ce sujet; car l'idée de la création est pour lui l'idée « d'un grand artisan modelant l'univers à peu près comme un ouvrier qui donne une forme à ses matériaux (1). » Aucun théologien catholique n'a

(1) *First Principles*, ch. II.

jamais dit cela. Pour saint Thomas comme pour tous les autres théologiens, la création est une « causation totale. » Spencer a d'ailleurs raison de regarder sa troisième hypothèse comme aussi inconcevable que les deux autres. Si l'on admet avec Platon que Dieu est un artisan habile, qui a formé le monde à l'aide d'une matière première, on n'est pas plus avancé; car il faudrait expliquer l'origine de cette matière première. Mais il n'est pas juste de confondre la doctrine de Platon avec le dogme de la création. Celui-ci peut bien envelopper un mystère; à coup sûr, il n'implique aucune contradiction.

§ I. — La création d'après saint Thomas.

Dieu étant l'Etre parfait, Il est la plénitude de l'Etre; Il est l'Etre même. Par le fait, Dieu est unique, car la conception de deux êtres parfaits est contradictoire : deux infinis se limiteraient l'un l'autre; ils ne seraient donc pas infinis. Il est clair, dès lors, que tout être autre que Dieu n'est pas l'être même, mais un être participé. L'être qui n'est pas Dieu n'est pas l'être, il a l'être. Le fer chauffé n'est pas la chaleur même, il a une chaleur d'emprunt. La chaleur même ne peut être augmentée. Elle ne peut pas davantage être diminuée, parce qu'une fois diminuée, elle pourrait être augmentée. Ainsi l'être même ne peut être ni augmenté ni diminué, tandis que tout ce qui n'est pas l'être même peut être augmenté ou diminué, et par conséquent n'a qu'un être d'emprunt.

Dieu est la cause totale des choses. — D'où il suit que le monde, c'est-à-dire la totalité des êtres, a visiblement un être d'emprunt; car il peut être augmenté ou diminué. Nous sommes ainsi amenés à conclure que le monde tient son origine de Dieu, qui est l'Etre même.

Et Dieu n'a pu donner l'être au monde en transformant une matière première, indépendante de lui, car de deux choses l'une: ou cette matière première était l'être même, ou elle ne l'était pas. Si elle était l'être même, elle ne pouvait subir aucune transformation; elle était Dieu lui-même, ce qui va doublement contre l'hypothèse. Si elle n'était pas l'être même, elle n'avait qu'un être d'emprunt, qu'elle tenait de l'Etre même, c'est-à-dire de Dieu. Donc, de toute façon, Dieu est la cause totale de l'origine des choses.

Objection : le néant ne peut rien produire. — Mais, dira-t-on, Dieu ne peut faire quelque chose de rien, parce que, tout-puissant qu'il est, il ne peut agir à l'encontre des vérités premières, et c'est un premier principe que le néant ne peut rien produire.

Réponse. — Il est vrai, le néant ne peut rien produire, mais quand on dit que Dieu a fait toutes choses de rien, on veut marquer une relation de succession, et non un rapport de causalité entre le néant et le monde. En aucune façon le néant n'est la cause de quoi que ce soit, mais il est logiquement antérieur aux êtres contingents. Nous ne pouvons penser aucun être sans le penser comme ultérieur au néant. Encore faut-il dire que ce n'est pas le néant absolu qui a devancé les êtres contingents, sans quoi ceux-ci n'eussent jamais existé. De toute nécessité, l'être prime le néant. Dieu existe nécessairement, sans quoi rien ne serait.

Objection : si Dieu a créé le monde, il n'est pas immuable. — Si le néant a devancé les êtres contingents, Dieu, en créant ces derniers, a fait un acte qu'il ne faisait point de toute éternité; un changement s'est donc produit dans sa nature. Or, on le dit acte pur, c'est-à-dire immuable, n'ayant rien en puissance.

Réponse. — Tout changement est l'acte d'un être en puissance; c'est, dit Aristote, l'acte d'un être imparfait par rapport à ce qu'il doit devenir. Par conséquent dans tout changement il y a trois termes : un point de départ, un point d'arrivée et le sujet même du changement. Celui-ci n'est pas créé, il est modifié. Il préexistait au changement. Le changement n'est pas une création précédée d'un anéantissement; il est simplement un mouvement de l'être. Il suit de là que la création n'est pas un changement, et que Dieu en créant le monde n'a point changé. Dans l'acte créateur, on ne peut distinguer le point de départ et le point d'arrivée ; ils se confondent absolument. C'est ainsi que la pensée d'un objet est aussitôt conçue que commencée; c'est ainsi que la lumière éclaire en même temps qu'elle apparait. Tout changement implique un devenir, des degrés successifs, dont la succession même s'appelle le temps. Dieu n'est pas soumis à la loi du temps, et bien qu'il agisse sans cesse, il ne change point.

Objection : si Dieu a créé le monde, c'est qu'il ne se suffisait pas à lui-même. — Si la création n'est pas un changement en Dieu, du moins il faut convenir que Dieu a créé le monde pour satisfaire un désir, par conséquent pour acquérir quelque chose. La cause finale du monde est évidemment distincte de Dieu.

Réponse. — Sans doute, quand un être imparfait agit, c'est pour acquérir quelque chose, mais il ne peut en être ainsi de l'Etre Parfait, puisque l'Etre Parfait ne peut rien acquérir. C'est pour lui-même que Dieu a créé le monde, et il en est la cause finale en même temps que la cause efficiente. Dieu a créé le monde pour lui, c'est-à-dire pour communiquer sa perfection, pour donner, non pour recevoir. Quand Dieu agit, c'est pour communiquer son être, c'est-à-dire quelque perfection. Par là on voit clairement que l'action divine ne ressemble en rien à l'égoïsme. Par là aussi, on peut mieux comprendre encore qu'elle n'est point un changement. Elle serait un changement si Dieu, en communiquant sa perfection, perdait quelque chose, mais il ne peut rien perdre. Il ressemble au maître qui communique sa pensée à son disciple, tout en la conservant pleine et entière. Et de même que la pensée du maître peut être parfaitement claire, qu'elle soit communiquée ou non, que vingt disciples l'entendent ou qu'un seul la comprenne, de même Dieu est parfait, qu'il crée ou ne crée pas, qu'il crée un grand nombre d'êtres ou un petit nombre seulement.

D'où il suit que non seulement il a créé le monde par bonté, pour donner et non pour recevoir, mais qu'en outre, il l'a créé librement. A double titre, par conséquent, l'homme doit rendre grâces au Dieu créateur.

Objection : Dieu n'est pas la cause totale du monde, car il avait un modèle à reproduire. — Soit, Dieu est la cause finale du monde, en même temps qu'il en est la cause efficiente ; il est le principe et la fin, l'alpha et l'oméga, mais à coup sûr il n'est pas la cause exemplaire des choses. Nous voyons en effet que toute chose créée est déterminée par une essence dont elle participe. Ainsi, en l'homme, il y a une matière, qui est le principe déterminable, et une essence, l'humanité, qui détermine cette matière. Cette essence est la même pour tous les hommes, tandis que la matière qui lui sert de sujet varie d'un homme à l'autre. C'est parce que l'essence de l'homme est toujours la même que l'on peut donner une définition de l'homme, applicable à tous les hommes. Si donc tous les hommes ont la même essence, il s'ensuit que chacun d'eux participe à cette essence unique, et que nous devons dire : l'humanité est quelque chose qui existe par soi-même, il y a un homme en soi. Par le même raisonnement, nous ferions voir qu'il existe un cheval en soi, un lion en soi, et que tout être créé est une participation d'un type éternel subsistant par lui-même Il existe donc une infinité d'êtres qui sont par eux-mêmes indépendamment de Dieu, et qui sont les causes exemplaires des choses. Ils ont servi de modèles à Dieu pour la création des choses.

Réponse. — La théorie qui vient d'être exposée n'est autre chose que la théorie des idées de Platon. Mais, dit saint Augustin, les idées sont des idées, et non des choses. Par conséquent, quelle que soit leur diversité, elles peuvent résider dans l'intelligence, et servir ainsi de modèles au Dieu créateur. C'est ainsi que l'homme a des idées très diverses, et fait d'après ses idées ce qu'il est en son pouvoir de faire. L'architecte conçoit et réalise des plans très variés ; le menuisier fabrique des meubles très peu semblables les uns aux autres, suivant des exemplaires qu'il a d'abord conçus. La conception de l'homme en soi, du cheval en soi, ne peut résister à l'examen. En effet, nous ne concevons l'homme et le cheval qu'à l'aide de deux principes, un principe qui est déterminé c'est la matière, variable d'un homme à l'autre, d'un cheval à l'autre; un principe qui est déterminant, c'est l'essence, toujours la même pour chaque espèce. Pourquoi, dès lors, supposer un homme ou un cheval sans matière? Nous ne connaissons les couleurs que par la lumière; pourquoi supposerions-nous qu'il y a des couleurs sans lumière? Nous ne connaissons les phénomènes psychologiques que par la conscience; pourquoi dirions-nous qu'il y a des phénomènes psychologiques inconscients? Il est impossible de faire la science de quoi que ce soit, si l'on suppose que notre esprit ne connaît point les choses telles qu'elles sont. Pour conclure, l'homme en soi, le cheval en soi, imaginés par Platon, sont des idées de Dieu, et les causes exemplaires des choses. Mais ces idées en Dieu ne sont point des accidents; elles ne sont point distinctes de l'essence même de Dieu. Par conséquent, Dieu est la cause exemplaire du monde, comme il en est la cause efficiente et la cause finale.

Objection : Si Dieu est acte pur, comment peut-il produire ce qui est passif ? — Reste une difficulté : Dieu est acte pur. Il n'y a en lui rien de passif. D'autre part, dans toute chose créée, il y a un principe déterminable et un principe déterminant. La matière dont l'homme est formé était d'abord en puissance par rapport à l'essence de l'homme; l'intelligence humaine est de même en puissance par rapport à la vérité. Le principe déterminable qui est dans les choses est donc un principe passif. D'où il suit qu'il n'a pu être créé par Dieu, qui est acte pur.

Réponse. — La création est une action divine. Or, toute action suppose quelque chose de passif. On ne peut concevoir une action exercée sans une action subie. Si Dieu, par la création, a donné l'être aux choses, il faut bien que les choses aient reçu l'être. C'est là, sans doute, une imperfection des choses, mais l'imperfection vient de la perfection et ne s'explique que par elle. L'être participé ne peut être que par l'être en soi, bien que l'être participé renferme quelque chose de passif. Seulement, ce qui est passif dans les créatures n'a point été créé comme passif. Ce qui a été créé a été créé en acte et non en puissance. Sans doute il y a en toutes choses un principe déterminable, mais ce principe est en même temps déterminé. Ainsi, dans la parole humaine, les sons inarticulés sont le principe déterminable, mais l'homme les détermine par l'articulation en même temps qu'il les émet. Nul être n'a été créé passif. Tout être est en acte dès l'instant de sa création.

Nous sommes ainsi amenés à conclure que Dieu est la cause totale du monde, et que, par conséquent, il en est le créateur; car, par création, on entend une causation totale. Il n'y a rien dans cette proposition qui contredise l'explication du monde tant préconisée dans les dernières années du xixe siècle sous le nom d'évolution. Beaucoup de gens se persuadent que création et évolution sont des termes contradictoires, et que, par conséquent, la foi et la science sont inconciliables, mais cette manière de voir implique une double erreur. Tout d'abord, l'évolution n'est peut-être pas le dernier mot de la science sur l'origine des choses.

L'évolution, après tout, du moins en ce qui concerne l'origine des espèces, n'est encore qu'une hypothèse. Or, à supposer que le dogme de la création contredise l'évolution, on ne pourrait dire pour cela que la foi est inconciliable avec la science, car il n'est pas de bonne guerre d'opposer une hypothèse à un dogme. D'autre part, il est à remarquer que l'idée générale d'évolution, dégagée des erreurs qui s'y rattachent étroitement dans l'esprit de Spencer, de Darwin, de Haeckel, n'est pas du tout inconciliable avec le dogme de la création. Ce qui le prouve manifestement, c'est que de grands docteurs catholiques, comme saint Grégoire de Nysse,

saint Augustin et saint Thomas, ont été partisans de
de l'évolution.

§ II. — L'ÉVOLUTION D'APRÈS LES PÈRES.

L'évolution n'est autre chose qu'un passage lent et
progressif du simple au complexe, de l'homogène à l'hétérogène. A l'origine, tout germe vivant est une substance homogène ; peu à peu, par des différenciations
successives, se produit cette combinaison d'organes et de
tissus qui constitue l'être adulte. C'est là l'histoire de
tout organisme; c'est aussi l'histoire du monde. Les
étoiles et les planètes se sont formées par l'évolution
d'une matière cosmique dont toutes les parties étaient
similaires; le développement de la vie à la surface de la
terre est dû à l'évolution; la même loi de progrès universel a présidé au développement des sociétés humaines,
de l'industrie, des sciences, des arts, de la littérature.
Ainsi toutes choses naissent et grandissent par évolution.

Assurément cette conception n'implique ni l'athéisme
de Haeckel, ni l'agnosticisme de Spencer, ni la négation
des créations spéciales à laquelle Darwin se croyait
nécessairement amené. On peut être évolutionniste sans
nier Dieu; on peut l'être aussi tout en se servant des
créatures pour arriver à la connaissance des attributs
de Dieu ; enfin, l'évolution n'exige pas que l'on cesse de
regarder Dieu comme le créateur des espèces végétales
et animales. Le tout est de s'entendre.

L'un des plus célèbres docteurs de l'Eglise d'Orient,
saint Grégoire de Nysse, eut le premier l'idée claire de
la nébuleuse initiale. Or, Laplace, Herschell et Faye,
regardent cette hypothèse comme fondamentale dans la
cosmologie moderne. D'après saint Grégoire, la matière
première du monde a seule été créée directement et
immédiatement par Dieu. Quant aux êtres innombrables
qui peuplent l'univers, ils ont été produits par Dieu,

sans doute, mais à l'aide des causes secondes, c'est-à-dire sous l'action des énergies déposées dans la matière cosmique primitive.

Saint Augustin adopte entièrement les vues de saint Grégoire de Nysse, et il est plus explicite en ce qui concerne la production et le développement des espèces vivantes, végétales ou animales. Dans son ouvrage *sur la Trinité*, il dit que « les semences secrètes de toutes les choses qui sont engendrées corporellement et visiblement, sont cachées dans les éléments corporels du monde. » Sans doute, nos yeux ne les voient point, « mais notre raison nous fait conjecturer leur existence. » Au reste, elles ne ressemblent en rien à « ces semences que le regard saisit sans peine dans les fruits et les créatures vivantes. » A l'aide de ces semences invisibles, « les eaux, au commandement du Créateur, ont produit les premières créatures capables de nager et de voler ; la terre a fait éclore les premiers bourgeons des plantes selon leur espèce, et se développer les premiers animaux terrestres selon leur espèce. » Depuis la création de la matière première, les siècles s'ajoutaient aux siècles, et ces semences ne sortaient point de leur sommeil, parce que « les combinaisons convenables des circonstances leur faisaient défaut, les empêchant de paraître au jour et de compléter leurs espèces. »

« Originellement et dans le principe, les choses ont été créées par Dieu dans une sorte de combinaison et de contexture des éléments, *in quâdam texturâ elementorum*, mais elles ne peuvent se faire jour que lorsque les circonstances opportunes sont réalisées, *acceptis opportunitatibus.* »

N'est-ce pas l'idée évolutionniste que saint Augustin exprime admirablement lorsqu'il compare, dans son ouvrage *de Genesi ad litteram*, l'épanouissement du monde, sorti des éléments primordiaux, à la formation d'un grand arbre issu d'une simple graine ? Voilà bien, ce semble, le fait de l'évolution, c'est-à-dire d'un progrès constant, accompli du simple au complexe, de l'homogène à l'hétérogène, des éléments primitifs aux structures infiniment variées de la matière organisée. Les savants d'aujourd'hui connaissent les choses de la nature avec plus de précision et d'étendue que saint Augustin, mais aucun d'eux n'a parlé plus clairement de la grande hypothèse des temps modernes.

Saint Thomas est aussi nettement évolutionniste que saint Augustin. Qu'on dégage avec soin de sa cosmologie les erreurs de physique propres à son époque, et on verra que, pour lui comme pour l'évêque d'Hippone, Dieu créa au commencement la matière primordiale et les forces physiques. Sous l'influence de ces dernières, tout ce qui compose le monde visible fut produit peu à peu, mais non créé dans le sens rigoureux de ce mot. Quelques citations peuvent aisément permettre de saisir la pensée de saint Thomas. « Quand il est dit dans la *Genèse* que la terre produisit l'herbe verte, cela ne signifie point que les plantes ont été actuellement formées avec leur nature propre et spécifique, mais qu'un pouvoir germinatif fut donné à la terre en vertu duquel elle produisit les plantes par voie de propagation, en sorte que, si la terre est dite avoir produit l'herbe verte et l'arbre portant du fruit, c'est en ce sens qu'elle a reçu le pouvoir de les produire. » Saint Thomas confirme son opinion par l'autorité de l'Ecriture elle-même, qui dit, au chapitre ii de la *Genèse* : « Telle a été l'origine du ciel et de la terre, et c'est ainsi qu'ils furent créés au jour où le Seigneur fit l'un et l'autre et toutes les plantes des champs *avant qu'elles fussent sorties de la terre*, et toutes les herbes de la campagne *avant qu'elles eussent poussé.* »

« De ce passage, continue saint Thomas, on peut déduire deux choses : la première, c'est que l'ensemble de l'œuvre des six jours a été créé au jour où Dieu fit le ciel et la terre et toutes les herbes des champs, et que les plantes, par conséquent, qui sont dites avoir été créées le troisième jour, furent réellement produites dans le même instant où Dieu créa le ciel et la terre. La seconde, c'est que les plantes furent produites alors, non point en acte, mais seulement selon certaines vertus causales, en ce sens que le pouvoir de les engendrer fut accordé à la terre. C'est ce qui est signifié lorsqu'il est dit que la terre produisit toutes les plantes des champs *avant qu'elles fussent actuellement sorties de la terre* par l'opération directrice de la Providence, et toutes les herbes de la campagne *avant qu'elles eussent actuellement poussé.* Avant donc qu'elles aient grandi actuellement sur la terre, elles furent produites par voie de causalité dans le sein de la terre. »

L'exégèse moderne ne permet pas de donner au texte de la *Genèse* le sens que lui attribue saint Thomas, mais la citation précédente conserve toute sa valeur pour mettre en lumière la pensée évolutionniste de ce grand théologien.

Du moment que des hommes comme saint Grégoire de Nysse, saint Augustin et saint Thomas, ont adopté l'hypothèse de l'évolution, il ne saurait être permis de regarder cette hypothèse comme inconciliable avec le dogme catholique. D'autre part, par le fait qu'elle n'est pas elle-même contraire au dogme, il ne se peut que ses conséquences légitimes soient en désaccord avec le dogme. Quand les évolutionnistes croient découvrir une incompatibilité entre le dogme et l'évolution, c'est qu'ils interprètent mal le dogme ou qu'ils tirent de la doctrine évolutionniste une conséquence qu'elle ne renferme pas.

§ III. — L'ÉVOLUTION ET LA BIBLE.

En ce qui concerne la formation de la terre, l'évolution n'est plus une hypothèse. L'histoire de notre planète est inscrite, période par période, dans les profondeurs de son écorce. Mais, hypothèse ou vérité scientifique, l'évolution paraît en désaccord manifeste avec le premier chapitre de la *Genèse*. Or, la Genèse est un livre qui raconte les premières origines du monde, et l'Eglise catholique regarde ce livre comme inspiré de Dieu. Beaucoup d'hommes ont cru découvrir dans ces données la matière d'un grave conflit entre la Science et la Foi, et H. Taine résume fortement leur pensée en ces termes, dans les *Origines de la France contemporaine :*

« Ainsi, pour les nations catholiques, le désaccord, au lieu de s'atténuer, s'aggrave ; les deux tableaux peints, l'un par la Foi, l'autre par la Science, deviennent de plus en plus dissemblables, et la contradiction intime des deux conceptions devient flagrante par leur développement même, chacune d'elles se développant à part et dans des sens opposés, l'une par ses décisions dogmatiques et par le resserrement de sa discipline, l'autre par ses découvertes croissantes et par ses applications utiles, chacune d'elles ajoutant tous les jours à son autorité, l'une par des inventions précieuses, l'autre par ses bonnes œuvres ; chacune d'elles étant reconnue pour ce qu'elle est, l'une comme la maîtresse enseignante des vérités positives, l'autre comme la maîtresse dirigeante de la morale efficace. De là, dans l'âme de chaque catholique, un combat et des anxiétés douloureuses ; laquelle des deux conceptions faut-il prendre pour guide? Pour tout esprit sincère et capable de les embrasser à la fois, chacune d'elles est irréductible à l'autre. Chez le vulgaire incapable de les penser ensemble, elles vivent côte à côte et ne s'entrechoquent pas, sauf par intervalles, et quand, pour agir, il faut opter. Plusieurs, intelligents, instruits et même savants, notamment des spécialistes, évitent de les confronter, l'une étant le soutien de leur raison, et l'autre la gardienne de leur conscience ; entre elles et pour prévenir les conflits possibles, ils interposent d'avance un mur de séparation, une « cloison étanche, » qui les empêche de se rencontrer et de se heurter. D'autres enfin, politiques habiles ou peu clairvoyants, essaient de les accorder, soit en assignant à chacune son domaine et en lui interdisant l'accès de l'autre, soit en joignant les deux domaines par des simulacres de ponts, par des apparences d'escaliers, par ces communications illusoires que la fantasmagorie de la parole humaine peut toujours établir entre les choses incompatibles, et qui procurent à l'homme, sinon la possession d'une vérité, du moins la jouissance d'un mot. Sur ces âmes incertaines, inconséquentes et tiraillées, l'ascendant de la foi catholique est plus ou moins faible ou fort, selon les circonstances, les lieux, les temps, les individus et les groupes ; il a diminué dans le groupe large et grandi dans le groupe restreint (1). »

Il serait difficile de mieux accentuer une opposition qui paraissait irréductible à l'auteur des *Origines*, et qui le paraît maintenant encore à beaucoup d'autres hommes. Est-elle vraiment irréductible? A propos de l'évolutionnisme de saint Augustin, saint Thomas pose une règle très sage, qui n'a rien perdu de son opportunité : « Il est, dit-il, dans ces matières, deux principes de haute importance. Il faut invariablement croire à la vérité de l'Ecriture sainte. D'autre part, loin de s'attacher exclusivement à l'interprétation qui paraît la meilleure, on doit respecter le sentiment que l'on ne partage pas, de peur d'éloigner de la Foi ceux qui ne croient pas, en exposant la sainte Ecriture à leurs dérisions (2). » A l'époque de saint Thomas, on pensait généralement que le ciel et la terre avaient été créés en six jours de vingt-quatre heures. Ce grand théologien se trouve en face d'une opinion différente de celle-là, et il estime qu'il ne faut point la rejeter, de peur de rendre l'Ecriture ridicule aux yeux des partisans de cette opinion, d'ailleurs raisonnable.

La même ligne de conduite doit être suivie pour résoudre le conflit signalé par H. Taine. La doctrine de l'évolution est inconciliable avec l'interprétation littérale de la Bible, mais ce n'est pas une raison pour rejeter la doctrine de l'évolution. D'une part, en effet, rien

---

(1) Taine, *Origines de la France contemporaine*, le Régime moderne, tome II, pp. 142 et 143.

(2) Saint Thomas, *Somme théologique* (première partie, quest. 68, art. 1).

ne nous oblige à croire que l'interprétation littérale du texte de la Bible est la meilleure, et, d'autre part, l'évolution, prise en elle-même, semble fondée en raison.

Plus complètement informé au point de vue théologique, Taine eût sans doute reconnu, avec tous les théologiens, qu'il ne peut y avoir un désaccord réel entre la Bible et la science. Toutes deux sont la voix de Dieu, chacune à sa manière. Si donc un conflit semble exister, il n'est que momentané, et il a pour cause une fausse interprétation de l'un ou de l'autre de ces deux enseignements.

La Bible et la science n'ont pas le même but. La science étudie les phénomènes et leurs lois. Elle cherche à bien interpréter les apparences qui se révèlent à nos sens. Elle s'exprime en langage rigoureux et précis. Tout autre est le caractère de la Bible. Les auteurs inspirés se sont proposé de donner un enseignement religieux. Moïse, en particulier, dans le premier chapitre de la *Genèse*, a posé les bases de la théologie chrétienne en affirmant l'unité de Dieu, la création *ex nihilo*, la Providence, l'unité de l'espèce humaine et la dépendance de l'homme vis-à-vis de son Créateur. C'était condamner du même coup les principales erreurs du monde ancien : polythéisme, naturalisme, matérialisme. Quand même le premier chapitre de la *Genèse* se réduirait à ces enseinements, il aurait une portée dogmatique considérable. En tout cas, la Bible est un document religieux et non un document scientifique. Elle ne peut être invoquée comme une autorité sur les questions d'astronomie, de géologie ou d'histoire naturelle. Sur ces questions, l'écrivain sacré parle un langage approprié aux hommes de son époque, et son livre reflète simplement les idées admises dans le milieu où il a vécu.

Il suit de là qu'en cas de conflit apparent entre la science et la Bible, il faut préférer des conclusions scientifiques certaines à une interprétation biblique douteuse. Un théologien célèbre du xvie siècle, Suarez, énonçait déjà ce principe en ces termes : « *Sententiæ magis phi-*

losophicæ et rationi magis inhærendum est, quando scriptura non cogit (1). »

A l'heure présente, pas une interprétation théologique du premier chapitre de la *Genèse* ne peut être donnée comme vraie et définitive. L'Eglise n'impose aucune interprétation; elle laisse la plus grande liberté, pourvu qu'on respecte le dogme proprement dit. Elle attend en paix que la vérité se fasse jour, et elle ne redoute pas que la science contredise jamais un seul de ses dogmes. Si une difficulté surgit, on doit d'abord se souvenir qu'une opinion théologique n'est pas un dogme, et qu'une hypothèse scientifique n'est pas la science.

Cela posé, s'il est juste d'admettre avec H. Taine que le christianisme peut seul « nous retenir sur notre pente natale et enrayer le glissement insensible par lequel, incessamment et de tout son poids originel, notre race rétrograde vers ses bas-fonds, » on ne peut conclure avec ce même philosophe que, le christianisme étant incompatible avec la science, il doit un jour disparaitre devant la science, et qu'alors « ce sera le règne définitif du mal. »

Taine rend un magnifique hommage au christianisme quand il voit en lui « le meilleur auxiliaire de l'instinct social », mais il ne songe pas assez que ce qui est bon est vrai aussi, et que, si le christianisme est vrai parce qu'il est bon, il ne saurait être démenti par la science.

---

(1) Suarez, *de Opere sex dierum*, liv. II, cap. 7. — Relisez sur cette même question la note (1) de la page 236 du présent livre.

OUVRAGES CONSULTÉS :

Saint Augustin :	*De Trinitate.*
id.	*De Genesi ad litteram.*
Guibert :	*Les origines.*
Léon XIII :	*Encyclique sur l'Ecriture sainte.*
Pelt :	*Histoire de l'Ancien Testament.*
Spencer :	*Premiers principes.*
Suarez :	*De Opere sex dierum.*
Taine :	*Les origines de la France contemporaine.*
Saint Thomas :	*Somme théologique.*
Zahn :	*L'évolution et le dogme.*

CHAPITRE XX.

L'ACTION DE DIEU DANS LE MONDE.

Si Dieu a créé les êtres qui composent le monde, il est nécessaire qu'Il agisse sans cesse en eux, soit pour leur conserver l'existence, soit pour concourir à l'action de chacun d'eux. En effet, ces êtres sont tous contingents ; Dieu seul est nécessaire, car Dieu seul a sa raison d'être en lui-même. Par le fait que tout être autre que Dieu n'a point en lui même sa raison d'être, il dépend de la cause première, et il en dépend à chaque instant de sa durée aussi bien qu'à son origine. L'intervention divine est donc sans cesse nécessaire pour que chaque être contingent persévère dans l'existence. Aux yeux de Descartes, cette intervention constante de Dieu pour la conservation des êtres était une « *création continuée.* »

Si Dieu donne sans cesse à chaque être sa réalisation actuelle, il lui donne aussi son action, car l'action dérive de l'être, et elle est toujours conforme à la nature de l'être. « *Operatio sequitur esse,* » disait-on au moyen âge. Le concours divin est indispensable à l'action de toute créature.

§ I. — L'ACTION DIVINE DANS LES ÊTRES.

Une telle assertion, on le comprend, soulève plus d'une difficulté. Tout d'abord il semble évident que si Dieu agit en nous, son action suffit bien. Par conséquent la nôtre est superflue. Il y a plus : non seulement notre action est superflue, mais notre existence elle-même n'a aucune raison d'être. A quoi sert un être qui n'agit pas? Enfin, peut-on ajouter, un être qui n'a aucune action propre est parfaitement inconcevable, puisque nous ne connaissons les êtres que par leurs opérations. C'est par l'action que les corps exercent sur mes sens, que je connais les corps. Nier cette action, c'est m'ôter tout moyen de me faire une idée quelconque des corps. Dès lors, de quel droit affirmer qu'ils existent? Si nous ne pouvons les connaître, si, de plus, ils n'ont aucune raison d'être, il faut dire que nous sommes dans l'illusion en affirmant qu'ils existent.

Exagération de Malebranche : l'occasionnalisme. — Ces objections ont été faites à la doctrine cartésienne de la *création continuée*, et l'occasionnalisme de Malebranche n'est certes pas de nature à les résoudre. D'après Malebranche, notre corps n'agit pas sur notre âme; ses mouvements sont seulement des occasions pour Dieu de provoquer dans l'âme des mouvements correspondants. De même, l'âme n'agit point sur le corps, mais les actes de l'âme sont pour Dieu des occasions de mouvoir quelque partie du corps. S'il en est ainsi, c'est Dieu qui meut l'âme et le corps. Par conséquent, c'est lui qui seul agit en nous. Malebranche est si bien de cet avis, qu'à l'entendre, aucune créature n'est vraiment cause. Dieu seul est cause. « Supposer quelque efficace dans la créature, c'est la diviniser; car toute efficace est quelque chose de divin et d'infini(1). » — « Il y a contradiction que tous les anges et tous les démons joints ensemble puissent ébranler un fétu (2). » De cette doctrine au panthéisme de Spinoza, que Malebranche redoutait tant, la différence n'est pas grande. Ceci prouve que Malebranche n'a pas bien interprété la doctrine de son maître sur la création continuée. L'action de Dieu en nous est bien, il est vrai, une conséquence nécessaire de la création continuée, mais de ce que Dieu agit en nous, il ne s'ensuit pas qu'Il soit l'unique cause

---
(1) *Méditations chrétiennes*, IX, 7.
(2) *Entretiens métaphysiques*, VII, 10.

de nos actes. Il en est la cause première, non la cause seconde. Il est cause première de nos actes parce qu'il maintient l'être de leur cause seconde, mais il n'est pas cette cause seconde ; celle-ci agit d'après sa propre nature. Seulement, sa puissance d'action comme son être lui vient de son principe, puisqu'elle n'a pas en elle sa raison d'être. Du moment que la cause seconde agit d'après sa propre nature, elle est vraiment cause. Elle n'est donc pas superflue. Par là s'évanouissent les difficultés soulevées plus haut.

Preuves de l'action divine dans les êtres. — Mais il n'est pas inutile de prouver directement que Dieu agit en nous et dans toute créature. Tout mouvement, on le sait, est un passage de la puissance à l'acte. Quand un être passe de la puissance à l'acte, il acquiert évidemment quelque chose qu'il n'avait pas d'abord : ainsi, l'enfant qui devient homme fait, acquiert chaque jour un nouveau degré de perfection. D'où peut venir à l'être qui se développe, l'être nouveau qu'il acquiert en se développant? On ne peut dire que l'être ainsi acquis était déjà dans le sujet qui l'acquiert, ce serait contradictoire ; ce que l'on acquiert, on ne l'a point d'avance. On ne peut pas davantage soutenir que les causes extérieures suffisent à expliquer le développement des êtres. L'air pur, la bonne nourriture, l'exercice, font grandir l'enfant, mais chacun peut voir que ce sont là des conditions, non des causes véritables. En vain on placerait un automate dans les mêmes conditions, il ne grandirait point. De même un enseignement solide, le travail, une bonne méthode, assurent le progrès des études, mais ce sont là encore des conditions, non des causes ; l'intelligence est la principale ouvrière de la science. Si on ne peut trouver la cause du développement d'un être, ni dans cet être même, ni dans les influences qu'il subit, il faut dire que cette cause est en Dieu.

Objection : la force sert d'intermédiaire entre la puissance et l'acte. — Pas besoin, dira-t-on, de remonter si haut. Il y a un intermédiaire entre la puissance et l'acte ; il s'appelle vertu, énergie, force. L'enfant n'est pas un homme fait ; ce ne sont point les influences extérieures qui le transforment, mais il y a en lui une énergie qui lui permet de tirer profit des influences extérieures pour se perfectionner. L'enfant a le pouvoir de respirer, de digérer, de se donner du mouvement ; voilà pourquoi il grandit et se fortifie. De même, l'élève est capable de comprendre ce qu'on lui enseigne, de le méditer, et ainsi de se l'approprier ; par là, il devient savant à son tour.

Réponse. — Soit, tout s'explique par une vertu, un pouvoir, une force. Mais sont-ce là de simples mots ? En ce cas, l'explication serait puérile. Faut-il voir, au contraire, dans les mots vertu, pouvoir, force, diverses désignations de quelque chose d'inconnu ? L'explication alors n'en serait pas une. Elle aurait, en outre, l'inconvénient de faire songer à ces puissances occultes tant reprochées au moyen âge par Descartes, si vivement raillées par Molière, si mal accueillies par les positivistes contemporains. D'ailleurs, le vieil Ockam avait raison de dire qu'il ne faut pas multiplier les causes sans nécessité : « *Entia non sunt multiplicanda præter necessitatem.* » Ainsi le veut la méthode d'économie. Nous disons, nous aussi, que le passage de la puissance à l'acte s'explique par une vertu, une force, une énergie, mais cette énergie est l'influence continuelle de Dieu, qui donne sans cesse à ses créatures l'action en même temps que l'être. Seulement, il donne à chaque être d'agir selon sa nature : à l'homme, par exemple, qui est doué de liberté, Dieu donne d'agir librement.

L'action de Dieu et la spontanéité du vouloir. — Comment cela peut-il se faire ? N'est-il pas évident que si la volonté humaine subit une action extérieure, elle est contrainte, ce qui va contre sa nature ? N'est-il pas évident aussi que tout acte volontaire est spontané, et que Dieu ne peut réaliser une contradiction aussi énorme que celle-ci, un acte volontaire non spontané ? — Sans doute, la volonté humaine subirait une contrainte, si

Dieu, en nous donnant de vouloir, ne nous donnait pas précisément cette inclination au bien en général, qui n'est autre chose que la volonté elle-même. Celui qui lance une pierre en l'air contrarie l'action de la pesanteur, mais celui qui jette une pierre dans un abîme, favorise plutôt cette action. Dieu aussi favorise notre action, soit qu'il nous donne de vouloir, soit qu'il ajoute quelque chose à l'énergie naturelle de notre volonté, qui vient elle-même de Lui. Par là on voit que l'action divine n'est pas une contrainte. Elle n'ôte rien non plus à la spontanéité de notre vouloir, car vouloir spontanément, c'est se déterminer par un principe intérieur. Or, il n'est pas contradictoire qu'un principe intérieur tienne lui-même sa force d'une cause autre que lui et plus relevée. Tout ce qui n'a point sa raison d'être en soi s'explique par un autre être. Notre volonté est dans ce cas.

L'action divine et la liberté humaine. — Ecartons enfin un dernier reproche qui souvent a été adressé aux partisans de l'action divine, entendue comme nous venons de l'exposer. Si Dieu agit en nous, si, comme le dit saint Paul, Dieu nous donne le vouloir et le faire, « *Deus est enim qui operatur in vobis et velle et perficere* (1) », que devient notre liberté? Dieu ne nous contraint pas, il nous laisse agir spontanément, mais non librement.

Réponse. — Dieu, dit saint Thomas, nous donne de vouloir et de faire, en ce sens qu'il nous communique sans cesse une inclination vers le bien en général, et la force nécessaire pour nous déterminer en faveur de tel bien ou de tel autre. Ce n'est pas Dieu qui nous détermine ; nous gardons toute la responsabilité de nos volitions réfléchies. Dieu nous donne sans cesse la connaissance du bien, le désir du bien et la force de le vouloir avec choix, mais là s'arrête l'action divine. Tous les éléments de notre libre vouloir sont des dons de Dieu,

---

(1) Saint Paul, *Epître aux Philippiens*, chap. II, v. 13.

mais nous disposons à notre gré de ces dons. Ainsi le pilote dispose d'une force immense qui ne vient pas de lui ; il dirige le vaisseau, mais c'est le fleuve qui porte le vaisseau.

En toute réalité, nous pouvons dire que nous sommes des serviteurs inutiles, puisque Dieu nous donne tous les éléments de notre action. Malgré cela, Dieu a su trouver le moyen de nous assurer la libre conquête de notre bonheur à venir. Si nous sommes heureux après cette vie, chacun de nous pourra dire avec autant de vérité qu'il est l'artisan de son bonheur, et que Dieu lui a tout donné. Par contre, si nous manquons notre vie, nous ne pourrons nous en prendre qu'à nous de notre perte, et le reproche éternel que nous nous adresserons ne sera point la moindre cause de nos douleurs.

§ II. — La Providence.

Si Dieu a créé le monde et s'Il le conserve, c'est en vue d'une fin, car Dieu est souverainement intelligent, et, comme le disait Socrate, « l'intelligence agit toujours en vue d'un bien. » Pour cette raison, Dieu est Providence : Il connait la fin de toute chose, et Il veut que toute chose tende à sa fin. La Providence est en Dieu ce qu'est la prudence dans l'homme. Un homme est prudent quand, par la connaissance du passé et l'intelligence du présent, il sait prévoir l'avenir et se gouverner ou gouverner les siens en conséquence. De même, Dieu est Providence parce que, dans l'Intelligence divine, toutes choses sont ordonnées en vue de leur fin propre. Cette fin ne peut être que le bien, puisque Dieu est parfait. Il faut donc dire que la Providence est en Dieu la disposition de toutes choses en vue du bien. Saint Thomas la définit : « *Ratio ordinis omnium rerum in finem* (1). »

Les adversaires de la Providence : Aristote. — Plus d'un philosophe a nié la Providence. Aristote, nous le

---

(1) Saint Thomas, *Somme théologique*, première partie, quest. XXII, art. 1.

savons, ne l'admettait pas. Pourtant, c'est lui qui a dit : « οὐδέν μάτην, » rien n'est inutile dans la nature, tout a sa fin. C'est que, selon Aristote, Dieu agit sur le monde sans connaître le monde, par attraction simplement. Tout est ordonné, tout tend à Dieu, directement ou non. L'être qui est au sommet tend à Dieu directement; chacun des autres tend à devenir semblable à celui qui est immédiatement au-dessus de lui. Il ne conviendrait pas que Dieu connût le monde, car il est des choses qu'il vaut mieux ne pas connaître. — Cela est vrai, dit saint Thomas, pour une intelligence bornée comme celle de l'homme, mais on ne peut pas appliquer ce principe à l'Intelligence divine, qui est infinie. Si l'homme s'applique à la connaissance des petites choses, il perd de vue les grandes, parce que sa puissance d'attention est limitée. Mais Dieu connaît parfaitement toutes choses, grandes et petites.

Les Epicuriens. — Les épicuriens ont aussi nié la Providence. Pour eux, tout s'arrange par le concours fortuit des atomes. Ainsi l'avaient déjà enseigné Leucippe et Démocrite. Mais à qui fera-t-on croire que l'ordre du monde est l'œuvre du hasard? Autant vaut dire que l'ordre du monde est un fait sans cause. A supposer que l'on puisse rendre compte de l'arrangement des choses par le hasard, qui osera dire que le hasard suffit à assurer la stabilité de cet arrangement, au point que les savants peuvent, en toute confiance, faire la science de la nature ? Les œuvres du hasard ne durent pas. Si, par impossible, les lettres de l'alphabet répandues sur le sol produisent une page de l'Iliade, on peut assurer que ce fait ne se renouvellera pas; surtout, il ne se renouvellera pas constamment. A parler vrai, le hasard n'existe pas. Le hasard, dit Paul Janet, est la rencontre de deux causes secondes agissant indépendamment l'une de l'autre. Rien ne se produit sans le concours de la cause première, et en ce sens, aucun évènement n'est l'effet du hasard. Si deux serviteurs du même maître viennent à se rencontrer, dit saint Thomas, ils attribuent leur rencontre au hasard. Pour le maître qui les a envoyés tous deux à l'insu l'un de l'autre, cette rencontre n'est point un hasard. Ainsi, aux yeux de Dieu, il n'y a point de hasard, et sur nos lèvres, le hasard n'est qu'un aveu d'ignorance.

Spinoza. — Il faut aller des épicuriens à Spinoza pour rencontrer une négation particulièrement hardie du dogme de la Providence. Spinoza regarde la croyance aux causes finales comme un préjugé. Cela revient à dire que rien n'arrive en vue d'une fin à poursuivre, puisque la cause finale explique les choses par une fin à atteindre. S'il n'y a dans le monde aucune finalité, le monde n'est pas gouverné, tout est soumis aux lois de l'universelle nécessité. Aussi bien, d'après Spinoza, la doctrine des causes finales se heurte à des difficultés fort graves :

1° Elle considère comme cause ce qui est effet, et réciproquement ;

2° Ce qui, de sa nature, possède l'antériorité, elle lui assigne un rang postérieur ;

3° Enfin, elle abaisse au dernier degré de l'imperfection ce qu'il y a de plus élevé et de plus parfait.

Ces difficultés ne sont peut-être pas insolubles. La cause finale, d'abord, est bien un effet à réaliser, mais cela ne l'empêche point d'être cause idéale d'elle-même. Autrement dit, ce n'est pas à titre d'effet réalisé qu'elle est cause, c'est à titre d'idée directrice. Le but à atteindre est d'abord conçu par celui qui agit, et cette conception dirige l'action. C'est par là qu'elle est cause. Une fois réalisée, elle n'est plus qu'un effet. Ce n'est donc pas sous le même rapport que l'on considère comme cause ce qui est effet, et comme effet ce qui est cause. Dès lors, toute contradiction disparaît.

Il faut dire la même chose pour résoudre la seconde difficulté proposée : toute cause, dit Spinoza, doit être antérieure à son effet ; or, la cause finale est ultérieure à son effet, qui est l'action. — La cause finale n'est pas ultérieure à l'action, car elle est une idée, et l'idée précède l'action. Seule, l'idée réalisée est ultérieure à l'action. Or, l'idée réalisée n'est pas cause de l'action, elle en est l'effet. Il n'est d'ailleurs pas exact de dire que l'action est un effet de la cause finale, car la cause finale ne produit pas l'action, elle ne fait que la diriger.

Enfin, dit Spinoza, la cause finale étant un but à atteindre, est plus parfaite que l'agent qui poursuit ce but. Mais elle est, en fait, ultérieure à cet agent. Or, plus un être est ultérieur, plus il est éloigné de la cause première; et plus il est éloigné de la cause première, plus il est imparfait. Donc, la cause finale est à la fois plus parfaite et moins parfaite que l'agent. — Nous pouvons remarquer tout d'abord que Spinoza joue sur les mots cause finale. Pour lui, la cause finale est l'idée réalisée, tandis que pour nous, elle est l'idée non réalisée. Dès lors, elle est antérieure à l'action, et partant, plus parfaite que l'action même, à ce point de vue, si du moins il faut tenir pour vraies les propositions énoncées dans l'objecjection à résoudre. Or, ces propositions sont autant de pétitions de principe. On ne voit pas pourquoi la cause finale est nécessairement plus parfaite que l'agent, puisque, nous l'avons dit, elle ne fait que diriger l'agent, et cela seulement à certains égards. En écrivant, je suis dirigé par une idée à développer, mais je ne vois pas en quoi cette idée est plus parfaite que moi. Ce qui est plus parfait a plus d'être; or, une idée de mon esprit a moins d'être que moi. Elle n'est qu'un mode passager, et je suis une réalité subsistante. D'autre part, la cause première intervient directement dans la production et la conservation de tous les êtres, comme nous l'avons fait voir. Par conséquent, on ne peut dire que certains êtres sont plus éloignés que d'autres de la cause première. Par le fait même, la cause première peut produire des êtres plus parfaits que d'autres êtres antérieurement produits. Ceux-ci, il est vrai, sont plus éloignés de la première cause seconde, mais non de la cause première elle-même. On ne voit pas pourquoi les hommes à venir seraient moins intelligents que ceux du temps présent.

Ainsi s'évanouissent les difficultés soulevées par Spinoza. Ce philosophe n'est pas plus dans le vrai quand il ajoute : la finalité suppose en Dieu le désir, et par conséquent l'imperfection. — La finalité n'est pas un désir, elle est la conception de l'ordre. Or, Dieu a conçu de toute éternité l'ordre du monde, et par conséquent, il ne l'a jamais désiré. On ne désire point ce qui est présent. Dieu n'a pas non plus désiré la réalisation de cet ordre, parce que, étant l'Etre parfait, il n'a rien à désirer en dehors de Lui. C'est par bonté pour nous qu'il a créé le monde.

Oui, reprend Spinoza, voilà bien le préjugé qui explique la croyance aux causes finales : tout a été créé pour l'homme. Les hommes mesurent tout à leurs désirs. Ce qui est utile pour eux, ils croient que Dieu l'a créé pour eux. — Cela est inexact. Les hommes croient à l'ordre du monde et admirent cet ordre sans songer à eux-mêmes et aux relations qui peuvent exister entre l'ordre du monde et leurs besoins. Or, la croyance à l'ordre du monde est précisément la croyance aux causes finales. La finalité n'est autre chose que l'ordre du monde.

Mécanisme et finalité. — On le voit, les arguments de Spinoza contre la finalité et par conséquent contre la Providence, ne sont pas très solides. Sans les invoquer, sans même peut-être les connaître, plus d'un savant contemporain estime que l'on peut expliquer le monde par les seules causes mécaniques ; inutile de recourir à l'idée d'un ordre à réaliser. Tels sont en particulier les partisans de l'évolution.

La doctrine évolutionniste n'implique pas nécessairement le mécanisme, mais en fait, la plupart de ses partisans se rattachent aux mécanistes de tous les temps, à Démocrite, à Leucippe, à Epicure, à Lucrèce, à Bacon, à Descartes, à Spinoza et aux positivistes contemporains. Le mécanisme est l'explication de toutes choses par les seules causes efficientes. Au dire des mécanistes, la vision est l'effet de l'œil, elle n'en est pas le but. Nous n'avons pas des yeux pour voir, nous voyons parce que nous avons des yeux.

Il est vrai, nous voyons parce que nous avons des yeux, mais cela ne nous empêche en rien d'avoir des yeux pour voir. Autrement dit, l'explication du monde par les causes mécaniques n'a rien d'incompatible avec l'existence des causes finales. Nous comprenons mieux la locomotive quand, après nous être pleinement rendu compte des pièces qui la composent et de leur arrangement, nous songeons que cette machine est faite pour rouler sur des rails Cette dernière réflexion ne contredit point les résultats de nos recherches sur les causes efficientes du mouvement de la machine.

Soit, dit H. Taine, mais pourquoi vouloir pénétrer les secrets de Dieu ? « Nous ne sommes point les confidents de l'Infini ; il faut une audace de théologien pour penser que Dieu agit comme un être raisonnable qui se propose toujours une fin. » On ne voit pourtant pas trop comment Socrate a été bien audacieux en pensant que Dieu est intelligent, et que, par conséquent, il agit toujours pour une fin. Taine trouve, comme Descartes, que c'est grande présomption à l'homme de vouloir pénétrer les desseins de Dieu ; mais, pour avoir été formulée déjà par Descartes, cette objection ne paraît plus pas solide. Nous croyons à la finalité, parce que Dieu est intelligent. Nous croyons aussi à la finalité, parce que nous la constatons clairement dans une foule de cas. Il y a des signes auxquels la finalité se reconnaît à n'en pas douter. Tels sont les suivants :

1° *Le nombre des coïncidences simultanées.* Si plusieurs pierres lancées de divers côtés atteignent en même temps un individu, il lui est bien difficile de ne pas croire à une intention malveillante.

2° *La répétition des coïncidences successives.* Que tous les jours, en passant dans la rue, au même endroit, un homme reçoive un projectile d'une fenêtre de quelque maison, il n'hésitera pas à croire qu'on veut l'atteindre et le blesser.

3° *L'accommodation*. L'herbe des champs nourrit les herbivores; le blé assure à l'homme son pain de chaque jour. Il y a, entre les herbivores et l'herbe, entre l'homme et le blé, une relation de moyen à fin, et comme les herbivores ne peuvent vivre sans herbe, il est clair que l'herbe est là pour les nourrir. C'est la relation de moyen à fin que nous appelons accommodation. Dans certains cas elle est tout à fait évidente.

Dans d'autres, elle ne l'est pas du tout. Par exemple, certains écrivains du xviii° siècle ont émis des propositions ridicules : ils soutenaient que le nez est fait pour supporter des lunettes, et que le Créateur a indiqué d'avance la manière de partager le melon en diverses tranches, une pour chaque convive.

Non seulement il faut éviter de tels excès, mais il faut se résigner à ignorer longtemps encore les causes finales d'une foule de faits. Par exemple, dit Paul Janet, pourquoi telle montagne s'élève-t-elle précisément à telle hauteur, et non un peu plus ou un peu moins? — Nous ne le saurons sans doute jamais.

Cependant tout se tient dans le monde, et Dieu, en créant les êtres, s'est proposé de réaliser certaines idées qui, dans sa pensée, se relient les unes aux autres. La raison d'être de chacune d'elles se trouve dans sa relation avec les autres. Ainsi l'homme s'explique par sa définition même : il est à la fois ange et bête, ce qui fait de lui une sorte de trait d'union entre le monde spirituel et le monde des corps. Donc, pour Dieu, tout a une fin, bien que souvent la finalité nous échappe. Assez souvent aussi nous pouvons la reconnaitre à des signes évidents, et cela nous suffit pour démontrer par expérience que Dieu est Providence. Sur ce point, les faits sont d'accord avec la raison; seulement, les intentions de la Providence, toujours affirmées par la raison, ne sont pas toujours clairement manifestées par les faits.

§ III. — Le problème du mal.

Dieu est Providence, on ne peut le nier, mais alors pourquoi le mal? — Saint Augustin résout ce problème en deux mots : « Dieu permet le mal parce qu'il est assez bon et assez puissant pour en tirer le bien (1). » Leibniz, dans ses *Essais de théodicée,* a donné du problème du mal, une solution qui peut surprendre; d'après ce philosophe, non seulement l'existence du mal n'est pas incompatible avec la Providence, mais ce monde est le meilleur des mondes.

L'optimisme. — Cette thèse est celle des optimistes, qui comptent dans leurs rangs les philosophes les plus illustres : Socrate, Platon, Aristote, sans parler des stoïciens. Saint Thomas est optimiste aussi, après saint Augustin. « Dieu, dit-il, fait tout pour le mieux, mais dans l'ensemble seulement; l'univers n'est pas pour le mieux si l'on considère les détails, mais chaque détail est pour le mieux par rapport au tout. La perfection du tout exige que les divers degrés du bien soient réalisés. Or, c'est un degré du bien que tel être soit bon au point que sa nature ne comporte aucun défaut, et c'est encore un degré du bien que d'autres êtres puissent avoir quelque défaut. D'où il suit que ces derniers ont vraiment parfois quelque défaut, car ce qui peut arriver arrive quelquefois. Un défaut, c'est l'imperfection du bien, et l'imperfection du bien, c'est le mal. Donc, le mal est une conséquence de la perfection même de l'univers. » — « Mais Dieu est assez puissant pour tirer le bien du mal, et de fait, beaucoup de bien serait empêché, si Dieu ne permettait aucun mal. La combustion serait impossible sans la décomposition de l'air; le lion ne pourrait vivre s'il ne dévorait pas l'âne, et on ne pourrait louer la justice de celui qui punit, ni la patience de celui qui

---

(1) **Saint Augustin,** *Enchiridion.*

souffre, s'il ne se rencontrait pas d'injustes persécuteurs (1). »

Malebranche enseigne aussi l'optimisme, mais, selon lui, c'est l'Incarnation du Verbe qui complète la perfection du monde; sans ce grand fait, le monde serait mauvais. Et comme la sagesse de Dieu, sa bonté et sa puissance exigent qu'il ait créé le meilleur des mondes, le Verbe de Dieu se serait incarné, quand même la faute originelle n'aurait pas eu lieu.

Le pessimisme. — Si l'optimisme a des partisans, il a aussi des adversaires. Certains pessimistes prétendent que tout est au plus mal dans le pire des mondes. A les en croire, il faudrait anéantir la race humaine.

Ces hommes n'ont pas su trouver le bonheur, parce qu'ils l'ont cherché où il n'est pas. De là, des déceptions sans nombre, puis la désespérance. On apprend vite à désespérer quand on cherche le bonheur dans la jouissance des biens extérieurs. Les stoïciens ont eu raison d'affirmer que le bonheur n'est pas là.

Le bonheur est au dedans de l'homme. Toutefois, le sage ne se suffit pas à lui-même, sans quoi il n'éprouverait aucun désir. Le bonheur du sage est en lui, parce que ce bonheur consiste à jouir de la vérité, qui éclaire l'homme au dedans. Etre ainsi en possesion de la vérité, c'est exercer la plus haute activité de l'homme, qui est l'activité intellectuelle ; c'est en même temps jouir du plus grand plaisir, puisque le plaisir est proportionné à l'activité qui se déploie sans effort violent.

Sans doute, tous les hommes n'ont pas le loisir d'exercer dans une large mesure l'activité de leur esprit, mais il n'est pas nécessaire d'être un Aristote ou un saint Thomas pour goûter la vérité. La vérité illumine l'esprit, mais elle se fait aussi sentir au cœur. C'est par le cœur que les petits la connaissent quand ils font le bien. Elle les rend heureux malgré leurs tristesses; surtout elle les remplit d'espérance. Il fait bon souffrir quand on a

---

(1) Saint Thomas, *Somme théologique*, première partie, quest. 48, art. 2.

l'espérance au cœur ; l'espérance est une anticipation du bonheur.

Que jamais donc les pessimistes ne s'autorisent des tristesses du sage. Qu'ils ne se réclament point, par exemple, de Job assis sur son fumier et maudissant le jour de sa naissance! Job a gémi, mais il n'a cessé de bénir Dieu. Jésus mourant se plaignait, et pourtant son dernier cri a été un cri d'espérance. Telle est la tristesse de l'âme juste : c'est une tristesse où la joie surabonde par l'espérance. Une telle tristesse n'est pas un mal.

Au reste, il suffit de bien définir le mal pour rendre manifeste l'erreur des pessimistes. Le mal est l'opposé du bien, rien de plus clair. Or, le bien c'est l'être en tant que désirable. Mais tout être désire naturellement son être et sa perfection; donc tout être est désirable pour lui-même. En d'autres termes, tout être est bon, puisque tout être se désire lui-même. Si tout être est bon, il faut dire que le mal n'est pas un être. Il n'est pas non plus le néant absolu, car le néant absolu n'est ni bon ni mauvais. Le mal est donc une sorte de néant dans l'être : c'est la privation de quelque bien. Il ne faut pas confondre privation de quelque bien et limitation du bien. La limitation du bien n'est pas un mal : il faut bien que tout être qui n'est pas l'infini soit fini. Le mal est, dans un être, la privation d'un bien que cet être devrait avoir : ainsi la privation de la vue est un mal, parce que la nature de l'homme comporte la faculté de voir. Le mal n'est pas une limite, mais une privation, un défaut.

Cela posé, il est clair que le mal suppose le bien. Donc tout n'est pas mal ; il est même impossible que tout soit mal. Comme le mal est un néant, si tout était mal, ce serait le néant absolu. Or, par définition, le mal n'est qu'un néant relatif.

Le pessimisme est une pure contradiction ; il est donc faux. Mais c'est une erreur funeste, parce qu'elle décourage l'action. L'optimisme semble moins dangereux, car il ne fait pas de l'homme un mécontent. Est il plus fondé? Sans être pessimistes, quelques-uns le rejettent.

Examen de l'optimisme. — A leur avis, l'optimisme repose sur une pétition de principe. Leibniz prenait pour accordé cet axiome : « *minus bonum habet rationem mali.* » D'où il concluait que si Dieu n'avait pas fait le monde aussi parfait que possible, il eût créé un monde mauvais. Mais il faudrait d'abord prouver qu'un moindre bien est un mal. — Un moindre bien n'est pas un mal quand il a sa raison d'être dans la nature même des choses; il est un mal dans le cas contraire, parce qu'alors il est une privation. L'homme arrive à la vérité par le raisonnement, c'est-à-dire par un détour. Cela n'est pas un mal, car c'est la loi même de l'esprit humain. Par contre, l'homme se trompe souvent, et l'erreur est un mal, parce qu'elle est la privation de la vérité pour laquelle notre esprit est fait. Cela posé, la privation d'un bien directement réalisée par Dieu serait un mal, parce que ce serait la preuve d'un défaut de sagesse, de bonté ou de puissance.

— Mais Dieu est libre ; par conséquent il n'est pas obligé de réaliser le meilleur. — Dieu est libre de créer ou de ne pas créer, mais par le fait même qu'il se décide à créer, il est nécessaire qu'il crée le meilleur des mondes, c'est-à-dire l'univers le plus parfait. Par univers, on entend la totalité des êtres réels. La perfection de l'univers n'exclut pas le mal; au contraire, elle le rend nécessaire. Il faut en effet que certaines créatures puissent n'avoir pas toujours toute la perfection qui convient à leur nature. La gradation des êtres l'exige ainsi. Or, ce qui peut arriver arrive quelquefois ; autrement il n'y aurait aucune raison suffisante de sa possibilité. Le mal est donc nécessaire, et la perfection du monde n'est que relative. De plus, on le voit, elle n'impose à Dieu aucune nécessité.

— Mais l'optimisme est contradictoire. En effet : supposez le meilleur des mondes, il est possible de le concevoir plus parfait encore. On peut donc concevoir un monde plus parfait que le monde le plus parfait, ce qui est absurde. — Il est vrai, un être fini, pris à part, peut toujours être conçu comme plus parfait qu'il ne l'est actuellement, et, pour cette raison, il y aurait contradiction à supposer un être fini aussi parfait que possible. Mais il n'y a aucune contradiction à supposer que l'ordre des choses est aussi parfait que possible. L'univers, c'est-à-dire l'ensemble des êtres, peut être ordonné de telle sorte que toute modification qu'on apporterait à cet ordre le rendrait moins parfait. Et puisque cela est possible, la sagesse, la bonté et la puissance divine exigent que cela soit. Sans doute, tel être qui fait partie de l'univers peut grandir en perfection : l'homme par exemple peut devenir plus instruit et meilleur, mais cela ne modifie en rien l'ordre de l'univers. La perfection accidentelle de l'univers grandit toutes les fois qu'une amélioration se produit dans quelque partie du tout ; mais l'ordre des êtres reste le même, toujours aussi parfait que possible, ce qui n'exclut point le mal, puisque Dieu sait faire du mal la condition d'un plus grand bien.

Par là, on voit que l'existence du mal ne prouve rien contre la Providence : le mal est nécessaire à l'ordre du monde, et le monde, considéré dans son ensemble, est aussi parfait que possible.

Conclusion. — Pour conclure, il y a de l'ordre dans le monde, et une Providence préside à cet ordre. Mais parmi les fins que la Providence se propose, il en est une infiniment plus relevée que les autres : le bonheur éternel de l'homme. A cette fin, tout le reste est subordonné. Cette simple remarque, déjà faite par Leibniz, éclaire bien des mystères du monde présent. Si, par exemple, les méchants vivent à côté des bons et les persécutent, il est clair que c'est pour exercer la patience des bons et augmenter leurs mérites en même temps que leurs vertus. Sans doute, il nous semble que les méchants demeurent souvent impunis, mais souvent aussi la main de Dieu s'appesantit sur eux, et nous pouvons toujours dire avec saint Augustin : Dieu est patient, parce qu'il est éternel : « *Patiens, quia œternus.* »

Prenons patience nous-mêmes ; bientôt nous verrons se produire un ordre de choses nouveau.

.....*Ecce novus jam rerum nascitur ordo!*

Et l'âme du juste, à cette vue, sera remplie de joie.

OUVRAGES CONSULTÉS :

Saint Augustin : *Enchiridion.*
Caro : *Le Pessimisme au XIXe siècle.*
Paul Janet : *Les Causes finales.*
Leibniz : *Essais de théodicée.*
Malebranche : *Entretiens métaphysiques.*
Spinoza : *Éthique.*
Saint Thomas : *Somme théologique.*

CHAPITRE XXI.

LA RELIGION.

Dieu existe. Il est l'infinie perfection, et notre destinée est de le contempler à jamais. Cette destinée, nous ne pouvons l'atteindre que si, dès la vie présente, nous prenons librement le parti d'honorer Dieu comme il convient. Comment Dieu pourrait-il ne pas abandonner, à l'heure de la mort, l'âme qui, en possession de son corps, aurait agi comme si Dieu n'existait pas, ou même, croyant en Dieu, aurait osé l'outrager avec persistance et sans aucun repentir?

Dieu existe; il faut croire en lui. C'est par bonté que Dieu nous a créés; il faut l'aimer. Il a tout pouvoir sur nous, puisque nous sommes l'œuvre de ses mains; il faut le servir. Connaître Dieu, l'aimer et le servir, telles sont les relations de l'homme avec Dieu.

§ I. — La Religion naturelle.

Les relations de l'homme avec Dieu constituent la Religion : *religare*, relier. Par les seules forces de sa raison, l'homme peut bien arriver à connaître que Dieu existe, et qu'il est la perfection même. Par conséquent, toujours sans aucun secours étranger, l'homme pourrait aimer Dieu comme le souverain bien, et faire ce qu'il saurait lui être agréable. Ce serait la religion naturelle.

En fait, la religion naturelle n'existe pas. — Mais l'histoire de la philosophie prouve surabondamment que si l'homme, sans le secours d'une révélation positive, peut naturellement connaître Dieu, l'aimer et le servir, en réalité, cette religion naturelle, pure de tout alliage, ne se rencontre nulle part. L'homme, on l'a dit avec vérité, est un animal religieux ; mais que de superstitions, que de coutumes bizarres, que d'outrages à la vertu, dénaturent l'idéal religieux conçu par le philosophe ! Qu'on se souvienne des croyances étranges contre lesquelles Epicure eut si beau jeu, et qui lui valurent d'être acclamé comme un libérateur ! « Tout était Dieu, excepté Dieu même (1), » et les divinités sans nombre que les hommes adoraient, étaient jalouses, vindicatives, cruelles. Tout acte de la vie ordinaire, même le plus simple et le plus exempt de faute, exposait son auteur à irriter quelque Dieu malfaisant.

« L'âme est naturellement chrétienne, » a dit Tertullien. Cela veut dire simplement qu'elle accepte sans peine les enseignements de la révélation chrétienne, pourvu qu'on les lui transmette. Sans cela, l'âme, quoique religieuse par nature, demeure exposée aux plus étranges égarements dans l'ordre des croyances.

Et cela se comprend : peu d'hommes ont le loisir de se créer une sagesse, c'est-à-dire une doctrine sur la cause première du monde, la nature et la destinée de l'âme. Les nécessités de la vie corporelle absorbent le temps et les forces du plus grand nombre. Pour philosopher, il faut avoir du loisir. Le mot grec Σχολή, qui signifie école, signifie tout d'abord loisir, temps disponible. Cela est si vrai que souvent le peuple, adonné aux durs labeurs, est tenté d'accuser de paresse ceux qui se consacrent aux travaux de la pensée.

Parmi ceux qui ont du loisir, bien peu ont le goût de l'étude. Soit paresse d'esprit, soit manque de dispositions pour les recherches philosophiques, ils renoncent à réfléchir sur les grands problèmes qui dominent la vie humaine. Les exercices du corps, les travaux d'art, les sciences particulières elles-mêmes, les attirent de préférence. Seule, la science des premières causes demeure pour eux un temple fermé.

(1) Bossuet.

Quant aux philosophes, depuis longtemps le spectacle de leurs divergences excite les railleries de ceux qui n'ont point pénétré les causes profondes de ces oppositions. Parfois, chose plus regrettable, ce même spectacle porte certains esprits à douter de la vérité. Ceux-là ne raillent point, ils accusent la raison humaine, ne s'apercevant pas qu'il y a contradiction à faire le procès de l'esprit par l'esprit. Les vrais philosophes, pendant ce temps, cherchent à concilier les systèmes, qui sont des demi-vérités, par une vérité plus haute et moins exclusive. — Quoi qu'il en soit, c'est un fait acquis : ceux qui ont le loisir, le génie et l'amour des hautes spéculations, ceux-là ne s'entendent pas assez pour imposer une doctrine. Parviendraient-ils à s'entendre, l'autorité leur manquerait. La voix de la raison est trop faible ; elle ne peut dominer le tumulte des passions. Le peuple pourtant a besoin de connaître sa route. Il ne peut la trouver de lui-même. Personne ne peut la lui montrer avec autorité. Il est donc nécessaire qu'une religion révélée la lui indique.

Nécessité d'une religion révélée. — C'est à saint Thomas que nous empruntons cette démonstration péremptoire de la nécessité d'une religion révélée. « Si l'on voulait abandonner à la raison seule le soin de rechercher la vérité religieuse, il en résulterait trois inconvénients :

« Le premier, c'est que la connaissance de Dieu serait le partage d'un petit nombre d'hommes, puisqu'ils sont privés pour la plupart du fruit d'une étude assidue, qui est la découverte de la vérité, et cela pour trois raisons. D'abord, il en est beaucoup qui, par l'effet d'une constitution vicieuse, manquent totalement de dispositions pour la science. C'est pourquoi ils ne peuvent se livrer à aucune étude capable de les faire arriver au plus haut degré de la science humaine, qui est la connaissance de Dieu. — D'autres ensuite trouvent un obstacle dans la nécessité de s'occuper de leurs propres affaires. Il faut, en effet, que, parmi les hommes, il y en ait qui se consacrent au soin des choses temporelles. Ceux-là n'ont pas le loisir de faire les recherches nécessaires pour arriver au sommet de la connaissance humaine, qui est la notion de Dieu. — D'autres enfin sont arrêtés par la paresse. Il faut savoir beaucoup de choses avant d'arriver à celles que la raison peut découvrir au sujet de Dieu ; car, presque toute la philosophie a pour but de nous faire connaître Dieu. Ainsi la métaphysique, qui a pour objet les choses divines, est de toutes les parties de la philosophie, celle que l'on réserve pour l'étudier en dernier lieu. Ainsi donc, ce n'est qu'à force d'application et de peine que l'on parvient à découvrir la vérité au sujet de Dieu, et peu d'hommes consentent à s'imposer ce travail par amour de la science, bien que Dieu ait mis dans l'âme de tout homme un amour naturel de la science.

« Le second inconvénient, c'est que ceux qui pourraient enfin connaître et découvrir la vérité religieuse, y parviendraient à peine après un long espace de temps. Cet ordre de choses renferme des vérités si profondes, que l'esprit humain, livré à ses seules ressources, ne peut les atteindre qu'après un long exercice. Il faut aussi pour cela, nous l'avons déjà dit, des connaissances préliminaires très étendues. De plus, au temps de la jeunesse, l'âme agitée de diverses passions, n'est pas apte à rechercher une vérité si élevée. En se calmant, l'homme devient sage et instruit, comme le fait remarquer Aristote au chapitre III du VII° livre de sa *Physique*. Si donc la voie de la raison était la seule qui pût nous conduire à la connaissance de Dieu, le genre humain resterait plongé dans les ténèbres de l'ignorance la plus profonde, puisque le petit nombre seulement, et encore après un temps très considérable, pourrait acquérir cette notion qui rend les hommes bons et parfaits.

« Le troisième inconvénient, c'est que la raison humaine est le plus souvent embarrassée par l'erreur dans ses recherches, parce que notre esprit, faible dans ses jugements, se laisse aller à l'illusion. A cause de cela, beaucoup de personnes continueraient à douter de ce qui est démontré avec la dernière évidence, parce qu'elles voient les choses les plus contradictoires enseignées par ceux qui portent le nom de sages. Il arrive aussi qu'il se mêle aux vérités parfaitement prouvées des choses fausses qui, loin d'être rigoureusement établies, reposent seulement sur une raison plausible ou sur un sophisme que l'on prend quelquefois pour une démonstration réelle. Voilà pourquoi il est nécessaire que la vérité concernant les choses divines, soit proposée aux hommes avec une certitude inébranlable par la voie de la foi.

« C'est donc avec une sage prévoyance que la bonté divine a voulu que l'on admit comme articles de foi, même les choses que la raison peut découvrir, afin que tous participent facilement à la connaissance de Dieu avec assurance et sans danger d'erreur. C'est ce qui fait dire à saint Paul : « Ne vivez plus comme les gentils, qui suivent dans leur conduite la vanité de leurs pensées, et dont l'esprit est rempli de ténèbres (1). » Isaïe disait encore (2) : « Je ferai que tous vos enfants soient instruits par le Seigneur (3). »

Cette page magnifique nous dispense d'insister. Nous croyons avoir établi la nécessité d'une révélation faite par Dieu aux hommes, en vue de fixer les croyances et d'empêcher l'esprit humain de se tromper sur ce qu'il importe le plus de savoir. Mais il y a plusieurs religions, et chacune d'elles se présente au monde comme la religion révélée. Il ne se peut cependant que plusieurs religions divines se disputent l'assentiment des hommes. Or, parmi toutes les religions, il en est une qui s'impose tout d'abord à l'examen à cause de sa transcendance. Elle est aux autres ce qu'une haute montagne est à des collines. C'est la religion catholique. Si, à l'examen, on peut découvrir que cette religion présente les caractères

---

(1) *Ephésiens*, IV, 17, 18.
(2) *Isaïe*, LIV, 13.
(3) *Somme contre les gentils*, L. I, chap. IV.

d'une religion révélée, tout sera dit, les autres religions ne seront vraies et utiles que dans la mesure où elles se rapprocheront de l'unique religion divine.

§ II. — La vraie Religion.

La vérité est une ; jamais elle ne peut être contraire à elle-même. L'unité doit donc être le premier caractère de la vraie religion. L'erreur n'est pas une. L'erreur est une vue incomplète des choses à laquelle l'homme ajoute l'affirmation de ce qu'il n'a point vu. Quelqu'un voit venir un homme sans le bien reconnaître, et il affirme que cet homme est Pierre. Soit, mais un voisin peut très bien croire reconnaître Paul dans celui qui vient. Tous deux se trompent : c'est Jean qui se présente. Par cet exemple, on voit assez pourquoi la vérité est une, tandis que l'erreur varie. Il est vrai qu'un homme vient, et ceux qui voient cet homme venir en conviennent; l'évidence les force à tomber d'accord. Que cet homme soit Pierre ou Paul, on l'affirme sans l'avoir bien vu ; dès lors, il n'est pas surprenant que des affirmations non fondées diffèrent selon les dispositions de chacun à croire une chose plutôt qu'une autre. Les variétés de l'erreur s'expliquent assez par la diversité de ses causes : manque d'évidence, imagination, passions, préjugés, tendance à généraliser, vice de méthode, etc.

La religion catholique possède l'unité de doctrine. — Cela posé, l'Eglise catholique présente le spectacle d'une parfaite unité de doctrine. Elle a trois symboles : le symbole des apôtres, celui de Nycée et celui de saint Athanase. Le symbole de Nycée n'est que le symbole des apôtres un peu plus développé. Le symbole de saint Athanase expose spécialement le dogme de la Trinité. Il est impossible de relever la moindre divergence dans ces trois formulaires de la foi catholique. Avec la marche des siècles, sous l'influence des hérésies, les dogmes se précisent et se développent ; mais préciser une doctrine et en tirer les conséquences, ce n'est pas la modifier.

Il n'en est pas ainsi du protestantisme. — Le protestantisme, au contraire, a toujours varié dans son enseignement. Ses fondateurs : Luther, Calvin et Zwingle, n'ont point réussi à s'entendre pour fixer une doctrine, et Bossuet, un siècle après leur apparition, a pu écrire l'*Histoire des variations*, véritable chef-d'œuvre, où l'incohérence des doctrines est mise en pleine lumière. Depuis Bossuet, le protestantisme est allé en s'émiettant toujours, au point qu'à l'heure présente, on peut le dire, les protestants n'ont d'autre signe de ralliement que le mot même qui les désigne. Ils protestent contre l'autorité doctrinale de l'Eglise catholique, et c'est tout. Ils ne peuvent rien enseigner qui soit unanimement accepté par eux. Cela se comprend. Luther avait posé en principe le libre examen ; chacun, d'après lui, se fait à lui-même sa croyance, par la lecture et la méditation de la Bible, sous l'inspiration de l'Esprit-Saint. A coup sûr, ce n'est pas l'Esprit-Saint qui a inspiré si diversement les protestants. Ils ont interprété la Bible de mille manières, et ils ont fini par rejeter l'autorité des livres sacrés eux-mêmes. C'est la conséquence logique du principe du libre examen.

La religion catholique est sainte. — La vérité est une. Elle ne varie jamais. On la reconnaît à un autre signe, elle sanctifie. La religion qui la possède et qui l'enseigne doit être une religion sainte. On doit pouvoir la juger à ses fruits. On ne cueille pas des raisins sur les ronces. De même, l'erreur ne produit jamais la sainteté. Le vrai et le bien sont une seule et même chose. Qu'est-ce au fond que le vrai ? C'est l'être en tant qu'intelligible. Or, le bien est l'être en tant que désirable. Le vrai et le bien sont deux points de vue de l'être. Il arrive parfois que la vérité ne produit pas le bien, mais cela tient aux circonstances, et il s'agit toujours alors d'une vérité restreinte, non de la vérité universelle. Il ne faut pas, par exemple, que le jeune homme connaisse de trop bonne heure la vie humaine telle qu'elle est, avec ses misères profondes et ses scandales; cette révélation prématurée lui ôterait l'enthousiasme et gâterait son cœur : sa raison n'est pas développée, sa volonté n'est pas affermie, et ses passions sont trop vives. La vérité universelle, qui nous fait connaître la cause première de toutes choses, notre propre destinée et les moyens de l'atteindre, cette vérité-là est toujours bonne à dire, car elle sanctifie, et elle sanctifie dans la mesure où elle est connue.

Or, l'Eglise catholique peut à bon droit se glorifier des saints qu'elle a produits ; ils sont nombreux, ils sont héroïques. Il faut supprimer l'histoire, ou reconnaître que l'Eglise catholique est l'école de la sainteté. Elle est par conséquent aussi l'école de la vérité ; car c'est la vérité qui fait les saints en délivrant l'homme du joug de ses passions : « *Veritas liberabit vos.* » Qu'on lise l'histoire de l'Eglise, et on se verra comme contraint à devenir ou à demeurer un catholique convaincu.

Sans doute, il y a des scandales dans l'Eglise, mais ce n'est pas la doctrine de l'Eglise qui les produit. Ils sont dus aux passions humaines, non aux dogmes de l'Eglise, ni à sa morale, ni à la prière qu'elle prêche sans cesse, ni aux sacrements dont elle recommande le fréquent usage. Les scandales sont inévitables, parce que l'homme est libre. Ils sont utiles, nécessaires même à la vertu des bons. En aucun cas, ils ne prouvent quelque chose contre la vérité.

La sainteté, au contraire, prouve la vérité, et, si l'on excepte l'Eglise catholique, aucune religion ne peut se glorifier d'avoir produit des saints. C'est que toutes les religions, sauf l'Eglise catholique, enseignent à leurs adeptes des règles de conduite très détestables. Les prêtres de Bouddha ne connaissent point le devoir; l'utile et le nuisible sont leurs seuls principes d'action. Les juifs estiment que les biens de la terre leur appartiennent en propre. Quant aux protestants, Luther a cru devoir les dispenser des bonnes œuvres, soutenant que la foi suffisait au salut.

La philosophie ancienne n'a pas donné des résultats beaucoup plus heureux que la religion païenne elle-même. Socrate n'est pas exempt de reproche, et les stoïciens n'ont pas su réaliser leur idéal du sage, idéal d'ailleurs très imparfait.

Seule, la religion catholique est capable d'arrêter l'homme sur la pente du vice; seule, par conséquent, elle est en possession de la vérité. La vérité est une force, parce qu'elle est l'être. L'erreur n'est pas une force, parce qu'elle est ce qui n'est pas. La vérité diminuée ou mal connue est une cause de dépravation. En dehors de l'Eglise catholique, c'est la vérité diminuée; de là des vices. Dans l'Eglise catholique, c'est la vérité complète, mais la vérité n'est pas toujours très bien connue des catholiques, ni fortement méditée par eux. Ainsi s'expliquent les scandales qu'ils donnent de temps à autre. Ceux qui méditent bien la vérité catholique, vivent exempts de faute notable.

La religion catholique est universelle. — La vérité catholique est ainsi appelée parce qu'elle est universelle. Seule, elle est répandue dans le monde entier. Ce qui a été dit des apôtres peut se dire encore de leurs successeurs : *In omnem terram exivit sonus eorum.* L'Eglise catholique n'est pas une église locale. Elle s'accommode de tous les régimes politiques et ne s'asservit à aucun gouvernement. Elle sait faire des concessions; jamais elle ne cède son indépendance. Les peuples qu'elle n'a point encore conquis à la vérité, elle aspire à les gagner. Seule, elle fait une propagande efficace, et par des moyens qui paraissent tout à fait impropres à lui faire atteindre son but.

L'Eglise catholique est apostolique. — En cela, chaque jour elle reproduit, dans quelque coin du monde, le prodige que les apôtres ont accompli autrefois. Des hommes sans éloquence, sans instruction, sans fortune, sans prestige aucun, appartenant aux dernières classes de la société, juifs de nation, ont réussi à établir la religion chrétienne parmi les païens, au point qu'après trois siècles, cette religion était celle des maîtres du monde. Non seulement ces hommes n'avaient aucun moyen de succès, mais ils semblaient ne rien négliger pour faire échouer leur entreprise. Leur doctrine humiliait la raison humaine en l'obligeant de croire sans comprendre; ils prêchaient un Dieu crucifié, scandale pour les juifs, et folie aux yeux des païens. Ils demandaient aux hommes de s'abstenir du bien d'autrui et d'être chastes. En vérité, c'était beaucoup exiger. Combien de païens durent s'écrier, comme les juifs en entendant Notre-Seigneur leur annoncer l'Eucharistie : « *Durus est hic sermo, et quis potest eum audire* (1) ? Ce langage est bien dur, qui donc peut se résigner à l'entendre? » Aussi, tous n'acceptaient pas la doctrine nouvelle. Quand saint Paul parla de la résurrection aux juges de l'Aréopage, quelques-uns se mirent à rire, d'autres dirent à l'Apôtre : nous t'entendrons là-dessus un autre jour; bien peu acceptèrent l'enseignement révélé. Saint Paul ne fut pas mieux compris, ni surtout plus goûté quand il parla à Festus de la chasteté. Vraiment les apôtres s'y prenaient à merveille pour ne point réussir.

Ils réussirent pourtant. A leur parole, le monde changea de face. Corinthe, célèbre par ses infamies, compta de nombreux fidèles. Les persécutions survinrent; elles produisirent des martyrs, et le sang des martyrs devint une semence de chrétiens. Depuis ces premiers temps, l'Eglise a traversé dix-neuf siècles, souvent persécutée, souvent affligée par ses propres enfants, toujours debout comme le rocher battu par la tempête; les vagues se brisent, il demeure. Les persécuteurs disparaissent, les hérésies tombent dans l'oubli, l'Eglise est toujours là. Maintenant, peut-être, elle est plus persécutée que jamais; cependant elle brille aux yeux de tous, plus resplendissante que jamais, parce qu'elle est plus forte et

---

(1) Saint Jean, chap. vi.

plus unie que jamais. Elle a vu tomber bien des dynasties ; son règne, elle le sait, n'aura point de fin. Son étendard porte ces mots : « *Cujus regni non erit finis.* »

C'est là un grand prodige vraiment, et si de telles choses avaient pu s'accomplir sans miracle, ce serait plus étonnant que tous les miracles. Mais l'intervention divine est ici manifeste, et à cause de cela, l'Eglise catholique est la religion révélée.

C'est à saint Thomas encore que nous avons emprunté cette preuve de la divinité de l'Eglise. Voici comment il s'exprime : « La sagesse divine elle-même, qui connaît parfaitement toutes choses, a daigné révéler aux hommes ses secrets, leur donner des preuves convaincantes de sa présence et rendre certaine la vérité de sa doctrine et de son inspiration, lorsque, pour confirmer les dogmes qui sont au-delà de nos connaissances naturelles, elle a fait visiblement des œuvres qui surpassent les forces de la nature entière, comme la guérison miraculeuse des maladies, la résurrection des morts, des changements surprenants dans les corps célestes, et, ce qui est plus admirable encore, l'esprit humain saisi d'une inspiration en vertu de laquelle des hommes ignorants et simples se trouvaient, par le don de l'Esprit-Saint, subitement remplis de la plus haute sagesse, et parlaient avec une facilité extraordinaire.

« A la vue de ces prodiges, sans qu'il fût besoin de recourir à la violence des armes ou de promettre des plaisirs, la force de cette démonstration fut telle, que, par la plus étonnante des merveilles, une foule innombrable, composée non seulement d'hommes sans lettres, mais encore des savants les plus renommés, se prononça pour la foi chrétienne, pour cette foi qui enseigne des dogmes hors de la portée de toute intelligence humaine, interdit les plaisirs sensuels, et nous apprend à mépriser tout ce qui est dans le monde.

« Que l'esprit de l'homme donne son assentiment à de telles choses, c'est là un miracle de premier ordre. Dédaigner tout ce qui paraît à nos yeux pour n'aspirer qu'à des biens invisibles, c'est manifestement l'œuvre d'une inspiration divine. Et cela ne se fit pas d'une manière imprévue et par hasard, mais il est évident que ce fut le résultat d'une inspiration divine. En effet, Dieu avait révélé longtemps auparavant ce dessein dans les oracles multipliés des prophètes, dont les livres sont en vénération parmi nous, parce qu'ils rendent hommage à notre foi.

« C'est de cette démonstration qu'il est question dans ces paroles : « Le salut des hommes ayant été premièrement annoncé par le Seigneur lui-même, nous a été confirmé par ceux qui l'avaient appris de lui. Et Dieu lui-même a appuyé leur témoignage par les miracles, les prophéties et différentes distributions des dons de l'Esprit-Saint. » (Saint Paul aux Hébreux, II, 3 et 4.)

« Cette conversion étonnante du monde à la foi chrétienne est elle-même la preuve la plus certaine de ces prodiges passés, en sorte qu'il n'est plus nécessaire qu'ils se reproduisent davantage, puisqu'on les voit encore avec évidence dans leurs effets. Quoique Dieu ne cesse, même de nos jours, de faire par ses saints des œuvres merveilleuses pour confirmer notre foi, ce serait pour nous quelque chose de plus surprenant que tous les miracles, si tout le monde avait été amené sans miracle par des ignorants et les derniers des hommes, à croire des dogmes si relevés, à remplir des devoirs si difficiles, à espérer des biens si supérieurs aux sens (1). »

La preuve faite, saint Thomas développe la contre-épreuve : il expose comment Mahomet s'y est pris pour établir sa religion. Les sectaires procèdent tout autrement que Dieu. Ils font appel à l'attrait du plaisir et à la force ; leurs dogmes sont accessibles à la raison et commodes pour les passions.

§ III. — LE BON COMBAT DE LA FOI.

La vérité catholique, établie parmi les hommes à l'en-

---

(1) *Somme contre les gentils,* livre I, ch. vii.

contre de tous les moyens ordinaires de succès, s'impose par là même à tous ceux qui, sincèrement, cherchent le droit chemin. Mais il n'en est pas de cette vérité comme de la vérité scientifique. Celle-ci, une fois acquise, demeure incontestée. On peut l'oublier, mais on ne la combat point. Au contraire, la vérité catholique est une vérité militante. Toujours elle est combattue ; toujours elle doit se défendre. Ceux qui la possèdent doivent pour la conserver eux-mêmes et pour la propager, combattre ce que saint Paul appelle le bon combat de la foi.

La foi est militante : 1° *Parce qu'elle est libre.* — Que la vérité catholique soit une vérité militante, il ne faut pas s'en étonner : c'est par elle que nous devons diriger notre vie et atteindre le bonheur promis à ceux qui auront vécu selon ses enseignements. Il faut donc qu'elle soit libre, autrement notre salut ne serait pas l'œuvre de notre liberté, il ne serait pas notre œuvre. Si la foi doit être libre, elle ne peut l'être que par un choix, car la liberté est le pouvoir d'agir suivant un choix. Qui ne choisit pas ne peut être libre.

2° *Parce qu'elle a pour objet l'invisible.* — Pour que la foi soit le résultat d'un libre choix, il faut que sa vérité n'apparaisse pas directement aux yeux de l'esprit, et que sans cesse elle soit voilée par des apparences contraires. Si la foi était la claire vision des choses, nul ne pourrait contester ses enseignements. On ne conteste point la lumière du jour ni les axiomes mathématiques. Mais, par sa nature même, la foi est une ferme conviction de choses qui n'apparaissent pas. « *Argumentum non apparentium* (1). »

3° *Parce qu'elle est surnaturelle.* — La foi a pour objet l'invisible, et principalement ce qui se rapporte à Dieu. Par là même, ce qu'elle enseigne dépasse bien souvent la portée de notre raison, d'où une nouvelle cause de difficultés.

(1) Saint Paul, *Epître aux Hébreux*, chap. XI, *v.* 1.

La foi sans doute suppose la croyance aux mystères, mais ce n'est pas une raison pour la rejeter. Un sauvage entendant raconter qu'il est possible de transmettre la pensée humaine en un instant d'une extrémité du monde à l'autre, serait-il bien venu à dire : « Ceci est impossible, car je ne le comprends point. » De même, nous ne sommes point raisonnables si nous disons : les vérités révélées sont des mystères, donc elles sont inacceptables. De plus, qui dit mystère, ne dit point chose incompréhensible. Les mystères sont parfaitement compréhensibles, bien que nous n'en puissions jamais sonder la profondeur. S'ils n'étaient pas compréhensibles, Dieu ne nous les eût pas révélés. Il est inutile d'enseigner aux gens des choses qu'ils ne sauraient comprendre. Enfin la nature elle-même est féconde en mystères. Il y a en nous trois vies bien dictinctes : la vie de nutrition, semblable à la vie des plantes ; la vie de sensation et de mouvement, propre à l'animal ; la vie intelligente, qui nous distingue des autres animaux. Pourtant nous vivons ces trois vies avec la conscience que notre personne est une. Nous n'avons qu'un principe de vie, et ce principe se manifeste simultanément de trois façons différentes. De même notre âme, en tant qu'intelligente, a trois modes d'action : la pensée, la volonté, l'amour. Cette trinité dans l'unité n'est-elle pas l'image de la Trinité divine, et l'homme peut-il se flatter de comprendre sa nature ? Il est formé d'un corps et d'une âme unis en une seule personne, et cette union, il n'en pénètre point le secret. Dès lors, pourquoi refuserait-il de croire au Verbe incarné, Dieu et Homme tout à la fois ? Saint Augustin, dans sa *Lettre à Volusien*, (1) estime que le mystère de l'Incarnation est plus aisé à croire que celui de l'union d'une âme intelligente avec un corps. Quoi qu'il en soit, c'est en comparant l'union de la nature divine et de la nature humaine en une seule personne, avec l'union de notre âme et de notre corps en un seul

---

(1) *Epist. 157, ad Volus.*

être humain, que la sainte Eglise nous invite à accepter le dogme de l'Incarnation : « *Sicut anima rationalis et caro unus est homo, ita Deus et homo unus est Christus* (1). »

Conclusion. — On le voit, la foi chrétienne, fortement raisonnée par les croyants sérieux, n'a rien que de très raisonnable. Elle est aussi très utile. Saint Thomas énumère les avantages précieux que la foi nous assure : « elle tient nos cœurs en haut, en nous rappelant sans cesse que nous sommes créés pour une vie meilleure ; elle nous fait penser dignement de Dieu, en nous montrant que la nature divine dépasse les forces de notre intelligence ; elle humilie notre présomption. Beaucoup d'hommes croient leur raison infaillible ; de là des erreurs sans nombre. Il leur est utile de savoir que tout ce qui dépasse leur portée n'est pas par là même erroné (2). »

Puisque la foi est un si grand bien, il est nécessaire de mettre tout en œuvre pour la conserver.

Dans cette vue, rien n'est meilleur que de mettre sa vie en harmonie avec les enseignements de la foi. Comme le mouvement entretient et manifeste la vie du corps, ainsi les œuvres conservent la foi et en sont la preuve.

Ce n'est pas assez. Si le mouvement atteste la vie du corps et la conserve, il ne la nourrit pas. De même, si les œuvres conservent la foi, elles n'en sont point l'aliment. La foi vit de la parole de Dieu. Il faut donc nourrir son âme de la parole de Dieu, soit en écoutant ceux qui l'enseignent de vive voix, soit en lisant les livres où elle est renfermée.

Quiconque veut étudier avec fruit la Religion chrétienne, fera bien de mettre en pratique deux conseils donnés par Ozanam, et un troisième donné par Hervé Bazin :

1° Considérez le christianisme dans son ensemble. Ainsi envisagé, il est manifestement divin. Dès lors vous ne sauriez être arrêté par aucune difficulté sou-

---

(1) *Symbole de saint Athanase.*
(2) *Somme contre les gentils*, livre I, ch. v.

levée à propos de l'un de ses dogmes pris à part. (Ozanam).

2° Regardez toujours le christianisme du dedans, non du dehors. Les dogmes qu'il enseigne ressemblent à des vitraux magnifiques. Défigurés par les ennemis de la foi, ces mêmes dogmes sont comparables à l'envers des vitraux. (Ozanam).

3° Lisez l'histoire de l'Eglise et il vous sera impossible de perdre la foi. (Hervé Bazin).

OUVRAGES CONSULTÉS :

Saint Augustin : *Lettres.*
Bossuet : *Histoire des variations.*
Caussette : *Le bon sens de la foi.*
Gaume : *La Révolution.*
Taine : *Les Origines de la France contemporaine.*
Saint Thomas : *Somme contre les Gentils.*
Vuillemin : *Tableau de l'Eloquence chrétienne au IVe siècle : Introduction.*

TABLE DES CHAPITRES

CHAPITRE I. — La métaphysique en général.
Sa définition, la certitude qui lui est propre, sa méthode. 1

PREMIÈRE PARTIE
MÉTAPHYSIQUE GÉNÉRALE OU ONTOLOGIE . . 23

CHAPITRE II. — Le vrai.
Scepticisme, idéalisme, relativisme 29

CHAPITRE III. — Le dogmatisme.
La certitude, son fondement, son critère 69

CHAPITRE IV. — Le Beau.
Ce que le beau n'est pas ; définition du beau ; y a-t-il une science du beau ? 91

CHAPITRE V. — L'art.
Théories incomplètes ; de quoi dépend la valeur d'une œuvre d'art ; les grandes lois de l'art . . 109

CHAPITRE VI. — Les facultés esthétiques.
Le goût, le talent, le génie 125

CHAPITRE VII. — Le bien.
Doctrines anciennes ; doctrine du moyen âge ; doctrines modernes 139

DEUXIÈME PARTIE

COSMOLOGIE RATIONNELLE 155

CHAPITRE VIII. — De l'existence du monde extérieur.

Raisons qui ont fait douter de sa réalité ; examen de ces raisons ; peut-on démontrer l'existence du monde extérieur ? 157

CHAPITRE IX. — La matière.

Atomisme ; dynamisme ; matière et forme . . . 173

CHAPITRE X. — Le mouvement.

Définition du mouvement ; le moteur et le mobile ; notions métaphysiques qui dérivent de l'idée du mouvement : la substance, la cause, la force, la finalité 195

CHAPITRE XI. — La vie.

Sa nature, son principe, ses principales lois. . . 219

TROISIÈME PARTIE

PSYCHOLOGIE RATIONNELLE 241

CHAPITRE XII. — L'âme.

Matérialisme et spiritualisme. 243

CHAPITRE XIII. — L'âme et le corps.

Théories insuffisantes ; le composé humain ; la personnalité humaine 261

CHAPITRE XIV. — L'immortalité de l'âme.

Doctrines des philosophes ; preuves de l'immortalité ; l'âme après la mort 275

QUATRIÈME PARTIE

THÉODICÉE 293

CHAPITRE XV. — L'existence de Dieu.

Les preuves de l'existence de Dieu d'après les anciens, d'après les philosophes du moyen âge et ceux des temps modernes 295

CHAPITRE XVI. — De l'athéisme.

L'athéisme idéaliste; l'athéisme matérialiste; l'agnosticisme 315

CHAPITRE XVII. — Les attributs de Dieu; la personnalité divine.

Méthodes pour les déterminer; attributs métaphysiques; attributs moraux. 329

CHAPITRE XVIII. — Le panthéisme.

Le panthéisme chez les anciens, au moyen âge et chez les modernes 345

CHAPITRE XIX. — Création et évolution.

La création d'après saint Thomas; l'évolution d'après les Pères; l'évolution et la Bible 359

CHAPITRE XX. — L'action de Dieu dans le monde.

L'action de Dieu dans les êtres; la Providence; le problème du mal. 376

CHAPITRE XXI. — La religion.

La Religion naturelle; la vraie Religion; le bon combat de la Foi. 394

INDEX

des principales questions religieuses traitées dans cet ouvrage.

La certitude en général. — La science de l'invisible : son objet, sa division, sa méthode : pp. 1 à 27. — Les doctrines qui nient la vérité ou la dénaturent : scepticisme, idéalisme, relativisme : pp. 28 à 67. — La certitude : ses caractères, son fondement, son critère : pp. 69 à 89.

La foi. — L'acte de foi, suprême démarche de la raison humaine à la recherche de la vérité : pp. 18, 19, 20. — Analyse de l'acte de foi : pp. 405 à 408. — L'autorité doctrinale de l'Eglise catholique, règle de la foi; sur quoi repose cette autorité infaillible, pp. 80, 81 (note). — Il y a deux sources de la foi : la tradition et les livres saints. De l'inspiration des livres saints; ses limites : pp. 81, 82, 83 (note). — De l'interprétation des livres saints; règles données par Léon XIII à ce sujet : pp. 82, 83 (note). — Règles adoptées par les théologiens et les exégètes : pp. 236 et 237 (note). — Les livres saints ne sont point en contradiction avec la science : pp. 236 et 237 (note). La doctrine de l'évolution, en particulier, n'est pas inconciliable avec la foi catholique : pp. 369 à 374. Il n'y a d'ailleurs aucun conflit irréductible entre la foi et la science : pp. 20 et 21. — Principaux moyens de conserver la foi : pp. 408 et 409.

Dieu. — Démonstration de l'existence de Dieu : pp. 295 à 313. — Erreurs opposées à ce dogme : l'athéisme et ses diverses formes : pp. 315 à 323; l'agnosticisme : pp. 323 à 327.

Nature et attributs de Dieu. — Manière de déterminer les attributs de Dieu; attributs métaphysiques et attributs moraux : pp. 329 à 343. — Dieu est totalement distinct du monde; exposé et réfutation du panthéisme : pp. 345 à 356.

La création du monde. — Doctrine théologique de saint Thomas sur la création : pp. 359 à 366. Création et évolution : pp. 366 à 374.

La Providence. — De l'action de Dieu dans le monde ; comment on reconnaît la finalité dans l'Univers, pp. 376 à 387. — Objection à résoudre : l'existence du mal pp. 388 à 393.

L'âme humaine. — Définition de l'âme : pp. 243 à 251. — L'âme n'est ni un corps ni quelque chose du corps ; exposé et discussion du matérialisme : pp. 252 à 256. — Preuves de la spiritualité de l'âme : pp. 256 à 260. — Comment l'âme est unie au corps : pp. 260 à 269 ; — la personnalité humaine ; sa définition et ses preuves ; la personnalité n'est pas un groupement de phénomènes : pp. 269 à 273.

L'immortalité de l'âme. — Historique du problème : pp. 275 à 280. — Les preuves de l'immortalité de l'âme : pp. 280 à 286. — Les facultés de l'âme après la mort : pp. 286 à 289. — La résurrection des corps : pp. 289 à 291.

La religion. — Définition de la religion : p. 394. — La religion naturelle : pp. 394, 395. — Nécessité d'une religion révélée : pp. 396 à 399. — Les marques de la vraie religion : pp. 399 à 405.

Le Bien et le devoir. — Les fins de la vie humaine : pp. 139 à 153 ; le Souverain Bien, véritable fin de l'homme : pp. 143 à 147 ; les fondements de l'obligation morale : pp. 146 et 147.

INDEX ALPHABÉTIQUE

des ouvrages les plus propres à compléter la formation religieuse de l'étudiant chrétien.

Baunard (Mgr).

Le Général de Sonis,   1 vol. in-8. — Poussielgue, Paris.
Le Cardinal Lavigerie,   2 vol. in-8. — Poussielgue, Paris.
Le doute et ses victimes. 1 vol. in-12. — Poussielgue, Paris.
La foi et ses victoires,   2 vol. in-12. — Poussielgue, Paris.

Bougaud (Mgr).

Le Christianisme et les temps présents, 5 vol. in-12. — Poussielgue, Paris.

De Broglie.

Problèmes et conclusions de l'histoire des religions. — 1 vol. in-12. — Tricon, Paris.

Duilhé de Saint-Projet.

Apologie scientifique de la foi chrétienne, 1 vol. in-12. — Poussielgue, Paris.

Fonsegrive.

Lettres d'un curé de campagne, 1 vol. in-12. — Lecoffre, Paris.
Lettres d'un curé de canton, 1 vol. in-12. — Lecoffre, Paris.
Le Catholicisme et la vie de l'esprit, 1 vol. in-12. — Lecoffre, Paris.

Fouard.

Vie de Notre-Seigneur,   2 vol. in-12. — Lecoffre, Paris.
Saint Paul, ses missions,   1 vol. in-12. — Lecoffre, Paris.
Saint Paul, ses dernières années, 1 vol. in-12. — Lecoffre, Paris.
Saint Pierre et les premières années du christianisme, 1 vol. in-12. — Lecoffre, Paris.

Girodon.

Exposé de la doctrine catholique, 1 vol. in-8. — Plon, Paris.

Glaire.
La Sainte Bible, 4 vol. in-8. — Roger et Chernoviz, Paris.

Gondal.
La Religion, 1 vol. in-12. — Roger et Chernoviz, Paris.
Le Surnaturel, 1 vol. in-12. — Roger et Chernoviz, Paris.
La provenance des Evangiles, 1 vol. in-12. — Roger et Chernoviz, Paris.

Gratry.
La Philosophie du *Credo*, 1 vol. in-8. — Téqui, Paris.
La Connaissance de Dieu, 2 vol. in-12. — Téqui, Paris.
La Connaissance de l'âme, 2 vol. in-12. — Téqui, Paris.

Guibert.
Les Origines, 1 vol. in-8. — Letouzé et Ané, Paris.

Hemmer.
Histoire de l'Eglise, traduite du Dr Funck, 2 vol. in-12. — Colin, Paris.

Hervé-Bazin.
Le jeune homme chrétien, 1 vol. in-12. — Lecoffre, Paris.

D'Hulst (Mgr).
Conférences de Notre-Dame, 6 vol. in-8. — Poussielgue, Paris.

Lacordaire.
Lettre à un jeune homme sur la vie chrétienne, 1 vol. in-32. — Poussielgue, Paris.
Lettres à des jeunes gens, recueillies par H. Perreyve, 1 vol. in-12. — Téqui, Paris.

Léon XIII.
Encycliques, 5 vol. in-8. — 5, Rue Bayard, Paris.

Monsabré.
Conférences de Notre-Dame, 18 vol. in-12. — 94, Rue du Bac, Paris.

Olivaint.
Conseils aux jeunes gens, 1 vol. in-12. — Taffin-Lefort, Paris

Sainte-Foi.
Les heures sérieuses d'un jeune homme, 1 vol. in-32. — Poussielgue, Paris.

Simler (R. P.)

Guide de l'homme de bonne volonté dans l'exercice de l'oraison, 1 vol. in-18. — Œuvre de Saint-Paul.

Verret.

Les Quatre Evangiles, 1 vol. in-12. — Poussielgue, Paris.

Vigouroux.

La Bible et les découvertes modernes, 5 vol. in-12. — Berche et Tralin, Paris.

OUVRAGES DU MÊME AUTEUR :

Histoire de la Philosophie. (2ᵉ édition).   5ᶠʳ. »
    Chez Retaux, à Paris ;
    Chez Bossanne, à Besançon ;
    Chez l'auteur, à Paris.

Morale et métaphysique. 2 50
    Chez l'auteur, à Paris.

Recueil méthodique de sujets de dissertations et conseils pour la dissertation   0 50
    Chez l'auteur, à Paris.

www.ingramcontent.com/pod-product-compliance
Lightning Source LLC
Chambersburg PA
CBHW050901230426
43666CB00010B/1982